홍익인간 7만년 역사

韓 中 日
역사 연대기 중심 총망라

2

■ 조홍근(曺洪根)

경남 밀양(密陽) 무안(武安) 삼강동(三綱洞)이 고향이며, 마산(馬山)고등학교를 졸업하고, 서울대학교에서 섬유공학을 전공, 법학을 부전공하였다. 대검찰청, 서울지방검찰청, 서울북부검찰청 등에서 13년간 근무하였으며, 미국 애리조나 폴리그래프 스쿨을 수료하고, 한국방송대학교에서 법학, 중어중문학, 영어영문학, 미디어영상학, 국어국문학을 전공하였다.

1980년경부터 40여 년 동안 족보(族譜)와 한중일(韓中日) 역사를 연구해 오면서, 부도지(符都誌), 한단고기(桓檀古記), 규원사화(揆園史話), 단기고사(檀奇古史) 등 귀중한 역사자료를 통하여, 우리역사 1만년을 넘어 마고(麻姑) 시대를 포함한 72399년의 역사를 밝히고 정립하는 데 총력을 기울이고 있다.

홍익인간 7만년 역사 2

© 조홍근, 2021

1판 1쇄 인쇄__2021년 10월 1일
1판 1쇄 발행__2021년 10월 3일

지은이__조홍근
펴낸이__이종엽
펴낸곳__글모아출판
　　　　등록__제324-2005-42호

공급처__(주)글로벌콘텐츠출판그룹
　　　　대표_홍정표 이사_김미미 편집_하선연 권군오 최한나 문방희 기획·마케팅_김수경 이종훈 홍민지
　　　　주소__서울특별시 강동구 풍성로 87-6
　　　　전화__02) 488-3280 팩스__02) 488-3281
　　　　홈페이지__http://www.gcbook.co.kr
　　　　이메일__edit@gcbook.co.kr

값 28,000원
ISBN 978-89-94626-86-4　04910
ISBN 978-89-94626-92-5　04910(전5권 세트)

홍익인간

韓 中 日
역사 연대기 중심 총망라

7만년 역사

②

조홍근(曺洪根) 편저

한국시대 9족(九族)의 분포지역

글모아출판

天符經

一始無始一析三極無盡本
天一一地一二人一三一積
十鉅無匱化三天二三地二
三人二三大三合六生七八
九運三四成環五七一妙衍
萬往萬來用變不動本本心
本太陽昂明人中天地一一
終無終一

（上）一始無始一析三極無盡本天一一地一二人一三一積十鉅無匱化三天二三地二

（右）三人二三大三合六生七八九運三四成環五七一妙衍萬往萬來用變不動本心本太陽昂明人中天地一一終無終一

（左）一終無終一地天中人明昂陽太本心本動不變用來萬往衍妙一七五環成四三運九八七生六合三大三二人三

（下）三二地三二天參化匱無鉅十積一三一人二一地一一天本盡無極三析一始無始一

우리 역사 속 10대 대발견

❶ 홍익인간(弘益人間) 천부(天符)의 역사는 마고성(麻姑城:파미르고원)의 마고(麻姑)시대인 서기전 70378년 계해년(癸亥年)부터 시작되었음을 최초로 밝혔음.

❷ 역법(曆法)이 시작된 해는 마고성(麻姑城)의 황궁씨(黃穹氏) 시대인 서기전 25858년 계해년(癸亥年)임을 밝혔으며, 서기전 70378년 계해년이 마고(麻姑) 기원(紀元:천부 天符)임을 밝혔음.

❸ 황궁씨를 이은 나반(那般:那般尊者:獨聖者)이 한국(桓國)시대 한인씨(桓因氏) 이전의 임금이던 유인씨(有因氏)이며, 한인씨 7대(代)가 약 1,000년을 다스렸다는 것임을 밝혔음.

❹ 윷놀이판의 모습이 천부경(天符經)의 무극, 삼태극, 운삼사성환오칠의 무한조화순환역(無限造化循環易) 및 음양오행(陰陽五行), 태양태음성력(太陽太陰星曆)이자 단군조선의 정치행정 구조를 나타낸 것임을 밝혔으며, 하도(河圖)와 낙서(洛書)가 배달나라 시대의 음양오행수리역(陰陽五行數理易)이며, 태호복희 8괘역과 윷놀이판의 역(易)이 지구의 자전(自轉)과 공전(公轉)을 기반으로 한 무한순환 역(易)임을 밝혔음.

❻ 천제(天帝), 천황(天皇: 天王), 천군(天君), 천공(天公), 천후(天侯), 천백(天伯), 천자(天子), 천남(天男)의 위계질서를 최초로 밝히고, 천제자(天帝子)와 천자(天子)의 차이점을 최초로 밝혔으며, 태호복희씨(太皞伏羲氏)가 일반 천자(天子)가 아니라 천지인(天地人) 삼신(三神)에게 제(祭)를 올리는 권한을 가진 제사장인 천군(天君)임을 밝혔음.

❻ 아리랑(阿里嶺) 민요의 원천이 되는 최초의 역사적 사실이 서기전 2333년 10월 3일 조선을 건국하기 이전에 있었던 당요(唐堯)의 전란(戰亂)으로 인하여 단군왕검(檀君王儉)께서 동북의 아사달로 이동한 과정임을 밝혔음.

❼ 고대중국의 천자로 불리는 황제헌원(黃帝軒轅) 및 요순우(堯舜禹)와 고대 일본 왜(倭)의 시조 신무왕(神武王)이 배달, 단군조선의 제후인 천자(天子)로서 독립을 시도한, 홍익인간 왕도 정치권에서 이탈한 역천자(逆天者)임을 밝혔음.

❽ 우비(禹碑:우 치수기념 부루공덕비)의 비문을 국내 최초로 역사적 해석을 하였는 바, 우비는 서기전 2267년 이후 우(禹)가 치수에 성공한 후 치수법(治水法)을 전수해 준 단군조선 태자 부루의 공덕을 새겨 남악(南嶽) 형산(衡山)에 세운 것임을 밝혔음.

❾ 일본 국조신(國祖神)인 천조대신(天照大神)의 사당인 이세신궁(伊勢神宮)에 소장된 원시한글 축문을 국내 최초로 완벽 해독하고, 요하유로 기록된 천조대신이 단군조선 두지주(툐只州) 예읍(濊邑)의 추장(酋長)인 두지도리의 후손임을 밝혔음.

❿ 명도전(明刀錢) 등에 새겨진 문자를 단군조선 문자로서 최초로 해독한 학자 허대동 선생〈저서 고조선 문자〉의 가림토(加臨土)의 연구에 검증차 참여하여 첨수도(尖首刀), 명도전이 단군조선의 화폐이며 그 위에 새겨진 문자가 단군조선의 상형 및 표음 문자임을 밝혔으며, 배달시대부터 상음문자(象音文字)가 사용되었고 숫자 등 기본 한자(漢字)의 원발음이 단군조선 시대의 가림토식 음독(音讀)임을 밝혔음. 그 외 다수

『홍익인간 7만년 역사』를 쓴 이유

一. 홍익인간 실현의 우리 상고사 상식화

二. 연대기 역사 중심의 신화가 아닌 사실적
   역사 강조

三. 아놀드 토인비의 한국사 지위 설정 오류의
   교정 및 올바른 세계사 정립

목 차

제4편   단군조선(檀君朝鮮) 시대

(3권에 계속)

제4편
단군조선(檀君朝鮮)
시대

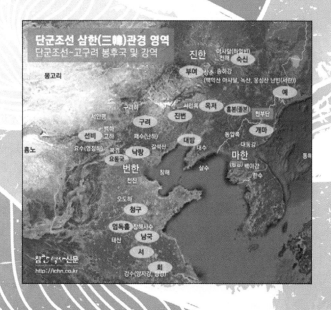

단군조선 삼한(三韓)관경 영역
단군조선~고구려 봉후국 및 강역

단군조선(檀君朝鮮) 연대기

11. 제11대 도해(道奚:裕帝) 천왕(天王)의 역사

(1) 12명산(名山)의 국선소도(國仙蘇塗)

서기전 1891년 경인년(庚寅年)에 도해(道奚) 천왕께서 오가(五加)에 명을 내려 열두 명산(名山)의 가장 빼어난 곳을 골라 국선소도(國仙蘇塗)를 설치하게 하였으며, 둘레에 박달나무(檀木)를 많이 심은 후, 가장 큰 나무를 골라서 한웅상(桓雄像)으로 봉(封)하여 모시고, 여기에 제(祭)를 지내며 웅상(雄常)이라고 불렀다.[1]

국선(國仙)은 나라에서 선발된 선인(仙人)이다. 즉 단군조선 전체의 국선(國仙)이 된다. 여기서 선(仙)은 종(倧)과 전(佺) 총칭한 것이 될 것이다. 종(倧)은 선인(仙人)으로서 스승이 되며, 전(佺)은 참전계경(參佺戒經)의 가르침을 실행(實行)하는 도랑(徒郞)으로서 종(倧)의 가르침을 따르는 무리가 된다.

특히 선(仙)은 평화시대에는 산속에 있으면서 수도(修道)를 하고 제자(弟子)를 가르치다가, 나라에 일이 있거나 부름이 있으면 이에 응하여 인세(人世)를 구하러 속세로 나왔다가 일이 완성되면 다시 산으로 돌아가는, 의로움을 실천하는 사나이

---

1) 전계 한단고기 〈단군세기〉, 81~82쪽 참조

(山人)를 의미하기도 한다.

소도(蘇塗)는 국선(國仙)이 하늘에 제(祭)를 올리는 신성지역(神聖地域)이다. 단군천왕이 직접 제(祭)를 올리는 곳이기도 하다. 소도는 신성지역임을 나타내는 솟대로써 표시하는 곳이 된다. 즉 소도와 솟대는 원래 같은 어원에서 나온 말이 될 것이다. 솟대는 솟은 나무 기둥 위에 기러기나 오리 등의 새를 조각하여 얹어 놓은 높은 대(臺)를 가리키는데, 특히 기러기는 북쪽을 왔다 갔다 하는 철새인 바, 북쪽은 사방 중에서 가장 높은 자리이며 신(神)을 모시는 자리이기도 하다. 그래서 신(神)을 모시는 곳임을 표시하는 솟대와 하늘에 제(祭)를 올리는 소도(蘇塗)는 같은 곳임을 알 수 있는 것이다.

국선소도(國仙蘇塗)를 설치한 곳이 전국으로 12개의 명산(名山)이 되는데, 12라는 숫자는 하늘을 상징하는 수 1과 땅을 상징하는 수 2가 함께 조합되어 합산하면 사람의 숫자인 3이 된다. 10천간 12지의 12와도 상관되는 숫자로서 땅에서의 방향을 나타내는 완전한 숫자가 되는데, 서기전 3500년경 태호복희가 지구가 자전을 하면서 나타내는 하루 시간을 12시(時)로 나눈 것과 방위를 12방으로 나누는 것과도 연관된다.

국선소도(國仙蘇塗)의 둘레에 박달나무(檀木)를 많이 심고서 그 중에서 가장 큰 나무를 골라 한웅상(桓雄像)을 받들어 모시고 제(祭)를 올렸으며 웅상(雄常)이라고도 하였다.

한웅(桓雄)의 모습(像)으로 모신 박달나무가 웅상(雄常)이다. 웅상(雄常)은 한웅께서 늘 계신다는 의미이다. 한웅천왕께서 서기전 3897년 갑자년에 하늘나라인 한국(桓國)에서 밝은 땅 나라인 박달(檀)로 오실 때 태박산(太白山)의 박달나무(檀木) 즉 신단수(神檀樹) 아래로 오셨다. 그리하여 박달나무를 한웅상(桓雄像)으로 모신 것은 한웅천왕이 하늘나라에서 박달나무 아래로 오신 것과 연관된다.

산해경(山海經) 해외서경(海外西經)의 기록에, 웅상(雄常)에 관한 내용이 있는데, 다섯가지 천연색의 옷감을 걸친 신단수(神檀樹)가 있는 소도지역임을 나타내고 있다.

산해경의 해외서경의 기록은 다음과 같다.

> 대황(大荒)의 가운데에 산이 있어 불함(不咸)이라 하며 숙신씨(肅愼氏)의 나라
> 이고, 숙신국(肅愼國)은 백민국(白民國)의 북쪽에 있으며, 나무가 있어 이름하여
> 웅상(雄常)이라 하고, 앞선 8대의 임금(帝)들이 여기에서 취하였다.

> (大荒之中 有山 名曰不咸 肅愼氏國 肅愼之國 在白民之國北 有樹 名曰雄常
> 先八代帝 於此取之).

여기서 대황은 황하 북쪽 지역 전체인 대황원(大荒原)을 가리키며, 불함산은 곧 단군조선의 태백산(太白山)인 백두산(白頭山) 또는 숙신국의 땅에 있던 불함산이 되는데, 실제 숙신씨의 나라는 단군조선의 제후국으로서 송화강 동쪽과 북쪽지역 에 있던 나라가 되어, 정확히 어느 산을 가리키는지는 불명하다.

백민국은 성(城)에 해당하는 백민성(白民城)을 나라(國)로 부른 것이 되는데, 숙신국이 백민성의 북쪽에 위치하였던 것이 된다. 서기전 426년에 우화충(于和冲)의 난이 일어나자 물리(勿理) 천왕의 명을 받아 난을 진압한 구물(丘勿)이라는 인물이 백민성(白民城) 욕살(褥薩)이었다라고 기록된다.

숙신국(肅愼國)을 지금의 백두산을 포함한 만주(滿洲) 지역을 통칭한 용어라면 불함산(不咸山)이 백두산(白頭山)일 가능성이 있으나, 백민성(白民城)이 진한(眞 韓) 땅에 있었던 것이 분명한 것으로 보아 백민성은 숙신과 옥저(沃沮)의 사이 또는 옥저의 땅에 위치하였던 것이 되는 바, 여기서 말하는 불함산은 단군조선 진한의 제 후국이던 숙신국(肅愼國) 지역에 있었던 것이 된다.

한편, 서기전 2333년 10월 3일에 개국된 단군조선의 수도가 숙신(肅愼)의 땅에 속하는 송화강 아사달(阿斯達)이 되는 바, 전기 단군조선을 대칭(代稱)으로 숙신이

라 할 수도 있어 여기서 말하는 불함산이 백두산임을 배제할 수는 없다. 서기전 1285년에 시작된 후기 단군조선의 수도가 부여(扶餘) 땅인 상춘(常春)의 백악산아 사달(白岳山阿斯達, 鹿山)에 있어 후기 단군조선을 그냥 부여(扶餘)라고 부를 수 있는 것과 같은 이치가 된다.

웅상에서 무엇을 취하였다라고 적은 것은, 또 다른 중국 측 기록인 진서(晋書) 동이전(東夷傳)을 보면 알 수 있게 되는데, 진서 동이전에는 웅상(雄常)이 아닌 낙상(雒常)으로 적고 있으며, 낙상은 웅상을 오기한 것이 명백하게 된다.

진서 동이전의 기록은 아래와 같다.

숙신씨에 나무가 있어 낙상이라 부르며, 만약 중국(中國)에서 성제(聖帝)가 대(代)를 이어 즉위함이 있으면, 그 나무의 날가죽으로 가히 옷을 해 입을 만 하였다.

(肅愼氏 有樹 名雒常 若中國 有聖帝代立 則其木生皮可衣).

중국에서 대를 이어 즉위한다는 것은 중국이라는 나라에서 임금자리를 잇는 경우를 가리키는데, 산해경의 해외서경에 기록된 8대제(代帝)가 진서 동이전에서 말하는 성제(聖帝)로서 대를 이어 즉위하는 임금이 된다.

8대제(代帝)는 고대중국의 대를 이은 임금 즉 천자(天子)로서, 소위 삼황오제와 하은주의 시조 왕을 가리킨다. 즉 태호복희(太皞伏義), 염제신농(炎帝神農), 황제헌원(黃帝軒轅)의 소위 삼황(三皇)과, 소호금천(少昊金天), 전욱고양(顓頊高陽), 제곡고신(帝嚳高辛), 요(堯), 순(舜)의 소위 5제(帝)와, 하(夏)나라 시조 우(禹), 은(殷, 商)나라 시조 탕(湯), 주(周) 나라 시조 무왕(武王)을 가리키는 것이 된다.

다만, 이 8대제(代帝)가 소위 삼황오제(三皇五帝)의 여덟 임금을 가리키는 것인지, 아니면 소위 오제(五帝)와 하은주(夏殷周) 3대(代)의 건국시조 왕(王)을 가리키는지가 불명하다. 물론 단군조선 시대의 제후국이 되는 숙신(肅愼)이라는 말에서 단군조선 시대를 가리키는 것이 되어 요순(堯舜), 하은주(夏殷周) 시대에 해당하는 것으로 볼 수 있게 된다.

8대제(八代帝)를 서기전 3500년경 인물인 태호복희(太皞伏羲), 서기전 3200년경 인물인 염제신농(炎帝神農), 서기전 2698년경 인물인 황제헌원(黃帝軒轅)의 소위 삼황(三皇)과, 황제헌원 이후 황제헌원의 나라, 유웅국(有熊國)를 이은 소호금천(少昊金天), 전욱고양(顓頊高陽), 제곡고신(帝嚳高辛), 요(堯), 순(舜)의 소위 5제(帝)로 보면, 배달나라 시대와 단군조선 초기에 해당한다.

한편, 서기전 2698년 이후의 소위 5제(帝)와 서기전 2224년의 하(夏)나라 시조 우(禹), 서기전 1766년의 은(殷, 商)나라 시조 탕(湯), 서기전 1122년의 주(周) 나라 시조 무왕(武王)을 합하여 8대제(代帝)라 한 것이라면, 배달나라 말기와 단군조선 시대가 된다.

여기서 황(皇)은 제(帝)와 거의 통하는 자리로서 함께 써서 황제라고도 하는데, 왕(王)은 황(皇)과 같거나 아래이며 제(帝)의 아래 자리로서, 왕을 극존칭하지 않는 한 결코 황제(皇帝)라고 하지 않으며, 만약 왕(王)이 스스로 황제(皇帝)라고 칭한다면 대역죄(大逆罪)에 해당한다.

숙신국(肅愼國)은 단군조선 초기에 이미 봉해진 제후국(諸侯國)으로서 요순(堯舜) 시대에도 존재하였던 것이며, 원래 산해경(山海經)이라는 책이 순(舜)임금의 신하이던 사공(司空) 우(禹)가 서기전 2267년 단군조선의 태자 부루(太子扶婁)가 주관(主管)한 도산회의(塗山會議)에서 치수법(治水法)을 전수받고서 우공(虞貢)의 사례(事例)로서 서기전 2267년부터 서기전 2247년 사이 약 20년간에 우(禹)와 백익(伯益)이 치산치수(治山治水)와 관련하여 산천(山川)의 지리(地理)와 특산물(特産物) 등을 조사하여 엮은 책이 된다.

그리하여 산해경이 처음 엮어진 시기를 고려하면, 이 시대는 순임금 시대가 되어 8대제는 순임금 이전의 임금이 되어 소위 삼황오제(三皇五帝)를 가리키는 것이 되는 것이다.

나무의 생 껍질로 옷을 해 입을 만하였다라는 것은, 즉위 의식으로서 박달나무 즉 웅상(雄常)의 나무 껍질로 옷을 해 입었다라는 것이 되고, 이는 고대 중국의 소위 삼황오제가 배달나라와 단군조선 천국(天國)의 제후(諸侯)가 되는 천자(天子)임을 단적으로 나타내는 글이 된다.

즉, 제후는 임금으로부터 봉해지는 직책이다. 그리하여 천자(天子)는 천국(天國)의 천왕(天王)이나 천제(天帝)로부터 봉해지는 봉작(封爵)의 하나로서 곧 자작(子爵)이 된다.

상국(上國)이나 중앙조정(中央朝廷)의 임금을 천왕(天王), 천제(天帝)라 한다. 즉 왕(王)의 상국의 임금은 천왕(天王)이 되고 제(帝)의 상국의 임금은 천제(天帝)가 되는 것이다.

천자(天子)는 일반적으로 천하 왕(天下王)이 된다. 즉 천상(天上)의 왕인 천군(天君), 천왕(天王), 천제(天帝)와는 다르며, 천하(天下) 즉 지상의 인간세계 또는 지방(地方)의 왕이 되는 것이다.

천자(天子)와 천군(天君)은 단적으로 하늘나라의 자작(子爵)과 군(君)으로서 하늘과 땅 차이가 있는 것이 되며, 하늘에 직접 제사를 지낼 수 있는 권한(權限)이 천군(天君)에게는 있으나 천자(天子)에게는 없으며, 천자는 다만 명(命)을 받아 행하거나 봉선(封禪)을 행할 뿐이다. 일반 제후로서 공(公), 후(侯), 백(伯), 자(子), 남(男)이 있으며, 이들의 앞에 천(天)이라는 글자를 붙이면 곧 하늘나라(天國)이나 상국(上國) 또는 중앙조정의 제후들이 되는 천공(天公), 천후(天侯), 천백(天伯), 천자(天子), 천남(天男)이 되는 것이다.

단군조선의 단군을 제(帝)라고 적을 때는 진짜 천국(天國) 즉 하늘나라의 임금은 천제(天帝)라고 하며, 단군조선의 비왕(裨王)인 마한(馬韓)과 번한(番韓)의 임금을 왕(王)이라고 할 때는 진한(眞韓)의 임금은 천왕(天王)이 되는 것이다. 특히 단군왕검은 천왕에 해당하는 진한 태자 부루를 봉하였으므로 천제(天帝)라 받드는 것이 된다. 천제(天帝)는 인격신(人格神)에 해당하고 천신(天神)은 자연신에 해당한다.

즉 천제(天帝)는 천신(天神)의 화신(化身)인 것이다.

특히 고대중국의 소위 삼황오제(三皇五帝)와 후대의 왕(王)들은 스스로 천자(天子)라고 칭하였다. 즉 스스로 하늘나라에서 봉해진 자작(子爵)으로서 천하의 왕을 자칭한 것이다. 이는 곧 고대중국의 임금이 되는 소위 삼황오제(三皇五帝)가 모두 상국(上國)이 되는 배달나라(檀國)와 단군조선(檀君朝鮮)의 제후로서 봉해진 천하(天下) 즉 지방(地方)의 왕이 되는 것이다.

태호복희는 한웅천왕(桓雄天王)의 아들로서 천군(天君)에 해당하고, 나머지 염제신농 이하 요순(堯舜)까지는 모두 일반 천자(天子)에 해당한다. 천자(天子)를 극존칭 하여 태상천자(太上天子) 등은 몰라도 천왕(天王)이라고 칭하거나 부를 수 없으며, 만약 이와 같이 참칭(僭稱)하거나 부르는 경우에는 상국(上國)의 천왕(天王)을 모독하는 대역죄를 짓는 것이 된다.

공자(孔子)는 예기(禮記)에서 천자(天子)가 제후를 시키어 산천에 제를 올릴 축문에 천왕이라 쓰고 또 붕(崩)하면 천왕(天王)이라 존칭한다고 적고 있으나[2], 단군조선의 천왕(天王)이 엄연히 존재하던 시기이므로 예(禮)에 어긋나는 것이 되며 대역죄에 해당하는 것이다. 천자(天子)가 죽으면 태상천자(太上天子)라 하거나 천자(天子)보다 높은 천공(天公), 천후(天侯), 천백(天伯)이라 함은 몰라도 위계질서를 벗어나 함부로 천왕(天王)이라 함은 가당치 않은 것이 된다. 이로써 공자(孔子)는 주(周) 나라 천자(天子)를 감히 천왕(天王)이라 치켜세우고 천자가 천왕의 제후임을 망각시킨 핵심중화주의자(核心中華主義者)로 낙인찍히는 것이며 신선불사 예의군자(神仙不死禮義君子)의 나라인 단군조선 구이(九夷)를 감히 글로써 모독(冒瀆)한 자가 되는 것이다.

임금이 제후를 봉함에는 일정한 의식(儀式)을 거행한다. 그리하여 천자(天子)를 봉함에도 의식을 치르는 것이 된다. 즉, 배달나라와 단군조선의 천왕(天王), 천제

---

2) 김영수 역해, 예기(상) 〈곡례 하〉, 한국협동출판공사, 1983, 63쪽 참조

(天帝)가 천자(天子)를 봉하면서 옷을 해 입힌 것이다. 그 옷의 옷감이 곧 웅상(雄常)인 박달나무의 생껍질이라는 것인데, 웅상(雄常)은 곧 신단수(神檀樹)인 바, 나무껍질은 이 신단수에 걸쳐진 삼색(三色), 오색(五色) 등의 천연색 옷감을 비유적으로 기록한 것이 되어, 가히 옷을 해 입을 만 하였다라고 적은 것은, 웅상에 걸쳐진 옷감으로써 천자(天子)에게 하사(下賜)하는 옷을 만들었다는 것을 나타낸 것이 된다.

(2) 국자사부 유위자(有爲子)의 헌책(獻策)

서기전 1891년 경인년에 국자사부(國子師傅)로 있던 유위자(有爲子)가 계책을 바쳐 올려 말하기를,

"생각건대, 우리 신시(神市)는 한웅의 개천(開天) 때로부터 무리를 받아들여 온전한 사람이 되게 하는 것을 계율(戒律)로 세워서 교화(敎化)하였으되, 천경(天經)과 신고(神誥)는 조칙(詔勅)에 의하여 위에서 짓고, 의관(衣冠)과 대일(帶鈒)은 아래로 즐거이 본을 보였으니, 백성들은 죄를 짓지 않고 함께 다스려져 들에는 도둑이 없어 저절로 편안하며, 온 세상의 사람들은 질병이 없어 스스로 오래 살고, 굶주림 없이 스스로 넉넉하며, 산에 올라 노래를 부르고, 달을 맞아하여 춤을 추매, 멀리까지 이르지 아니한 곳이 없고 흥하지 아니한 곳이 없었으니, 덕의 가르침은 만 백성들에게 더하여 노래하는 소리가 사해(四海)에 넘쳤사옵니다. 이러한 청이 있사옵니다.

(惟我神市 實自桓雄 開天納衆 以佺設戒 而化之 天經神誥詔述於上 衣冠帶鈒樂効於下民 無犯而同治 野無盜而自安 擧世之人 無疾而自壽 無歉而自裕 登山而歌 迎月而舞 無遠不至 無處不興 德敎加於萬民 頌聲溢於四海 有是請)."

하였다.3)

국자사부(國子師傅)는 국자랑(國子郎)의 사부(師傅)를 가리킨다. 단군조선 시대에 국자랑이라는 기관이 있었던 것이 되는데, 고려(高麗) 시대에도 같은 제도가 있었다. 신라시대의 화랑(花郎)이라는 제도에 해당한다. 국자랑은 글자 그대로 왕족이나 귀족들의 자제들을 대상으로 하여 심신수련(心身修練)으로 교육시키는 기관이 된다.

천제(天帝)의 아들이 천제자(天帝子)이며 천왕랑(天王郎)이 되는데, 한웅천왕(桓雄天王)이 한인(桓因) 천제(天帝)의 아들로서 천왕랑(天王郎)이었으며 천웅(天雄)이기도 한데, 서자부(庶子部) 대인(大人)으로 직을 수행하다가, 서기전 3897년 경에 한인천제의 명(命)을 받아 호족(虎族)과 웅족(熊族)의 난(亂)을 진압하고 재세이화(在世理化), 홍익인간(弘益人間) 세상을 펼친 것이 된다.

서기전 239년에 백악산아사달을 차지한 해모수(解慕漱)가 천왕랑(天王郎)이라 칭하며 실질적인 천왕(天王) 노릇을 하였는데, 이 천왕랑이 곧 천왕(天王)의 자격(資格)이 있는 천제(天帝)의 아들이라는 것이다. 천제(天帝)는 단군조선의 천왕(天王)을 존칭한 것이 되며, 하늘로 돌아가신 천왕(天王)을 천제(天帝)라 부르는 것이 되기도 한다.

천경(天經)은 천부경(天符經)을 가리킨다. 천부경은 무극(無極), 천지인(天地人) 삼태극(三太極), 다시 무한순환하며 변화하는 무극(無極)의 원리로써 역(易)의 원리를 가르쳐 주고 있는 81자로 된 소위 조화경(造化經)이다. 신고(神誥)는 삼일신고(三一神誥)를 가리키며 천지인의 정의와 천지인 합일의 원리를 가르쳐 주고 있는 366자로 된 소위 교화경이다. 이 천부경과 삼일신고는 참전계경(參佺戒經)과 더불어 늦어도 한국(桓國) 시대의 중기가 되는 서기전 6200년경 이전에 정립된 것으로 된다.

배달나라 시대에 이미 갓을 쓰고 칼을 차고 다닌 것이 된다. 갓은 머리에 쓰는 모

---

3) 전게 한단고기 〈단군세기〉, 81~82쪽 참조

자인데, 벼슬(冠)하는 사람임을 나타내는 것이 된다. 일반백성들이 차고 다니는 칼은 진검(眞劍)이 아니라 무딘 칼로서 심신수련을 위한 칼이 된다.

특히 갓(冠)은 단군조선 시대의 화폐가 되는 소위 명도전(明刀錢)에 글자로 새겨져 있기도 하다. 아마도 절풍이라고 불리는 것처럼 새의 깃(羽)을 갓(冠)의 옆쪽에 꽂았던 것으로 보인다.

백성들은 죄를 짓지 않고 함께 다스려져 들에는 도둑이 없어 저절로 편안하며, 온 세상의 사람들은 질병이 없어 스스로 오래 살고, 굶주림 없이 스스로 넉넉하며, 산에 올라 노래를 부르고, 달을 맞이하여 춤을 추매, 멀리까지 이르지 아니한 곳이 없고 흥하지 아니한 곳이 없었으니, 덕의 가르침은 만 백성들에게 더하여 노래하는 소리가 사해(四海)에 넘쳤다 하는 것에서, 배달나라 시대는 법은 있으나 법이 필요 없으며, 심신수련으로 건강을 유지하고, 농사법으로 풍년이 들어 풍족한 생활을 하며, 풍월(風月)을 즐기던 지상낙원(地上樂園)과 다름없는 홍익인세(弘益人世)였음을 알 수 있게 한다.

이와 같이 국자사부 유위자는 도해 천왕께 배달나라 시대에 행해진 교화(敎化)와 덕치(德治)를 본 받자고 방책(方策)을 올린 것이 된다. 이리하여 이후 도해(道奚) 천왕께서는 대시전(大始殿)을 건립하여 배달나라 시조 한웅천왕(桓雄天王)의 상(像)을 걸고 거발한(居發桓)이라고 부르며, 천지인(天地人)의 큰 도(道)와 큰 일(事)을 칭송하고, 한웅천왕의 교화(敎化)와 덕치(德治)를 칭송하였던 것이며, 이를 돌에 새겨 후세에 영원토록 전해지게 하였던 것이다.

(3) 대시전(大始殿) 건립

서기전 1891년 경인년 겨울 10월에 명을 내려 대시전(大始殿)[4]을 세우도록 하고 매우 장려하도록 하였다. 옛 천제한웅(天帝桓雄)의 상(像)을 받들어 모셨는데,

---

4) 대시(大始)는 크게 시작하였다는 뜻이 되는데, 한웅천왕의 개천(開天)이라는 의미가 된다.

머리 위에는 광채가 번쩍여 마치 큰 해와 같았으니 둥근 빛이 있어 온 우주를 비추며, 박달나무 밑 한화(桓花)의 위에 앉아 계셔 진짜 신(神)과 같았으니 둥근 원의 중심이 있어 천부인(天符印)을 지니셨으며, 대원일(大圓一)의 그림을 누전(樓殿)에 표(標)하여 걸어 놓으니 이를 일러 거발한(居發桓)이라 하였다. 사흘 동안 재계하고 이레 동안 강연(講演)연하시니 위풍(威風)이 사해(四海)를 움직이듯 했다.[5]

그 기원하는 마음을 표(標)한 글에 이르되,

"하늘은 현묵(玄黙)으로써 그 큰 도(道)는 보원(普圓)으로, 그 큰 일은 진일(眞一)로 삼고,

땅은 축장(蓄藏)으로써 그 큰 도(道)는 효원(効圓)으로, 그 큰 일은 근일(勤一)로 삼고,

사람은 지능(知能)으로써 그 큰 도(道)는 택원(擇圓)으로, 그 큰 일은 협일(協一)로 삼으니,

그리하여 일신강충(一神降衷)하고 성통광명(性通光明)하며 재세이화(在世理化)하고 홍익인간(弘益人間)한다.

(天以玄黙 爲大其道也 普圓 其事也 眞一 地以畜藏 爲大其道也 効圓 其事也 勤一 人以知能 爲大其道也 擇圓 其事也 協一 故 一神降衷 性通光明 在世理化 弘益人間)."하였다.[6]

이에 이 글을 돌에 새겼다.

이와 같이 단군조선 제11대 도해(道奚) 천왕은 국자랑의 사부(師傅) 유위자(有

---

5) 전게 한단고기 〈단군세기〉, 83~84쪽 참조
6) 전게 한단고기 〈단군세기〉, 83~84쪽 참조

爲子)의 헌책을 받아들여 배달나라 개천시조 한웅천왕(桓雄天王)의 교화(敎化)와 덕치(德治)를 본받아 홍익인간의 낙원시대를 만들기 위하여, 한웅천왕을 기리기 위하여 대시전(大始殿)을 건립하도록 하고, 몸소 개천교화(開天敎化)의 원리인 천지인(天地人)의 도(道)에 관한 강연을 하였다.

대시전(大始殿)은 홍익인간 세상을 실현하기 위하여 크게 시작한 한웅천왕을 모신 신전(神殿)이다. 불교(佛敎)로 말하면 사찰(寺刹)의 대웅전(大雄殿)에 해당한다. 원래의 역사로 따진다면, 원래 절(寺)이라는 곳은 시간에 맞추어 업무를 보면서 삼성(三聖) 또는 삼신(三神)에게 기도하는 곳으로서 삼성각(三聖閣) 또는 삼신각(三神閣)이 있는 곳이다.

서안 태백산 정상에 원시천존을 모신 사당에 걸린 현판 代天宣化 기산 설성태가 쓰고, 기산 고진 제자가 바쳤다라고 적고 있다.

즉, 불교가 들어오기 이전에는 우리 역사에서 홍익인간 세상을 실현하여 지상낙원을 만드신 한국(桓國)의 한인(桓因), 배달나라 개천시조 한웅(桓雄), 단군조선 개국시조 단군왕검(檀君王儉) 즉 삼성(三聖)의 초상화를 받들어 모시고 기리며 절(拜)하던 곳인 것이다. 또 삼성(三聖)으로서 하늘로 돌아가시어 삼신(三神)이 되셨으니, 마고(麻姑) 이후 황궁(黃穹), 유인(有因), 한인(桓因), 한웅(桓雄), 치우(治尤), 단군왕검을 삼신(三神)으로 모시는 것이다.

머리 위에는 광채가 번쩍여 마치 큰 해와 같았으니 둥근 빛이 있어 온 우주를 비추었다는 것은, 한웅천왕이 도를 깨달은 각자(覺者) 즉 부처임을 나타내는 것이며, 박달나무 밑 한화(桓花)의 위에 앉아 계셔 진짜 신(神)과 같았으니 둥근 원의 중심이 있어 천부인(天符印)을 지니셨다는 것은, 배달나라를 처음 시작한 박달나무 아래 무궁화 꽃이 만발한 단(壇)위에 앉아 계시는 모습이 마치 천상(天上)의 신(神)이

하강한 모습이며, 천부삼인(天符三印)을 상징하는 원방각(圓方角)의 도형(圖形)을 그린 표식을 지니셨다는 것이다.

천부인(天符印)은 곧 천부삼인(天符三印)인 바, 도형(圖形)으로는 하늘, 땅, 사람을 상징하는 원방각(圓方角)이며, 증거물(證據物)로는 거울, 방울 또는 북, 칼이며, 말씀으로 된 가르침으로는 천부경(天符經), 삼일신고(三一神誥), 참전계경(參佺戒經)이 된다.

천부삼인의 증거물이 되는 거울, 방울 또는 북, 칼은 그 역할의 상징성으로 인하여 배달나라 정치기구로서는 풍백, 우사, 운사에 해당한다. 즉 거울, 방울 또는 북, 칼은 홍익인간 세상을 실현하는 데 필요한 권한을 부여한 부인(符印) 즉 증거물인 것이다.

거울은 천성(天性), 방울이나 북은 천음(天音)으로서 천법(天法), 칼은 천권(天權)을 상징한다. 즉, 거울은 하늘과 하늘의 대표격인 태양(太陽)이자 천성(天性)인 인간의 본성(本性)을 상징하며 항상 본성을 되돌아보라는 의미를 가지고 있으며 여기에 하늘의 법 즉 천법(天法)을 새기고, 방울 또는 북은 하늘의 소리 즉 천음(天音)으로서 이치에 따르는 하늘의 법 즉 천법(天法)을 상징하며 하늘의 법을 실행함을 의미하고, 칼은 천성(天性)을 어기어 천법(天法)에 위반하는 악행(惡行)을 처단하는 천권(天權)을 상징하며 세상을 바로 잡는다는 의미를 지닌다.

이리하여 거울은 나라의 법을 세우는 입법관(立法官)인 풍백(風伯), 방울이나 북은 법을 시행하는 행정관(行政官) 또는 시정관(施政官)인 우사(雨師), 칼은 법을 위반하는 악행자를 처단(處斷)하는 사법관(司法官)인 운사(雲師)를 각 상징하는 것이다.

한웅천왕은 홍익인간 세상을 실현하기 위하여 하늘나라 즉 한국(桓國)의 가르침을 폈으니, 곧 천부경, 삼일신고, 참전계경이다. 천부경(天符經)은 하늘과 땅과 사람이 원래 하나이며 하나로 되돌아가는 역(易)의 원리를 81자로 가르치며, 삼일신고(三一神誥)는 하늘과 땅과 사람이 무엇이며 사람이 하늘과 땅과 하나가 되는 법을 366자로 가르치고, 참전계경(參佺戒經)은 하늘의 법과 땅의 법과 인간세상의 법에 합치하는 완전한 인간이 되는 가르침을 366조목으로 가르치는 경전(經典)이다.

한웅천왕의 상(像)을 그린 대원일(大圓一)의 그림을 누전(樓殿)에 걸고 거발한(居發桓)이라 하였는데, 대원일(大圓一)은 보원(普圓), 효원(效圓), 택원(擇圓)의 삼원(三圓)을 하나로 이르는 것이며, 거발한은 크게 밝고 환하다는 의미로서 한웅천왕을 가리키는 것이 된다. 일신(一神)이 내리어 속이 충만하시고(一神降衷), 천성(天性)이 통하여 밝고 밝으며(性通光明,) 천지인의 이치로서 세상을 다스려(在世理化), 홍익인간(弘益人間) 세상을 펼치신 천웅천왕(桓雄天王)이 곧 세상을 밝히는 광명(光明) 그 자체인 것이다.

(4) 마한(馬韓) 대성산(大聖山)의 대시전(大始殿) 건립

서기전 1891년 경인년 마한(馬韓) 아화(阿火) 시대에, 때에 도해(道奚) 천왕이 바야흐로 뜻을 세워 개화평등(開化平等)을 다스림으로 삼았으며, 명을 내려 대시전(大始殿)을 대성산(大聖山)에 세우고 큰 다리를 대동강(大同江)에 세웠으며, 삼홀(三忽)로 전(佺)을 삼아 경당(扃堂)을 설치하여 칠회제신(七回祭神)의 의식(儀式)을 정하고 삼륜구서(三倫九誓)의 가르침을 강론(講論)하게 하니 한도(桓道) 문명(文明)의 번성함이 나라 밖까지 들렸다.[7]

도해(道奚) 천왕은 마한(馬韓) 아화(阿火)에게 명하여 마한의 수도인 백아강(白牙岡) 지역의 대성산(大聖山)에 한웅천왕(桓雄天王)을 모신 대시전(大始殿)을 세우게 하고 대동강(大同江)에 다리를 놓게 하였다. 이는 한웅천왕 시대의 홍익인간 세상을 그대로 재현하고자 하는 의지의 발로였던 것이 된다.

삼홀을 기준으로 미혼의 자제들을 모아 참전(參佺)의 도(道)를 닦게 하는 전(佺)

---

7) 전계 한단고기 〈태백일사/단군세기〉, 207~208쪽 참조

을 삼아 소도(蘇塗)를 설치하고, 소도 옆에는 경당(扃堂)을 설치하여, 소도에서는 칠회제신(七回祭神)의 의식을 행하고 경당에서는 삼륜구서(三倫九誓)를 비롯하여 6예(藝)를 닦게 함으로써 홍익인간 문명이 번성하게 되었던 것이 된다.

삼홀(三忽)은 즉 세 고을(골, 忽, 卒)을 의미하며, 홀은 대략적으로 지금의 군(郡) 단위의 크기가 되는 지역이 된다. 즉 일정 단위의 지방에 소도를 설치하고 그 옆에 경당을 설치하여 미혼의 자제로 하여금 소도제천의 의식을 행하게 하고 심신수련을 하게 하였던 것이다.

심신수련의 실체적인 과목으로는, 경당에서 육예(六藝)로 닦던 독서(讀書), 습사(習射), 치마(馳馬), 예절(禮節), 가악(歌樂), 권박일술(拳撲釖術)이다.8) 몸과 마음을 함께 수련하는 과목인데, 습사는 활쏘기 익히기로서 이(夷)라는 글자와 곧바로 통하며, 예절(禮節)로써 예의지국(禮儀之國)임을 바로 알 수 있다.

또, 활쏘기인 습사와 말달리기인 치마와 주먹치기인 권박과 무딘 칼로 익히는 검술(劍術)인 일술로써 무예(武藝)를 숭상하였음을 알 수 있으며, 가악으로써 노래와 음악을 중시하고 즐겼음을 알 수 있는 바, 단군조선 시대에 나라의 기둥이 될 청소년들이 심신수련(心身修練)으로 문무(文武)와 음악적 예술을 겸비하였다는 것을 알 수 있다.

소도(蘇塗)에서 치르는 칠회제신(七回祭神)의 의식은, 한국(桓國) 시대에도 행해지던 것을 한웅천왕(桓雄天王)이 배달나라를 열고 재현(再現)하였던 것이 되는데, 일월수화목금토(日月水火木金土)라는 칠성신(七星神)에게 하루하루 제(祭)를 올리는 의식인 것이다.

즉, 첫날은 태양신인 일신(日神)에게, 둘째 날은 달신인 월신(月神)에게, 셋째 날은 수성신인 수신(水神)에게, 넷째 날은 화성신인 화신(火神)에게, 다섯째 날은 목성신인 목신(木神)에게, 여섯째 날은 금성신인 금신(金神)에게, 일곱째 날은 토성신

---

8) 전게 한단고기 〈태백일사/삼신오제본기〉, 159쪽 참조

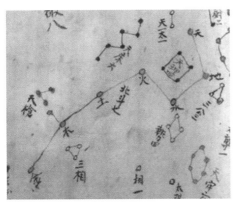

북두칠성에 배치된 일월화수목금토−천지수화토목금
〈천문유초〉

인 토신(土神)에게 제(祭)를 올리는 것이다.9) 일월수화목금토의 기(氣)를 소위 음양오행(陰陽五行)이라 한다. 기(氣)는 신(神)의 작용으로서 만물(萬物)의 생장소병몰(生長消病歿) 등 변화(變化)의 원천(源泉)이다.

경당에서 가르침을 받는 삼륜구서(三倫九誓)는 세 가지 윤리와 아홉가지 맹서를 가리키는데, 배달나라 시대에 이미 행해졌던 덕목들이다.

세 가지 윤리덕목인 삼륜은, 가정에서는 부모에게 효(孝)를 다하고, 사회에서 배움에서는 스승의 가르침을 믿고 따르며, 나라에서는 군신간의 충의(忠義)를 다한다는 도(道)를 말하며, 곧 군사부(君師父) 일체의 도(道)를 지향한다.

아홉 가지 지키고 행할 맹서(盟誓)의 덕목인 구서(九誓)는, 가정에서 효(孝)를 다하고, 형제간에 우애(友愛)있고, 스승과 벗과는 믿음(信)이 있으며, 나라에는 충성(忠誠)하고, 무리에게는 겸손(謙遜)하며, 정사(政事)에는 밝게 알고(明知), 전쟁터에서는 용감(勇敢)하며, 몸과 행동에는 청렴(淸廉)하며, 맡은 일에는 의로움(義)을 다한다는 것이다.10)

삼륜구서의 덕목은 오늘날에도 가정과 사회와 국가가 존재하는 한 가정과 사회와 국가의 구성원으로서 반드시 실천해야할 귀중한 윤리의 덕목이기도 하다. 이러한 인간윤리의 덕목으로서 삼륜구서가 한웅천왕이 배달나라를 세우고 하늘을 연 때부터 이어져 온 배달조선의 윤리강령이었던 것이다.

---

9) 전게 한단고기 〈태백일사/신시본기〉, 174~175쪽 참조
10) 전게 한단고기 〈태백일사/소도경전본훈〉, 250~255쪽 참조

여기에서 효충신용인(孝忠信勇仁)의 삼한오계(三韓五戒)가 나오며[11], 사친이효(事親以孝), 사군이충(事君以忠), 교우이신(交友以信), 임진무퇴(臨陣無退), 살생유택(殺生有擇)이라는 고구려 시조 고주몽 성제(高朱蒙聖帝)의 다물오계(多勿五戒)와 신라 화랑도(花郎道)의 세속오계(世俗五戒)가 나오는 것이며, 하은주(夏殷周) 시대에 홍익인간(弘益人間)의 덕치(德治)를 실현하던 단군조선(檀君朝鮮)의 문화적 영향 아래에서 형성된 인간윤리(人間倫理)가 춘추시대 공자(孔子)와 한(漢), 송(宋)을 거치면서 소위 유교(儒敎)의 삼강오륜(三綱五倫)으로 정립된 것이다.

대시전(大始殿)을 건립하고 삼홀(三忽)로 전(佺)을 삼아 소도(蘇塗)를 설치하고 경당(扃堂)을 설치하여 칠회제신(七回祭神)의 의식을 행하며 삼륜구서(三倫九誓)를 닦고 6예(藝)를 익히는 등 심신수련(心身修練)으로 문명을 부흥시키니, 한도(桓道) 문명(文明)의 번성함이 나라 밖까지 들렸다 하는 바, 그리하여 곧 이어 하(夏)나라의 왕 근(厪)이 마한(馬韓)에 사신을 보내어 방물을 바쳤던 것이다.

한도(桓道)는 한배달조선(桓檀朝鮮)의 재세이화(在世理化), 홍익인간(弘益人間) 등 도(道) 문명(文明)을 가리킨다. 하(夏)나라가 마한(馬韓)에 조공을 한 것으로 보아 하나라는 천왕격의 나라가 되는 마한보다 아래인 천자국(天子國)임이 드러나는 셈이다. 즉 하나라는 마한, 번한의 아래에 해당하는 일반 제후국에 불과한 것이 된다. 다만, 지역적으로 멀리 떨어져 있고 수시로 반역한 역사가 있는 나라이긴 하지만, 단군조선의 영향에서 완전히 자유로울 수는 없었던 것이 된다.

(5) 하왕(夏王) 근(厪)이 마한(馬韓)에 조공(朝貢)하다

서기전 1891년 경인년에 하나라 왕 근(厪)이 사신을 보내 마한(馬韓)에 방물(方

---

11) 전게 한단고기 〈태백일사/삼신오제본기〉, 159쪽 및 〈태백일사/고구려국본기〉, 263쪽 및 을파소 전수, 참전계경 총론 참조

物)을 바쳤다.[12]

하나라 왕 근(廑)은 제14대 왕으로서 서기전 1900년부터 서기전 1879년까지 21년간 재위에 있었는데, 하나라의 수도였던 언사(鄢師)에서 보아 마한(馬韓)은 번한(番韓)보다 바다 멀리 떨어진 것이 되는데, 마한에 사신을 보낸 것으로 보아 배를 타고 간 것으로 보인다.

우(禹)가 단군조선에 반역함으로써 하(夏)나라 건국시조가 된 이후에 단군조선에 조공(朝貢)을 한 예로는 서기전 2133년에 제4대 오사구(烏斯丘) 천왕 시절에 해당하는 하나라 제5대왕 상(相) 시대와, 서기전 2077년 번한(番韓) 호갑(虎甲) 시절에 해당하는 하나라 제7대왕 소강(少康) 시대와, 서기전 1891년 마한(馬韓) 아화(阿火) 시절에 해당하는 하나라 제14대왕 근(廑)의 시대가 되는데, 그 외에도 교류 내지는 조공의 역사가 많이 있었던 것이 분명하다고 본다.

이처럼 하(夏)나라가 단군조선 진한(眞韓)이나 번한(番韓) 또는 마한(馬韓)에 조공을 한 것으로 보아, 하나라 스스로 단군조선의 제후격인 천자국(天子國)임을 깨닫고 예(禮)를 갖춘 것이 되며, 이로써 하나라는 안으로 정세가 안정되었던 측면이 있었던 것이다.

(6) 번한(番韓) 탕지산(湯池山)에 삼신단(三神壇)을 쌓다

서기전 1891년 경인년에 번한(番韓) 계전(季佺)이 도해(道奚) 천왕의 명을 받아 탕지산(湯池山)에 삼신단(三神壇)을 설치하고 관리들의 집을 이사하게 하였는데, 탕지(湯池)는 옛 안덕향(舊安德鄉)이다.[13]

이때 탕지산에 삼신단을 설치하고 번한의 수도로 삼은 것으로 추정되는데, 탕지(湯池)를 구안덕향(舊安德鄉)이라 하고 있으니, 탕지를 수도로 삼은 이후에 삼은 안

---

12) 전게 한단고기 〈태백일사/삼한관경본기〉, 207~208쪽 참조
13) 전게 한단고기 〈태백일사/삼한관경본기〉, 220~221쪽 참조

덕향은 번한(番韓)의 오덕지(五德地)인 오경(五京) 중에서 중경(中京)에 해당하는 개평(開平)이 된다. 개평은 지금의 고하(沽河)와 난하(灤河) 사이에 위치하는 당산(唐山) 부근에 있다.

번한(番韓)의 수도는 서기전 2333년 단군조선 개국 당시에는 난하 동쪽에 위치한 험독(險瀆)에 두어 동경(東京)에 해당하며, 서기전 2311년 순(舜)이 요(堯)임금에게 등용된 뒤 3년차가 되는 때에는 산동반도의 남쪽에 있던 낭야성(琅耶城)을 개축하여 가한성(可汗城)이라 하여 남경(南京)으로 남은 것이 된다.

또, 서기전 2049년 상춘(常春)의 구월산(九月山)에서 하늘에 제를 올리고 신지(神誌) 발리(發理)가 서효사(誓效詞)를 지은 때에는 번한의 수도가 안덕향(安德鄕)14)인 개평(開平)으로 중경이 되며, 탕지는 구안덕향이므로 서기전 2049년 이전에 수도로 삼았던 적이 있는 곳으로서 북경(北京)에 해당하는 것이 되고, 다시 서기전 1891년에 탕지를 수도로 삼은 것이거나 삼신(三神) 제천단(祭天壇)을 둔 곳이 된다.

그리고 번한 수도인 오덕지의 하나가 되는 서경(西京)으로는 고구려 요서10성 중의 하나인 한성(韓城)이 되는 한성(汗城)이 거의 틀림없다. 서기전 323년에 연(燕)나라가 왕을 칭할 때 번한의 읍차(邑借)이던 기후(箕詡)가 스스로 번조선왕이라 칭하며 보을(普乙) 천왕에게 윤허를 구할 때, 처음에는 번한성(番汗城)에 머물며 연(燕)나라에 대비하였다 하는데, 이 번한성(番汗城)이 한성(汗城)15)을 가리키는 것이 분명하다고 본다. 만약 당시 번조선의 수도였던 험독(險瀆)에 머물며 연(燕)나라에 대비하였다면 굳이 번한성(番汗城)이라 할 이유가 없다고 보이는 것이다.

그리하여 번한의 오경(五京)은 서기전 2333년, 2311년을 거쳐 2049년 이전에 약 300년 사이에 정립(定立)된 것으로 되며, 단군조선 초기에 이미 서보(西堡)로서

---

14) 전게 한단고기 〈단군세기〉, 74~75쪽 참조
15) 고구려는 한성(韓城)이라 한다. 서기 55년 대무신열제 때 축조된 고구려 요서 10성의 하나이다.

의 기능을 번한(番韓)이 다 하고 있었던 것이 된다. 번한의 수도는 저울추(秤錘)처럼 서쪽 즉 요순(堯舜), 하은주(夏殷周)의 군사적 정세에 따라 동서남북중의 오경(五京)을 오가며 조절(調節)한 것이 된다.

번한의 수도가 되는 오덕지(五德地)의 산에 삼신단(三神壇)을 축조하여 하늘에 제사를 올린 것이 된다. 오덕지 외에 번한 관경에 속하는 산동 서쪽의 태산(泰山)에도 제천단이 있었는데, 아마도 단군왕검이 염제신농국의 후계국인 단웅국(檀雄國)의 비왕으로서 섭정을 할 때인 서기전 2357년부터 서기전 2333년까지 사이에 몸소 천제(天祭)를 올렸던 것이 되고, 서기전 2267년 태자 부루(太子扶婁)가 도산회의(塗山會議)를 주관할 때 번한(番韓) 낭야(琅耶)[16]로 하여금 하늘에 제를 올리게 한 이후, 노(魯)나라 땅에 속하게 된 뒤에는 주(周)나라 천자(天子)가 봉선(封禪)을 행하는 등 진한(秦漢)을 거치면서 태산을 제천행사지로 숭앙한 것이 된다.

(7) 유위자(有爲子) 선인(仙人)이 웅씨군(熊氏君)에게 설파한 도(道)

유위자(有爲子) 선인은, 배달나라 시대인 서기전 2700년경의 도학자(道學者)였던, 자부선생(紫府先生)의 학문을 이은 분이다. 단군조선의 마한(馬韓) 땅이 되는 한반도의 묘향산에 은거하던 때에 웅씨군을 방문하자 웅씨군이 도(道)에 관한 가르침을 요청하였고, 이에 유위자 선인은 웅씨군에게 도(道)를 설파(說破)하였다.[17] 아마도 유위자 선인이 단군조선 도해(道奚) 천왕 시절의 국자랑 사부가 되기 이전의 젊은 시절이 될 것이다.

웅씨군(熊氏君)은 웅씨(熊氏)인 작은 임금(君)을 뜻하는데, 서기전 2333년경 단군왕검 천왕께서 마한에 웅백다(熊伯多)를 봉한 이후 마한의 임금은 서기전 1286

---

16) 낭야를 랑사(琅邪)라고도 적는데 낭야라고 읽는다. 변진 24국 중의 하나인 변진구야국을 변진구사국(弁辰拘邪國)으로 적기도 한다. 즉 邪는 耶의 속자 또는 오기가 된다.

17) 전게 한단고기 〈태백일사/삼한관경본기〉, 202~203쪽 참조

년까지 웅씨가 이은 것이 된다. 유위자 선인은 서기전 1891년경에 국자랑 사부(師傅)로 계셨으니 늦어도 서기전 1950년경 출생이며 서기전 1727년에 돌아가시어 최소한 약 220세이상 사신 것이 된다.

　서기전 1891년경 유위자 선인이 도를 말씀드린 마한의 웅씨군은 아화(阿火, 서기전 1938년~서기전 1864년)이다. 유위자 선인은 도(道)를 다음과 같이 말하였다.

"도(道)의 큰 원천은 삼신(三神)에게서 나왔으니, 도는 이미 상대도 없고 명칭도 없고, 상대가 있으면 도가 아니며, 명칭이 있으면 또한 도가 아닙니다. 도는 무상(無常)의 도이며 때에 따르니 이에 도가 귀한 바입니다. 칭하되 무상(無常)의 칭이며, 백성을 편안하게 하니 이에 칭이 실재(實在)하는 바이며, 그 밖이 크지 않고 안이 작지 않으니, 도는 이에 포함하지 않는 바가 없습니다.

하늘에는 틀(機)이 있으니 내 마음의 틀에서 보고, 땅에는 모습이 있으니 내 몸의 모습에서 보며, 사물에는 다스림이 있으니 내 기(氣)의 다스림에서 봄이니, 이에 하나를 잡아서 셋을 포함하고, 셋을 모아서 하나로 돌아가는 것입니다.

일신(一神)이 내리는 바 이는 사물의 이치이며 이에 천일(天一)이 물을 낳는 도리입니다. 성통광명(性通光明)은 삶의 이치이며 이에 지이(地二)가 불을 낳는 도리입니다. 재세이화(在世理化)는 마음의 이치이며 이에 인삼(人三)이 나무를 낳는 도리입니다.

대개 대시(大始)에 삼신(三神)이 삼계(三界)를 만들어 물로써 하늘을 본 땄고 불로써 땅을 본 땄고 나무로써 사람을 본 땄으니, 무릇 나무라는 것은 땅에 뿌리를 두고 하늘로 나오는 것은 또한 처음 사람이 땅에 서서 나와 능히 하늘을 대신하는 것입니다."

(時有爲子 隱於妙香山 其學出於紫府先生也 過見熊氏君 君請爲我陳道乎
對曰 道之大原出乎三神也 道旣無對無稱 有對非道 有稱亦非道也 道無常
道 而隨時 乃道之所貴也 稱無常稱 而安民乃稱之所實也 其無外之大 無內
之小 道乃無所不含也 天之有機 見於吾心之機 地之有象 見於吾身之象 物
之有宰 見於吾氣之宰也 乃執一而含三 會三而歸一也 一神所降者 是物理
也 乃天一生水之道也 性通光明者 是生理也 乃地二生火之道也 在世理化
者 是心理也 乃人三生木之道也 盖 大始三神造三界 水以象天 火以象地 木
以象人 夫 木者柢地而 出乎天 亦始人立地而出 能代天地).[18]

유위자 선인은, 도(道)의 큰 원천은 삼신(三神)에게서 나왔으니, 도는 이미 상대
도 없고 명칭도 없고, 상대가 있으면 도가 아니며, 명칭이 있으면 또한 도가 아니라
고 하였는데, 삼신(三神)은 일신(一神)을 나누어 칭하는 말이며 물리적으로 나눌 수
있는 것이 아니며, 일(一)은 곧 무(無)에서 시작하고 무(無)에서 끝나므로 상대가 있
을 리 없으며, 명칭이 있을 리 없는 것이다.

즉, 무극(無極)은 일극(一極)이기도 하며, 무극은 절대적인 유(有)로서 상대적인
무(無)로 칭할 뿐인 것이고, 일극(一極)은 하나뿐인 극(極)이므로 상대가 없어 무극
이며 원래 무(無)나 상대적인 유(有)가 되는 것이다. 결국 무와 유는 같은 것이나
상대적인 구분일 뿐인 것이다.

이에 신(神)은 곧 무(無)가 되나 절대적으로 존재하는 절대적인 유(有)이며, 그리
하여 신(神)을 그 원천으로 하는 도(道)는 상대가 있기 이전의 도이며 명칭이 생기
기 이전의 도인 것이다.

또, 도는 무상(無常)의 도이며 때에 따르니 이에 도가 귀한 바이고, 칭하되 무상
(無常)의 칭이며, 백성을 편안하게 하니 이에 칭이 실재(實在)하는 바이며, 그 밖이
크지 않고 안이 작지 않으니, 도는 이에 포함하지 않는 바가 없다고 하였는 바, 일

---

18) 전게 한단고기 〈태백일사/삼한관경본기〉, 202~203쪽 참조

(一)은 무(無)에서 시작하여 상대적인 유(有)가 되어 수억만번을 오고가며 다시 무(無)로 되돌아가는 무상(無常) 그 자체로서 항상(恒常)스런 모습이 없어 귀한 존재가 되는 것이다.

도는 명칭을 붙이기 이전의 무상(無常)의 칭으로서 번잡하게 명칭을 쓰지 않으므로 백성들의 마음이 귀착하는 바가 없어 편안하게 하는 반면에, 그 근본은 변하지 아니하는 절대적 존재로서 실재(實在)하는 것이며, 도는 생각할 수 없는 그러한 존재가 아니므로 그 밖이 생각할 수 없는 정도로 무한하다 하지 않는 것이므로 크지 않다고 하는 것이며, 모든 만물의 원천으로서 모두 담고 있으므로 그 안이 작지 않다고 하는 것이고, 도가 모든 만물을 포함한다고 하는 것이다.

하늘에는 틀(機)이 있으니 내 마음의 틀에서 보고, 땅에는 모습이 있으니 내 몸의 모습에서 보며, 사물에는 다스림이 있으니 내 기(氣)의 다스림에서 봄이니, 이에 하나를 잡아서 셋을 포함하고, 셋을 모아서 하나로 돌아가는 것이라 하였는바, 틀(機)은 골격으로서 그 의도된 바가 꾸며진 것인데, 하늘이 만물을 만들 때 그 의도대로 틀을 만드니, 사람이 사람의 골격을 가지고 사람 모습을 띄게 되는 것처럼, 하늘이 의도하는 틀을 사람의 마음의 틀에서 볼 수 있는 것이며, 또 땅에는 하늘의 틀로 만들어진 모습들이 있으니 곧 내 몸과 같이 하늘의 의도대로 만들어진 모습이 있는 것이며, 모든 사물에 기(氣)가 순환을 하니 이는 내가 내 몸과 내 마음으로 기를 다스리는 것과 같은 것이며, 기(機)와 상(象)과 기(氣)는 삼위일체인 것이다.

천기(天機)의 일부가 사람의 심기(心機)이며, 지상(地象)의 일부가 사람의 육신(肉身)이며, 물재(物宰)의 일부가 사람의 기재(氣宰)인 바, 심기신(心氣身)이 원래 하나로서 셋으로 나누어지고 셋을 포함하여 완전한 존재가 되는 것이며, 심기신의 원천인 성명정(性命精)이 다시 원래의 하나(一)로 되돌아가므로, 집일함삼(執一含三), 회삼귀일(會三歸一)이라 하는 것이다.

일신(一神)이 내리는 바 이는 사물의 이치이며 이에 천일(天一)이 물을 낳는 도리이고, 성통광명(性通光明)은 삶의 이치이며 이에 지이(地二)가 불을 낳는 도리이며,

재세이화(在世理化)는 마음의 이치이며 이에 인삼(人三)이 나무를 낳는 도리이다고 하였는바, 물은 보이지 않는 모습으로 땅에서 하늘로 올라가서 하늘에서 비나 이슬이나 서리나 눈처럼 보이는 물이 되어 땅으로 내리므로 하늘이 물을 낳는다 하는 것이며 하늘님, 일신이 땅으로 내리어 사물을 만드는 이치가 된다.

또, 불은 땅에서 하늘로 향하여 타므로 땅이 불을 낳는다는 것이며 하늘의 태양처럼 본성을 통하고 밝게 비추므로 생명을 있게 하는 이치가 되며, 나무는 땅으로 내리듯 뿌리를 내리고 하늘로 솟아오르고 사람이 또한 땅을 딛고 하늘로 향하여 서 있으므로 사람이 나무를 낳는다고 하는 것이며, 사람이 하늘과 땅 사이에서 마음으로써 세상을 다스리므로 마음의 이치라 하는 것이다. 이는 천지인(天地人)의 삼태극의 원리를 천일(天一), 지이(地二), 인삼(人三)의 이치로 나누어 말한 것이 된다.

삼신(三神)이 만든 삼계(三界)는 곧 하늘과 땅과 사람인데, 물로써 하늘을 본 따고 불로써 땅을 본 따고 나무로써 사람을 본 땄다고 한 것은, 천지인(天地人)의 이치를 변화형상(變化形象)의 모습으로 설명한 것이며, 보이지 않는 신(神)을 음(陰), 보이는 사물(事物)을 양(陽)이라 하고 사람은 천지 음양의 조화로 나타난 존재로서 중(中)에 해당하는 바, 나무(木)가 천지 음양의 조화로 생긴 사람과 같은 모습이 되어 중(中)에 해당하는 것이 된다.

여기 유위자 선인의 도에 관한 말씀에서, 삼신오제론(三神五帝論) 중 오제(五帝)에 대응하는 오행(五行)의 원리를 바로 보게 된다. 즉, 북방의 흑제(黑帝)가 물(水)을 관장하며, 남방의 적제(赤帝)가 불(火)을 관장하며, 동방의 청제(靑帝)가 나무(木)을 관장하는 원리가 된다. 북과 남, 흑제와 적제, 물과 불은 상대적인 명칭이며 상대적인 성질을 지닌 존재인데 오방(五方)에 따른 오행(五行)의 배치와 일치하는 것이다.

서기전 3500년경 태호복희가 팔괘역을 만들기 이전에 배달나라 초기부터 이미 존재하였던 일월수화목금토(日月水火木金土)에 따른 칠회제신력(七回祭神曆)에서 보듯이 음양오행의 기초 이론이 정립되어 있었던 것이 되는데, 음양은 곧 천지

(天地) 기(氣)의 이치이며, 오행(五行)은 곧 오
행성(五行星) 기(氣)의 이치가 된다.

태호복희가 천지운행(天地運行)에 관한 팔
괘역(八卦易)을 만들기 이전에 발견한 하도
(河圖)가 곧 배달나라의 음양오행도(陰陽五行
圖)인 것이며, 음양사상(陰陽四象)의 원리가
성립된 이후에 나온 음양중의 원리를 내포한 천부경(天符經)의 삼태극(三太極)의
원리에서 나온 천지인의 원리로서 최종 음양오행의 원리로 정립된 것이 된다. 즉,
오행은 음양에서 나오는 중(中)에 해당하며 다시 이 중(中)이 음양중(陰陽中)으로
개념이 분화되는 것이다.[19)]

음양은 중(中)을 내포한 원리가 되어 중(中)을 낳는 원천이 되는데, 사상팔괘(四
象八卦)에서 태음(太陰)과 태양(太陽)에서 파생되어 나온 소음(少陰)과 소양(少陽)
이 소위 중(中)에 해당하며, 건(乾)과 곤(坤) 이외의 태리진감간손(兌離震坎艮巽) 6
괘는 음양의 조화로 나온 소양과 소음으로서 소위 중(中)에 해당하는 것이 되는 바,
사상팔괘와 소위 오행(五行)은 방향을 놓고 볼 때는 일치하지 않게 되는 것이다. 왜
냐하면 사상팔괘(四象八卦)는 방향과는 거의 무관하게 시간(時間)에 따른 순환변
화(循環變化)의 원리를 나타낸 것이고, 오방(五方)의 오행(五行)은 기(氣)의 작용을
나타낸 것이기 때문이다.

그래서, 태호복희의 팔괘역(八卦易)에 방향을 배당하는 것은, 하늘에는 방향이
없음에도 지구라는 땅에서 사람이 동서남북으로 방향을 설정하는 것처럼 방향을
억지로 설정하는 것과 같이 되는데, 굳이 태호복희팔괘역에서 방향을 설정한다면,

---

19) 오방(五方)에 음양오행(陰陽五行)이 적용된 원리가 되는데, 이에 수(水)인 음(陰)의 북쪽이 하
늘(天)로, 화(火)인 양(陽)의 남쪽이 땅(地)으로 대입되게 되며, 동서중(東西中)은 중(中)에 대입
된다.

지구가 시계 침이 도는 방향의 반대방향으로 북, 북동, 동, 남동, 남, 남서, 서, 북서의 순서가 되는 것이다.

고려 금판 팔만대장경에 새겨진
태호복희 8괘도

즉, 태호복희팔괘역의 건태리진곤간감손(乾兌離震坤艮坎巽)을 방향으로 대입하면, 순방향(順方向)으로서 남, 남서, 서, 북서, 북, 북동, 동, 남동이 되는 것이다. 이 방향은 시계 침이 도는 방향의 반대방향으로서 지구의 자전과 공전 방향이며, 자전으로 생기는 밤낮의 순행 방향이며, 공전으로 생기는 사계(四季)의 순행방향이 되는 것이다.

그리하여, 건(乾)은 하늘(天)로서 기(氣)이자 태양(太陽)으로 한낮(午), 여름(夏)을 가리키고 남방(南方)이며, 태(兌)는 화산(火山)을 나타내고 소양(少陽)으로 오후(午後), 초가을(立秋)을 가리키고 남서(南西)이며, 리(離)는 불(火)로서 소양(少陽)으로 저녁(夕), 가을(秋)을 가리키고 서방(西方)이며, 진(震)은 벼락을 나타내고 소양(少陽)으로 늦저녁, 초겨울(立冬)을 가리키고 북서(北西)가 되며, 곤(坤)은 땅(地)으로서 토(土)이자 태음(太陰, 달, 月)으로 한밤(子), 겨울(冬)을 가리키고 북방(北方)이며, 간(艮)은 일반적인 산(山)을 나타내고 소음(少陰)으로 새벽, 초봄(立春)을 가리키고 북동(北東)이며, 감(坎)은 물(水)로서 소음(少陰)으로 아침(朝), 봄(春)을 가리키고 동방(東方)이며, 손(巽)은 바람(風)을 나타내고 소음(少陰)으로 오전(午前), 초여름(立夏)을 가리키고 남동(南東)이 된다.

이에 반하여, 태호복희 팔괘역에 대한 중국역(中國易)의 해석은 지구가 자전(自轉)하거나 공전(公轉)하는 방향이 아니라 태양이 출몰(出沒)하는 방향으로서 왼쪽에서 오른쪽으로 도는 방향이 되어 눈에 보이는 것만을 기준으로 방향을 설정하고 있어 천체 순행원리의 본질을 벗어나고 있는 것이 된다. 이에 따라 주문왕팔괘도(周文王八卦圖)는 태호복희 팔괘역을 벗어난 것이기도 하며 그 방향설정의 면에서 본질에서 벗어나 있으므로 순행원리에 따른 역이 아닌 것이 된다.

그래서, 중국역의 풀이에 의하면, 남과 북은 건괘와 곤괘가 맞으나 그 외의 괘는 동과 서로 뒤바뀌어 있는 것이 된다. 그리하여 리(離)를 방향으로는 동(東)이라 하고 계절로는 봄(春)이라 하며 소양(少陽)이라 잘못 대입하는 것이 되고, 감(坎)은 방향으로 서(西)라 하고 계절로는 가을(秋)이라 하며 소음(少陰)이라 잘못 대입하는 것이 된다. 이에 따라 건곤(乾坤)의 남북(南北)을 제외한 다른 괘에 해당하는 방향이 모두 뒤틀리게 되는 것이다.

태호복희팔괘역(太皞伏羲八卦易)의 본질은 바탕이 되는 하괘(下卦)가 기준이 되고 중괘(中卦)와 상괘(上卦)가 아무리 양(陽)이라도 하괘가 음(陰)이라면 소음(少陰)의 괘가 되고, 반대로 아무리 중괘와 상괘가 음(陰)이라도 하괘가 양(陽)이라면 소양(少陽)의 괘가 되는 것이다. 이는 여자가 아무리 남성적인 성질(性質)이나 기질(氣質)이나 체질(體質)을 가진다고 하더라도 어디까지나 여자이며, 남자가 아무리 여성적인 성질이나 기질이나 체질을 가진다고 하더라도 어디까지나 남자인 것과 같은 이치가 된다. 즉 본질은 변함이 없는 것이며, 겉으로만 나타난 현상이나 형상을 기준으로 구분한다면 본질(本質)을 망각하는 오류를 범하는 것이 된다.

음양의 원리는 음양중의 원리보다 근원적이 되며 음양은 중(中)을 낳는 원천이 되어, 서기전 27179년경 마고성(麻姑城) 시대에 정립된 기화수토(氣火水土)의 원리[20]가 사상(四象)이 되는 건곤감리(乾坤坎離) 즉 태양(太陽), 태음(太陰), 소음(少陰), 소양(少陽)을 나타낸 것이 되며, 이후 서기전 7197년에서 서기전 6200년경 사이에 정립된 천부삼인(天符三印)에서 보듯 천지인(天地人) 즉 음양중(陰陽中)의 원리가 정립되어 음양오행의 원리가 기초 잡혀졌던 것으로 된다.

오행은 오방(五方)에 배당된 오행성(五行星)의 기(氣)로서 이미 한국시대(桓國時代)에 오방에 배당된 오가제도(五加制度)가 있었던 것에서도 오행의 이론이 있

---

20) 전게 부도지, 25~26쪽 참조

었음을 알 수 있게 된다. 한편, 삼사(三師)는 천지인(天地人) 삼신(三神), 음양중(陰陽中)의 원리에 기초한 제도가 된다.

유위자(有爲子) 선인(仙人)이 말씀하신 도(道)에 관한 내용에서 이미 유위자 선인 시대 이전에 천지인, 음양중의 삼태극(三太極)의 원리가 정립되어 있었던 것이며, 유위자 선인이 자부선생(紫府仙人)의 학문을 이은 것이므로 자부선인도 이미 천지인, 음양중의 삼태극의 원리를 정립하여 놓았던 것이고, 태호복희와 동문으로서 서기전 3500년경의 배달나라 선인이던 발귀리(發貴理) 선인이 삼태극(三太極)을 노래한 시(詩)도 있었던 것으로 보아, 삼태극의 원리를 가르치고 있는 천부경(天符經)은 이미 배달나라 시대에 존재하였음이 증명되는 것이 된다.

실제로 첨부삼인(天符三印)이라는 천지인(天地人) 삼인(三印)의 원리를 가르친 경전(經典)으로서 천부경(天符經), 삼일신고(三一神誥), 참전계경(參佺戒經)이 한국(桓國)의 중기가 되는 서기전 6200년경 이전에 이미 정립된 것이 되고, 서기전 3897년경에 한웅천황이 웅족(熊族)과 호족(虎族)을 가르칠 때 이미 이들 천부삼경(天符三經)이 존재하였던 것이다.

(8) 절구(臼)와 띠풀지붕

서기전 1879년 임인년(壬寅年)에 일토산(一土山) 사람인 왕조명(王朝明)이 박(泊) 땅의 민장(民長)이 되어 다스린 공적이 뛰어 났는데, 곡식을 찧는 그릇인 절구(臼)를 제작하고 백성들에게 띠풀(茅)[21]을 뽑아 지붕을 이는 방법을 가르쳤으며 이 방법이 편리하여 백성들에게 오래오래 전해졌다.[22]

여기서 특히 절구(臼)는 곡식을 찧는 도구로서 단군조선의 화폐가 되는 소위 명도전(明刀錢)에도 절구(臼)를 가리키는 문자가 새겨져 있기도 한데[23], 절구라는 발

---

21) 삥기. 사투리로 피끼 또는 핏기라고도 한다.

22) 전게 단군조선47대, 83~84쪽 참조

음이 곧 절구모양을 본따 만든 글자를 읽는 소리로서, 글자의 소리로는 가림토 글자이며 모양으로 보면 상형문자로서 전체적으로 상형식가림토라 할 수 있다.

소위 명도전에 새겨진 글자의 형태로 보면, 상형문자, 상형-표음문자, 표음-상형문자, 표음(가림토)문자로 구분할 수 있는데, 절구라는 글자는 상형-표음문자 또는 표음-상형문자가 된다. 상형-표음문자는 원래는 상형문자인데 이를 가림토로 읽히는 글자이고, 표음-상형문자는 원래는 가림토 글자인데 상형식으로 표기된 글자이다.

일토산(一土山)은 왕산(王山)의 파자(破字)가 되는데, 왕씨(王氏)의 본거지가 되는 셈이다. 후대인 서기전 1122년경에 은나라 왕족 기자(箕子)가 단군조선으로 망명하여 제후가 되어 기후국(箕侯國)을 다스릴 때, 일토산 사람 왕수긍(王受兢)이 기자의 사사(士師)가 되어 단군조선에서 읽혀지던 삼일신고(三一神誥)를 박달나무판(檀木板)에 새겨 기자에게 주어 읽게 하였다고 기록되고 있기도 하다.24)

왕씨는 황제헌원(黃帝軒轅)의 후손으로도 전하는데, 황제헌원은 배달나라 제후국의 천자 중 천자로서 오방(五方) 중 중부(中部)의 황제(黃帝)였으며, 그 후손들은 모두 배달겨레로서 단군조선 시대에 이미 단군조선의 백성으로서 살고 있었던 것이 된다. 즉, 고대중국의 실질적인 시조가 되는 황제헌원의 후손들은 물론 배달겨레로서 황제헌원을 이은 나라인 웅국(熊國)에서 사느냐 아니면 웅국을 제외한 그 외의 배달나라 땅에서 사느냐, 요순 하은주의 땅에서 사느냐 아니면 단군조선 땅에서 사느냐의 차이일 뿐 혈연족보(血緣族譜)상 아무 차이가 없는 것이다.

후대에 왕조명의 손자인 왕해월(王海月)도 민장이 되어 배를 만들어 곡식을 운반하는 등 바다무역이 트이게 하였으며, 왕해월의 증손자인 왕명지(王明知)도 민장이 되어 농사를 권장하고 독려하여 농사짓는 때를 어기지 않도록 하였다.25)

---

23) 허대동 지음/이민화 감수/조홍근 검증, 고조선 문자, 도서출판 경진, 2011, 182쪽 참조
24) 대진국 제3대 문황제의 삼일신고봉장기 참조 〈부록 별첨〉.

(9) 방물(方物) 진설소(陳設所) – 박람회(博覽會)

서기전 1864년 정사년(丁巳年)에 장소를 마련하여 사방의 물건들을 모아 진귀한 것들을 전시하니 천하의 백성들이 다투어 헌납하여 진열한 것이 산과 같았다.[26]

이때 소위 만국박람회(萬國博覽會)를 열었다는 것이 된다. 즉, 단군조선 시대에 지방 제후국(諸侯國)들과 우방국(友邦國)들의 특산물을 전시하는 박람회장을 설치하였던 것이다. 물론 배달나라의 수도가 되는 신시(神市)라는 말이 신(神)들의 도시라는 말도 되며 저자(市) 즉 시장이 있어 교역이 이루어지는 장소라는 의미가 되는데, 단군조선 시대에도 10년에 한 번씩 신시(神市)[27]를 열었다는 기록이 있음을 볼때, 박람회와 같은 행사가 정기적으로 열렸던 것이 되며, 교역이 이루어지는 경제적인 행사뿐만이 아니라 제천행사를 벌이는 종교적, 공물을 바치는 등의 정치적 행사였을 것임이 분명하다고 본다.

오늘날의 세계박람회는, 인류공영의 목적으로 벌이는 행사인 점에서 단군조선 시대에 이미 개최된 박람회가 그 원류가 되며, 전 세계적인 홍익인간 세상을 위하여 신시(神市)라는 경제교류 제도를 계승발전시킨 것이라는 역사적 의미를 부여할 만할 것이다.

(10) 선사(選士) 20명의 국훈(國訓) 전파(傳播) – 스승(師)의 나라 조선(朝鮮)

서기전 1854년 정묘년(丁卯年)에 백성들 가운데서 장정(壯丁)을 징집하여 모두 병사로 삼고, 선사(選士) 20명을 하(夏)나라 서울로 보내어 나라의 가르침(國訓)을 처음으로 전함으로써 위세를 보였다.[28]

---

25) 전게 단군조선 47대, 84쪽 참조
26) 전게 한단고기 〈단군세기〉, 84~85쪽 참조
27) 종교적 경제적 행사로서 만국박람회라고 할 수 있다. 신시에서 제천행사를 벌이고 교역을 한 것이 된다.
28) 전게 한단고기 〈단군세기〉, 84~85쪽 참조

이 기록은, 단군조선의 마지막 47대 고열가(古列加) 천왕 시절이 되는 서기전 268년에 위(魏)나라 사람 공빈(孔斌)이 동이사절(東夷使節)[29]이 위(魏)나라를 방문하였는데 그 위세가 등등하였다는 등으로 기록하는 것과 일맥상통하고 있다. 서기전 268년 당시의 동이사절이 단군조선 진한(眞韓)의 사절인지, 번한(番韓)의 사절인지 불명한데 번한과 접한 연(燕)나라가 아닌 위(魏)나라이므로 일단 진한의 사절로 추정되기는 한다. 공빈(孔斌)은 공자(孔子)의 7세손으로 전한다.

선사(選士) 20명을 하(夏)나라 수도로 보냈다는 것에서 당시 단군조선과 하나라의 관계는 불편한 관계는 아니었으나, 가서 단군조선의 국훈(國訓)을 가르쳐 위세(威勢)를 보였다는 것에서 하나라가 단군조선의 가르침을 받는 입장으로서, 단군조선이 하나라의 군사부(君師父)의 나라가 되는 셈이다.

당시 국훈(國訓)은, 주나라 춘추시대의 공자(孔子)가 말하였듯이 하은주(夏殷周) 삼대(三代)에 있었던 것을 기록하였을 뿐이라는 것을 고려할 때, 하은주의 윤리도덕의 기반이 되었던 가르침으로서 곧 단군조선에서 전파된 것이 된다. 그리하여 삼강오륜(三綱五倫) 등 소위 유교적인 기본 원리는 이미 단군조선에서 하은주의 고대 중국에 전수(傳授)되었던 단군조선의 윤리도덕을 응용한 것이 되는 것이다.

그 단적인 예로써 서기전 2240년경 단군조선의 초기 중신(重臣)이던 대련(大連)과 소련(少連)의 효(孝)를 공자(孔子)는 예기(禮記)에 인용하면서, 대련과 소련을 동이(東夷)의 아들이라 하며 효(孝)의 본보기로 극찬하고 있다.[30]

단군조선 이전의 배달나라 시대에 이미 가정과 사회와 국가라는 공동체에 관한

---

29) 동이(東夷)라는 용어는 죽서기년에 서기전 1198년경의 기사부터 나타나기 시작하는데, 이는 주나라 서기전 403년 이후 전국시대부터 주나라를 중화, 중국이라 스스로 높이고 단군조선을 구이에서 동이(東夷)로 축소시켜 부르면서 800년 이상 연대를 소급하여 구이라고 적을 것을 동이라고 바꾸어 기록한 것이 된다

30) 대련과 소련은 공자보다 1,700년 이전의 인물로서 단군조선 중신(重臣)이었다. 대련은 배달조선의 4선의 한분이며, 묘전랑(妙佺郎)이라고도 불린다.

인간윤리가 정립되어 있었다. 즉, 삼륜구덕(三倫九德) 또는 삼륜구서(三倫九誓)라는 윤리도덕적 가르침이 배달나라 시대에서 정립되어 단군조선으로 전해진 것이며, 이러한 가르침들이 하은주(夏殷周)로 전파(傳播)된 것이 되고, 이러한 고대중국의 윤리도덕이 공자(孔子)로 이어져 중국 유교(儒敎)의 가르침을 정립한 것이 된다.

선비(儒)라는 말은 조의선인(皁衣仙人)이라는 말과 연관되어 있는데, 원래 선비라는 말은 배달조선의 선인(仙人)의 무리를 가리키고, 단군조선과 고구려 시대에 소도제천(蘇塗祭天)하고 경당(扃堂)에서 독서(讀書, 글읽기), 습사(習射, 활쏘기 익히기), 치마(馳馬, 말달리기), 예절(禮節), 가악(歌樂), 권박일술(拳撲釰術) 등 육예(六藝)를 닦던 심신수련(心身수련) 단체의 구성원을 가리키는 것이다.

(11) 송화강 조선소(造船所) 설치

서기전 1846년 을해년(乙亥年)에 송화강(松花江) 기슭에 작청(作廳)을 세우니 배(舟)와 노(楫) 등 여러 가지 물건이 크게 세상에 퍼졌다. 기계를 발명하는 사람들에게 상(賞)을 주었는데, 이때 상을 받은 새로운 발명품으로는, 양우계(量雨計), 측풍계(測風計), 자행륜차(自行輪車), 경기구(輕氣球), 자발뇌차(自發雷車), 천문경(天文鏡), 조담경(照膽鏡), 구석편(驅石鞭), 자명종(自鳴鐘), 경중누기(輕重漏器), 연적(涓滴), 발뇌동용기(發雷動舂器), 소금(素琴), 천리상응기(千里相應器), 목류마(木流馬), 진천뢰(震天雷), 어풍승천기(御風昇天機), 흡기잠수선(吸氣潛水船), 측천기(測天機), 양해기(量海機), 양청계(量晴計), 측우기(測雨機), 측한계(測寒計), 측서계(測暑計), 황룡선(黃龍船), 양수기(揚水機) 등이다.[31]

송화강은 전기 단군조선의 수도이던 아사달이 소재한 땅에 남북방향으로 올라가다 다시 동쪽으로 흘러 우수리강(牛首里江)에 합류하는 강인데, 이 송화강 가에 배와 노 젓는 기구 등 배와 관련된 물건과 그 외 여러 가지 물건들을 만드는 공장을 설

---

[31] 전게 한단고기 〈단군세기〉, 84~85쪽 및 전게 단군조선 47대, 84~86쪽 참조

치하였다는 것이다. 송화강은 원래 속말(粟末)이라는 강으로서 소말(소마리, 소머리), 소물, 소믈, 소므르라는 말을 나타낸 이두식 표기이며, 소머리라는 말을 표기한 것이 되는 우수리(牛首里)라는 말과 결국 같은 것이 된다.

당시에는 주로 노 젓는 배를 만들었던 것이 되는데, 이 이전의 단군조선 초기가 되는 서기전 2131년에 이미 살수(薩水)의 상류에 조선소(造船所)를 설치한 적이 있기도 하다. 살수는 지금의 요동반도 중부지역에서 남쪽으로 흐르는 강으로서, 살수의 하류가 되는 요동반도 남쪽에 접한 바다는 진한의 남해안이 되는데, 살수의 중류지역은 고구려 시대 을지문덕(乙支文德) 대모달(大謀達)이 펼쳤던 살수대첩의 현장이기도 하다.

당시 상(賞)을 받은 발명품들을 대표적으로 열거하고 있는데, 글자 자체에서 대략적으로 어떤 물건인지를 가늠할 수 있다. 즉, 양우계(量雨計)는 비가 얼마나 왔는지를 재는 측정계기(測定計器)이며, 측풍계(測風計)는 바람의 방향이나 세기를 재는 측정계기이고, 자행륜차(自行輪車)는 스스로 돌아가며 나아가는 바퀴달린 수레나 차를 가리키고, 경기구(輕氣球)는 공기의 부력(浮力)에 의하여 하늘로 떠오르는 기구(氣球)가 되며, 자발뇌차(自發雷車)는 자동발사 되어 터지는 폭발장치를 갖춘 수레 또는 대포(大砲)의 일종이 될 것이다.

또, 천문경(天文鏡)은 하늘을 관찰하는 망원경(望遠鏡)의 일종이 될 것이며, 조담경(照膽鏡)은 인체 내부를 관찰하는 의료기구(醫療機具)가 되고, 구석편(驅石鞭)은 돌을 멀리가지 날리는 새총이나 원반 돌리기 등과 같은 원리로 만든 장치가 되며, 자명종(自鳴鍾)은 일정한 시간이 되면 자동으로 울리는 종(鍾)이나 종이 달린 시계가 되고, 경중누기(輕重漏器)는 물이 새는 정도를 측정하는 그릇 모양의 기구(器具)가 되며, 연적(涓滴)은 벼루에 물을 떨어뜨리는 소형의 그릇이 되는 도구이고, 발뇌동용기(發雷動舂器)는 사람의 힘으로가 아닌 폭발장치에 의하여 방아를 찧는 자동장치로 된 기구(器具)가 되며, 소금(素琴)은 거문고의 일종이 되고, 천리상응기(千里相應器)는 거리를 재는 기구(器具)이며, 목류마(木流馬)는 나무로 만든 목마(木馬)의 일종으로서 걸어가도록 제작된 것이고, 진천뢰(震天雷)는 하늘을 울리며 폭발하는 폭탄의 일종이 될 것이다.

또, 어풍승천기(御風昇天機)는 바람을 이용하여 하늘로 떠오르게 만든 기구(機具)이며, 흡기잠수선(吸氣潛水船)은 공기를 축적하여 물속을 잠수하면서 사람이 숨을 쉴 수 있도록 만든 배이고, 측천기(測天機)는 날씨나 기후를 측정하는 기구(機具)이며, 양해기(量海機)는 바닷물의 썰물과 밀물 도는 바닷물의 깊이 등을 측정하는 기구(機具)이고, 양청계(量晴計)는 날씨의 맑음과 흐림 등을 측정하는 계기(計器)이며, 측우기(測雨機)는 비가 얼마라 오는지를 측정하는 계기가 달린 기구장치(機具裝置)이고, 측한계(測寒計)는 날씨가 얼마나 추운가를 측정하는 계기(計器)이며, 측서계(測暑計)는 날씨가 더운 정도를 측정하는 계기(計器)이고, 황룡선(黃龍船)은 배의 일종이며, 양수기(揚水機)는 물을 퍼 올리는 기계장치(機械裝置)가 될 것이다.

위 발명품의 명칭에서 계(計)는 양(量)의 정도를 가리키는 침(針)이 달린 소형(小形)의 측정장치(測定裝置)이고, 기(器)는 그릇 모양으로서 양(量)을 측정하거나 담는 기구(器具)가 되며, 기(機)는 계기(計器)를 달아 측정할 수 있도록 만든 대형(大形)의 장치이거나 작동하게 만든 기계장치(機械裝置)가 된다.

(12) 3월 제천행사(祭天行事)

서기전 1846년 3월에 삼신(三神)을 산(山)의 남쪽에서 제사를 지냈으니 술과 음식을 갖추어 올리고 치사를 드리며 제사를 올렸다. 그날 밤 특별히 술을 하사하시어 여러 사람들과 더불어 술잔을 돌려가며 술을 마시면서 여러 가지 재주들을 관람하셨다. 이 자리가 끝나자 마침내 누각(樓閣)에 오르시어 천부경(天符經)에 대하여 논하시고 삼일신고(三一神誥)를 강연하시더니 오가(五加)를 돌아보시고 말씀하시기를, "이제부터는 살생(殺生)을 금하고 방생(放生)하며 옥문(獄門)을 열고 떠도는 사람에게 밥을 주어 살 수 있도록 하며 사형제도(死刑制度)를 없애노라" 하셨다. 이에

모든 사람들이 이를 듣고 크게 기뻐하였다.[32]

여기서 3월은 음력으로 늦봄으로 특히 3월 15일[33]은 단군왕검 천제(天帝)의 어천(御天日)일이며, 다음날인 3월 16일은 삼신영고제(三神迎鼓祭) 행사를 여는 날로서 소위 대영절(大迎節)이라고도 하는 날이다. 한편, 10월 상달에는 나라 전체의 온 백성들이 참여하여 삼신(三神)께 한해의 농사에 대한 감사를 드리고 한해를 여는 취지로 제천행사(祭天行事)를 벌이고 가무(歌舞)를 즐기며 문무(文武)를 겨루는 등의 국중대회(國中大會)를 열었다.

이때 삼신(三神)께 제(祭)를 올린 산(山)은 전기 단군조선의 수도가 있던 송화강 유역의 아사달(阿斯達) 부근에 위치한 산이 될 것이다.

도해 천왕께서 직접 천부경(天符經)과 삼일신고(三一神誥)를 강연하신 것으로 보아, 역대 단군 천왕들이 참전계경(參佺戒經)을 포함한 종교철학의 정수(精髓)라 할 수 있는 천부삼경(天符三經)을 국자랑(國子郎) 시절부터 배우고 익히고 독송(讀誦)함으로써 심신을 수련하였던 것임을 알 수 있다.

도해 천왕이 살생(殺生)을 금하고 방생(放生)하며 옥문(獄門)을 열고 떠도는 사람에게 밥을 주어 살 수 있도록 하며 사형제도(死刑制度)를 없앰으로써, 죄 지은 자를 용서하여 일반백성으로 받아들이고 굶지 않도록 하여 홍익인간(弘益人間)을 실천하고, 만물이 평등하므로 미물(微物)이나 다른 동물 또는 물고기를 함부로 죽이지 않고 필요한 만큼만 취하고 놓아 살려서 번성하게 함으로써 개물(開物), 홍익제물(弘益濟物)을 실천하였던 것이 된다.

---

32) 전계 한단고기 〈단군세기〉, 84~85쪽 참조
33) 서기 42년 3월 15일에 변한(弁韓)의 구간(九干)들이 김수로 등 6명을 6가야 왕으로 추대하였다고 기록되어 있다.

(13) 도해 천왕을 기리는 삼년상(三年喪)

서기전 1835년 병술년(丙戌年)에 천왕께서 붕하시니 만백성이 이를 슬프게 여김이 마치 부모상을 당함과 같아서, 삼년동안 근신하며 온 누리에 음악, 노랫소리가 끊겼다.[34]

뒤를 이어 우가(牛加) 아한이 즉위하였다.

도해 천왕은 명신(名臣)인 유위자 선인의 헌책을 받아들여 배달나라 개천 시조 한웅천황을 모시는 대시전을 건립하여 홍익인간, 홍익제물의 이념을 고취시키는 등 선정을 베풀어 백성들로부터 추앙받은 것이 된다.

우가(牛加)는 농사담당으로서 단군조선 시대에 삼사오가(三師五加) 중 요직(要職) 중의 요직이었다고 보이며, 우가(牛加) 아한(阿漢)은 도해 천왕의 태자(太子)가 아닌 다른 아들로서, 태자의 자리가 궐위(闕位)되었거나 즉위(卽位)를 사양함으로써 화백회의(和白會議)에서 천왕으로 추대되어 즉위한 인물이 될 것이다.

시호는 유제(裕帝)이다.

12. 제12대 아한(阿漢:武帝) 천왕(天王)의 역사

(1) 외뿔 짐승 출현- 해치(해태)

서기전 1833년 무자년(戊子年) 여름 4월에 뿔이 하나인 외뿔 짐승(一角獸)이 송화강의 북쪽에 나타났다.[35]

외뿔 짐승 즉 뿔이 하나만 달린 짐승을 일각수(一角獸)라 하는데, 양(羊)과 같이 생겼다 하여 외뿔양이라고도 한다. 이 외뿔양이 바로 해치(獬豸, 鳶)이다. 원래 법

---

34) 전게 한단고기 〈단군세기〉, 85쪽 참조. 부모에 대한 3년상은 서기전 2239년 대련과 소련을 시작으로 행해진 것이 된다.

35) 전게 한단고기 〈단군세기〉, 85~86쪽 참조

(法)이라는 글자는, 물의 흐름을 따라 해치(廌)가 따라가는 모습을 조합한 회의문자(會意文字)로서 해치(廌)를 내포(內包)하고 있던 글자인데, 이 廌(치)를 생략하여 약자(略字)로서 法(법)이라 쓰게 된 것이 된다.

해치는 고대중국의 순(舜)임금 시절에 신령스런 동물로 전하는데, 선악(善惡)을 구분하였다고 한다. 이는 곧 단군조선의 삼사오가(三師五加) 제도에서 선악(善惡)을 담당하였던 양가(羊加)의 업무와 직결된다. 그리하여 해치는 순임금 시절에 형벌(刑罰)을 담당하였던 고요(皐陶)라는 사람이 관직에 해치(廌)를 사용하였던 것임을 알 수 있다. 후대 조선시대에도 법과 형벌을 관장하는 관청이 되는 사헌부(司憲府) 등에서 해치(廌)를 관모(官帽)나 관복(官服)에 새기기도 하였다.

한편, 경복궁 앞에 화기(火氣)를 죽이기 위하여 세운 소위 해태(海駝)는 현재 서울의 상징동물이기도 한데, 원래는 해치(獬豸, 廌)는 일각수(一角獸)인 외뿔양(一角羊)으로서 선악(善惡)을 구분하는 신령스런 동물이었으나, 해치(廌)를 법(法)이라는 글자에서 유추하여 물(水)과 관련된 해태(海駝)라고 인식함으로써 불을 진압(鎭壓)하는 신령스런 동물로 의미가 확장된 것이 된다.

당시 송화강(松花江)은 속말(粟末)로 표기되기도 하며 지금의 우수리강(牛首里江)에 합류하는 강으로서, 단군조선 전기의 수도가 되는 아사달(阿斯達)이 위치한 강이며, 그 북쪽에 외뿔 짐승이 출현하였다 하는 것이다.

외뿔 짐승이 출현하였다는 것은 선악(善惡)과 관련된 사건이 발생하였다는 것을 암시하는 것이 되는데, 원래 일각수(一角獸)가 순임금 시절에 관직에 사용한 상징적인 동물인 바, 순(舜)임금 나라의 땅을 이어 세운 하(夏)나라에 무슨 변고(變故)가 생긴 것을 알리는 것이 될 것이다. 즉, 이는 서기전 2224년에 선 하(夏)나라가 약 400년이 지나면서 이때부터 망조(亡兆)가 나타난 것을 알리는 것이 된다.

(2) 요하(遼河) 동쪽의 순수관경비(巡狩管境碑)

서기전 1833년 가을 8월에 천왕께서 나라 안을 순수하시며 요하(遼河)의 왼쪽

(左)에 이르러 순수관경비를 세우고 역대 제왕(帝王)의 명호(名號)를 새겨서 전하게 하였다.36)

요하(遼河)는 지금의 요동반도에 위치한 강이 아니라, 단군조선 당시에 요중(遼中)에 위치한 강으로서 후대에 소위 요수(遼水)라 하여 요동(遼東)과 요서(遼西)의 구분을 짓는 큰 강이 되는데, 원래 북류(北流)하는 황하(黃河) 하류에 합류하던 강이 될 것이며, 북경 부근을 흐르는 지금의 영정하(永定河)가 된다.

영정하(永定河)가 원래의 요수(遼水)로서 대요수(大遼水)가 되고 영정하 중상류 지역에 합류하는 강으로서 북동에서 서남으로 흐르는 강이 지금의 청수하(淸水河)로서 소요수(小遼水)이다.37) 대요수의 중하류 지역이 단군조선의 군국(君國)인 고죽국(孤竹國)의 영역이 되며, 대요수의 상류지역은 단군조선의 제후국(諸侯國)인 기후국(箕侯國, 소위 箕子國)의 북부지역이자 구려국(句麗國)의 서남지역에 속하게 되고, 소요수 지역은 단군조선의 군국(君國)인 구려국(句麗國)의 영역에 속하는 것이 된다.

요하의 왼쪽은 곧 요하의 동쪽이 된다. 그리하여 순수관경비가 세워진 곳은 요하의 동쪽으로서 지금의 영정하 동쪽이 된다. 이 곳은 단군조선의 발해만 유역에 있었던 번한(番韓)이 위치한 지역이다. 즉 번한은 고죽국의 동쪽, 구려국의 남쪽, 진번국(眞番國)의 서쪽에 위치한다. 진번국은 진한(眞韓)과 번한(番韓)의 사이에 위치한 단군조선의 군국(君國)으로서 지금의 요동반도 서쪽을 흐르는 요하(遼河)의 서쪽 지역과 대릉하 동쪽지역이 된다. 진번의 남쪽에 임둔(臨屯)이 위치한다.

---

36) 전게 한단고기 〈단군세기〉, 85~86쪽 참조
37) 역도원, 수경주(水經注) 참조

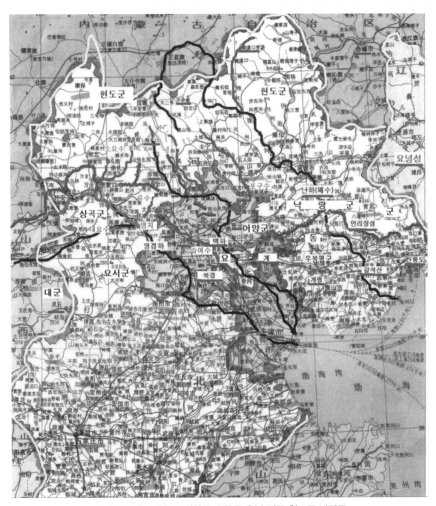

수경주 - 대군 상곡군 어양군 요동군 우북 평군 현도군 낙랑군

　　단군조선 시대 요하의 동쪽이 되는 번한 땅에 세워진 순수관경비의 유적을 보고 서기전 220년경 인물인 창해역사(蒼海力士) 여홍성(黎洪星)이 지은 시가 고려시대 문하시중을 지내신 이암(李嵒)선생이 지은 단군세기(檀君世紀)에 전한다. 창해(蒼海)는 고대 중국의 북해(北海) 또는 동북해(東北海)로서 지금의 발해(渤海)를 가리키며 여홍성의 여씨(黎氏)는 산동지역의 동이족(東夷族)과 직결되는 성씨이기도 하다.

여홍성이 지은 시는 아래와 같다.

마을 밖 변한이라 불리는 곳에,
독특하게 빼어난 변함없는 돌이 있네.
받침은 거칠어지고 철쭉꽃은 붉기만 하고,
글자는 허물어지고 이끼는 푸르기만 하네.
처음 다듬어져 생긴 채로,
흥망의 돌로 서 있네.
문헌에는 증거가 없을지나,
이것이 단씨의 흔적이 아니랴!

(村郊稱弁韓 別有殊常石 臺荒躑躅紅 字沒苺苔碧 生於剖判初 立了興亡石 文獻俱無徵 此非檀氏跡)[38]

여홍성은 단군조선의 역사를 어느 정도는 알고 있었던 것이 된다. 단군조선의 변한 땅이 어디인지도 알고 있었던 것이다. 여홍성은 진시황(秦始皇)을 철퇴(鐵槌)로 쳐 죽이려다 부차(副車)만 부수고 실패하였던 산동지역 동이족 출신의 인물이다.

여홍성이 말한 변한(弁韓)은 번한(番韓)을 음차(音借)한 글자로서 서기전 209년 이후 한반도 남쪽에 세워진 후삼한(後三韓)의 변한이 아니라 곧 서기전 2333년부터 서기전 194년경까지 단군조선의 비왕(裨王)인 번한(番韓)이 다스리던 발해만 유역에 위치하였던 원래의 번한(番韓)을 가리키는 것이다.

창해역사 여홍성이 보았던 단군조선 번한(番韓)에 세워진 비석은 원래의 요하(遼河), 요수(遼水)였던 지금의 북경(北京) 동쪽을 흐르는 영정하(永定河)의 중하류 지역 바로 동쪽에 세워졌던 것이다.

---

38) 전계 한단고기 〈단군세기〉, 85~86쪽 참조

(3) 용가(龍加) 소속 내랑(來良)과 하걸(夏桀)과 상탕(商湯)

서기전 1813년 무신년(戊申年)에 용가(龍加) 소속 내량(內良)을 파견하여 하(夏)나라 걸(桀)왕을 도와 상(商)나라 탕(湯)을 치다가 탕이 사죄하므로 내량이 군사를 돌렸다. 이때 내량이 염이(厭夷) 때문에 관중(關中)의 기주(岐周)에 살게 되었다.39)

단군조선 시대에 삼사오가(三師五加)에서 나아가 팔가(八加) 구가(九加)라고도 부르는데, 팔가는 삼사오가를 합칭한 것으로 되기도 하고, 구가는 팔방과 중앙을 합친 구방을 직책으로 분류한 것이 되는데, 용가(龍加) 또는 호가(虎加)가 총괄직에 해당한다.

단군조선 초기에 팔가구가(八加九加)로 기록된 것을 나열해 보면, 호가(虎加)는 용가(龍加)라고도 하며 태자 부루(太子扶婁)가 맡았던 직책이고, 마가(馬加)는 신지씨(神誌氏)가 맡았으며, 우가(牛加)는 고시씨(高矢氏)가 맡았고, 웅가(熊加)는 치우씨(蚩尤氏)가 맡았으며, 응가(鷹加)는 부소(扶蘇)가 맡았고, 노가(鷺加)는 녹가(鹿加)라고도 하는데 부우(扶于)가 맡았으며, 학가(鶴加)는 주인씨(朱因氏)가 맡았고, 구가(狗加)는 여수기(余守己)가 맡았으며, 봉가(鳳加)는 아밀(阿密)이 맡았다.

웅가(熊加)는 국방군사 담당으로서 목숨을 담당한 마가(馬加)에서 파생된 것이 되며, 응가(鷹加)는 형벌 담당으로서 구가(狗加)에서 파생된 부서가 되고, 노가(鷺加)는 질병(疾病) 담당인 저가(豬加)에 해당되며, 학가(鶴加)는 선악(善惡)을 담당하여 양가(羊加)에 해당하고, 봉가(鳳加)는 재정(財政) 담당으로서 부루단군 천왕 때 신설된 부서가 된다.40)

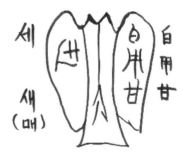

홍산옥에 새겨진 가림토 및 상형문자

---

39) 전계 단군조선 47대, 93쪽 참조
40) 신학균, 규원사화, 명지대출판부, 1984 참조

단군왕검 천왕 시대에 오가(五加)의 업무 중에서 마가(馬加), 우가(牛加), 구가(狗加)는 명칭을 그대로 두고, 양가(羊加)는 배달나라 시대 때에는 계가(鷄加)라고도 하였던 것이 되는데 단군조선 시대에는 학가(鶴加)라 별칭한 것으로 되며, 저가(豬加)를 노가(鷺加)로 별칭하고, 마가(馬加)에서 웅가(熊加)를 별도로 두어 치우(治尤)의 별칭이 된 것으로 되고, 구가(狗加)에서 응가(鷹加)를 별도로 두고, 총괄직으로서 용가(龍加) 또는 호가(虎加)를 신설하였던 것이며, 부루천왕 때 저가(豬加) 또는 노가(鷺加)에서 별도로 봉가(鳳加)를 신설한 것이 된다.

　　호가 또는 용가는 태자 부루가 맡아 진한(眞韓)으로 봉해졌으며, 마가 신지씨는 숙신(肅愼)에 봉해지고, 우가 고시씨는 청구(靑邱)에 봉해지고, 웅가 치우씨는 남국(藍國)에 봉해지고, 응가 부소는 단군왕검 천왕의 둘째아들로서 구려(句麗, 九黎)에 봉해지고[41], 노가 부우는 단군왕검 천왕의 셋째아들로서 진번(眞番)에 봉해지고, 학가 주인씨는 개마(蓋馬)에 봉해지고, 구가 여수기는 예국(濊國)에 봉해졌는데, 여기에 단군왕검 천왕의 넷째아들인 부여(扶餘)가 부여에 봉해지고, 그 외 옥저(沃沮)가 봉해져 모두 기본 9군후국(君侯國)이 되며, 그 외에도 졸본(卒本), 비류(沸流) 등 소국들이 많았다.

　　내량(內良)은 단군조선의 팔가(八加) 중 총괄직인 용가(龍加)에 소속된 인물로서 하(夏)나라 걸(桀)왕을 도우라고 명을 받고 파견되었던 것이며, 상(商)나라 탕(湯)을 치다가 탕이 사죄하므로 군사를 돌렸던 것이다.

　　그런데, 단군조선의 서남방이 되는 서이(西夷)에 속하는 염이(厭夷)의 소란 때문인지 내량(內良)이 단군조선 본국으로 복귀하지 아니하고, 서기전 1766년 이후 은(殷)나라 시대에 백작(伯爵)의 제후국인 주(周) 나라가 소재하였던, 관중(關中)의

---

41) 단군조선의 군국(君國)이 되는 구려국(句麗國)이 응가(鷹加)를 지낸 부소(扶蘇)의 나라가 되는데, 실제로 요하문명권에서 출토된 옥돌에는 매(鷹)의 형상에 매(솔개)를 나타내는 글자가 새겨진 것이 있다. 이는 응가의 나라인 구려국이 요하문명권의 중심인 나라가 된다는 것을 보여주는 것이 된다.

기주(岐周)에 머물게 되었다. 이곳은 견이(畎夷)와 가까운 곳인데, 백이(白夷)에 해당하는 서이(西夷)와 더불어 하은주의 서쪽 변방을 다스렸던 것이다.

내량이 활동한 역사는 서기전 1767년에 신지 우량(于亮)이 견군(畎軍)을 이끌고 낙랑(樂浪)과 합쳐서 진격하여 관중(關中)의 빈기(邠岐)의 땅에 웅거하며 관청을 설치하였다는 역사와 연관된다. 빈기는 빈(邠)과 기(岐)의 땅이며 은나라 제후국으로서 은나라를 멸하고 세운 주(周) 나라의 제후국시절 주무대이기도 하다.

이때부터 하(夏)나라의 제후국이던 은나라의 제후 탕(湯)이 서서히 군사를 일으킨 것이 되는데, 서기전 1766년에 은나라를 세우기까지 최소한 약 50년간의 준비기간이 있었던 것이 된다. 은탕(殷湯)은 이윤(伊尹)을 재상(宰相)으로 삼아 하(夏)나라를 멸하고 천하를 잡았는데, 은(殷)의 원래 국명이 상(商)이므로 상탕이라고도 한다. 이때는 단군조선이 정식 천자국인 하(夏)나라의 구원요청을 받아들여 소위 반란군이 되는 은탕(殷湯)의 군사를 진압한 것이 된다. 아직 은(殷)나라가 단군조선의 인정 즉 천명(天命)을 받지 못한 것이 된다.

(4) 욕살을 한(汗)으로 승진시켜 봉하다

서기전 1806년 을묘년(乙卯年)에 청아(靑莪) 욕살(褥薩) 비신(丕信)과 서옥저(西沃沮) 욕살 고사침(高士琛)과 맥성(貊城) 욕살 돌개(突蓋)를 열한(列汗)으로 봉하였다.[42]

욕살은 지방장관에 해당하는데 이들 비신, 고사침, 돌개를 봉하여 욕살 윗 단계가 되는 한(汗)으로 삼았다는 것이다. 욕살은 원(原)이나 성(城)의 책임

맥국 옥새 천자수인

자이며, 한(汗)은 지방의 왕(王)인 제후(諸侯)에 해당하는데, 소위 제후라는 공후백

---

42) 전계 한단고기 〈단군세기〉, 86쪽 참조

자남(公侯伯子男)에 해당하는 것이 된다. 즉 단군조선의 한(汗)은 소위 천자(天子)격에 해당된다.

서기전 108년 북부여 시대에 위씨조선이 한(漢) 나라에 망하자 졸본(卒本)의 한(汗)이었던 고두막(高豆莫)이 의병을 일으켜 동명왕(東明王)이라 칭하며 한나라와 전쟁을 하였는데, 이 고두막한(高豆莫汗)이 곧 북부여의 제후인 천자(天子)인 것이다.

고사침은 그 성씨가 고씨임을 알겠으나, 비신과돌개는 그 성씨가 불명이나 아마도 단군조선의 종

천자수인 - 단군조선 천자국 맥국 옥새

실로서 한(桓)씨일 가능성이 많은데, 한편, 단기고사에서는 한불배(韓不倍), 신돌개(申突蓋)라고 적고 있어 비신의 성씨가 한(桓,韓)씨이며, 돌개의 성씨가 신(申)씨임을 나타내고 있다. 불배는 아마도 필사과정에서 비신을 잘못 쓴 것으로 되는데, 비신(丕信)이 맞는 것이다.

(5) 하(夏)나라의 망조(亡兆)가 무르익다

서기전 1799년 임술년(壬戌年)에 하(夏)나라 사람이들어와 걸왕(桀王)이 무도하여 스스로 망할 것이라 전하였다.[43]

걸왕은 하나라의 마지막 왕인데, 말기에 달기(妲妓)라는 여자에 빠지고 주지육림(酒池肉林)에 빠져 헤어나지못하여 나라의 정세(政勢)가 극도로 불안하게 되었던 것

홍산옥 인장, 추장인장?

이며, 이에 제후들이 일어나기 시작하였던 것이고 하나라의 제후국에 해당하는 상

---

43) 전게 단군조선 47대, 94쪽 참조

(商)나라의 탕(湯)이 군사를 일으키곤 한 것이다.

서기전 1833년에 송화강의 북쪽에서 외뿔짐승(一角獸)이 출현한 것은 하(夏)나라의 망조(亡兆)를 나타낸 자연현상이 될 것이며, 서기전 1813년에 상탕(商湯)이 군사를 일으키자 하나라 걸왕이 단군조선에 구원을 요청하였던 것이고, 이에 단군조선이 군사를 내어 탕을 치도록 하니 탕이 사죄하므로 군사를 물렸던 것이 된다.

그런데, 하나라 걸왕의 폭정이 멈추지 않고 계속되므로 상탕(商湯)이 기회를 노리고 있었던 것이고, 결국에는 단군조선의 국자랑(國子郎) 사부(師傅)가 된 유위자(有爲子) 선인(仙人)의 제자였던 이윤(伊尹)을 재상(宰相)으로 둔 탕(湯)이 단군조선의 도움으로 서기전 1766년에 하나라를 멸하고 상(商, 殷)나라를 세우게 되는 것이다.

하(夏)나라는 서기전 2224년에 우(禹)가 단군조선의 사자(使者) 유호씨의 명을 받아 유상(有象)과 함께 순임금을 협공하다가 창오(蒼梧)의 들에서 우의 군사가 순임금을 죽였고, 이에 우가 권력욕에 눈이 멀어 단군조선의 명을 받지 않고 독자적으로 행동하며 자칭 하왕(夏王)이라 하면서 독단(獨壇)을 설치하여 결국 단군조선을 반역하였던 것이고, 정식 천자국(天子國)으로 인정받지 못하다가 후대에 하나라 왕이 단군조선에 예를 표하면서 묵시적(黙示的)으로 천자국을 인정받은 것으로 된다.

하(夏)나라 말기에 상탕(商湯)이 군사를 일으켜 공격을 해오자 단군조선에 구원을 요청한 사실로 보아 하(夏)나라는 단군조선의 제후국으로서의 천자국(天子國)임을 스스로 인식하고 있었던 것이 되고 실제로 망하기 이전인 서기전 1813년과 서기전 1767년 등 두차례 이상 군사적 구원을 받은 사실이 있기도 하다.

(6) 은탕의 재상 이윤(伊尹)의 스승, 유위자(有爲子)

서기전 1797년 갑자년에 하나라의 신하와 백성들이 상(商)나라의 신하가 되기를 마다하고 단군조선에 많이 망명하였다. 이윤(伊尹)이 상(商)나라 탕(湯)의 재상이 되어 탕을 도와 하(夏)나라 걸왕(桀王)을 쳤다. 이에 이윤의 스승이었던 유위자

(有爲子)가 "이는 사람을 사랑하고 하늘을 따르는 일이지만 이윤(伊尹)이 아니면 할 수 없다"라고 하였다.[44]

이때 하나라 사람들이 단군조선에 대거 망명하였던 것인데, 이러한 역사적 망명 사건은 이후 중국역사에서 종종 나타나며, 하(夏)나라의 건국 당시인 서기전 2224년경에도 하나라 시조 우(禹)가 단군조선을 반역하여 자칭 하왕(夏王)이라 하면서 단군조선의 정치제도를 흉내 내어 마음대로 제후를 봉하고 조공(朝貢)을 받는 등 폭돌한 정치를 펼치므로, 이에 많은 사람들이 하나라의 땅에서 탈출하여 단군조선 직할 영역으로 망명하였던 사실도 있었다.

이윤(伊尹)이 처음부터 상탕(商湯)의 사람이 아니었으나[45], 상탕이 결국 이윤(伊尹)을 재상(宰相)으로 등용하면서 본격적으로 세력이 팽창하고 민심(民心)을 얻음과 더불어 하(夏)나라를 멸할 자신감을 갖게 되었고, 결국에는 단군조선의 군사적 후원까지 얻어 천명(天命)이라는 명분(名分)하에 하나라를 멸하게 되었던 것이다.

유위자 선인은 서기전 1950년경 이전에 출생하여 서기전 1797년 현재 약 150세이던 때가 되는데, 이윤이 상탕의 재상이 되어 본격적으로 하나라를 공격하기 시작하였던 것이다. 하나라는 이미 기울었고 이 하(夏)나라를 경략할 인물로 곧 이윤만이 할 수 있다는 의미이다.

서기전 268년에 지었다는 위(魏)나라 사람이자 공자(孔子)의 7세손으로 전하는 공빈(孔斌)의 홍사(鴻史) 서문에도 유위자(有爲子) 선인(仙人)의 제자이던 이윤(伊尹)이 은탕(殷湯)의 재상(宰相)이 되었다라고 적고 있기도 하다.

이에 앞서 유위자 선인은 서기전 1833년에 송화강 북쪽지역에 출현한 외뿔짐승을 하(夏)나라의 망조(亡兆)로 내다보았고, 서기전 1797년에 이르러 유위자(有爲

---

44) 전계 단군조선 47대, 94쪽 참조

45) 이윤은 원래 성탕이 하걸왕에게 추천하였던 인물인데, 걸왕이 인물을 잘못 알아본 것이 되어 하늘의 뜻으로 성탕에게 복이 넘어간 것이 된다.

子) 선인이 하(夏)나라를 대신할 은(殷)나라는 이윤(伊尹)의 보좌(輔佐)로 이룰 것이라 단정한 것이 된다.

(7) 우가(牛加) 홀달(屹達) 즉위

서기전 1783년 무인년(戊寅年)에 상나라 사절이 처음으로 입조하였다. 이해 7월에 아한(阿漢) 천왕이 붕하고 우가(牛加) 홀달(屹達)이 즉위하였다.[46]

이때, 상(商)나라가 하나라의 틀에서 벗어나 독자적으로 어느 정도 힘을 과시하던 때가 되는데, 상나라의 상국(上國)이 되는 하(夏)나라를 무시하고 하(夏)나라의 상국(上國)이 되는 단군조선(檀君朝鮮)에 직접 사절을 파견하여 예를 표한 것이 된다. 이때까지 단군조선은 하(夏)나라 정세를 관망한 것이 되며 하나라와 상나라 중 어느 나라를 후원할지는 도(道)의 흐름에 따라 자연스레 정하였던 것이 된다.

이 홀달(屹達)을 대음달(代音達)이라고도 하고, 제15대 대음(代音) 천왕의 대음(代音)을 후흘달(後屹達)이라고 하는데, 홀달(屹達)이 클달(泰地)의 음차가 되는 글자라면, 대음달(代音達)의 대음(代音)은 대음(大音)으로서 "큼"을 나타낸 이두식 표기가 되는 것이라 보이기도 한다. 시호는 무제(武帝)이다.

13. 제13대 흘달(屹達:虞帝) 천왕(天王)의 역사

(1) 지방행정 단위인 주현(州縣)을 정하다

서기전 1767년 갑오년(甲午年)에 주(州)와 현(縣)을 정하고 직책의 분권제도를 세웠다. 관리는 권력을 겸하지 않고 정치는 법칙을 넘어 섬이 없으니, 백성들은 고향을 떠나지 않고 스스로 일하는 곳에서 편안하여 거문고 노랫소리가 넘쳐흘렀

---

46) 전계 한단고기 〈단군세기〉, 86쪽 참조

다.47)

단군조선 초기에 이미 경(京), 이궁(離宮), 국(國), 주(州), 원(原), 성(城), 읍(邑), 구(區), 가(家) 등의 행정단위가 정립되었던 것이 되는데, 이때에 이르러 주(州)와 현(縣)의 제도를 재정비한 것이 된다.

여기서 국(國)은 군후국(君侯國)을 가리키는데 소국(小國)은 대략적으로 지름 100리(里) 이상의 나라가 될 것이고, 주(州)는 국토를 크게 나눈 지역단위가 되며, 원(原)은 그 크기가 주(州)보다는 적으며 지방장관인 욕살(褥薩)이 봉해지는 행정단위가 되고, 성(城)은 성곽을 가진 도시(都市)를 가리키고 지방장관인 욕살이 봉해지는 행정단위가 되며 경우에 따라 국(國)이 되기도 한다.

또, 현(縣)은 주(州)와 원(原)보다 적은 행정단위가 되고, 읍(邑)은 성곽이 없는 도시로서 대략 반지름이 10리(里) 정도에 걸치는 마을들의 중심지 역할을 하면서 최소한 10가(家) 이상으로 이루어지며, 구(區)는 4가(家)로 이루어지고, 가(家)는 대략 20호(戶) 정도로 이루어지는 것이 되며, 1호(戶)에는 대략 10명의 식구(食口)가 있는 것이 된다.

주(州)와 현(縣)을 정하고 분직(分職)의 제도를 세웠다는 것은 주와 현의 관리들이 자신에게 주어진 권력의 범위 내에서만 권력을 행사하며 다른 직책을 겸하지 않고, 법과 규칙에 따라 다스리게 하였다는 것인데, 한배달조선의 삼사오가 제도 또한 권력분립을 기초로 하고 있는 것이 된다.

주와 현의 관리들이 정치를 잘하여 이에 백성들이 고향을 버리지 않고 정착하여 일하는 곳에서 스스로 편안함을 즐기어 거문고를 타며 노래 부르는 소리가 온땅에

---

47) 전게 한단고기 〈단군세기〉, 88~89쪽 참조. 주(州)는 이미 단군조선 초기부터 존재한 행정단위가 된다. 단군조선은 삼한관경만 기본 36주로 이루어진 대제국이다. 이에 반하여 고대중국(요순, 하은주)은 9주의 나라가 된다. 단군조선의 삼한관경이 고대중국의 4배가 되어 3배 이상 큰 나라이며, 단군조선 삼한관경 밖의 동서 2만리, 남북 5만리까지 고려하면 1,000주에 해당하는 나라로서 고대중국의 약 110배가 된다.

넘쳐 흘렀다는 것이 된다. 그야말로 태평시대이다.

(2) 하은(夏殷)의 전쟁과 단군조선의 원조(援助), 하나라 멸망과 은나라 건국

서기전 1767년 겨울에 은(殷)나라 사람이 하나라를 정벌하니 하나라 왕 걸(桀)이 도움을 청하였으며, 흘달 천왕이 읍차(邑借) 말량(末亮)으로 하여금 구한(九桓)의 군대를 이끌고 가서 전쟁일을 돕게 하니, 탕(湯)이 사신을 보내 사죄하였다. 이에 말량에게 명을 내려 돌아오게 하였는데, 걸(桀)이 그것을 어기고 병사를 보내어 길을 막고 금지맹약(禁止盟約)을 깨려고 하였다. 결국 은나라 사람들과 함께 하나라 걸을 정벌하기로 하여 몰래 신지(臣智) 우량(于亮)을 파견하여 견군(畎軍)을 이끌고 가서 낙랑(樂浪)과 합쳐서 관중(關中)의 빈기(邠岐)의 땅으로 진격하여 그곳에 머물며 관제(官制)를 설치하였다. 이때 번한(番韓) 소전(少佺)이 장군 치운(蚩雲)을 파견하여 탕(湯)을 도와 걸(桀)을 치게 하였다.[48]

서기전 1767년은 하(夏)나라가 멸망하기 1년 전이 되는데, 이윤(伊尹)을 재상(宰相)으로 삼은 은(殷)나라의 탕(湯)이 군사를 일으켜 하나를 정벌하자 하나라 걸왕이 단군조선에 구원을 요청하였고, 이에 단군조선에서는 하나라에 가까운 지역에 있는 마을의 읍차인 말량(末亮)으로 파견하여 단군조선 구한(九桓)의 군대를 이끌고 가서 전쟁을 돕게 하니, 탕(湯)이 사신을 보내 사죄하였던 것이다.

은탕이 사죄하자 이에 흘달 천왕께서 명을 내려 말량에게 회군(回軍)하도록 하였던 것인데, 하나라 걸(桀)은 단군조선이 주선이 되어 맺은 단군조선과 하나라와 은나라 상호간에 맺었던 은 맹약을 어기고 병사를 보내어 길을 막고서, 하지 말자고 하였던 금지맹약(禁止盟約)을 깨려고 하였던 것이다.

이에 단군조선은 결국 은나라 사람들과 함께 하나라 걸을 정벌하기로 작전을 짜서 몰래 신지(臣智) 우량(于亮)을 파견하여 견군(畎軍)을 이끌고 가서 낙랑(樂浪)과

---

48) 전게 한단고기 〈단군세기〉, 88~89쪽 및 〈태백일사/삼한관경본기〉, 220~221쪽 참조

합쳐서 관중(關中)의 빈기(邠岐)의 땅으로 진격하여 그곳에 머물며 관제(官制)를 설치하였던 것이다.

여기서 견군(畎軍)은 견족(畎族)의 군대를 가리키는 것이 분명한데, 견족은 삼위산(三危山)을 중심으로 하고, 백족(白族, 西夷)이 살던 서안(西安)에 걸쳐 활동하던 부족(部族)이 되며, 서기전 3897년경 한웅천왕의 배달나라 개천 시에는 삼위산으로 가서 천자격(天子格)의 가한(可汗)이 된 반고(盤固)가 다스렸고, 이후 배달조선의 견족으로서 9족의 하나에 속하며, 고대중국 기록에서는 견이(畎夷)로 불리고, 후대의 역사상에서는 터키의 선조가 되는 돌궐부족이 되는 것이다.

단군조선 진한(眞韓)에서 흘달 천왕이 군사를 내어 은나라를 돕게 할 때, 번한(番韓) 땅의 번한(番韓) 소전(少佺)도 장군 치운(蚩雲)을 파견하여 탕(湯)을 도와 걸(桀)을 치게 하였던 것이며, 은탕(殷湯)의 군사와 합공으로 하나라 걸왕의 군사를 남소(南巢)로 몰아내고 멸망시킨 것이 된다.

(3) 은탕(殷湯)의 즉위를 축하하다

서기전 1766년 을미년(乙未年)에 번한(番韓) 소전(少佺)이 묵태(墨胎)를 보내어 은탕의 즉위를 축하해 주도록 하였다.[49]

묵태(墨胎)는 단군조선의 비왕(裨王)인 번한 소전의 명을 받아 은나라 탕왕의 즉위를 축하해 준 인물인데, 역사상 고죽국의 임금(君)이었다. 번한(番韓)은 단군조선의 서보(西堡)의 장(長)에 해당하는 비왕(裨王)으로서 천왕격(天王格)에 해당하고, 단군조선의 군(君)은 천군(天君)에 해당하여 제사장을 겸하는 지위에 있다. 즉 고죽국의 임금인 묵태는 천군(天君)으로서 천왕격이 되는 번한(番韓)의 아래 직위에 해

---

49) 전계 한단고기 〈태백일사/삼한관경본기〉, 220~221쪽 참조 주나라가 건국된 때에는 단군조선의 제후국이던 숙신(肅愼)이 활(楛矢)을 선물하였는데, 활은 왕권(王權)을 상징하는 것이다. 고대중국 기록은 이를 두고 숙신이 조공을 바쳤다라고 아전인수격으로 왜곡날조하고 있다.

당하고, 고죽국은 번한관경에 속하는 것이 된다.

한편, 단군조선의 군국(君國)의 임금인 군(君)은 천군(天君)으로서 천자(天子)보다 윗자리가 된다. 그리하여 묵태(墨胎)는 천군(天君)으로서 천왕격인 번한(番韓)의 명을 받아 천자(天子)인 은탕(殷湯)의 즉위를 축하한 것이다. 즉 이는 결국 단군조선이 은탕(殷湯)을 하(夏)나라를 이은 천자(天子)로 인정한 것이 된다. 반면에 서기전 2224년에 세워진 하나라의 시조 우(禹)는 반역

고죽 부정 준

자로 낙인 찍혔던 것이며 천자로 즉위축하를 받지 못하였고 이후 약 30년간 단군조선의 사자였던 유호씨와 전쟁을 하다가 진중(陣中)에서 사망하였다.50)

고죽국은 도산회의(塗山會議)가 있었던 시기인 서기전 2267년경에 봉해진 단군조선의 군국(君國)으로서 광의의 제후국(諸侯國)에 속하며, 지방의 일반 제후국이 볼 때는 천군국(天君國)이 되는데, 천자(天子)는 제사장의 권한이 없으나 천군(天君)은 천왕(天王)과 천제(天帝)와 더불어 제사장의 권한을 지닌다. 천자는 명을 받아 천제를 올릴 수 있는 것이며 스스로는 보고의식(報告儀式)으로서 봉선(封禪)을 행할 뿐이다.

고죽국의 수도는 고죽성(孤竹城) 또는 무체성(無棣城)이라고도 불리며, 지금의 북경 동남쪽에 위치하는 천진(天津) 부근이나 탁수(涿水) 지역에 위치하였던 것이 된다. 고죽국의 수도인 무체성의 서북쪽이 되는 유수(濡水)의 상류지역에 단군조선의 요중(遼中) 12성(城)의 하나였던 영지성(永支城)이 소재하였다.

고죽국의 서쪽에는 태항산(太行山) 너머로 서기전 1122년 이후에는 은나라 망명자인 기자(箕子)의 기후국(箕侯國)이 있었고, 고죽국의 남쪽에는 서기전 1122년

---

50) 전계 부도지, 71~72쪽 참조

경 이후로 연(燕)나라가 위치하고, 고죽국의 동남쪽에는 단군조선의 군국(君國)인 청구국(靑邱國)과 남국(藍國)이 산동지역에 소재하였으며 서기전 1122년경 이후에는 주(周) 나라 제후국인 제(齊)나라가 산동지역의 일부에 위치하였던 것이 된다.

(4) 천지화랑(天指花郞)-국자랑(國子郞)

서기전 1763년 무술년(戊戌年)에 소도(蘇塗)를 많이 설치하고 천지화(天指花)를 심었다. 미혼(未婚)의 자제(子弟)로 하여금 읽고, 활 쏘는 것을 익히게 하며 이들을 국자랑(國子郞)이라 부르게 하였다. 국자랑들은 돌아다닐 때 머리에 천지화(天指花)를 꽂았으므로 사람들은 이들을 천지화랑(天指花郞)이라고도 불렀다.[51]

소도(蘇塗)는 국선(國仙)이 하늘에 제(祭)를 올리는 제천단(祭天壇)이 있는 신성지역(神聖地域)이다. 국선(國仙)은 나라에서 뽑은 선인(仙人) 즉 종(倧)으로서 국자랑(國子郞)의 스승(師) 즉 국자사부(國子師傅)가 된다. 솟대로 소도(蘇塗)임을 표시하였는데, 솟대의 "소" 또는 "솟"이 곧 소도(蘇塗)[52]와 같은 뜻을 나타내는 말이 된다. 즉 소도(蘇塗)는 "소" 또는 "솟"과 같은 소리를 한자(漢字)로 나타낸 말이며, 솟대의 대는 긴 막대기를 가리키는 바, 결국 솟대는 "소도(蘇塗)의 대"로서 소도임을 표시한 긴 나무막대가 된다.

솟대의 "소"는 소(巢)와 직결된다. 즉 소(巢)라는 글자가 원래 나무 꼭대기에 있는 새집처럼 만든 망루(望樓)라는 뜻을 가지는 바, 신성지역을 지킨다는 의미가 내포되어 있다. 실재 역사상 소(巢)는 서기전 7197년 이전의 파미르고원에 있었던 마고성(麻姑城) 시대에 수찰(守察)을 하던 망루였는데, 고탑(高塔) 모양이 된다.

한편, 궁(穹)은 소(巢)와는 다른 형태의 제천단(祭天壇)으로서 계단식으로 넓게 쌓아올려 꼭대기에 제단(祭壇)을 만든 피라미드 모양이 된다. 후대에는 소(巢)가 탑

---

51) 전게 한단고기 〈단군세기〉, 89쪽 참조
52) 소도는 "소 터"를 한자로 쓴 이두식 표기가 된다.

으로 변형되어 기도하는 장소가 되고, 궁(穹)은 하늘에 제를 올리는 제천단의 역할을 한 것이 된다. 지리산 노고단이나 마이산의 돌탑 등은 궁(穹)과 소(巢)가 어우러진 모양이 된다.

천지화(天指花)는 하늘을 가리키는 꽃이라는 말로서, 밝은 하늘 꽃인 한화(桓花)이자 하루하루 끝없이 피고 지는 무궁화(無窮花)를 가리키는데, 제단(祭壇)의 꽃이기도 하다. 서양에서도 무궁화를 샤론의 장미라고 하여 제단의 꽃임을 나타내고 있다. 국자랑들이 머리에 천지화 즉 무궁화를 꽂고 다녀 천지화랑이라 한 것이다. 국자랑(國子郞)은 나라에서 뽑은 미혼의 자제들이며, 주로 황실(皇室)이나 삼사오가(三師五加)를 비롯한 지도층의 자제들이 될 것이다.

한편, 지방 고을에서 선출된 선랑(仙郞) 중 제천(祭天)을 담당하고 계율(戒律)을 맡은 책임자를 전(佺)이라고 하며, 나라 전체에서 선출 즉 나라의 부름을 받으면 종(倧)이 되어 국자랑(천지화랑, 國仙花郞)들의 스승이 되는데 통상 선인(仙人)이라 부르는 것이다.

고구려시대에는 선인도랑(仙人徒郞) 중 제천의식과 계율을 담당한 자를 참전(參佺)이라 하고, 무예를 관장한 자를 조의(皂衣 : 검은 옷)라 불렀는데[53], 조의는 오늘날 흑띠(黑帶)를 매는 자로서 무예사범(武術師範)에 해당하는 것이 된다.

(5) 오성취루(五星聚婁)[54]와 황학(黃鶴)

서기전 1733년 무진년(戊辰年)에 오성(五星)이 누성(婁星)에 모여들고 누런 학(鶴)이 날아와 뜰의 소나무에 깃들었다.[55]

오성(五星)은 수성, 금성, 화성, 목성, 토성 등 오행성(五行星)을 가리키는데, 누

---

53) 전게 한단고기 〈태백일사/고구려국본기〉, 262~263쪽 참조
54) 성삼재, 고조선 사라진 역사, 동아일보사, 2008, 230쪽 그림 참조.
55) 전게 한단고기 〈단군세기〉, 89쪽 참조.

성(婁星)에 모여들었다는 것은 이들 오행성이 누성 부근에 모여들었다는 것이 된다. 누성(婁星)은 28수(宿) 중에서 북서쪽에 위치한 별이 된다. 오성취루 현상은 천문현상인데, 이러한 현상은 주기적으로 나타나는 것이 되어 과학적으로 계산하게 된다면 연대기적으로 충분히 의미 있는 연구가 될 것이다. 한편, 오성취루를 단순히 오행성(五行星)이 함께 모이는 현상이라 풀이하기도 한다.

황학(黃鶴)이 궁궐 뜰에 있는 소나무에 날아와 살았다는 것은 비유적인 기록이 아니라 실제적인 사실기록이 된다.

(6) 유위자(有爲子) 선인(仙人)이 돌아가시다

서기전 1727년 갑술년(甲戌年) 9월에 유위자(有爲子) 선인(仙人)이 돌아가셨다. 흘달 천왕께서 이를 슬퍼하며 통곡하고 국장(國葬)으로 장사를 치렀다.

유위자 선인은 자부선인의 학문을 계승한 분으로 서기전 1950년경 이전에 출생하여 서기전 1727년에 돌아가시니 최소한 230세 이상 사신 것이 된다.[56] 단군왕검 천제께서는 130세를 사셨고[57], 부루 천왕께서는 약 158세를 사셨으며, 단군왕검을 보필한 유호씨(有戶氏)는 120세를 산 순임금의 아버지로서 단군왕검보다 약 100세가 많아 서기전 2470년경 출생하였으며 서기전 2195년경에 돌아가시니 약 270세 이상을 산 것이 된다.[58] 유호씨와 유위자 선인은 특별한 도인(道人)임에 틀림없는 것이 된다. 한편, 서기 23년생인 김수로왕은 서기 199년에 돌아가시어 177세를 살았다라고 기록되고 있다.[59]

---

56) 전계 한단고기 〈단군세기〉, 81~82쪽 및 〈태백일사 삼한관경본기〉, 202~203쪽 및 전계 단군조선47대, 103쪽 참조

57) 전계 한단고기 〈단군세기〉, 55쪽 참조

58) 전계 부도지, 60~75쪽 참조

59) 전계 황금제왕국, 468쪽 참조

(7) 흘달 천왕 붕어와 사면

서기전 1722년 기묘년(己卯年)에 흘달 천왕께서 붕하시니 백성들 모두 먹지 않았으며 울음이 끊이지 않았다. 명을 내려 죄수들을 석방하고 생명체를 죽이는 것을 금하고 놓아주도록 하였고, 해를 넘겨 장사를 지냈다. 우가(牛加) 고불(古弗)이 즉위하였다.[60]

흘달 천왕이 성스런 임금이었다는 것이 나타나는데, 부모가 돌아가신 듯 백성들이 모두 먹지도 않고 슬퍼하였다는 것이며, 이에 죄수들을 사면하고 살생(殺生)을 금하여 방생(放生)토록 하였던 것이고, 이듬해에 장사를 치렀다는 것이다.

이어 즉위한 고불 천왕은 우가(牛加)였다라고 하므로 아마도 태자(太子)가 아닌 제왕(帝王)의 재목(材木)으로서 차자(次子)나 삼자(三子) 등 다른 아들이 될 것이다. 다만, 태자가 우가(牛加)의 직을 수행하고 있었다는 것이 불가능한 것은 아니다.

시호는 우제(虞帝)이다.

14. 제14대 고불(古弗:虞帝) 천왕(天王)의 역사

(1) 기우제(祈雨祭)

서기전 1716년 을유년(乙酉年)에 큰 가뭄이 들어 천왕께서 하늘에 기도하여 비오기를 빌며, 하늘에 맹서하여 고하되, "하늘이 비록 크다 하나 백성이 없이 어찌 베풀 것이며, 비가 비록 기름지다 하나 곡식이 없이 어찌 귀하다 하리오! 백성이 하늘로 여기는 것은 곡식이며 하늘이 마음으로 여기는 것이 사람이니, 하늘과 사람은 한 몸일진대 하늘이 어찌 백성을 버리시리오? 이에 비는 곡식을 번성하게 하고 때 맞추어 구제하게 하소서!" 하니, 말이 끝나자마자 큰 비가 수천리에 장대같이 내렸

---

60) 전계 한단고기 〈단군세기〉, 89쪽 참조

다.61)

이 큰 가뭄 이전에 단군조선 전기에 있었던 땅이나 곡식과 관계된 천재지변으로는, 서기전 2284년의 대홍수와, 서기전 2098년에 있었던 황충(蝗蟲) 사건이 있는데, 아마도 기우제(祈雨祭) 관련 기록으로는 처음이 된다. 대홍수는 치수를 잘하여 마무리 하였고, 황충의 소란은 천왕이 삼신(三神 하늘님께 기도하여 물러가게 하였던 것이다.

비는 하늘이 내리는 것이며, 곡식은 비가 내려야 번성하게 되고, 사람은 하늘이 내어 한 몸이나 마찬가지여서 항상 마음에 두고 있는 존재이며, 사람은 먹는 곡식이 생명줄과 같아서 낳아 준 하늘이나 마찬가지인 바, 어찌 하늘이 사람인 백성을 버릴 것이며, 하늘이 내리는 비가 어찌 곡식을 버릴 것인가! 비가 내리면 백성들이 하늘처럼 여기는 곡식이 번성하고 이에 백성들은 먹는 것에 대하여 걱정이 없어지는 것이다.

천재지변(天災地變)은 후대에는 임금의 부덕(不德)으로 여겨지기도 하였는데, 기우제에 대한 기록은 수 없이 나타난다.

(2) 자모전(子母錢) 주조(鑄造)

서기전 1680년 신유년(辛酉年)에 자모전(子母錢)을 만들었다.62)

자모전(子母錢)은 글자대로 보면 자전(子錢)과 모전(母錢)을 함께 부른 것으로 볼 수도 있으나, 자음(子音)과 모음(母音)의 글자가 새겨진 주조전(鑄造錢)이라고도 할 수도 있는데, 역사상으로 볼 때는 서기전 2181년에 가림토 38자라는 표음문자가 정립되었던 것으로 자음과 모음을 새긴 화폐일 가능성이 충분히 있는 것이다.

자모전은 주조(鑄造)된 화폐이다. 이 자모전 이전의 주조된 화폐로는 서기전

---

61) 전게 한단고기 〈단군세기〉, 90~91쪽 참조
62) 전게 단군조선 47대, 105쪽 참조

2133년에 발행된 원공패전(圓孔貝錢)이 있는데[63], 화폐상에 글자가 새겨진 것으로는 자모전의 자모가 자음과 모음을 가리킨다면 서기전 1680년에 주조 발행된 자모전(子母錢)이 되는 것이며, 후대의 소위 명도전(明刀錢)이라는 화폐는 자모전의 후신이 되는 것이다. 명도전 이전의 단군조선 화폐로 소위 첨수도(尖首刀)도 있는데, 첨수도에 새겨진 글자는 명도전의 글자보다는 상형문자에 가까운 형태를 지니고 있으나, 자음(子音)과 모음(母音)으로 분리와 조합이 가능하여 표음문자식으로 읽을 수 있는 글자가 되어 자모전이라고 함에는 큰 난점이 없다.

소위 명도전(明刀錢)은 통상 서기전 500년경 이전에 주조된 화폐가 되는데, 대체적으로 주(周) 나라 초기나 춘추(春秋)시대 이전부터 주조된 것이 되며, 명도전(明刀錢)으로서 최초로 주조된 것은 그보다 훨씬 이전이 되는 은(殷)나라 중기가 되는 서기전 1500년경이 될 것이다.

소위 첨수도(尖首刀)는 명도전(明刀錢) 이전에 주조된 화폐가 되고, 화폐 상에 새겨진 문자의 형태로 보아 소위 명도전은 이 첨수도의 후신(後身)이 되는 바, 서기전 1680년에 주조된 자모전(子母錢)은 이 첨수도(尖首刀)가 시초가 되어 차츰 명도전(明刀錢)으로 발전한 것으로 보인다. 첨수도에 새겨진 글자는 거의 모두 자음과 모음이 조합되어 상형문자식으로 만들어진 형태가 되는데, 명도전에 이어지면서 그 글자의 형태가 상형문자식, 상형-표음문자식, 표음-상형문자식, 표음문자식 등 4가지로 나타나고 있다.

상형문자식 명도전의 글자는 첨수도에 새겨진 상형문자와 유사하거나 조금 더 부드러운 곡선 등으로 나타나며, 자음과 모음의 분리를 한층 더 쉽게 할 수 있는 경향을 보이고 있어, 첨수도에 비하여 가림토 글자를 새긴 화폐라고 볼 수 있는 상태가 된다.

상형-표음문자식 명도전의 글자는 전제적으로는 상형문자이면서 상형문자의 틀

---

63) 전게 한단고기 〈단군세기〉, 70~71쪽 참조

에서 조금 더 벗어나 자음과 모음의 분리가 훨씬 더 쉬워 가림토 글자로 해독이 가능함으로써, 표음문자로 읽을 수 있는 글자의 형태를 띠고 있는 것이 된다.

표음-상형문자식 명도전의 글자는 가림토 글자의 자음과 모음을 상형에 맞춤으로써 전체적으로는 상형문자로 보이나, 자음과 모음이 분리되어 있어 순수한 표음문자로 읽히는 경우가 된다.

표음문자식 명도전의 글자는 순수한 가림토 글자의 자음과 모음을 차례로 새긴 것으로 상형문자와는 거의 관계가 없이 자음과 모음으로 읽히는 글자가 되어, 지금의 한글과 유사한 체계로 자음과 모음이 배치된 경우가 된다.

이상의 명도전에 새겨진 문자의 형태가 되는 네 가지 유형은, 첨수도에서 명도전으로 다시 후대에 발행된 명도전으로 이어지면서 글자의 모습이 상형문자 형태에서 표음문자 형태로 변한 것을 대별한 것인데, 이는 문자 발전단계와도 일치하게 된다.

서기전 1680년에 가림토38자가 정립된 이후 훨씬 후대까지도 배달나라 시대에 사용되던 가림토의 전신이 되는 글자들을 첨수도나 명도전에 계속 새긴 것이 되고, 후대로 내려오면서 가림토 38자를 중심으로 하여 주조한 것으로 추정된다.

소위 명도전의 출토지역이 되는 북경 부근에서 발해만 유역과 요동반도 및 한반도 북부지역과 만주지역은 단군조선의 삼한(三韓) 영역에 속하며, 단군조선 땅에서도 경제적인 활동이 왕성하던 곳이 된다.

첨수도와 명도전은 주조화폐로서 수급에 따라 지속적으로 주조한 것이 되는 데, 그리하여 똑 같은 글자가 새겨진 화폐가 많이 주조되어 사용된 것으로 된다. 특히 소위 명도전에는 같은 글자가 새겨진 경우가 허다하다고 보면 된다. 이는 주조형틀을 이용하여 계속하여 주조한 것을 나타내는 것이다.

한편, 엽전(葉錢)의 시초는 서기전 1426년에 주조된 패엽전(貝葉錢)이 되며, 원공패전과, 자모전이라 할 수 있는 첨수도 및 명도전과, 패엽전은 모두 청동화폐(靑銅貨幣)가 된다. 서기전 642년에 주조된 방공전(方孔錢)은 철전(鐵錢)이 된다.[64]

철전은 청동전보다 산화(酸化)가 잘 되어 부서지기 쉬워서 사용된 기간이 상대적으로 짧은 것이 되는데, 철전이 주조되던 시기에도 명도전인 청동화폐가 지속적으로 주조되어 사용되고 유통된 것으로 된다.

(3) 오색 큰 닭(五色大鷄) 출현

서기전 1680년 9월에 마른 나무에 싹이 나고 오색(五色)의 큰 닭이 성(城)의 동쪽 자촌(子村)에서 깨어 나오니, 이를 본 사람들이 잘못 알고 봉(鳳)이라 하였다.[65]

마른 나무에 싹이 나오고 오색의 큰 닭이 출현한 것으로 보아 보통일은 아닌 듯하다. 경우에 따라 이적(異蹟)이 일어나는 것은 다 연유가 있는 법인데, 그 원인을 잘 알지 못하면 기적(奇蹟)처럼 여겨지는 것이 된다.

봉황(鳳凰)은 글자의 모양에서처럼 날개가 긴 새가 되며, 날개가 큰 닭이나 공작(孔雀)이 봉황새의 별칭으로 불릴 수 있기도 하다. 한편, 고구려의 상징새가 되는 삼족오(三足烏)는 발이 셋인 검은 새인데, 그림을 보면 실제로는 머리에 벼슬(官)이 있어 검은 봉황이 된다. 닭도 머리에 벼슬이 있어 봉황에는 미치지 못하지만, 특이한 닭은 때때로 봉황에 버금가는 새로 간주되는 것이다.

김씨(金氏)의 시조인 소호금천씨(少昊金天氏)는 서기전 2600년경 인물인데, 황제헌원(黃帝軒轅)의 친 아들이 아니면서 황제헌원의 뒤를 이어 웅국(熊國)의 천자(天子)가 되었으며[66], 벼슬이름을 모두 새 이름으로 하였고 그 중에 봉황을 총리(總

---

64) 서기전 957년인 소위 기자조선(箕子朝鮮)의 흥평왕(興平王) 9년에 자모전(子母錢)이 사용되었다라고 한다. 여기서 기자조선은 서기전 1120년에 망명한 은 왕족인 기자(箕子)의 나라로서 단군조선의 제후국인 기후국(箕侯國)이 된다. 해동역사에서는 서기전 169년경 마한(馬韓)이 동전(銅錢)을, 진한(辰韓)은 철전(鐵錢)을, 동옥저(東沃沮)는 금은무문전(金銀無文錢)을 사용하였다고 기록하고 있다. 〈김인식 저, 한국화폐가격도록, ㈜오성K&C, 2009, 20쪽 참조〉

65) 전계 한단고기 〈단군세기〉, 91쪽 참조

66) 소호금천씨는 황제헌원으로부터 평화적으로 정식 선양받은 것이 된다. 나중에 소호금천씨도 황제헌원의 손자인 전욱고양씨에게 선양하고 태상천자로서 본국인 백제국(白帝國)으로 귀향하게 된다.

70

홍익인간 7만년 역사
제2권

理)로 정하였던 것인데, 후대에 내려오면서 봉황이 용(龍)과 더불어 왕(王)의 상징으로 여겨지게 되었으며, 우리나라에서는 가야와 신라 시대를 거치면서 대한민국에 이르러 대통령의 문장(紋章)으로 봉황새가 사용되고 있는 것이 된다.

봉황은 불사조(不死鳥)인 바, 소위 사신도(四神圖)에서 남쪽의 주작(朱雀, 朱鵲)이 붉은 봉황이 되는 것이며, 삼족오(三足烏)는 검은 봉황으로서 태양신(太陽神)을 상징하는 새이며 또한 불사조가 된다. 태양의 밝은 빛을 내도록 하는 주체가 곧 태양신으로서 검은 봉황인 삼족오로 나타난 것이며 태양의 흑점과도 직결된다. 즉 검은 숯이 탈 때 불꽃은 겉으로 나타나는 현상이며 그 본체는 검은 숯임을 알고 있는 것으로, 태양도 또한 마찬가지라 본 것이 된다. 겉은 허울, 형체(形體)이며 속이 얼, 본체(本體)가 되는 것이다.

(4) 인구조사 – 1억 8천만

서기전 1666년 을해년(乙亥年)에 관리를 사방으로 내 보내어 호구(戶口)를 조사하게 하니 총 1억 8,000만 명이었다.[67]

서기전 1666년이면 단군조선(檀君朝鮮)이 시작된 지 약 700년이 되는 해가 되는데, 총인구수가 1억8,000만 명이라는 것은 단군조선의 영역에 속하는 모든 지역의 사람들을 계산한 것이 된다.

단군조선은 배달나라를 정통계승한 나라이므로 당연히 배달나라의 영역에 포함되는 사람들이 모두 포함될 수 있으며, 이 당시 고대중국은 은(殷)나라 초기이며 특히 은(殷)나라는 단군조선의 군사적 후원으로 건국된 나라로서 제후국이 되는 천자국(天子國)에 해당되어 당연히 총인구수에 포함된 것으로 된다.

단군조선은 기본적으로 삼한관경 36주(州) 즉 방(方) 6,000리로 이루어진 나라로서 1주는 방(方) 즉 가로 세로 각 1,000리의 땅이 되는데, 이 삼한관경 내에만 인

---

67) 전계 한단고기 〈단군세기〉, 91쪽 참조

구가 1억8,000만 명이 있었다라면 1주에 평균 500만 명이 살았다는 것이 되고, 은나라의 9주까지 합45주에 1억8,000만 명이 살았다면 1주에 평균 400만명이 살았다는 것이 된다.

실제로 당시 은나라의 크기는 방(方) 3,000리의 땅으로서 단군조선 삼한관경 직할영역의 1/4에 해당하는 넓이가 되는데, 현 중국대륙의 1/10에도 미치지 못하였다고 보면 될 것이다. 은나라 주위에는 곧 단군조선의 제후국들이 존재하였던 것이고, 은나라는 일개 제후국인 천자국에 해당할 뿐이었던 것이다.

단군조선은 대제국(大帝國)으로서 대국(大國)으로서 마한과 번한을 거느리고 소국으로는 20여 개국을 넘어서며, 그 외 조공하는 나라를 포함하면 70여 개국이 넘는 등 수많은 제후국을 거느렸던 것이다.[68] 단군조선은 배달나라의 정통성을 이었고 배달나라는 한국(桓國)의 정통성을 이었던 것이므로, 단군조선 영역은 한국(桓國)의 영역을 전부 포함하는 것이 되는데, 그리하여 파미르고원 동쪽으로 남북에 걸쳐 존재하는 모든 나라의 인구수를 포함한 것이 될 것이다.

단군조선에서 특히 봉한 제후국이 아닌 배달나라의 제후국이나 한국(桓國) 시대의 12한국에 해당하는 나라들은 한국(桓國)과 배달나라의 정통성을 가진 단군조선에 조공(朝貢)을 하는 나라로서 제후국으로 간주되었다고 보면, 파미르고원 동쪽으로 인구수가 서기전 1666년에 1억 8,000만이었다는 기록은 과장된 것이 아니라 사실에 기초한 것이 된다.[69]

서기전 7197년경부터 존속한 12한국(桓國) 중에서 수밀이국(須密爾國), 비리국(卑離國), 양운국(養雲國), 일군국(一群國), 구다천국(句茶川國), 우루국(虞婁國),

---

68) 전게 한단고기 〈단군세기〉, 74~75쪽 및 78쪽 참조
69) 단군조선은 삼한관경의 직할영역 밖으로 동서 2만 리, 남북 5만 리의 땅으로서, 가로 세로 각 1,000리씩 1주로 하여 1,000주에 해당하는 영역의 나라이므로, 1주에 평균 18만 명이 산 것으로 계산이 되는데, 이는 대략적으로 파미르고원의 동쪽으로 동해안까지의 아시아 대륙 전체에 걸쳐 살던 사람의 숫자로 보면 충분하다.

선비국(鮮卑國) 등은 단군조선 시대까지도 존속하였으며,70) 고구려 광개토태황(廣開土太皇) 시대까지 구막한국(寇莫汗國), 구모액국(句牟額國), 객현한국(客賢汗國), 매구여국(賣句餘國), 구다천국(勾茶川國) 등이 존속한 것으로 나타난다.71)

한국(桓國)의 중심지가 되는 한인씨(桓因氏)의 나라는 단군조선의 진한(眞韓) 땅이 되며, 진한의 북쪽과 서북쪽과 서쪽에 산재한 12한국들은 한국에서 배달나라, 배달나라에서 단군조선으로 계승될 때에도 망하지 않은 채 구족(九族)에 속한 나라로서 정통계승국인 배달나라와 단군조선을 섬기며 조공(朝貢)을 바쳤던 것이 된다.

단군조선 시대에 수밀이국, 비리국, 양운국, 일군국, 구다천국 등이 조공(朝貢)을 바치기도 하였고, 우루국의 망명자들이 단군조선에 들어와 살았다라고 기록되고 있으며, 선비국(鮮卑國)의 남쪽에는 남선비(南鮮卑)를 봉하기도 하였던 것이다.72)

시호는 익제(益帝)이다.

15. 제15대 대음(代音, 후흘달後屹達:毅帝) 천왕(天王)의 역사

제13대 천왕인 흘달(屹達)을 대음달(代音達)이라고도 하며, 제15대 대음(代音)을 후흘달(後屹達)이라고도 한다.73) 즉 제13대와 제15대 천왕이 흘달(屹達)로서 대음달(代音達)이 되는데, 흘달의 흘(屹)은 "클(大)"을 나타낸 글자가 되고, 대음(代音)은 대음(大音)으로서 "큼(大)"을 나타낸 글자가 되는 것이다.

---

70) 전게 한단고기 〈단군세기〉, 92쪽, 97쪽, 104쪽 참조
71) 광개토경평안호태황비 비문 참조
72) 전게 한단고기 〈단군세기〉, 92쪽 참조
73) 전게 한단고기 〈단군세기〉, 91~92쪽 참조

(1) 은(殷)나라 소갑(小甲)이 화친을 구하다

서기전 1661년 경진년(庚辰年)에 은(殷)나라 왕 소갑(小甲)이 사신을 보내와 화친(和親)을 구하였다.[74]

은나라 왕 소갑(小甲)은 서기전 1666년부터 서기전 1650년까지 17년을 재위한 제7대 왕이다. 서기전 1661년에 소갑이 화친을 청하였다는 것에서 이 이전에 소갑이 군사를 움직여 단군조선의 영역을 침범하다 패퇴당한 일이 있었다는 것을 알 수 있다.

서기전 1766년에 건국된 은(殷)나라는 단군조선의 군사적 원조로 하(夏)나라를 멸망시키고 건국되어 단군조선의 천자국(天子國)으로서 출발하였으나, 이후 하(夏)나라의 제도를 그대로 답습함으로써 진정한 왕도정치(王道政治)를 펼치지 못하고, 단군조선의 제후국이 되는 주변국과의 전쟁을 일삼게 되었다.

실제로 은나라 시조 탕도 왕이 된 후 곧바로 주변의 세력인 이족(夷族)을 정벌하였다는 기록으로 보아 생존을 넘어서서 영토확장을 꾀하는 전쟁을 수시로 벌였던 것이 된다.

즉, 은나라도 단군조선의 삼한관경에 속한 천자국이 아닌 멀리 떨어진 지방 즉 천하(天下)의 천자국으로서 주변의 단군조선 제후국들과 생존과 정벌을 위한 전쟁을 벌인 것이며, 심지어 단군조선의 삼한관경의 서쪽 변경을 침범하는 사례도 종종 발생한 것이 된다. 역사상 가장 대표적인 은나라의 침범행위는 서기전 1291년경에 은나라 무정(武丁)이 귀방(鬼方)을 정벌하고 색도(索度)와 영지(永支)를 침공한 것을 들 수 있다. 무정은 서기전 1325년부터 서기전 1267년까지 59년 동안 재위한 은나라의 제22대 왕이다.

귀방(鬼方)은 서남방(西南方)이 되는데, 이는 단군조선에서 볼 때의 서남방이며 은나라로 볼 때는 북방(北方)이 되고, 영지(永支)는 단군조선 번한 지역에 있던 요

---

74) 전게 한단고기 〈단군세기〉, 91~92쪽 참조

중(遼中) 12성(城)의 하나로서 지금의 천진(天津) 서북쪽이자 옛날의 유수(濡水)가 되는 지금의 탁수(涿水) 상류지역에 위치하였다. 한편, 고대중국의 기록에서도 귀방(鬼方)이라는 것이 보이는데, 이는 신방(神方)이 되는 북방(北方)을 낮춘 것이 되는데, 보통은 서남방이 되는 것이다.

색도는 영지 부근이며, 곧 귀방은 색도와 영지의 서방으로서 은나라의 북방이 되고 단군조선 진한(眞韓)의 서남방이 되어 지금의 태원(太原) 북쪽으로서 태항산(太行山) 서쪽 지역이 되는 것이다. 서기전 1122년 은나라가 망하고 주나라가 서자 은나라 왕족 기자가 패잔병 5,000명을 이끌고 정착한 곳이 지금의 태원 북쪽이 되는 서화(西華)라고 불린 땅으로서 고죽국(孤竹國)의 서쪽이자 단군조선의 귀방(鬼方)에 속한 지역이 되는 것이다.

(2) 80분의 1 세율의 조세법

서기전 1661년에 80분의 1의 세제(稅制)로 고쳤다.[75]

단군조선의 세법은 백성들을 위한 세율로 시행하였다. 즉 정전법(井田法)에 따라 9분의 1 즉 약 11%의 세율로 세금을 내다가 약 300년이 흐른 서기전 1993년에 20분의 1 즉 5% 세율의 세법을 시행하였으며[76], 다시 300년이 흐른 서기전 1661년에 이르러 80분의 1 즉 1.25%의 세율의 세법을 시행한 것이 된다.

현재 부가가치세가 10분의 1 세율이 적용되고 있으며 소득세가 약 10%에서 35%에 이르는 것을 고려하면, 80분의 1 세율은 백성들의 생활을 위주로 한 파격적인 세법이 된다.

---

75) 전게 한단고기 〈단군세기〉, 91~92쪽 참조

76) 전게 한단고기 〈단군세기〉, 79쪽 참조. 배달나라 시대에도 1/20의 세율을 시행하였다고 기록된다.

(3) 홍수(洪水)와 구휼(救恤)

서기전 1660년 신사년(辛巳年)에 홍수가 크게 일어나 민가(民家)에 피해가 많았다. 천왕께서 매우 불쌍히 여기고 구휼하여 곡식을 창해사수(蒼海蛇水)의 땅으로 옮기어 백성들에게 골고루 나누어 주었다.[77]

당시 이미 고구려의 진대법(賑貸法) 이상의 무상(無償)으로 한 구휼법(救恤法)이 시행되고 있었던 것이다. 실제로 서기전 6200년경 이전에 정립된 것이 되는 한배달조선의 3대경전의 하나인 참전계경(參佺戒經)에는 천재지변(天災地變)은 무극(無極)의 원리에 따라 순환(循環)함을 가르치고 있는 바, 이러한 재해를 대비하고 구휼하는 제도를 이미 정립해 둔 것이 된다.

창해사수(蒼海蛇水)의 땅이 어디인지는 불명이나, 창해(蒼海)는 산동지역의 동쪽이나 북쪽 바다가 되어 지금의 발해만이 되며 사수(蛇水)는 강 이름으로서 산동지역에 위치한 것으로 추정된다. 그래서 대홍수는 산동지역의 서남방 쪽에서 발생한 것이 되고 곡식을 산동지역의 북쪽 발해만 가까이에 있는 사수(蛇水) 지역으로 옮긴 것이 된다.

(4) 양운국(養雲國)과 수밀이국(須密爾國)의 조공(朝貢)

서기전 1660년 겨울 10월에 양운국(養雲國)과 수밀이국(須密爾國)의 사신이 와서 특산물을 바쳤다.[78]

양운국과 수밀이국은 서기전 3897년 이전에 있었던 한국(桓國)의 12분국(分國)에 속하는 나라로서 배달나라 시대를 거쳐 단군조선 시대까지 존속한 것이 된다.

양운국은 지금의 바이칼호 서쪽지역에 위치한 나라가 되고, 수밀이국은 송화강 북쪽과 지금의 아무르강이 되는 흑룡강 유역을 중심으로 한 나라로서, 각 단군조선

---

77) 전게 한단고기 〈단군세기〉, 91~92쪽 참조
78) 전게 한단고기 〈단군세기〉, 92쪽 참조

진한(眞韓)의 북쪽이 되는 시베리아 지역에 있던 나라이다. 수밀이국은 단군조선의 제후국인 숙신국의 북쪽에 위치하며, 양운국은 지금의 몽골의 북쪽에 위치한 나라가 된다. 수밀이국과 양운국 사이에 비리국(卑離國)이 위치하는데 지금의 러시아 브리야트 공화국 지역과 관련이 있는 것이 된다.

서기전 7197년에 시작된 한국(桓國)의 분국이 되는 12한국(桓國)은 대부분 황하북쪽에 위치하였으며, 한국(桓國)의 중심지는 단군왕검이 수도를 정한 송화강 아사달을 중앙으로 둔 백두산과 흑룡강 사이 땅이 된다.

(5) 금(金)과 쇠(鐵)와 원유(原油)를 캐다

서기전 1652년 기축년(己丑年)에 천왕께서 서쪽으로 약수(弱水)에 행차하고 신지(臣智) 우속(禹粟)에게 금철(金鐵)과 고유(膏油)를 채취(採取)하도록 하였다.[79]

약수(弱水)는 단군조선의 진한(眞韓) 땅으로 볼 때 서쪽에 위치하는데, 서기전 2177년에 열양(列陽) 욕살(褥薩) 색정(索靖)이 약수(弱水)에 종신금치(終身禁置) 당하였다가 뒤에 사면받아 봉해져 흉노의 조상이 되었다고 기록되는 바, 이 약수가 곧 여기서 말하는 약수라는 강이 틀림없는 것이 된다. 즉 지금의 오르도스 지역에서 황하의 북단(北端) 지역과 남류(南流) 시작 지역에 있는 황하의 지류가 되는 강이 된다.

여기서 말하는 신지(臣智)는 신지(神誌)와 소리가 같아 동일 관직을 가리키는 것이 되는데, 문자(文字) 및 명령(命令)을 담당하는 직책이다. 우속(禹粟)은 인명(人名)이 된다.

금철(金鐵)의 금(金)은 쇠로서 황금(黃金)이며, 철(鐵)은 무기나 농기구 등을 만드는 재료인 일반적인 쇠(釗)를 가리키게 된다. 원래 철(鐵)이란 글자의 옛 글자는 銕(철)인데 이족(夷族)의 쇠라는 뜻으로서, 동이족이 발명하여 주조(鑄造)한 쇠라

---

79) 전게 한단고기 〈단군세기〉, 92쪽 참조

는 의미가 된다.

고유(膏油)는 찐득찐득한 기름을 가리키는데 원유(原油)를 가리키는 것이 된다. 즉 이때 이미 천연(天然)의 석유(石油)를 채취하여 연료로 사용하였다는 것이 된다. 아마도 약수(弱水) 지역은 예전에 동물이 번성하였던 곳이거나 물고기가 많이 살았던 바다였다는 것이 된다.

한편, 나무가 울창하던 지역에서는 석탄(石炭) 종류가 나게 되는데, 석탄은 나무가 썩으면서 탄소화(炭素化)한 것인데, 원래부터 식물이 자라던 육지였음을 나타내는 것이 된다.

(6) 우루(虞婁) 사람 20가(家) 투항

서기전 1652년 가을 7월에 우루(虞婁) 사람 20가(家)가 와서 투항하였는데, 천왕께서 염수(鹽水) 부근지역에 정착하도록 하였다.[80]

우루(虞婁)는 서기전 3897년 이전의 한국(桓國) 시대부터 존속하였던 12한국(桓國) 중의 하나인 우루국(虞婁國)을 가리키는데, 이때 투항한 우루 사람들은 이 우루국의 후예(後裔)가 되는 것인데, 우루(虞婁)는 지역적으로 보아 파미르고원의 서쪽에 있었던 소위 메소포타미아 지역이 되는 옛 수메르 지역의 우르(크)로 추정된다.

서기전 2220년경 유호씨(有戶氏)가 무리를 이끌고 가르침을 펴러 서방(西方)으로 갔던 월식주(月息洲)가 높은 층대가 되는 지구랏을 많이 만들었던 수메르 지역이 되는 것이며, 이 수메르 땅에 있던 우르(UR)라는 나라의 사람들이 서기전 2000년경에 이르러 바빌론에게 망하면서 수메르 땅을 벗어나 사방으로 흩어져 살다가 이때에 이르러 동쪽으로 이동해 와 단군조선에 투항한 것이 되는 셈이다.

역사적으로는 서기전 2348년경에 소위 노아홍수가 수메르 지역에서 발생하였

---

80) 전게 한단고기 〈단군세기〉, 92쪽 참조

던 것이며, 이후 서기전 2000년경에 바빌론의 함무라비왕이 정복하면서 이스라엘의 실질적인 시조가 되는 아브라함이 서기전 1950년경에 가족을 이끌고 갈데아 우르(UR)를 탈출하여 서쪽의 가나안 땅으로 갔으며, 이후 이삭과 야곱의 시대를 거쳐 12지파로 불어났고, 약 300년이 지난 서기전 1652년에 이르러 야곱의 후손 중 일파가 20가(家)를 이끌고 동쪽으로 이동하여 단군조선 땅의 염수(鹽水)에 정착하게 된 것으로 추정된다.

20가(家)는 사람의 수로 보면 단순히 20명(名, 口)이 아니라 약 4,000명 정도가 된다. 가(家)는 한 집안을 가리키며 보통 4대(代)가 1가(家)를 이룬다고 볼 때, 1대(代) 약 30년에 10명 정도의 자녀를 둔다면, 2대째에는 약 10명이 되고, 3대째에는 약 100명이 되며, 4대째에는 최소한 100명이 넘게 되는데, 모두 합하면 최소한 약 200명이 넘는 것이 된다. 여기서 20가(家)이면 최소한 4,000명이 되는 것이다.

4,000명이면 대이동이 된다. 최소한 20개의 마을(里) 합친 것이 되는 큰 읍(邑) 하나가 움직이는 것이 된다. 아브라함의 시대는 서기전 1950년경이 되고, 이삭의 시대는 서기전 1900년경이 되며, 야곱의 시대는 늦어도 서기전 1800년경이 되는데, 이때부터 서기전 1652년까지는 약 150년이 지난 것이 되며, 이에 야곱의 아들 중 한 사람으로부터 불어난 후손은 약 4~5대를 지난 기간이 되어 20가(家)가 충분히 될 수 있는 것이다.

그리하여 여기서 적고 있는 우루 사람 20가(家)는 역사적으로 수메르 지역의 우르국 출신이 되는 아브라함의 후손을 가리킬 가능성이 농후한 것이 된다.

12한국(桓國) 중에서 일군국(一群國)은 수밀이국에서 거리로 따지면 서쪽 또는 서북쪽으로 5만 리나 떨어져 있는 나라가 되는데, 지금의 송화강에서 서북방으로 5만리 즉 2만킬로미터가 되는 지역을 찾아보면 영국에 가까운 북유럽 지역이 된다. 일군국은 아마도 영국의 스톤헨지 유적과 관련된 나라가 아닌가 한다.

12한국 중에서 우루국은 위치가 불명한데, 앞에서와 같이 서기전 1652년의 기사를 보면 아마도 서방에 있었던 수메르지역의 우르일 가능성이 농후하며, 또 사납아국(斯納阿國)도 위치가 불명한데, 아마도 인도지역에 있었던 나라가 아닌가 추정된다.

파미르고원의 동북지역과 동쪽 지역으로 이동한 황궁씨족(黃穹氏族)과 청궁씨족(靑穹氏族) 외의 백소씨족(白巢氏族)과 흑소씨족(黑巢氏族)은 각 수메르지역과 유럽지역, 인도지역으로 이동한 것이 되는데, 12한국 중에서 소재가 불명한 우루국(虞婁國)과 사납아국(斯納阿國)은 수메르 지역과 인도지역과 관련된 것으로 추정되는 것이다.

(7) 태백산(太白山)에 공적비(功績碑)를 세우다

서기전 1634년 정미년(丁未年)에 천왕께서 태백산에 올라 비석을 세워 열성조(列聖祖)와 여러 한(汗)들의 공적을 새겼다.[81]

단군조선 시대의 태백산(太白山)은 지금의 백두산(白頭山)을 가리킨다. 물론 태백산이라 불리는 산이 단군조선의 영역 안에 많이 있었다고 보이는데, 단군조선의 역사기록에서 나타나는 대표적인 태백산은 백두산이 되는 것이다.

백두산을 태백산이라 한 기록은 대진국(大震國:발해) 제3대 문황제(文皇帝)의 삼일신고봉장기(三一神誥奉藏記)에 보이고, 신라시대 인물인 박제상(朴堤上)이 지은 부도지(符都誌)에서 강원도 태백산을 서기 400년경에 남태백산(南太白山)이라 부르고 있어 백두산이 원 태백산이 됨을 알 수 있게 한다.

열성조(列聖祖)는 역대 단군을 가리킨다. 한(汗)은 단군조선의 군후(君侯)를 가리키는데, 단군조선 중앙조정을 천(天)이라 하면 단군(檀君)은 천왕(天王)이 되고 그 아래 천군(天君)이 있으며, 천군 아래 일반 제후가 되는 하늘나라의 공작인 천공(天公), 후작(侯爵)인 천후(天侯), 백작(伯爵)인 천백(天伯), 자작(子爵)인 천자(天子), 남작(男爵)인 천남(天男) 등이 있는 것이다.

---

81) 전계 한단고기 〈단군세기〉, 92쪽 참조

단군조선의 여러 군후국(君侯國) 중에서 구려국(句麗國), 진번국(眞番國), 부여국(扶餘國), 청구국(靑邱國), 남국(藍國), 고죽국(孤竹國), 몽고리(蒙古里), 낙랑국(樂浪國) 등은 군국(君國)에 해당하고, 숙신(肅愼), 개마(蓋馬), 예(濊), 옥저(沃沮), 졸본(卒本), 비류(沸流) 등은 공후백자남(公侯伯子男)의 일반 제후국(諸侯國)에 해당하며, 남선비(南鮮卑)는 대인(大人)의 나라에 해당한다.

비석을 세운 예는 제12대 아한(阿漢) 천왕께서 요하(遼河)의 동쪽인 번한(番韓) 땅에 서기전 1833년에 세운 순수관경비(巡狩管境碑)가 있으며, 제30대 내휴(奈休) 천왕께서 청구국(靑邱國)을 둘러보고 배달나라 제14대 한웅(桓雄)인 치우천왕(蚩尤天王)의 공덕을 새긴 역사가 있다.

(8) 대심(代心)을 남선비(南鮮卑) 대인(大人)에 봉하다

서기전 1622년 기미년(己未年)에 천왕의 아우 대심(代心)을 남선비(南鮮卑)의 대인(大人)으로 삼았다.[82]

남선비(南鮮卑)는 선비(鮮卑) 땅의 남쪽 지역이 되는데, 선비국(鮮卑國)은 서기전 3897년 이전의 한국(桓國) 시대에 12한국의 하나로서 줄곧 존속해 온 나라이며, 배달나라와 단군조선을 거치면서 반역하지 아니하고 정통성을 인정하며 9족에 속한 나라로서 배달조선에 복속한 나라가 된다.

선비국은 몽골의 남쪽 지역이자 구려국의 서쪽에 위치하며 흉노의 북쪽이자 견족(犬族)의 활동지역의 동쪽에 위치한다. 즉 선비(鮮卑)의 동쪽에 단군조선 진한(眞韓) 관경에 속하는 구려국(句麗國)이 위치하였는데, 구려국의 구려라는 말이 가운데, 중앙이라는 의미를 지니고 있다. 구려국은 서쪽의 삼위산(三危山) 지역에서 동해(東海)에 걸친 단군조선의 영역으로 보아 동서(東西)의 중앙에 해당하는 나라가 된다.

---

82) 전게 한단고기 〈단군세기〉, 92쪽 참조

대인(大人)은 일반제후 아래의 직책이 되는데 대부(大夫)라는 직에 해당한다고 보며, 대부(大夫)는 공후백자남의 제후보다는 아래이고 지방장관보다는 윗자리가 된다. 서기전 3897년 이전의 한국시대에 지위리 한인(桓因)의 아들 한웅(桓雄)이 서자부(庶子部) 대인(大人)의 직을 수행하였다고 기록되고 있다.[83]

단군조선 시대에는 천왕(天王)이 되는 제(帝) 아래 천왕격(天王格)이 되는 한(韓)을 두어 비왕(裨王)이라 하였으며, 한(韓)의 아래에 일반 제후국인 국(國)의 왕(王)인 군후(君侯)가 있는데 이 군후를 통칭 한(汗)이라 하였고, 한(汗)의 아래에 대인(大人)이 있으며, 대인의 아래에 원(原)이나 성(城)에 봉해진 지방장관격인 욕살(褥薩)이 있는 것이다. 일반 성(城)의 욕살(褥薩)이 승진되어 한(汗)으로 봉해진 경우도 있다.

한(汗)은 일반적으로는 왕(王)이라 해석하지만, 독자적인 왕국(王國)의 왕(王)이 아니라 제후에 해당하므로 원칙적으로 독자적인 군사권을 가지지 아니한다. 즉, 왕은 독자적인 군사권을 가지지만, 한(汗)은 제후로서 명을 받아 군사권을 행사할 수 있는 것이다. 비왕(裨王)인 한(韓)도 넓은 의미로 한(汗)이 되며 독자적인 군사권을 가지지 아니한다.

한편, 단군조선의 말기가 되는 서기전 425년부터는 단군조선 삼한(三韓)의 관경(管境)이 각 삼조선(三朝鮮)이라는 나라가 됨으로써, 진조선(眞朝鮮)의 임금(단군)은 천왕(天王)이 되고, 번조선(番朝鮮)과 마조선(馬朝鮮)의 임금(韓)은 각 왕(王)이라 부르게 되어 번조선왕(番朝鮮王), 마조선왕(馬朝鮮王)이라 하게 되어 독자적인 군사권을 행사하게 된다. 다만, 서기전 323년에 읍차(邑借)로서 번조선왕이 된 기후(箕詡)는 먼저 번조선왕이라 칭하고 사후에 단군 천왕의 윤허(允許)를 밟는 절차를 취하였다고 기록된다.[84]

---

83) 전계 한단고기 〈신시본기〉, 172쪽 참조
84) 전계 한단고기 〈단군세기〉, 118~119쪽 참조

(9) 은(殷)나라 왕 태무(太武)가 번한에 조공하다

서기전 1614년 정묘년(丁卯年)에 번한(番韓) 진단(震丹)이 즉위하고 은(殷)나라 왕 태무(太武)가 번한(番韓)에 방물(方物)을 바쳤다.[85]

진단(震丹)은 번한(番韓)의 제20대 임금으로 서기전 1614년부터 서기전 1579년 사이에 재위하였으며, 은나라 왕인 태무는 제9대 왕으로 서기전 1638년부터 서기전 1563년 사이에 재위하였다.

은(殷)나라가 번한(番韓)에 조공(朝貢)을 하였는데, 은(殷)나라의 왕은 천왕격(天王格)에 해당하는 번한보다 아래이며 천군(天君)보다 아래인 천국(天國)의 자작(子爵)으로서, 천국(天國) 즉 천상(天上)의 나라인 단군조선의 지방(地方) 즉 천하(天下)에 봉해진 천자(天子)인 것이다.

방물(方物)은 지방의 특산물을 가리키는 것이 된다.

(10) 우가(牛加) 위나(尉那) 즉위

서기전 1611년 경오년(庚午年)에 천왕께서 붕하시니 우가(牛加) 위나가 즉위하였다.[86]

위나(尉那)는 태자(太子)가 아닌 대음(代音) 천왕의 차자, 삼자 등 다른 아들로서 우가(牛加)의 직을 수행한 인물일 가능성이 농후한데, 다만, 태자로서 우가(牛加)의 직을 겸하였을 여지는 있다고 보인다.

시호는 의제(毅帝)이다.

---

85) 전계 한단고기 〈태백일사/삼한관경본기〉, 207~208쪽 참조
86) 전계 한단고기 〈단군세기〉, 92쪽 참조

16. 제16대 위나(尉那:明帝) 천왕(天王)의 역사

(1) 유덕자(有德子)를 태자태부로 삼다

서기전 1610년 신미년(辛未年)에 유위자(有爲子)의 아들 유덕자(有德子)를 태자태부(太子太傅)로 삼았다.[87]

유위자는 서기전 1950년경 출생하여 서기전 1727년에 돌아가시어 약 230세를 산 것이 되는데, 유덕자는 유위자의 아들로서 서기전 1900년경 출생이라 보더라도 이때 약 290세가 되는데, 유덕자는 아마도 유위자의 손자가 아닌가 한다.

태자태부(太子太傅)는 태자의 스승을 가리킨다. 역사기록상 태자의 스승으로 태사(太師), 태부(太傅), 태보(太保)가 있다. 직위(職位)로는 태사가 태부보다 위이며 태부가 태보보다 위가 된다.

(2) 탐모라가 마한(馬韓)에 조공하다

서기전 1596년 기유년(己酉年)에 탐모라(耽牟羅) 사람이 말 30필(匹)을 마한(馬韓) 을아(乙阿)에게 바쳤다.[88]

탐모라는 탐라(耽羅)로서 지금의 제주도(濟州道)를 가리킨다.[89] 탐모라 또는 탐라는 섬라와 같은 말로서 섬(島) 땅이라는 의미가 된다. 서기전 1200년경에 제23대 아홀(阿忽) 천왕 시대에 태자(太子) 고연나(高延那)의 아우인 고을나(高乙那)를 신도후(神島侯)에 봉했는데 이 신도(神島)가 곧 탐라로서 지금의 제주도이다.

---

87) 전게 단군조선 47대, 111쪽 참조

88) 전게 한단고기 〈태백일사/삼한관경본기〉, 207~208쪽 참조

89) 수서(隋書)에는 백제의 땅으로 담모라국(담牟羅國)이 남북이 천여리, 동서가 수백리라 하여 대만(臺灣)을 가리키는 것으로 보이는 기록을 하고 있기도 하다.〈이병주 감수/남주성 역주, 흠정만주원류고, 글모아 출판, 2010, 125쪽 참조〉. 아마도 백제가 제주도의 이름인 탐라를 대만에 적용한 것이 아닌가 한다. 백제가 양자강 유역을 차지하였을 때 대만까지 다스렸다는 것은 충분히 가능성이 있는 것이 된다.

탐모라는 이때 한반도 땅인 마한(馬韓)의 관경에 속한 것이 된다.

(3) 병법가(兵法家) 신우천(新尤天)의 신병서(新兵書)

서기전 1595년 전략가(戰略家) 신우천(新尤天)이 신병서(新兵書) 한 질(帙)을 바쳤다.[90] 신병서(新兵書)는 새로운 병서 또는 새로 지은 병서라는 뜻으로서, 이것을 지어 바친 신우천은 병법가(兵法家)인 셈이다.

서기전 1216년경 출생으로 서기전 1150년경에 등용되어 주(周) 나라 문왕(文王)과 무왕(武王)의 스승이 된 강태공(姜太公)은 병법서(兵法書)인 육도삼략(六韜三略)을 지은 인물로 추정되는데, 강태공은 본명이 여상(呂尙)으로서 산동지역의 동해(東海) 출신이며, 육도삼략은 곧 단군조선의 병법이거나 여기에서 나온 것이 된다.

(4) 영고탑 제천행사와 애한가(愛桓歌)

서기전 1583년 무술년(戊戌年)에 구한(九桓)의 여러 한(汗)들을 영고탑(寧古塔)에 모이게 하여 삼신상제(三神上帝)께 제사 지내면서 한인(桓因), 한웅(桓雄), 치우(蚩尤) 및 단군왕검(檀君王儉)을 모시고 제(祭)를 올렸다. 5일 동안 백성들과 크게 연회를 베풀고 등불을 밝히고 밤을 새며 경(經)을 읊고 마당 밟기를 하였다. 한쪽으로는 횃불을 나란히 하고 한쪽으로는 둥글게 춤추며 애환가(愛桓歌)를 함께 불렀다. 애환가는 옛 신가(神歌)에 속하는 노래이다. 옛 사람들은 한화(桓花)를 가리켜 이름을 붙이지 아니하고 그대로 꽃이라고만 하였다.[91]

애한가(愛桓歌)는 아래와 같다.

---

90) 전게 단군조선 47대, 112쪽 참조
91) 전게 한단고기 〈단군세기〉, 93쪽 참조

산에 꽃이 있네, 산에 꽃이 있네.

지난해에 만 그루 심고 올해도 만 그루 심었네.

불함에 봄이 오니 꽃이 만발하여 붉구나,

천신(天神)을 섬기고 태평을 즐기네.

(山有花山有花 去年種萬樹 今年種萬樹 春來不咸花萬紅 有事天神樂太平)
[92]

영고탑(寧古塔)은 단군조선의 이궁(離宮)에 해당하는 곳이다. 실제로 서기전 1345년에 영고탑에 이궁을 지었다.[93] 삼신상제(三神上帝)는 천지인(天地人) 삼신(三神)으로서 상제(上帝)이며 곧 하늘님을 가리킨다. 즉 삼신(三神)은 자연신(自然神)이고 상제(上帝)는 인격신(人格神)이며, 단군조선이 상제(上帝)로 모시는 분은 곧 하늘님(天神)이 된다. 천신(天神)은 천지인 삼신(三神)의 대표격이다.

한인, 한웅, 치우, 단군왕검은 모두 삼신사상(三神思想)에 의하여 삼신상제의 화신(化身)으로서 동격이 된다. 그래서 서기전 2267년 도산회의(塗山會議) 때 태자 부루(太子扶婁)는 단군왕검(檀君王儉)의 아들로서 천제자(天帝子)라 하는 것이며, 단군왕검(檀君王儉)을 삼신상제(三神上帝) 곧 천제(天帝)라고 받드는 것이다.

단군조선의 상제(上帝)는 단군조선의 상국(上國)의 임금이 되는 하늘님, 천신(天神) 즉 삼신(三神)이며, 고대중국의 상제(上帝)는 고대중국의 상국(上國)이 되는 배달조선의 본 임금인 천제(天帝), 천왕(天王)인 것이다. 이때 읊었던 경(經)은 천부경(天符經), 삼일신고(三一神誥), 참전계경(參佺戒經)이 될 것이다.

이 기사로 보면 마당밟기는 역사가 최소한 3,600년이 된다. 또 둥글게 돌아가며 부르는 노래는 태백환무가(太白環舞歌)로서 이미 배달나라 시대부터 시작된 것이

---

92) 전게 한단고기 〈단군세기〉, 93~94쪽 참조

93) 전게 한단고기 〈단군세기〉, 96쪽 참조

다. 이때 부른 환무가(環舞歌)가 애한가(愛桓歌)이다.

한화(桓花)는 지금의 무궁화(無窮花)로서 하늘꽃이라는 의미이다. 단군조선 시대에 국자랑들이 머리에 꽂고 다닌 꽃으로 하늘을 가리키는 꽃이라는 의미로 천지화(天指花)라고도 한다.

(5) 기우(杞憂)의 연원

서기전 1566년 을묘년(乙卯年)에 풍년이 들어, 산동지역의 기국(杞國)을 비롯한 모든 제후국들의 왕들이 천왕(天王)을 알현하였으며, 이때 천왕께서 각 나라의 생활형편이 어떠한지를 물으니, 모든 제후들이 집집마다 잘 살고 별다른 우려가 없으며 다만 하늘이 기울까 우려할 따름입니다 하였다. 이후 사람들이 우려할 일이 없는 것을 가리켜 기우(杞憂)라 하게 되었다.[94]

기(杞)라는 나라는 산동지역에 있던 단군조선의 제후국이다. 기(杞)는 서기전 2224년에 세워진 하(夏)나라의 제후국으로 기록되기도 하나, 하우(夏禹)가 서기전 2224년에 반역하여 마음대로 제후(諸侯)를 봉하고 조공(朝貢)을 받는 등 하였는데, 이때 많은 단군조선의 직속 제후국들이 하(夏)나라의 폭정으로 조공을 하였던 것이 되며, 수많은 백성들이 하나라를 탈출하여 단군조선 직할영역으로 피난하였던 역사가 있는데, 이후 상당수의 제후국들이 제자리를 도로 찾았던 것이 되는데 기국(杞國)도 이에 해당하는 것이 될 것이다. 더욱이 하(夏)나라 자체가 단군조선의 지방제후국인 천자국(天子國)에 해당한다.

(6) 태자 여을(余乙) 즉위

서기전 1553년 무진년(戊辰年)에 위나(尉那) 천왕께서 붕하고 태자(太子) 여을

---

94) 전계 단군조선 47대, 114쪽 참조

(余乙)이 즉위하였다.[95]

여을이 태자라고 기록되어 있어 위나(尉那) 천왕을 측근에서 보필한 것이 되고 다른 직책을 수행하지 아니한 것으로 보인다.

시호는 명제(明帝)이다.

17. 제17대 여을(余乙:成帝) 천왕(天王)의 역사

(1) 은(殷)나라가 참성단(塹城壇) 제사를 돕다

서기전 1549년 임신년(壬申年) 3월 16일에 마한(馬韓) 두막해(豆莫奚)가 몸소 마리산(摩璃山)에 올라 참성단(塹城壇)에서 삼신(三神)께 제(祭)를 올렸는데, 이때 은(殷)나라 왕 외임(外任)이 사신을 파견하여 제사를 도왔다.

은(殷)나라 왕 외임(外任)은 제11대 왕으로서 서기전 1550년부터 서기전 1535년 사이에 재위하였다.

은나라 왕은 천자(天子)로서 단군조선의 제후에 해당하는 것이며, 천왕격(天王格)에 해당하는 번한(番韓)과 마한(馬韓)의 아래 직위에 해당하며 번한과 마한에 수시로 예(禮)를 표한 것이 된다.

(2) 흉년 구휼(救恤)

서기전 1547년 갑술년(甲戌年)에 흉년이 들어 쌓아두었던 곡식을 풀어 백성들을 구제하였다.[96]

단군조선 시대에는 어느 지역에 흉년이나 홍수 등으로 천재지변이 발생하면, 다른 곳의 곡식으로 백성들을 구휼하였던 것이 된다. 참전계경(參佺戒經)에는 천재지

---

95) 전게 한단고기 〈단군세기〉, 93~94쪽 참조
96) 전게 단군조선 47대, 116쪽 참조

변이 순환하는 원리를 가르치고 있는데, 이는 무극(無極)의 원리이며, 백성의 생명을 책임지는 임금은 이러한 천재지변의 원리를 알고 대처하는 방법을 강구해 놓은 것이 된다.

(3) 일식(日蝕)

서기전 1533년 무자년(戊子年)에 일식(日蝕)이 있었다.[97]

일식(日蝕)은 해(日)가 달(月)에 의하여 가려져 벌레가 갉아먹는 형상의 자연현상을 가리킨다. 태양(太陽)은 무한한 기(氣)의 원천으로서 지구상의 생물체의 생명과 직결되는데, 일식현상은 가끔 일어나는 천문현상으로서 역사기록에서 남겨질 만한 것이 된다. 한편, 월식(月蝕)은 달(月)이 지구(地球)에 의하여 가려져 벌레가 갉아먹는 형상으로 보이는 천문현상이다. 은(殷)나라의 갑골문(甲骨文)에서도 일식(日蝕)이나 월식(月蝕)에 관한 기록이 많이 보이기도 한다.

(4) 은(殷)나라를 정벌하다

서기전 1528년 계사년(癸巳年)에 번한(番韓) 소밀(蘇密)이 은(殷)나라가 조공(朝貢)을 하지 아니하므로 은나라의 북박(北亳)을 정벌하니 이에 은나라 왕 하단갑(河亶甲)이 사죄하였다.[98]

갑골문

단군조선의 비왕(裨王)의 나라인 번한(番韓)은 은나라의 상국(上國)이 된다. 은나라 왕 하단갑은 서기전 1535년부터 서기전 1527년까지 재위한 제12대 왕이며 수도를 상(相)에 두었다. 하단갑이 홍수가

---

97) 전게 단군조선 47대, 120쪽 참조

98) 전게 한단고기 〈태백일사/삼한관경본기〉, 220~221쪽 참조

나자 수도를 박(毫)에서 상(相)으로 옮겼는데, 이 상(相)이 북박(北毫)이 된다.

은(殷)나라의 수도는 통상 박(毫)이라 하는데 모두 6경(京)이 된다. 즉 서기전 1766년경에 성탕(成湯)이 수도로 삼은 박(毫)은 중박(中毫)이 될 것이며, 서기전 1560년경 중정(仲丁)이 수도로 삼은 하남성의 효(囂)는 남박(南毫)이 될 것이다. 또, 서기전 1528년경에 하단갑(河亶甲)이 수도로 삼은 하북성의 상(相)은 북박(北毫)이 될 것이며, 조을(祖乙)의 시대인 서기전 1520년경 수도로 삼은 하북성의 경(耿)은 산서(山西)지역에 있어 서박(西毫)이 될 것이고 산동성 비(庇)는 동박(東毫)이 될 것이다. 그리고 서기전 1430년경 남경(南庚)이 수도로 삼은 엄(奄)도 동박(東毫)에 해당된다. 이들 수도는 모두 홍수로 옮긴 것이 된다.[99]

서기전 1402년경 은나라 후기를 시작한 반경(盤慶)이 박(毫)을 다시 수도로 삼았는데, 이때의 박(毫)이 은(殷)이라는 국명(國名)이 나오는 땅으로서 지금의 안양(安陽)의 서쪽이 되는 은(殷)이라는 땅이다. 박(毫)은 서기전 2436년경 은나라의 선조인 제곡고신씨(帝嚳高辛氏)가 도읍한 곳이기도 하다.

서기전 1430년경 은나라의 제17대 왕 남경(南庚)이 수도로 삼은 엄(奄)이라는 땅은 서기전 1266년 산동지역에 위치한 단군조선의 군국(君國)인 남국(藍國)이 차지하였던 엄독홀(奄瀆忽)과 서기전 1236년에 단군조선의 군후국(君侯國)인 남국(藍國), 청구(靑邱), 구려(句麗), 몽고리(蒙古里)의 군사들이 합공으로 회대(淮岱)지역을 평정하여 제후국으로 봉한 엄(淹)이라는 명칭과 같은 것이 된다.

전국시대(戰國時代) 조(趙)나라의 수도이던 한단(邯鄲)의 남쪽에 소재한 지금의 안양(安陽)은 하북(河北)지역에 있는 소위 은허(殷墟)이기도 하며, 중앙에 둔 수도(首都) 즉 중경(北京)에 해당하는 중박(中毫)이 되는 것이다.

하(夏)나라와 은(殷)나라의 북쪽 국경은 단군조선의 제후국인 고죽국(孤竹國)의 남쪽 변경이 되고, 동쪽 국경은 단군조선의 제후국인 청구국(靑邱國)과 남국(藍國)

---

99) 이재훈 역해, 서경, 고려원, 1999, 106~108쪽 참조

의 서쪽 변경이 된다. 주(周) 나라도 이에 준하게 되는데, 다만 연(燕)나라가 처음 황하(黃河)유역에 있던 은나라의 제후국 연(燕) 땅에서 소공 희석(召公 姬奭)에 의하여 북쪽으로 이동하여 안(安)으로 옮기고 후대에 다시 북쪽의 이(易)로 옮겼던 것이 된다. 안(安)은 지금의 안국시(安國市)가 되고 이(易)는 지금의 이현(易縣)이 된다.

산동지역에 있던 단군조선의 제후국인 청구국(靑邱國)과 남국(藍國)과 서기전 1236년에 봉해진 엄국(淹國), 서국(徐國), 회수(淮水)지역에 봉해진 회국(淮國)은, 주(周) 나라가 봉한 제후국인 제(齊)나라가 청구국과 남국의 일부를 차지한 것이 되고, 청구국과 남국과 엄국이 언제까지 존속하였는지 정확한 기록은 없으나 최소한 서기전 909년경까지 청구국과 엄국은 존속한 것이 되며, 서국은 오(吳) 합려왕에게 망한 서기전 512년까지 존속하였고, 회국은 진시황(秦始皇) 시대가 막 시작되는 서기전 221년경까지 존속한 것이 된다.

서기전 650년경 고죽국(孤竹國)이 소위 기자국(箕子國)인 수유국(須臾國)과 함께 망한 이후에는 연나라가 수도를 지금의 영정하(永定河) 서쪽이자 남쪽이 되는 요서(遼西)지역의 계(薊)인 지금의 탁수(涿水)지역에 두었던 것이 되며, 진시황(秦始皇)이 된 정(政)의 진(秦)나라가 득세하던 서기전 226년경에는 진(秦)나라에 쫓기어 요동(遼東)인 계(薊) 즉 지금의 북경(北京)으로 옮겼다가 서기전 222년에 진(秦)나라에 항복한 것이 된다.

(5) 청포노인(靑袍老人)의 하례(賀禮)

서기전 1501년 경신년(庚申年)에 천왕께서 오가(五加)와 더불어 나라 안을 순행하여 개사성(蓋斯城)의 변경에 이르니, 청포노인(靑袍老人)이 있어 하례(賀禮)를 드리며 아뢰되, "장생선인(長生仙人)의 나라에 선인(仙人)의 백성이 되어 즐기며, 임금의 덕은 어그러짐이 없고 왕도(王道)는 치우침이 없으니, 백성과 이웃은 근심과 고통을 보지 아니하며, 책화(責禍)로써 믿으며 관경(管境)에 은혜가 넘치고, 성(城)과 제후국(國)들의 전쟁정벌(戰爭征伐)을 보지 아니하도다." 하니, 천왕께서 이르되 "기쁘도다, 기쁘도다, 짐이 덕을 닦은지 오래지 않아 백성들의 바람에 보답하지 못할까 두려우노라" 하셨다.100)

개사성(蓋斯城)은 개사원(蓋斯原)의 성(城)으로서 장당경(藏唐京)이 있던 곳이고 개원(開原)이라고도 불렸는데, 지금의 요동반도에 있는 심양(瀋陽)이다. 개사성은 부여국(扶餘國)에 속하는 성(城)이 된다.

위 청포노인의 하례 말씀에서 보듯이, 단군조선은 신선불사(神仙不死)의 나라로서 왕도정치(王道政治)가 행해져 백성들이 아무 근심이 없으며, 예의(禮義)를 지켜서로 전쟁(戰爭)을 하는 일 없는 태평천국(太平天國)임을 알 수 있다.

(6) 태자 동엄(冬奄) 즉위

서기전 1485년 병자년(丙子年)에 천왕께서 붕(崩)하시고 태자(太子) 동엄(冬奄)이 즉위하였다.101)

시호는 성제(成帝)이다.

18. 제18대 동엄(冬奄:順帝) 천왕(天王)의 역사

(1) 은(殷)나라의 조공(朝貢)

서기전 1483년 무인년(戊寅年)에 은(殷)나라가 사절(使節)이 와서 사례하였다.102)

이때 은나라 왕은 제15대 옥갑(沃甲)이며, 옥갑은 서기전 1491년부터 서기전 1466년 사이에 재위하였다. 아마도 하단갑(河亶甲)이 사죄한 이후에 상국(上國)에

---

100) 전게 한단고기 〈단군세기〉, 94~95쪽 참조
101) 전게 한단고기 〈단군세기〉, 94~95쪽 참조
102) 전게 단군조선 47대, 125쪽 참조

대한 예의(禮義)를 갖춘 것이 된다.

(2) 국사 편찬

서기전 1480년 신사년(辛巳年)에 고수노(高叟老)가 국사(國史) 18권을 편찬하였다.[103]

단군조선 초기인 서기전 2180년에 신지(神誌) 고글(高契)이 배달유기(倍達留記)를 편찬한 사실이 있는데, 단군조선 중기가 되는 이때에 고수노가 역사책을 편찬한 것이 된다. 고글과 고수노는 모두 고씨(高氏)가 된다.

서기전 1285년에 제22대 단군 천왕으로 즉위한 색불루는 우현왕(右賢王) 고등(高登)의 손자로서 세습하여 우현왕이 되었으며, 고씨(高氏) 단군(檀君)의 시조가 된다.

단군(檀君)이라는 말은 스스로 배달나라(檀) 한웅 천왕(天王)의 아들인 천군(天君)을 가리키는 말이며, 결코 일반적인 임금인 제(帝)나 왕(王)의 아래라는 말이 아니다. 즉 단군 자체가 천왕(天王)의 자리를 계승한 천왕(天王)으로서 일반적인 제(帝)나 왕(王)보다 윗자리인 것이다.

즉 제(帝)나 왕(王)의 상제(上帝)가 곧 천제(天帝), 천왕(天王)이 된다. 단군조선 시대로 보면 단군왕검은 천왕(天王)에서 천제(天帝)로 받들어졌으며, 이후 부루 단군부터는 천제의 아들로서 그 아래인 천왕(天王)이 된다. 다만, 돌아가신 천왕은 삼일신(三一神)사상 철학에 의하여 천제(天帝)로 받들어진다. 고열가(古列加) 천왕(天王)의 현손(玄孫)이 되는 졸본(卒本)의 왕 고두막한(高豆莫汗)이 천제자(天帝子)라 하며, 고주몽(高朱蒙)이 천제자(天帝子)라 한 이유가 여기에 있는 것이다.

---

103) 전게 단군조선 47대, 125쪽 참조

(3) 지백특(支伯特)의 조공(朝貢)

서기전 1465년 병신년(丙申年)에 천왕께서 서쪽 변방을 돌아 볼 때, 사람을 서장(西藏)에 보내어 함문경(咸文經)을 구하여 왔다.[104]

서기전 1465년에 지백특(支伯特) 사람이 와서 방물(方物)을 바쳤다.[105]

지백특은 서장(西藏)으로서 지금의 티벳(Tibet)을 가리킨다. 이때 동엄 천왕이 서쪽 변방이라 돌아 본 지역은 진한관경(眞韓管境)의 서쪽 지역을 가리키는 것이 되는데, 가깝게는 태원(太原) 북쪽에 있는 대동부(大同府)에 걸치는 구려(句麗) 땅이 될 것이고, 멀게는 흉노(匈奴)나 선비(鮮卑)의 서쪽이 되는 견족(畎族)이나 청해(青海)의 땅이 될 것이며, 지백특은 지금의 티벳고원 지역이 될 것이다.

구려(句麗)라는 말은 가운데 땅이라는 뜻인데, 단군조선의 동서로 보아 가운데에 해당하는 나라가 곧 구려국이다. 즉 단군조선의 영역은 동서로 동쪽은 동해에 이르고 서쪽으로는 지백특(티벳)에 이르는 것이 되는데, 서기전 2175년에 티벳의 강거(康居)가 일으킨 반란을 진압한 데서 알 수 있다. 물론 이 반란을 진압한 군사는 천왕의 명을 받은 티벳지역이나 인근 견족(畎族) 등에서 동원된 군사가 될 것이다. 한편 청해(青海)는 지방장관인 욕살(褥薩)을 둔 곳이기도 하다.

(4) 태자(太子) 구모소(緱牟蘇) 즉위

서기전 1436년 을축년(乙丑年)에 천왕께서 붕(崩)하시고 태자 구모소가 즉위하였다.[106]

구모소라는 말이 정확히 어떠한 의미인지는 불명이나, 거므소 또는 검소로서 검은 소(黑牛)의 뜻이 아닌가 한다.

---

104) 전게 단군조선 47대, 125쪽 참조
105) 전게 단군조선 47대, 125쪽 참조
106) 전게 한단고기 〈단군세기〉, 95쪽 참조

태자(太子)라는 용어는 이미 단군조선 초기에 태자(太子) 부루(扶婁)로부터 시작된 말이다. 태자는 황제(皇帝)의 대를 이을 아들이란 말이다. 그냥 왕(王)의 대를 이을 아들은 세자(世子)라 한다.

단군조선은 스스로 황제국(皇帝國)으로서 지방에 수많은 왕국(王國)인 군후국(君侯國)을 거느린 나라이며, 지방의 왕국들은 단군조선 본국을 천국(天國)으로 받드는 것이다. 중앙은 하늘이며 지방은 땅으로서 지방에 있는 제후국들의 상국(上國)은 중앙의 나라이자 통할하는 단군조선이다.

단군조선 진한(眞韓)의 임금은 단군(檀君)으로서 제(帝)이며, 마한(馬韓)과 번한(番韓)은 도와서 대신하여 다스리는 비왕(裨王)이며, 진한과 마한과 번한 아래 한(汗)으로 통칭되는 군(君)과 제후(諸侯)들이 봉해졌다.

이를 아래에서 위로 올라가면, 일반적인 한(汗)이 되는 군(君)과 제후(諸侯)들은 상국(上國)인 단군조선 본국인 천조(天朝)나 마한(馬韓)과 번한(番韓)이 봉하였으므로 천군(天君), 천후(天侯)가 되는 것이며, 마한과 번한은 천왕격이 되고, 단군은 천왕(天王)이 되는 것이다.

하늘나라에서 봉해진 천후(天侯)에는 천공(天公), 천후(天侯), 천백(天伯), 천자(天子), 천남(天男)이 있다. 이들 천후들은 상국(上國)의 임금을 당연히 천왕(天王), 천제(天帝)라 받드는 것이다.

고대중국의 임금을 천자(天子)라고 하는데, 이는 배달나라와 단군조선의 제후(諸侯)가 되는 자작(子爵)이라는 작위(爵位)인 것이다. 태호복희는 한웅천왕의 아들이므로 천군(天君)이고, 그 외 염제신농(炎帝神農), 황제헌원(黃帝軒轅), 소호금천(少皥金天), 전욱고양(顓頊高陽), 제곡고신(帝嚳高辛), 제지(帝摯), 제요(帝堯), 제순(帝舜) 등은 천하국(天下國)의 천자(天子)로서 일반적인 제(帝)이며, 배달나라 한웅(桓雄)과 단군왕검(檀君王儉)은 천상국(天上國)의 천왕(天王), 천제(天帝)인 것이다.

시호는 순제(順帝)이다.

19. 제19대 구모소(縥牟蘇:康帝) 천왕(天王)의 역사

(1) 아우를 청아왕(菁芽王)에 봉하다

서기전 1435년 병인년(丙寅年)에 아우 종선(縱鮮)을 청아왕(菁芽王)으로 봉하였다. 청아왕의 증손이 서여(西餘)로서 조선기자(朝鮮奇子)의 태조가 되었다.[107]

단군세기(檀君世紀)에는 제19대 천왕을 구모소(縥牟蘇)라 적고 있으나, 단기고사(檀奇古史)에서는 종년(縱年)이라 적고 있으면서 아우 종선(縱鮮)을 청아왕으로 봉하였다라고 적고 있는데, 구모(縥牟)와 종년(縱年)은 글자가 엇비슷하여 혼동하기 쉬운 글자로서 종년(縱年)이 구모(縥牟)의 오기라고 보이고, 종선(縱鮮)은 구선(縥鮮)의 오기가 되는 듯하다.

청아왕은 왕(王)이라는 명칭을 쓰고 있으나 단군조선 시대에 일반적인 제후의 통칭이 되는 한(汗)에 해당되며, 작위로는 천왕의 친(親)아우이므로 군(君)에 해당되어, 지방의 제후국들은 청아왕을 천군(天君)이라 부르게 된다.

청아왕의 증손이 서여(西餘)로서 서기전 1285년에 색불루 천왕에 의하여 비왕으로서 번조선(番朝鮮)의 번한(番韓)에 봉해진다. 한편 서기전 1120년에 단군조선의 서방변경에 망명하는 은(殷)나라 왕족 기자(箕子)는 서여(胥餘)로서 글자가 다르며 명백히 다른 인물이다.

서기전 1286년에 제21대 소태(蘇台) 천왕이 종실(宗室)인 상장(上將)이었던 해성(海城)의 욕살(褥薩) 서여(西餘)를 해성(海城)의 남쪽에 위치한 살수(薩水)지역의 기수(奇首)로 봉하면서 천왕의 자리를 물려주려 하자, 우현왕(右賢王) 색불루와 마한(馬韓) 아라사(阿羅斯)가 만류하였던 것이며, 소태 천왕이 고집을 꺽지 않자 우현왕 색불루가 스스로 천왕의 자리에 오르니, 소태천왕은 색불루 천왕에게 선양하고 서여(西余, 徐于餘)를 서인(庶人)으로 폐하였다.

---

107) 전게 단군조선 47대, 127쪽 참조

이때 마한(馬韓) 아라사(阿羅斯)가 해성(海城)으로 군사를 이끌고 갔다가 전사하였다. 마한 아라사는 처음 소태 천왕이 서여에게 천왕 자리를 물려주려 하자 반대하였다가 우현왕 색불루가 스스로 천왕으로 즉위하자 군신(君臣)의 도리를 어긴 것이라 하여 군사를 이끌고 해성으로 가서 색불루 천왕의 군사와 전쟁을 하였던 것이 되며, 이때 전사한 것으로 된다. 즉 마한 아라사는 서여(西余) 편도 아니며 색불루(索弗婁) 편도 아니었던 것이다.

이에 서여(西餘)가 좌원(坐原)에서 몰래 군사를 일으켰으며, 색불루 천왕의 신하인 여원흥(黎元興)과 개천령(蓋天齡)이 제후들을 설득하였고, 한편으로 서여(西餘)와 전쟁을 하다가 개천령은 전사하였던 것이다. 이리하여 색불루 천왕이 직접 군사를 이끌고 서여(西餘)를 토벌하러 가면서 먼저 사람을 보내어 비왕(裨王)에 봉할 것을 약속하니, 이에 서여(西餘)가 응함으로써 전쟁이 끝나게 되고, 색불루 천왕은 약속대로 서여(西黎)를 번한(番韓)에 봉하였던 것이다.

한편, 마한(馬韓) 아라사(阿羅斯)가 전쟁 중 사망하여 비왕(裨王)인 마한(馬韓)이 빈자리가 되자, 색불루 천왕은 자신이 천왕의 자리에 오르는 데 공이 큰 여원흥(黎元興)을 마한(馬韓)에 봉하였던 것이 된다. 만약 개천령(蓋天齡)이 살아 있고 서여(西餘)가 제거되었더라면 개천령이 여원흥과 함께 색불루 천왕의 왼팔오른팔로서 번한(番韓)이 되었을 수도 있는 것이다.

(2) 패엽전(貝葉錢) 주조

서기전 1426년 을해년(乙亥年)에 패엽전(貝葉錢)을 주조(鑄造)하였다.[108]

패엽전은 조개모양으로 나무 잎사귀처럼 주조한 동전(銅錢)이 된다. 후대에 엽전(葉錢)이라고 불리는 명칭의 원류가 된다. 서기전 1680년에 주조된 자모전이 있음을 고려할 때 패엽전에도 문자를 새긴 것이 틀림없다.

---

108) 전계 단군조선 47대, 127쪽 참조

단군조선 시대에 화폐를 주조한 역사는, 대표적으로 서기전 2133년에 둥근 구멍이 뚫린 조개모양의 주조(鑄造) 화폐인 원공패전(圓孔貝錢)이 있으며, 서기전 1680년에 가림토의 자음과 모음을 새긴 주조 화폐로서 소위 첨수도(尖首刀)나 명도전(明刀錢)이라 불리는 인 자모전(子母錢)이 있고, 서기전 1426년에 주조된 패엽전이 있으며, 서기전 642년에 철전(鐵錢)이 되는 주조 화폐인 방공전(方孔錢)이 있다.

단군조선의 화폐주조의 역사는 서기전 2133년부터 서기전 240년경 단군조선 종기(終期)까지 줄곧 이어진 것이 되는데, 위 화폐 외에도 많은 형태의 주조화폐가 있었다고 보인다. 처음에는 동전(銅錢)을 주조하다가 나중에는 철전(鐵錢)을 시도한 것이 되는데, 방공전은 주로 철전이 되며 그 이전의 화폐와 이후에 지속적으로 발행된 소위 명도전(明刀錢)은 동전(銅錢)이 된다.

시기적으로 보아 첨수도(尖首刀)는 명도전(明刀錢)이 주조 발행되기 이전의 화폐로서 가림토의 자음과 모음이 혼잡된 자모전(子母錢)의 원형(原型)이 되고, 이후 첨수도에 새겨진 글자의 모양이 가림토의 자음과 모음으로 분리해독 가능한 명도전(明刀錢)이 발행되다가, 서기전 924년 왕문(王文)이 부예(符隸)와 이두문(吏讀文)을 만든 때부터는 사전식(辭典式) 자모전(子母錢)과 가림토의 자음과 모음을 상형(象形)에 맞추어 새긴 명도전(明刀錢)이 발행된 것으로 된다. 또 그 이후에는 순수한 가림토 글자를 자음과 모음으로 나열한 명도전을 주조발행하기도 하였던 것이 된다.

문자의 발전은 일반적으로 처음 상형문자에서 시작하여 그 형태가 상징적으로 간편하게 변형되는 과정을 거치게 되는데, 서기전 2181년에 정리된 가림토(加臨土)라는 자음과 모음으로 이루어진 표음문자도 처음에는 배달나라 시대의 상형문자에서 이어져 오다가 서기전 2181년에 정선(精選)되어 정리된 글자가 된다.

이 가림토는 후대 세종대왕이 정리한 훈민정음(訓民正音) 28자의 근원(根源)이 되는데, 조선시대 생육신의 한 사람인 김시습 선생은 징심록추기(澄心錄追記)에서 세종대왕의 훈민정음이 징심록(澄心錄)에서 그 근본을 취하였다라고 단정하고 있다. 징심록은 서기 400년경 신라 사람인 박제상이 지은 것으로, 여기에 음신지(音信誌)가 포함되어 있는데, 이 음신지에 문자에 관한 내용이 있었던 것이 틀림없다.

현재 한글이라 불리는 글자의 원조인 훈민정음 28자는, 원래 상형문자의 소리부분이 되는 글자에서 정선된 가림토 글자에서 그 근본을 취한 것이므로, 당연히 그 자음과 모음이 모두 상형문자로서 또는 회의문자로서 뜻글자이며 글자대로 바로 읽을 수 있는 소리글자인 것이다.

세 ㅅㅎㅡ — 셋 흐 셀흐 세트
새 ㅅㅎㅜ — *검은 새 머리 + 제후
새   후   상징 지팡이(矢)
鳥(梟 올빼미) 侯 : 새 제후

(3) 닥종이(韓紙)와 칡옷(葛衣)를 만들다

서기전 1420년 신사년(辛巳年)에 공창(工廠)을 세워 닥나무 껍질로 종이(韓紙)를 만들고, 칡껍질로 베를 짜서 옷감을 생산하였다.109)

한지(韓紙) 제조의 역사가 최소한 3,400년을 넘는다. 닥나무의 껍질로 종이를 만들었으므로 종이에 붓으로 글을 쓴 것이 되어 이때 이미 먹과 붓이 있었다는 것이 된다.

먹이 있었다는 것은 서기전 1766년경 고죽국의 임금이 묵태(墨胎)로서 먹 묵(墨)자를 쓰고 있어 먹이 이미 사용되고 있었다는 것을 알 수 있다. 이때에 이르러 먹으로 글씨를 쉽게 쓸 수 있는 한지를 생산한 것이 된다. 실제로 명도전에 새겨진 글자도 닥종이라고 한 글자가 있기도 한 바, 단군조선 시대에 한지가 이미 사용되고 있었다는 것은 명백한 사실이 된다.

칡껍질로 베를 짜거나 실을 만들어서 옷감을 생산한 것이 될 것인데, 아마도 여름

---

109) 전게 단군조선 47대, 127쪽 참조

철 옷으로 입은 것이 아닌가 한다.

겨울철에는 누에실로 만든 비단옷이나 털옷(毛衣)이나 깃털옷(羽衣)을 주로 입었던 것으로 되며, 여름철에는 삼베옷(麻衣)이나 칡옷(葛衣)을 입은 것이 된다.

중국의 역사에서는 후한(後漢) 시대인 서105년에 채륜(蔡倫)이 처음 종이를 만들었다라고 하나, 단군조선의 종이제조 역사와 비교하면 1,300년 뒤이며 그 기술이 극히 일천한 것이 되는데, 채륜이 단군조선 시대부터 내려온 종이제조 기술을 접하여 이를 응용해서 세상에 공개한 것에 불과한 것이 될 것이다.

(4) 남상인(南裳人)이 입조(入朝)하다

서기전 1412년 기축년(己丑年)에 남상인(南裳人)이 조정에 들어왔다.[110]

남상(南裳)은 남장(南掌)의 오기가 되는데, 지금의 베트남 등 중국대륙의 서남쪽에 위치한 운남성(雲南省) 지역에 있던 나라가 된다. 베트남은 원래 중국대륙의 동남쪽에 있던 주나라 제후국이 된 월(越)나라가 서쪽으로, 남쪽으로 이동하여 이루어진 나라가 된다. 베트남 즉 월남(越南)은 그들의 역사에서 염제신농씨(炎帝神農氏)의 후손이라 한다.

입조(入朝)하였다는 것은 단순히 조정(朝廷)에 들어왔다는 뜻도 있고 조정에 들어와 벼슬을 한다는 뜻도 있는 것이 되는데, 단순히 조공(朝貢)을 바치려고 조정(朝廷)에 들어왔다는 것이 될 것이다.

이처럼 단군조선 시대는 각 지역간의 문화교류가 정체된 것이 아니라 한국(桓國) 시대부터 형성된 9족(族)과 12한국(桓國)의 후예들이 종주국인 단군조선을 방문하였던 것인데, 이는 단군조선 시대에도 배달나라의 신시제도(神市制度)를 이어 10년마다 신시(神市)를 베풀어 사해제족(四海諸族)을 초청하였다는 것과도 일맥상통하는 것이다.

---

110) 전게 한단고기 〈단군세기〉, 95쪽 참조

(5) 조선소(造船所) 건립

서기전 1410년 신묘년(辛卯年)에 조선소(造船所)를 송화강(松花江) 남쪽 기슭에 세웠다.[111]

서기전 2131년에 살수(薩水)의 상류에 조선소(造船所)를 설치한 적이 있으며, 서기전 1846년에 송화강의 기슭에 작청(作廳) 즉 공장을 설치하여 배(舟)와 노(櫓) 등 관련 기물(器物)을 많이 만들었는데, 약 400년이 지난 이때 조선소를 설치한 것이다.

살수(薩水)는 지금의 요동반도에 있었는데, 해성(海城)의 남쪽으로 흘러 황해(黃海)로 남하(南下)하는 강이며, 고구려 시대 을지문덕 장군의 살수대첩이 있었던 곳이다. 송화강 유역에 설치한 조선소는 주로 강에 띄우는 배를 만든 것이 되고, 살수의 상류에 설치한 조선소는 살수(薩水)라는 강과 발해만이나 황해(黃海)를 운행하는 배를 만든 것이 된다.

(6) 지남차(指南車)와 목행마(木行馬) 발명

서기전 1391년 경술년(庚戌年)에 황운갑(黃雲甲)이 지남차(指南車)와 목행마(木行馬)를 발명하였다.[112] 지남차는 남쪽을 가리키도록 만든 장치를 가진 수레가 되는데, 자석(磁石)을 이용하여 만든 것이 된다.

목행마는 나무로 걸어다니도록 만든 목마(木馬)가 된다. 서기전 1846년에 송화강가에 설치한 작청(作廳)에서 많은 기계들을 만들었는데, 그 발명품들 중 목류마(木流馬)가 여기서 말하는 목행마(木行馬)와 거의 같은 작동원리로 만든 것으로 보이는데, 목류마는 나무로 만들어 물이 흐르듯 움직이는 목마로서 다리가 움직이지 않고 발에 바퀴 등을 달아 굴러가게 만든 것이 되고, 목행마는 나무로 말이 걷는 모

---

111) 전게 단군조선 47대, 128쪽 참조
112) 전게 단군조선 47대, 128쪽 참조

양으로 이동하게 만든 목마가 된다. 서방에서는 서기전 1100년경에 일어난 트로이 전쟁에서 목마를 사용하여 전쟁을 승리로 이끈 역사가 있다.

(7) 역법(曆法)과 역학(易學)

서기전 1382년 기미년(己未年)에 지리숙(支離叔)이 주천력(周天曆)과 팔괘상중론(八卦相重論)을 지었다.[113]

주천력(周天曆)은 하늘을 일주(一週)하는 태양과 별들을 기준으로 만든 달력(月曆)으로서 태양력(太陽曆)을 기본으로 하는 것이 된다.

팔괘상중론(八卦相重論)은 태호복희가 창안한 8괘를 이중(二重)으로 겹친 64괘나 삼중(三重)으로 겹친 512괘 등을 해석한 역해설서(易解說書)가 된다. 64괘를 논한 것이 소위 역경(易經) 또는 주역(周易)이다. 이 팔괘상중론은 춘추시대가 되는 서기전 500년경에 지으진 주역보다 약 900년이 앞선다.

태호복희 8괘는 건태리진곤간감손(乾兌離震坤艮坎巽)이며, 이중으로 겹친 64괘는 건건, 건태, 건리, 건진, 건곤, 건간, 건감, 건손, 태건, 태태, 태리, 태진, 태곤, 태간, 태감, 태손, 리건, 리태, 리리, 리진, 리곤, 리간, 리감, 리손, 진건, 진태, 진리, 진진, 진곤, 진간, 진감, 진손, 곤건, 곤태, 곤리, 곤진, 곤곤, 곤간, 곤감, 곤손, 간건, 간태, 간리, 간진, 간곤, 간간, 간감, 간손, 감건, 감태, 감리, 감진, 감곤, 감간, 감감, 감손, 손건, 손태, 손리, 손진, 손곤, 손간, 손감, 손손이 된다. 소위 주역은 64괘의 역(易)을 해설한 것이 된다.

(8) 우가(牛加) 고홀(固忽) 즉위

서기전 1381년 경신년(庚申年)에 구모소(縱牟蘇) 천왕께서 붕하시고 우가(牛加) 고홀(固忽)이 즉위하였다.[114]

---

113) 전계 한단고기 〈단군세기〉, 95쪽 참조

태자(太子)라 하지 않고 우가(牛加)라고 적고 있어 고홀(固忽)은 구모소 천왕의 작은 아들이 된다. 시호는 강제(康帝)이다.

20. 제20대 고홀(固忽:獻帝) 천왕(天王)의 역사

(1) 은(殷)나라의 조공(朝貢)

서기전 1380년 신유년(辛酉年)에 은나라가 사절을 보내 사례하였다.[115]

이때는 은나라 19대 왕인 반경(盤庚) 시절인데, 반경이 수도를 박(亳) 즉 은(殷)에 두어 나라이름을 은(殷)이라고 하는 것이 된다. 박(亳)은 처음 제곡고신씨(帝嚳高辛氏)가 수도로 삼았던 곳이며, 제곡고신씨의 아들 설(契)이 상(商)에 봉해진 이후 서기전 1766년에 은나라 시조 성탕(成湯)이 박(亳)을 수도로 삼았다가, 후대에 홍수로 인하여 상(相), 경(耿, 또는 刑), 비(庇), 엄(奄)으로 옮겼다가 반경이 다시 안양(安陽)의 서쪽이 되는 소위 은허(殷墟)라 불리는 박(亳)을 수도로 삼았던 것이다.

그리하여 이때 단군조선에 사절을 보내어 사례한 은나라 왕은 후기 은(殷)나라를 시작한 반경(盤庚)이 되는 것이다. 반경은 서기전 1402년부터 서기전 1374년까지 재위하였다.

(2) 북흉노(北匈奴)의 반란

서기전 1377년 갑자년(甲子年)에 북흉노(北匈奴)가 변방에서 어른 노릇을 하므로 군사를 보내 물리쳤다.[116]

북흉노는 흉노의 북쪽 지역의 부족을 가리키는데, 서기전 2177년 이후 흉노의

---

114) 전게 한단고기 〈단군세기〉, 95쪽 참조
115) 전게 단군조선 47대, 130쪽 참조
116) 전게 단군조선 47대, 130쪽 참조

시조가 된 열양(列陽) 욕살(褥薩) 색정(索靖)이 사면(赦免)되어 약수(弱水) 지역에 봉해진 이후 흉노의 세력이 불어난 것이 되고, 약 800년이 지난 서기전 1377년경에 이르러 북쪽의 흉노 부족이 흉노는 물론 흉노 부근의 주변을 장악한 것이 되며, 이 북흉노가 질서를 어지럽히므로 단군조선 본국에서 군사를 파견하여 북흉노를 진압한 것이 된다.

(3) 해가 무지개를 뚫다

서기전 1370년 신미년(辛未年) 가을에 하얀 태양이 무지개(虹)를 뚫었다.[117]

하얀 태양(白日)은 밝게 빛나는 태양, 해를 가리키는데 가을이라 하늘이 맑아 하얀 태양이 되는 것이며, 이 해가 하늘에 뜬 무지개를 뚫고 지나갔다는 것이다.

하얀색은 원래 해의 빛깔을 가리키는 색으로서, "해"라는 말 자체가 "희"라는 말과 어원이 같은 것이 된다. 빛의 삼원색이 합쳐져 이루는 색이 하얀색이다.

무지개는 물이 하늘에 떠서 띠처럼 지어진 것이라는 "물지개"라는 말에서 나온 말이며 수증기 같은 자디잔 물방울에 의하여 태양의 빛이 산란되어 나타나는 현상이 되는데, 태양이 이 무지개를 뚫고 지나갔다는 것은 태양이 무지개가 져 있던 곳을 통과하였다는 것이 된다. 즉 하늘에 일정지역에 수분이 있어 태양에 의하여 무지개가 져 있던 상태에서 태양이 점점 무지개가 있던 곳을 지나 통과하였던 것이 되는 것이다. 이는 낮에 태양이 운행하는 경로를 추적함으로써 관찰된 것이 된다.

(4) 은(殷)나라 서울 부근 시찰

서기전 1353년 무자년(戊子年)에 천왕께서 서남쪽으로 행차하여 은(殷)나라 서울에 이르러 다음 달에야 돌아왔다.[118]

---

117) 전게 한단고기 〈단군세기〉, 96쪽 참조
118) 전게 단군조선 47대, 130쪽 참조

이때 은나라의 왕은 제20대 소신(小辛)에서 제21대 소을(小乙)로 넘어가던 시기가 된다. 이때 은나라 서울은 박(亳)으로서 서기전 1402년에 은나라 제19대 왕인 반경(盤慶)이 수도로 삼았는데, 서기전 1766년에 은나라 시조 성탕(成湯)이 수도를 삼은 곳이기도 하여 중경(中京)에 해당하는 중박(中亳)이 되며, 지금의 안양 서쪽에 위치한 곳으로 소위 은허(殷墟)라고 불리는 곳이다.

고홀 천왕이 아사달에서 서남쪽으로 행차하여 은나라 서울인 박(亳)의 근처에 이르렀고 약 한 달쯤 지나 아사달로 돌아왔다는 것이 된다.

(5) 영고탑(寧古塔) 이궁(離宮) 건립

서기전 1345년 병신년(丙申年)에 영고탑(寧古塔)을 개축하고 이궁(離宮)을 지었다.[119] 이궁(離宮)은 별궁(別宮)이 되는데, 천재지변이나 전쟁 또는 화재 등 변고가 있을 때 임시수도로 삼은 곳이 된다. 영고탑은 동만주(東滿州)에 위치하며, 위치적으로 대진국(大震國, 발해)의 초기 수도 부근에 있는 것이 된다.

단군조선 시대 진한(眞韓)의 이궁으로는 상춘(常春)의 신경(新宮)과 개원(開原)의 장당경(藏唐京)과 영고탑(寧古塔)이 있는 것이 된다. 상춘은 서기전 1285년부터 후기 단군조선의 수도가 된 곳이고, 장당경은 서기전 425년부터 말기 단군조선의 수도가 된 곳이기도 하다. 영고탑은 다른 이궁과는 달리 그냥 이궁(離宮)으로 남았던 것이 된다.

(6) 구한(九桓) 지도

서기전 1341년 경자년(更子年)에 공공(共工) 공홀(工忽)이 구한(九桓)의 지도(地圖)를 제작하여 바쳤다.[120]

---

119) 전게 한단고기 〈단군세기〉, 96쪽 참조
120) 전게 한단고기 〈단군세기〉, 96쪽 참조

공공(共工)이라는 직책은 글자로 보더라도 건설 또는 공사와 관련되는데, 공홀(工忽)이 공공의 직을 수행하면서 단군조선의 전체 지도를 제작한 것이 된다.

단군조선은 구한(九桓)의 나라이며, 구한(九桓)은 서기전 1797년에 시작된 한국(桓國)의 구한(九桓)이기도 하며 구족(九族)이라 하기도 하고, 고대중국의 기록에서는 구이(九夷)라고 하는 것이다.

한국(桓國)시대는 구한(九桓)으로 이루어진 나라로서 12분국(分國)을 거느린 시대였다. 이 12분국을 12한국(桓國)이라 하는 것이며, 구한(九桓)을 다스린 임금을 한인(桓因)의 9형제라 하여 9황(皇)이라고도 한다. 9한(桓)에 봉해진 9개국에 다시 3국(國)이 더해져 모두 12국이 되는 것이며, 이들의 중심나라인 중앙조정이 단군조선의 진한(眞韓) 땅이 되는 흑수백산(黑水白山)의 땅이 된다.

이리하여 구한의 지도는 지금의 파미르고원의 동쪽에 위치한 한배달조선의 영역을 그린 지도가 되는 것이며, 고대중국에 해당하는 은(殷)나라도 물론 단군조선의 영역 안에 포함되는 것이 된다. 은나라는 역사상 9이(夷)의 극히 일부에 해당하는 사방(四方)의 4이(夷)로 구성되는 나라이다.

(7) 태자(太子) 소태(蘇台) 즉위

서기전 1338년 계묘년(癸卯年)에 세상이 아직 평안하지 못한데 고홀(固忽) 천왕께서 붕하시고 태자(太子) 소태(蘇台)가 즉위하였다.[121]

세상이 아직 평안하지 못하다는 것은 당시 단군조선의 정세가 조금 혼란스러웠다는 것인데 아마도 제후들이나 욕살들의 군사적 행동에 질서가 흐트러져 천왕의 명령이 잘 듣지 아니하였다는 것이 아닌가 한다.

서기전 1289년에 개사원(蓋斯原) 욕살 고등(高登)이 서기전 1291년에 은나라 제22대 무정(武丁)이 점령한 바 있던 귀방(鬼方)을 습격하여 멸망시키고 서북의 땅

---

121) 전계 한단고기 〈단군세기〉, 96쪽 참조

을 군사적으로 차지하여 강성하게 되었으며, 이때 고등이 소태 천왕께 우현왕(右賢王)으로 봉해 줄 것을 청하였고, 천왕은 이를 위태롭다하여 허락지 않으려고 하였는데, 고등이 거듭하여 청하므로 마침내 허락하여 두막루(豆莫婁)라 부르도록 하였다는 사실을 볼 때, 천왕의 명령이 고등의 요청을 묵살할 수 없을 정도로 군사적으로 단군조선의 정세가 흔들리고 있었던 것을 알 수 있다.

귀방과 서북의 땅은 당시 단군조선의 서남쪽 또는 서쪽에 해당하며 단군조선의 봉군후국(封君侯國)인 구려(句麗)와 몽고리(蒙古里) 그리고 한국시대부터 자치세습의 조공국인 선비(鮮卑) 등의 땅이 되는데, 우현왕(右賢王)의 우(右)는 곧 서방(西方)을 나타낸다.

두막루(豆莫婁)라는 말은 "큰마루, 큰머리"를 이두식으로 표기한 글자가 되는데, 서기전 108년에 졸본(卒本)의 천자(天子)이던 한(汗)으로서 의병을 일으켜 동명(東明)이라 칭하며 위씨조선을 멸망시킨 한(漢) 나라와 전쟁을 승리로 이끌어 북부여를 부흥시킨 고두막(高豆莫)의 두막(豆莫)이 곧 "큰마루, 큰머리"를 표기한 것으로 두막루(豆莫婁)의 약자가 된다.

시호는 헌제(獻帝)이다.

21. 제21대 소태(蘇台:建帝) 천왕(天王)의 역사

(1) 은(殷)나라의 조공

서기전 1337년 갑진년(甲辰年)에 은나라 왕 소을(小乙)이 사신을 보내어 조공(朝貢)을 하였다.[122]

소을(小乙)은 은나라 제21대 왕으로 서기전 1353년부터 서기전 1325년까지 재

---

122) 전게 한단고기 〈단군세기〉, 96~97쪽 참조

위하였는데, 상국(上國)인 단군조선의 천왕이 즉위하니 지방 천하의 제후인 왕(王) 즉 천자(天子)로서 조공을 바쳐 예(禮)를 갖춘 것이 된다.

(2) 우사(雨師) 소정(小丁)이 번한(番韓)에 봉해지다

서기전 1333년 무신년(戊申年)에 우사(雨師) 소정(小丁)을 번한에 보(補)하였다. 개사원(蓋斯原) 욕살(褥薩) 고등(高登)이 우사(雨師)의 직을 수행하던 소정(小丁)을 번한(番韓)에 봉하도록 소태 천왕께 임명하도록 권한 데에 따른 것이 된다.123)

즉, 서기전 1333년에 번한(番韓) 해모라(奚牟羅)가 죽자 그 아들을 세습하게 하지 않고, 지모(智謀)가 뛰어났던 고등(高登)이 단군조선 조정(朝廷)의 우사(雨師)이던 소정(小丁)을 번한(番韓)에 봉하도록 소태 천왕께 청을 올려 이룬 것이 된다.

(3) 은나라 왕 무정(武丁)이 귀방(鬼方) 등 단군조선 땅을 침범하다

서기전 1291년 경인년(庚寅年)에 은나라 왕 무정(武丁)이 귀방(鬼方)을 쳐 이기더니 또 대군을 이끌고 색도(索度), 영지(永支) 등의 나라를 침공하였으나, 우리에게 대패하여 화해를 청하고 조공(朝貢)을 바쳤다.124)

무정(武丁)은 은나라 제22대 왕으로서 서기전 1325년부터 서기전 1266년까지 재위하였으며, 무정은 무(武)라는 이름 글자에서 보듯이 전쟁을 일삼은 왕이 된다.

제왕운기(帝王韻紀)에서는 단군조선이 은나라 무정 8년에 해당하는 서기전 1286년경에 아사달(阿斯達)을 수도로 한 단군조선이 망한 것으로 기록되고 있으나, 이때는 단군조선이 망한 것이 아니라 서기전 1285년에 색불루(索弗婁) 천왕이 백악산아사달(白岳山阿斯達)에서 즉위하여 후기 단군조선을 시작한 것이 된다.

---

123) 전게 한단고기 〈태백일사/삼한관경본기〉, 221~222쪽 참조
124) 전게 한단고기 〈단군세기〉, 97쪽 참조

제왕운기에서 말하는 은나라 무정 8년은 연대기적으로 맞지 아니하며 오히려 3년상을 치른 것을 고려하면 무정 38년이 된다. 즉 서기전 1325년에 은나라 왕 소을(小乙)이 죽고 무정이 3년상을 치르고 서기전 1323년에 정식 즉위하여 38년째인 해가 서기전 1286년이 되는 것이다.

그리하여 제왕운기에서 은나라 왕족 기자(箕子)가 주(周) 나라 무왕(武王)에 의하여 조선(朝鮮)에 봉해진 해가 되는 서기전 1122년은 단군조선 1212년이 된다.

또 삼국유사에서 단군의 나이가 1908세라 적은 것은 서기전 2333년부터 서기전 426년까지로서 아사달시대와 백악산아사달 시대를 합한 기간이 되며, 서기전 425년부터 시작된 장당경(藏唐京) 시대 이전이 되는 것이다.

귀방(鬼方)은 서남방(西南方)이나 북방(北方)을 가리키는 것이 되는데, 단군조선의 방향으로 보면 서남방이 되고, 은(殷)나라의 방향으로 보면 북방이 된다. 즉, 여기서 귀방은 단군조선 진한(眞韓)의 서남방이 되는 태원(太原) 북쪽 지역이 된다.

귀방 부근에 색도와 영지가 위치하는 것이 되는데, 태원의 북쪽에 색도(索度)가 위치하고 태원의 동쪽 넘어 즉 태항산(太行山) 동쪽이자 고죽국의 수도인 고죽성(孤竹城)의 서북쪽에 영지(永支)가 위치하는 것이 된다. 특히 영지(永支)는 단군조선 번한(番韓)의 요중(遼中) 12성(城)의 하나이기도 하며, 춘추시대에 이지(離支)라고도 기록되는 곳이다. 고죽국의 수도였던 고죽성은 춘추시대에 무체성(無棣城)이라고도 기록되고 있다.

(4) 개사원 욕살 고등(高登)의 은나라 정벌 등 군사적 행동

서기전 1291년 은나라 왕 무정(武丁)이 병사를 일으켜 귀방(鬼方)을 정복하고 대군을 이끌고 색도(索度), 영지(永支) 등의 나라를 침범하니, 서기전 1289년 임진년(壬辰年)에 개사원(蓋斯原) 욕살(褥薩) 고등(高登)이 상장(上將) 서여(西余)와 함께 몰래 군사를 이끌고 가서 귀방(鬼方)을 습격하여 멸망시켰으며, 은나라 무정의 군사를 격파하고 추격하여 색도(索度)에 이르러 병사를 보내어 불 지르고 약탈한

뒤 돌아왔다.125)

이때 고등이 많은 군대를 손에 넣고 서북(西北)의 땅을 공격하여 차지하게 되니 그 세력이 매우 강해졌다. 이에 여러 차례 소태 천왕께 사람을 보내어 우현왕(右賢王)으로 봉해 줄 것을 요청하였으나, 소태 천왕이 이를 위태롭다 하여 허락하지 않았다. 여기서 서북의 땅은 귀방, 색도, 영지 등의 서북의 땅을 가리키며, 태원(太原)의 북쪽에 위치한 구려(句麗)의 서부지역과 몽고리(蒙古里)와 선비(鮮卑) 등의 땅이 된다.

(5) 상장(上將) 서여(西余)가 은나라의 북박(北亳)을 습격하다

서기전 1289년경 상장(上將) 서여(西余)가 고등(高登)과 함께 은(殷)나라가 정벌하였던 색도(索度)를 역공하여 정벌한 뒤, 이어서 몸소 은나라의 북박(北亳)을 습격하여 격파하였다.126)

여기의 북박(北亳)은 박(亳)의 북쪽에 있는 곳으로 은나라 제12대 왕인 하단갑(河亶甲)이 수도를 정하였던 상(相)을 가리키는 것이 되는데, 은나라의 수도는 서기전 1402년경 후기 은나라를 시작한 반경(盤庚)이 수도로 삼은 박(亳)이며 지금의 안양(安陽) 서쪽에 위치한 은(殷)이라는 땅으로서 소위 은허(殷墟)라고 불리는 곳으로 중박(中亳)에 해당하는 것이 된다.

(6) 일군국(一群國)과 양운국(養雲國)의 조공

서기전 1289년 일군국(一群國)과 양운국(養雲國) 두나라가 사신을 보내 조공을 하였다.127)

---

125) 전게 한단고기 〈단군세기〉, 97쪽 참조
126) 전게 한단고기 〈단군세기〉, 97쪽 참조
127) 전게 한단고기 〈단군세기〉, 97쪽 참조

일군국(一群國)은 숙신(肅愼)의 땅 수밀이국(須密爾國)에서 서쪽 또는 서북으로 5만리나 떨어진 나라인데, 직선 거리로 따지면 일군국은 지금의 북유럽 지역에 있었던 것으로 된다.

양운국(養雲國)은 바이칼호의 서쪽이자 알타이산 북쪽에 위치한 나라가 된다.

일군국과 양운국은 서기전 3897년 이전의 한국(桓國) 시대의 12한국에 속하는 나라로서 자치세습국이 되어 대를 이어 배달나라와 단군조선을 섬긴 것이 된다.

(7) 상장(上將) 서여(西余)가 번한(番韓) 소정(小丁)을 죽이다

서기전 1289년경 상장(上將) 서여(西余)가 은나라의 북박(北亳)을 습격한 뒤, 병사들을 탕지산(湯池山)에 주둔시키고 자객을 보내 번한(番韓) 소정(小丁)을 죽이게 한 후, 무기와 갑옷 등을 함께 싣고 돌아왔다.[128] 즉, 상장 서여가 번한 소정을 자객을 보내어 살해한 것이 된다. 아마도 천왕의 권세가 약해진 시기에 번한 자리를 차지할 욕심이 있었던 모양이다.

실재역사로 보아 상장 서여는 해성(海城)의 욕살(褥薩)이 되었던 것이며, 서기전 1285년에 제22대 색불루 천왕에 의하여 번한(番韓)에 봉해진 인물이 된다.

탕지산(湯池山)은 역사상 고구려의 안시성(安市城)이 있는 곳으로 단군조선 번한(番韓)의 요중(遼中) 12성에 속하는 탕지(湯池)에 있는 산이며, 지금의 난하 중하류 지역의 바로 서쪽에 위치하고 있었던 것이 된다. 난하 동쪽 바닷가 지역에 또한 번한 요중 12성의 하나로서 번한의 동서남북중 5경(京) 중에서 동경(東京)에 해당하는 험독(險瀆)이 위치하고 있다. 험독은 지금의 산해관(山海關) 자리가 될 것이다.

---

128) 전계 한단고기 〈태백일사/삼한관경본기〉, 221~222쪽 참조

(8) 고등(高登)이 모반(謀叛)을 일으키다

서기전 1287년 갑오년(甲午年)에 고등(高登)이 모반을 일으켜 개성(開城)에 웅거하면서 소태(蘇台) 천왕에게 항거하였다.129)

개성(開城)은 개원(開原) 즉 개사원(蓋斯原)에 있는 개사성(蓋斯城)이다. 고등은 개사원 욕살 출신이다. 개사원에 장당경(藏唐京)이 소재하며 개사성 부근에 장당경이 있는 것이 된다. 장당경은 단군조선 초기부터 존재한 이궁(離宮)에 해당한다.

(9) 마한(馬韓) 아라사(阿羅斯)가 고등(高登)을 토벌(討伐)하러 가다

서기전 1287년에 고등(高登)이 모반(謀叛)을 일으키자 마한(馬韓) 아라사(阿羅斯)가 군대를 일으켜 고등을 토벌하고자 하여 홍석령(紅石嶺)의 경계지점에 이르렀는데, 소태 천왕께서 고등을 용서하여 우현왕(右賢王)으로 삼았다는 소문을 듣고 토벌을 멈추었다.130)

(10) 개사원 욕살 고등(高登)이 우현왕(右賢王), 두막루(豆莫婁)로 봉해지다

서기전 1287년 고등이 모반을 하고 있던 중 우현왕(右賢王)으로 봉해 줄 것을 거듭 청하므로 소태 천왕이 마지못하여 이를 허락하고 두막루(豆莫婁)라 부르게 하였다.131)

우현왕은 단군조선의 오른쪽 즉 서쪽을 맡은 왕이라는 의미이다.

두막루(豆莫婁)는 큰마루(大宗), 큰머리(大頭)라는 의미의 이두식 표기가 된다.

소태 천왕이 고등을 우현왕으로 봉하자 모반자 고등을 토벌하러 갔던 마한(馬韓) 아라사(阿羅斯)가 토벌을 멈추고 되돌아 온 것이 된다.

---

129) 전계 한단고기 〈태백일사/삼한관경본기〉, 208~209쪽 참조
130) 전계 한단고기 〈태백일사/삼한관경본기〉, 208~209쪽 참조
131) 전계 한단고기 〈단군세기〉, 97쪽 참조

(11) 우현왕 고등의 손자 색불루(索弗婁)가 우현왕(右賢王)이 되다

서기전 1286년 을미년(乙未년)에 우현왕(右賢王) 고등(高登)이 죽고 그 손자 색불루(索弗婁)가 세습하여 우현왕이 되었다.[132]

고등의 아들은 우현왕이 되어 보지 못하고 죽은 것이 되고 손자(孫子)가 대를 이은 것이 된다.

고등은 고구려에서 시조로 받들며 제사를 모신 인물인데, 서기전 1285년 가을 9월에 제22대 색불루 천왕이 장당경(藏唐京)에 고등왕(高登王)의 묘(廟)를 세웠다. 장당경은 곧 개사원(蓋斯原)에 있는 이궁(離宮)이 된다.

색불루는 서기전 1285년부터 후기 단군조선을 시작한 인물로서 서기 400년경 신라시대 박제상이 지은 부도지(符都誌)에서는 약칭 부루(夫婁)로 기록되기도 하는데, 임검씨(壬儉氏) 시대가 약 천년으로 서기전 2333년부터 서기전 1286년까지 1048년이며, 부루씨(夫婁氏) 시대가 서기전 1285년부터 서기전 426년까지 860년이며, 구물(丘勿) 천왕으로 시작되는 읍루씨(浥婁氏) 시대가 서기전 425년부터 서기전 238년까지 188년으로 부루씨 시대와 읍루씨 시대를 합하면 1048년이 되어 천왕 자리가 이어진 것이 합 2096년이 되는 것이다. 물론 서기전 238년부터 서기전 232년 북부여에 공식적으로 접수되기까지 오가공화정(五加共和政) 6년을 합하면 단군조선의 역년은 2102년이 된다.

(12) 기수(奇首)로 봉해진 서우여(徐于餘)와 우현왕 색불루, 마한 아라사의 반대

서기전 1286년에 소태 천왕이 해성(海城)에서 욕살 서우여(徐于餘)에게 선양(禪讓)하고자 하며 살수의 땅 백리를 둘러보고 서우여를 봉하여 기수(奇首)라 부르게 하니, 마한(馬韓) 아라사(阿羅斯)가 이의 불가함을 주장하였으나 천왕은 허락하

---

132) 전게 한단고기 〈단군세기〉, 98쪽 참조

지 않았다.133)

우현왕(右賢王) 고등(高登)도 사람을 보내어 소태 천왕께 서우여(徐于餘)에게 선양하는 것을 중지토록 간하였으나, 소태 천왕은 고등의 청을 받아들이지 않았다.134)

마한 아라사와 우현왕 고등은, 소태 천왕이 해성의 욕살 서우여를 살수(薩水)의 기수(奇首)로 봉하고 선양하려 하는 것을 극구 반대한 것이 되는데, 소태 천왕은 이러한 청을 끝내 물리친 것이다.

기수(奇首) 서우여(徐于餘, 西余)를 일명 기자(奇子)라고 하는데 성명이 한서여(桓西余)가 되며, 은(殷)나라 왕족으로서 기(箕) 땅에 자작(子爵)으로 봉해진 기자(箕子)는 성씨가 자씨(子氏)로서 성명이 자서여(子胥餘)이며, 둘은 완전히 다른 인물이다. 아마도 서여(西余), 서여(胥餘) 또는 서우여(徐于餘)가 아마도 수유(須臾)와 같은 말로서 잠시, 잠깐이라는 뜻을 지닌 말로 보인다.

서기전 1286년에 단군조선의 해성 욕살 서우여(徐于餘)가 기수(奇首)로 봉해졌다 얼마 안 되어 폐하여지고 서인(庶人)이 되었으며, 서기전 1160년경 기(箕) 땅에 자작(子爵) 즉 기자(箕子)로 봉해진 자서여(子胥餘)가 서기전 1119년에 주(周) 무왕(武王)의 신하가 되지 않고 자작(子爵)의 봉작을 버리고 단군조선의 영역으로 망명하여 단군조선의 기후(箕侯)가 되었던 것이다. 소위 단군조선의 기후국(箕侯國)을 수유국(須臾國)이라고도 한다.

서우여는 해성(海城)의 욕살(褥薩)인데, 욕살이 되기 이전에는 상장(上將)을 지낸 것이 된다. 즉 서우여가 고등과 함께 은나라를 정벌한 공적(功績)이 있는 상장 서여(西余)라는 인물인 것이며, 아마도 그 공적으로 해성의 욕살에 봉해진 것으로 된다.

---

133) 전게 한단고기 〈단군세기〉, 98쪽 및 〈태백일사/삼한관경본기〉, 208~209쪽 참조
134) 전게 한단고기 〈단군세기〉, 98~99쪽 참조

(13) 우현왕 색불루의 군사혁명과 마한 아라사의 토벌

서기전 1286년에 우현왕 고등의 손자인 우현왕 색불루가 소태 천왕께 서우여에게 선양(禪讓)하는 것을 중지하도록 간청하다 듣지 않자, 스스로 군사를 이끌고 부여(夫餘)의 신궁(新宮)에서 천왕(天王)으로 즉위하였다.[135]

이에 마한 아라사는 군사를 정돈하여 몸소 이끌고 나아가 해성(海城)에서 싸웠는데 전쟁에 지고는 전사(戰死)하여 돌아오지 못하였다.[136] 마한 아라사는 우현왕 색불루의 반역행위를 용서하지 못하고 군사를 이끌고 토벌하러 갔던 것이며, 해성(海城)에서 색불루의 군사와 전쟁을 하다가 사망한 것이 된다.

부여의 신궁(新宮)은 백악산아사달에 있는 궁궐로서 서기전 2049년에 신경(新京)이라 불리던 상춘(常春)에 있으며, 서기전 1984년 상춘의 구월산(九月山)의 남쪽에 건립된 것이다. 구월산은 아사달산(阿斯達山)의 다른 표기가 되는 이두식 표기이다. 상춘의 백악산은 녹산(鹿山)이라고도 불리는 곳으로, 색불루 천왕이 수도를 정한 백악산아사달은 서기전 1285년부터 서기전 426년까지 880년간 후기 단군조선의 수도가 된다.

(14) 우현왕(右賢王) 색불루(索弗婁)의 천왕 즉위와 소태 천왕의 선양(禪讓)

서기전 1286년에 우현왕(右賢王) 색불루(索弗婁)가 스스로 군사를 이끌고 부여(夫餘)의 신궁(新宮)에서 천왕으로 즉위하고서 사람을 보내오므로, 소태 천왕은 선양(禪讓)하지 아니할 수 없어, 하는 수 없이 옥책(玉冊)과 국보(國寶)를 전하고, 은퇴하여 아사달(阿斯達)에서 평민(平民)으로 살면서 생을 마쳤다.[137]

색불루 천왕이 백악산(白岳山)에 도읍을 골라 세우니 여러 욕살들이 불가하다고

---

135) 전게 한단고기 〈단군세기〉, 98~99쪽 및 〈태백일사/삼한관경본기〉, 208~209쪽 참조
136) 전게 한단고기 〈태백일사/삼한관경본기〉, 208~209쪽 참조
137) 전게 한단고기 〈단군세기〉, 98~99쪽 및 〈태백일사/삼한관경본기〉, 209~210쪽 참조

고집을 피우니, 여원흥(黎元興)과 개천령(蓋天齡) 등이 조칙(詔勅)을 받아 그들을 설득하였다. 이에 모든 욕살들이 마침내 따랐다.[138]

옥책과 국보는 단군조선 중앙조정(中央朝廷)의 국보급 귀중품을 가리키며 특히 천왕의 권한을 상징하는 국새(國璽)를 포함하는 것이 된다. 이러한 선양은 진정한 선양이 아니며, 군사력을 내세운 강압적 선양에 해당된다. 즉 군신(君臣)의 도(道)가 무너진 것이 된다.

제왕운기(帝王韻紀)에서는 이러한 역사적 사실을 군신(君臣)은 없어지고 부자(父子)관계만 존재하였다는 식으로 임금의 대가 164년간 끊어진 취지로 기록하고 있기도 하다. 그러나, 서기전 1285년부터 서기전 1122년까지 164년은 엄연히 색불루(索弗婁) 천왕의 대가 이어지고 있었던 것이며, 색불루 천왕은 자신이 선대 단군의 자리를 계승하였음을 하늘에 제(祭)를 올려 고(告)하였고, 그 뒤로 단군조선은 계속 존재하고 있었던 것이므로, 164년이라는 것은 역사적 사실의 오해에 따른 것이 된다.

제왕운기는 은나라 기자(箕子)가 주무왕(周武王)에 의하여 조선(朝鮮) 땅에 봉해진 것을 단군조선 땅 전체에 봉해졌다는 취지로 기록하고 있는 것이 되어 역사적 오류가 심하다. 이는 이미 춘추필법(春秋筆法) 나아가서 역사날조 방식으로 이어져 온 고대중국의 역사기록으로 말미암아, 후세인(後世人)들이 진실한 역사적 자료를 보지 못하여 역사지식에 한계가 있는 데서 기인한 것이 된다.

(15) 기수(奇首) 서우여(徐于餘)의 서인(庶人) 강등과 군사적 항거

서기전 1286년에 소태 천왕은 옥책과 국보를 색불루에게 전하여 선양하고서, 이전에 살수(薩水)지역의 기수(奇首)로 봉했던 서우여(徐于餘)를 폐하여 서인(庶人)이 되게 하였다.[139] 이로써 서우여는 기수(奇首)도 아니며, 이미 해성(海城)의 욕살

---

138) 전계 한단고기 〈태백일사/삼한관경본기〉, 209~210쪽 참조

(褥薩)로 아닌 그냥 평민이 되었던 것이다.

그러나, 서우여는 서인(庶人)으로 강등되자 몰래 좌원(坐原)에 돌아와 군사를 일으켰으며, 이에 색불루 천왕의 신하이던 개천령(蓋天齡)이 토벌하러 가서 서우여와 전쟁을 하다가 전사하였다.

이러하자, 색불루 천왕이 몸소 삼군(三軍)을 이끌고 서우여(徐于餘)를 토벌하러 갔으며, 이때 먼저 사람을 보내어 서우여를 비왕(裨王)으로 삼을 것을 약속하며 다시 설득하니, 이에 서우여가 따르므로 전쟁을 그치고 서우여를 천왕(天王)의 비왕(裨王)인 번한(番韓)으로 삼았던 것이다. 그리하여 후기 단군조선의 번한(番韓) 시조는 서우여(徐于餘) 즉 전기 단군조선의 종실(宗室)인 한서여(桓西余)이다.

(16) 소태(蘇台) 천왕의 아사달(阿斯達) 은거

서기전 1286년에 우현왕 색불루에게 천왕 자리를 선양한 소태 천왕은 아사달에 은퇴하여 일반인으로 살다가 생을 마쳤다.[140]

아사달은 서기전 2333년부터 서기전 1286년까지 전기 단군조선의 수도이다. 이후 서기전 426년까지 상춘(常春)인 백악산아사달이 후기 단군조선의 수도가 된다. 상춘은 고구려의 초기 수도로서 눌현(訥見)이라는 곳이며, 지금의 장춘(長春)이다. 눌현(訥見)은 한자로 읽는다면 눌견으로 읽는 것이 맞으며, 이두식으로 "늘봄(常春)"이라는 말을 나타낸 이두식 표기가 된다.

(17) 고죽군자(孤竹君子) 백이숙제(伯夷叔弟)의 은거(隱居)

서기전 1286년 소태 천왕이 강압을 받아 색불루 천왕에게 선양하고 아사달에 은퇴하자, 고죽국(孤竹國)의 군자(君子)이던 백이(伯夷)와 숙제(叔弟)도 나라를 버리

---

139) 전게 한단고기 〈단군세기〉, 98~99쪽 및 〈태백일사/삼한관경본기〉, 222~223쪽 참조
140) 전게 한단고기 〈단군세기〉, 98~99쪽 및 〈태백일사/삼한관경본기〉, 209~210쪽 참조

고 동해(東海)의 물가로 피하여 살면서 밭갈이에 힘쓰며 자급자족(自給自足)하며 살았다.[141]

고죽국(孤竹國)이라는 나라이름은 글자대로 외로운 대나무의 나라가 아니라, 이 두식 표기로서 "곧 대 나라" 즉 "곧은 대나무 나라"로서 절개(節槪)가 곧은 나라라는 의미가 된다.

여기서 동해(東海)는 고죽국(孤竹國)의 동해로서 지금의 발해만이 된다. 고죽국은 지금의 북경(北京)과 천진(天津) 등을 중심으로 하여 발해만 서쪽에 위치한 단군조선의 군국(君國)인데, 서기전 2267년 도산회의(塗山會議) 이후에 봉해진 나라로서 하(夏)나라 이전부터 존속한 나라이며, 서기전 1766년 은(殷)나라 시조 탕(湯)이 하나라를 멸하고 은나라를 시작할 때 고죽국의 임금이던 묵태씨(墨胎氏)가 은탕의 즉위를 축하하였던 것인데, 백이와 숙제는 묵씨(墨氏) 또는 묵태씨(墨胎氏)가 되는 것이다. 한편, 제자백가 중 한 사람인 묵자(墨子)도 그 성씨가 묵씨로서 고죽국의 후손이 되는 셈이다.

서기전 1286년 당시 고죽국에는 군자(君子)가 셋이 있었던 것이 되는데, 백이(伯夷)와 숙제(叔弟) 그리고 그 중간에 있는 형제가 된다. 이때 백이와 숙제는 중간 형제에게 양보하여 군(君)의 대를 잇게 하고 동해 물가로 피하여 숨어 살았던 것이다.

맏이 이름에 백(伯)을 쓰고 막래 이름에는 숙(叔)을 쓰며 가운데 형제의 이름에는 중(仲)을 쓰는데, 고죽국의 백이와 숙제 사이에 있는 형제는 중(仲)이라고 불리게 된다. 그리고 백이(伯夷)라는 이름은 고대중국에 흔히 사용되던 이름이라고 보면 될 것이고, 숙제(叔弟)는 그냥 보통명사이기도 하다.

서기전 1134년경 주(周) 나라 태공 여상(呂尙)이, 주문왕(周文王)의 3년상(年喪) 중에 있던 주무왕(周武王)이 행차하던 앞길을 막고 주무왕이 불충(不忠)과 불효(不孝)를 짓고 있다며 충효(忠孝)에 관하여 설파하던 백이와 숙제를, 의인(義人)이라

---

141) 전계 한단고기 〈단군세기〉, 98~99쪽 참조

하며 두 노인(老人)을 부축하게 하였다는 고사(古史)를 보면, 서기전 1211년생이며 서기전 1073년까지 139세를 살았던 강태공은 이때 약 78여세가 되어 노인이나 다름없었는데, 백이와 숙제는 서기전 1286년에 최소한 15세라 하면 이미 167세를 넘는 나이가 되어 강태공보다 약 90세정도가 많았던 것이 된다.

여기서 군자(君子)는 공자가 말한 도(道)를 지키는 군자(君子)라는 의미보다는 군(君)의 아들(子)로서, 고죽국(孤竹國)의 임금인 고죽군(孤竹君)의 아들(子)로서의 뜻이 된다. 고죽국은 단군조선의 군국(君國)으로서 일반제후국보다는 그 지위가 높은 나라이다. 즉 군(君), 공(公), 후(侯), 백(伯), 자(子), 남(男)의 순으로는 군(君)이므로 제일 윗자리가 된다. 단군조선의 본 임금은 천왕이니 단군조선의 제후가 되는 그 아래 군후(君侯)들은 각각 천군(天君), 천공(天公), 천후(天侯), 천백(天伯), 천자(天子), 천남(天男)이 되는데, 고죽국의 임금은 곧 천군(天君)이 되는 것이다.

고대중국의 임금을 천자(天子)라 하는데, 곧 중앙 즉 천상(天上)의 나라가 되는 배달조선의 제후가 되는 지방 즉 천하(天下)의 왕(王)이 된다. 고죽국의 임금은 천군(天君)이며 은나라의 임금은 천자(天子)로서 위계질서를 따진다면 하늘과 땅 차이가 난다. 그리하여 사마천이 쓴 사기(史記) 등 고대중국의 기록처럼 고죽국은 은나라의 제후국이 아니라 단군조선의 군국(君國)인 것이다. 이에 비하면 은(殷)나라는 단군조선의 일반제후(一般諸侯)가 되는 자국(子國, 子爵國)에 해당되는 것이다. 시호는 건제(建帝)이다.

22. 제22대 색불루(索弗婁:靖帝) 천왕(天王)의 역사

(1) 수도 녹산(鹿山) 개축

서기전 1285년 병신년(丙申年) 1월에 색불루 천왕이 명하여 녹산(鹿山)을 수축(修築)하게 하고, 마침내 녹산(鹿山)에서 즉위하였다.[142] 녹산(鹿山)은 상춘(常春,

지금의 長春)에 있으며 백악산아사달(白岳山阿斯達)에 있는 산이다. 수축(修築)이라 함은 개축(改築)과 같은 의미로서 기존의 건물을 보수(補修)한 것이 되어 이미 녹산에는 궁궐이 있었던 것이 된다.

즉, 후기 단군조선의 수도는 백악산아사달인데, 녹산(鹿山)에 있는 기존의 궁궐을 수축하였다는 것이 되는 바, 상춘에 백악산아사달이라 불리는 곳이 있어, 그 안에 백악산(白岳山)이라는 산이 소재한 아사달이라는 지역이 있으며, 이 백악산아사달의 땅 안에 궁궐을 수축한 녹산(鹿山)이 있는 것이다.

상춘(常春)은 서기전 2049년에 신경(新京)이라고 불린 지역이며, 서기전 1984년에 이 상춘 땅 안에 있는 구월산(九月山)의 남쪽 기슭에 이궁(離宮)이 되는 신궁(新宮)을 건립하였던 것이고, 구월산(九月山)이 곧 아사달산(阿斯達山)으로서 아사달이라고 불린 것이 된다.

그리하여 상춘에는 대표적인 산으로 가장 높은 산이며 밝은산, 밝산의 이두식 표기가 되는 백악산(白岳山)이 있으며, 그 산줄기에 아사달산 즉 아침산(朝山)이라는 뜻의 구월산(九月山)이 있고, 이 구월산 줄기에 궁궐이 있는 나지막한 산으로서 사슴같이 생긴 모양의 녹산(鹿山)이 있는 것이 된다. 즉 서기전 1984년에 건립한 구월산 남쪽 기슭의 신궁(新宮)이 있는 산이 녹산(鹿山)이 되는 것이다.

(2) 은나라 무정(武丁)이 예를 올리다

서기전 1285년 은(殷)나라 무정(武丁)이 사신을 파견하여 조공을 약속하였다.143)

은나라 왕 무정은 제22대 왕으로서 서기전 1325년부터 서기전 1266년 사이에 재위하였는데, 이름에서 보듯이 전쟁을 즐긴 인물이 된다.

---

142) 전계 한단고기 〈단군세기〉, 99~100쪽 참조
143) 전계 한단고기 〈태백일사/삼한관경본기〉, 222~223쪽 참조

무정은 서기전 1291년에 단군조선 진한(眞韓)의 서남방이자 번한(番韓)의 서방 즉, 태원(太原)의 북쪽과 동북쪽에 위치한 귀방(鬼方)을 정벌하고 이어 색도(索度), 영지(永支) 등을 침공하였다가, 색도와 영지 등의 전쟁에서 당시 개사원(蓋斯原) 욕살(褥薩) 고등(高登)과 상장(上將) 서여(西余)에 의하여 대패하여 화해를 청하고 조공을 하였으며, 이후 서기전 1289년에 개사원 욕살 고등이 귀방을 습격하여 멸망시켰고, 이 당시 상장 서여는 은나라의 북박(北亳)을 습격하여 격파하였다.

(3) 서우여를 번한에, 여원흥을 마한에 봉하다

서기전 1285년에 천왕이 서우여(徐于餘)를 번한(番韓)에 봉하고, 여원흥(黎元興)을 마한(馬韓)에 봉하였다.[144]

서우여(徐于餘)는 전기 단군조선의 천왕의 종실(宗室)로서 한씨(桓氏)가 되고, 여원흥은 웅녀군(熊女君)의 후손이다. 웅녀군은 웅녀인 임금이라는 말로서, 서기전 3897년경 배달나라 초기에 한웅천왕이 가르침을 주자 따르므로 백성으로 받아들인 웅족(熊族)의 여성 임금이다. 서기전 2800년경 이 웅녀의 후손에 여(黎)가 있어 단허(檀墟)에 봉해지고, 여원흥은 이 여씨의 후손이 되는 것이다.

배달나라의 웅족(熊族)에서 웅씨(熊氏), 고씨(高氏), 강씨(姜氏), 여씨(黎氏), 공손씨(公孫氏), 희씨(姬氏) 등이 나왔다. 즉 배달나라의 제후가 되는 염제신농씨와 황제헌원씨가 모두 웅족 출신이며, 단군조선 초기에 마한으로 봉해진 웅백다(熊伯多)는 웅씨(熊氏)로서 웅족의 후손이며, 후기 단군조선의 천왕이 된 색불루(索弗婁)가 고씨(高氏)로서 웅족의 후손이며 이때 마한(馬韓)에 봉해진 여원흥은 여씨로서 웅족의 후손인 것이다.

---

144) 전계 한단고기 〈태백일사/삼한관경본기〉, 211쪽, 222~223쪽 참조

(4) 조서(詔書)를 내리고 천제(天祭)를 지내다

서기전 1285년 봄 3월에 조서(詔書)를 내려 가로되,

"며칠 전에 아사달에 사람을 보내어 옥책(玉冊)과 국보(國寶)를 전하게 함으로써 전(前) 천왕께서 선양(禪讓)토록 하였노라. 이제 비록 호칭을 세습하여 존귀하게 되었으나, 그 해내산천(海內山川)은 이미 그 이름이 장부에 실렸고, 하늘에 제사를 올리는 예(禮)는 당연히 나라의 법전(法典)에 있나니, 가히 남용할 것이 아니로다. 반드시 옛 실례를 따름으로써 정성과 공경을 다할 것이로다. 이제 마땅히 제사를 올리고 신(神)을 맞이함에, 먼저 가서 택일하여 목욕재계하고, 신(神)의 영역을 살피고 청소하여, 희생(犧牲)과 폐물(幣物)을 깨끗이 마련하고, 삼신(三神)께 올려 보답할지어다."

하셨다.145)

이에 천왕께서 7일을 택일(擇日)하여 목욕재계(沐浴齋戒)하고, 향(香)과 축문(祝文)을 여원흥에게 주어, 16일에 이르러 이른 아침에 삼한(三韓)의 대백두산(大白頭山)의 천단(天壇)에서 공경하게 제사를 올리도록 하였으며, 천왕은 몸소 백악산아사달(白岳山阿斯達)에서 제사를 올렸다.146)

옥책(玉冊)과 국보(國寶)는 나라의 천왕권을 상징하는 귀중품으로서 특히 국새(國璽)를 포함한 것이 된다.

선양(禪讓)은 평화적으로 적임자에게 자리를 양보하여 넘겨준다는 의미인데, 역사적으로 진정한 선양은 그 기록이 거의 없는데, 이때 소태 천왕께서 색불루 천왕에게 한 선양도 소위 군사혁명(軍事革命)에 해당하는 강압적 선양이 된다.

---

145) 전계 한단고기 〈태백일사/삼한관경본기〉, 210쪽 참조
146) 전계 한단고기 〈태백일사/삼한관경본기〉, 210쪽 참조

한국의 역사상 최초의 선양은 서기전 1286년에 일어난, 소태(蘇台) 천왕이 우현왕(右賢王) 색불루(索弗婁)에게 한 선양이 되는데, 이러한 역사사실에서 "소태 맞는다"는 말이 유래되었다고도 보인다. 소태는 쓴 맛을 뜻하는 말인데, 옛날에는 애기 젖을 뗄 때 사용하기도 하였다. 즉 소태맞는다는 말은 원하는 대로가 아니라 어쩔 수 없이 즉 거의 강제적으로 포기 당한다는 의미를 담고 있는 것이 된다.

이미 단군조선 시대에는 법전이 있었던 것이 된다. 그리하여 국토의 지명이 장부에 기록되고, 하늘에 제사를 올리는 예법(禮法)이 나라의 법전(法典)에 모두 있었던 것이다.

특히 하늘에 제사를 올리고 신(神)을 맞이함에는 먼저 택일(擇日)하여 목욕재계(沐浴齋戒)하고, 신(神)의 영역인 제단(祭壇)을 말끔히 청소하였던 것이 된다.

희생(犧牲)으로는 주로 소(牛), 양(羊)을 사용하였다. 희생(犧牲)이라는 글자에 소(牛)가 들어 있어 소가 주로 희생동물로 사용된 것이 나타난다. 또 희생양(犧牲羊)이라는 말이 있듯이 소 대신 양이 희생으로 올려진 것임을 알 수 있다.

목욕재계(沐浴齋戒)는 택일하여 행하였는데, 계불(禊祓)이라는 의식으로서 그 유래는 서기전 7197년경 한국(桓國) 시대 초기부터 제사장(祭司長)을 겸하던 임금에 의하여 행해진 것이 된다. 즉, 전기 한국시대에는 황궁씨(黃穹氏)가, 중기 한국시대에는 유인씨(有因氏)가, 후기 한국시대에는 한인씨(桓因氏)가 각 계불의식을 행하며 마고성(麻姑城) 낙원시대로 회복한다는 복본(復本)의 서약(誓約)을 실천하였던 것이 된다.

색불루 천왕은 향(香)과 축문(祝文)을 마한(馬韓)에 봉해진 여원흥(黎元興)에게 하사하여 3월 16일 삼신영고제(三神迎鼓祭)를 지내게 하였던 것인데, 마한 여원흥이 이른 아침에 단군조선 삼한(三韓)의 중앙에 위치한 대백두산(大白頭山)의 천단(天壇)에 올라 천제(天祭)를 올리도록 하였던 것이다. 대백두산(大白頭山)은 당시의 태백산(太白山)으로서 지금의 백두산(白頭山)이 된다.

당시 색불루 천왕은 몸소 백악산아사달(白岳山阿斯達)에서 천제(天祭)를 올렸는데, 백악산아사달은 상춘(常春)에 있고 제천단(祭天壇)은 아사달산이 되는 구월산(九月山)에 있었던 것이 된다. 상춘은 지금의 장춘(長春)이다.

(5) 색불루 천왕의 제천문(祭天文) - 백두산서고문(白頭山誓告文)

서기전 1285년 병신년(丙申年) 3월 16일 이른 아침에 마한(馬韓) 여원흥(黎元興)이 백두산(白頭山) 제천단(祭天壇)에 올라 천제(天祭)를 올렸다.[147]

마한 여원흥이 색불루 천왕을 대신하여 하늘에 고(告)한 백두산서고문(白頭山誓告文)은 아래와 같다.

"짐 소자 단군 색불루는 손을 모아 머리를 숙여 절하옵니다. 스스로 천제자(天帝子)로서 나를 닦아 백성에 미치고, 반드시 스스로 하늘에 제(祭)를 올림으로써 황상(皇上)을 공경하겠사오며, 삼신(三神)의 밝은 목숨과 넓은 은혜와 큰 덕을 받았으며 이미 삼한(三韓)의 5만리 땅을 주셨사오니, 홍익인간을 함께 누리겠사옵니다. 이에 마한(馬韓) 여원흥을 보내어 삼신일체(三神一體) 상제(上帝)의 제단에 정성껏 제사 올리게 하였사온데, 신께서는 밝고도 밝아 체물(體物)에 남김이 없사와, 정결히 목욕재계하고 정성으로 바치오니, 내리시어 흠향하시고 고요히 도와주시와, 반드시 새로운 임금의 자리 세움을 크게 꾸미게 하사 세세토록 삼한(三韓)의 천만년 한없는 제업(帝業)을 보존할 수 있도록 하시옵고, 해마다 곡식은 풍년이 들게 하시오며, 나라가 부강하게 하시옵고 백성들이 번창하게 하옵소서! 밝고 밝으신 우리 성제(聖帝)시어! 나를 비워 만물이 있도록 지극히 염원하옵니다!

(朕小子檀君索弗婁 拜手稽首 自天帝子之修我以及民 必自祭天以敬皇上 受三神明命普恩大德 既與三韓五萬里之土境 共享弘益人間 故 遺馬韓黎元興 致祭于三神一體上帝之壇 神其昭昭 體物無遺 潔齋誠供 降歆黙佑 必能

---

147) 전계 한단고기 〈태백일사/삼한관경본기〉, 210쪽 참조

賁餙新帝之建極 世保三韓千萬年无彊之祚業 年穀豊熟 國富民殷 庶昭我聖
帝 空我存物之至念)"148)

서기전 1285년 병신년(丙申年)에 제22대 천왕으로 즉위한 색불루 단군께서 3월
에 조서(詔書)를 내려 천왕의 자리를 선양받았으니 이전부터 시행된 나라의 법에
따라 삼신(三神)께 정성껏 제사를 올리겠다 하였는바, 이에 3월 16일에 백악산아사
달에서 몸소 천제(天祭)를 지냈으며, 별도로 마한(馬韓) 여원흥에게는 향과 축문을
내리어 3월 16일 이른 아침에 나라의 중앙인 백두산 제천단에서 제를 올리게 하였
던 것이다. 이로써 색불루 천왕이 전기 단군조선의 정통성(正統性)을 계승하였음을
천명한 것이 된다.

소자(小子) 단군(檀君) 색불루라 한 데서, 소자(小子)라는 말은 삼신(三神)을 조
상신(祖上神)으로 모시는 것이며, 단군(檀君)은 배달나라의 작은 임금이었던 원래
의 자리를 천명한 것이 된다.

색불루는 제22대 천왕의 원명(原名)이 되는데, 정확한 뜻이 무엇인지는 불명이
나, 글자로 뜻을 푸는 것은 거의 불가능한 반면 소리로서 풀면 색불루는 삭불루이기
도 하므로 '싹뿌리'가 되어 싹과 뿌리가 되는데, 이는 후기 단군조선의 기초를 다진
인물임을 알 수 있게 한다. 또는 '싹불'이라 하면 불씨라는 의미를 가지는 것이 된다.

천제자(天帝子)는 하늘님의 아들로서, 이전의 단군천왕은 하늘로 돌아가시어 삼
신(三神)이 되셨으니 상제(上帝)로서 천제(天帝)가 되고, 현재의 임금은 천제자(天
帝子)로서 천왕(天王)이 되는 것이다.

황상(皇上)은 이전의 단군천왕들을 가리키는 바, 하늘에 제를 올리는 것이 곧 삼
신께 제(祭)를 올리는 것이며, 삼신이 되신 선제(先帝)들을 공경하여 받드는 것이
된다.

---

148) 전게 한단고기 〈태백일사/삼한관경본기〉, 211쪽 참조

색불루 천왕은 삼신(三神)으로부터 은혜를 받았으며 삼신께서 삼한(三韓)의 5만 리 땅을 내려 주신 것이라 하여, 이전부터 시행된 홍익인간의 정통성을 계승하였음을 당당히 고하고 있다.

색불루 천왕은 스스로는 백악산아사달의 제천단에서 삼신께 제를 올리고, 별도로 나라의 중앙으로서 삼신일체(三神一體) 상제(上帝)의 자리인 백두산 제천단에는 마한(馬韓) 여원흥을 보내어 정성껏 제사 올리게 하였던 것이다.

백두산 서고문에서 색불루 천왕은, 삼신(三神)께 새로운 임금의 자리를 크게 세우도록 도와 달라고 기원하고 있으며, 삼한(三韓)이 함께하는 제업(帝業)이 무한이 지속되도록 바라면서, 이전의 임금들인 성제(聖帝)들이 실천하신 공아존물(空我存物)의 이념을 본받겠다고 다짐하고 있는 것이다.

이와 같이 색불루 천왕은 비록 군사적 강압으로 소태 천왕으로부터 천왕의 자리를 선양(禪讓)받았으나, 단군조선의 정통성을 계승하였음을 천명하고 홍익인간을 실천함으로써 스스로 성제(聖帝)가 되려고 하였던 것이다. 다만 수도(首都)를 아사달이 아닌 이궁(離宮)이 있던 상춘(常春)에 정하여 쇄신(刷新)하였던 것이고, 국호(國號)는 바꾸지 아니하였던 것이다.

(6) 관제(官制) 개편

서기전 1285년 여름 5월에 나라의 관제(官制)를 크게 개편하여, 삼한(三韓)을 삼조선(三朝鮮)이라 하였다.[149]

진조선(眞朝鮮)은 천왕이 친히 다스리고 땅은 옛날의 진한(辰韓)대로 하고 정치는 천왕이 친히 다스리도록 하니 삼한(三韓)이 모두 하나같이 명령에 복종하였다. 여원흥(黎元興)에게 명하여 마한(馬韓)이 되어 막조선(莫朝鮮)을 통치하게 하고 서우여(徐于餘)로 하여금 번한(番韓)을 삼아 번조선(番朝鮮)을 통치하게 하였다. 이

---

149) 전게 한단고기 〈태백일사/삼한관경본기〉, 211~212쪽 참조

를 통틀어 단군(檀君)의 관경(管境)이라 한다. 이것이 곧 진국(辰國)으로서 역사상 단군조선(檀君朝鮮)이라 하는 것이 된다.[150]

여원흥이 이미 색불루 천왕의 명을 받아 대동강(大同江)을 진압하여 지키니 역시 왕검성(王儉城)이라 하였다. 천왕도 역시 매년 중춘(仲春)에는 반드시 마한에 순수하여 머무르며 백성들이 근면하기를 정치로서 하였다. 이에 어떤 일을 빙자하여 재산을 바치게 하거나 억울하게 세금을 거두는 일이 없어지게 되었다. 이에 앞서 조서(詔書)를 내려 가로되,

"생각건대 짐 한 사람을 공양하기 위하여 백성들을 들볶아 공물을 거두는 것은 이는 정치가 없다는 것이니, 정치가 없고서야 임금이 무슨 필요가 있으리오."

하며, 엄명으로 자공후렴(藉供厚斂)을 철폐시켰다.[151]

삼한(三韓)은 단군조선의 진한(眞韓), 마한(馬韓), 번한(番韓)을 가리키는데, 한(韓)은 보위(保衛)로서 비왕(裨王)이 되는 임금 즉 한(汗)과 같은 말이기도 하고, 나라 또는 관경(管境)의 뜻을 가진 말이기도 하다.

삼조선(三朝鮮)은 관경인 삼한(三韓)을 고쳐 부른 명칭이 되는데, 즉 진조선(眞朝鮮), 마조선(馬朝鮮), 번조선(番朝鮮)이라 한 것이다. 물론 삼조선의 임금은 진조선의 임금은 단군으로서 제(帝) 또는 황(皇)으로서의 천왕(天王)이며, 마조선의 임금은 비왕(裨王)으로서 천왕격(天王格)의 마한(馬韓)이며, 번조선의 임금도 비왕으로서 천왕격의 번한(番韓)이다.

진조선의 임금을 진한(眞韓)이라고 비왕(裨王)의 명칭으로 사용하지 아니하는 것은 제2대 태자 부루께서 단군왕검 천제(天帝)의 비왕인 천왕격(天王格)의 진한

---

150) 전게 한단고기 〈태백일사/삼한관경본기〉, 211~212쪽 참조
151) 전게 한단고기 〈태백일사/삼한관경본기〉, 211~212쪽 참조

(眞韓)에 봉해진 후 서기전 2240년에 대를 이어 임금이 되어 천왕이 되었기 때문에, 이후 진한(眞韓)이라 하지 않고 천왕(天王)이라 불린 것이 된다.

즉, 단군조선 시대에는 한(韓)이라는 말이 본 임금이 아니라 보조하는 임금인 비왕(裨王)의 뜻을 가지므로, 단군조선의 최고 임금인 진한(眞韓) 관경의 임금을 그냥 진한(眞韓)이라 하지 않고 단군조선의 제(帝) 또는 상국(上國)의 본 임금이라는 뜻으로 천왕(天王)이라 하는 것이다.

후삼한(後三韓)[152] 시대에 진한(辰韓), 마한(馬韓), 변한(弁韓)이 임금이라는 뜻보다 나라를 가리키는 것으로 이해되는 이유는 이미 한(韓)이란 말이 관경의 뜻으로 굳어지기 시작한 것이 되었기 때문이다. 지금의 대한민국(大韓民國)의 한(韓)은 임금이 아니라 나라라는 의미를 가지는 말이 된다.

한편, 서기전 425년부터는 마조선과 번조선의 임금을 그냥 한(韓)이라 하지 않고 왕(王)이라 하여 마조선왕, 번조선왕으로 부르게 되는데, 이는 비왕인 한(韓)은 제(帝), 황(皇) 또는 왕(王), 천왕(天王)의 명을 받아 군사를 부리지만, 왕(王)은 독자적인 군사권을 가지는 것이 되어, 마조선과 번조선이 이때부터 독자적으로 군사를 부린 것이 되는 것이다.

막조선(莫朝鮮)은 마조선을 가리키는 말이 되며, 진조선, 마조선, 번조선을 통틀어 단군(檀君)의 관경(管境)이라 한 것이고 이것이 곧 전체 나라로서 진국(辰國)이라 하는 것이 되며, 역사상 단군조선(檀君朝鮮)이라 하는 것이 된다. 즉 단군조선이란, 단군인 천왕이 다스리는 나라로서 마한과 변한이 맡아 다스리는 영역을 모두 포함한 전 영역을 가리키는 것이다.

서기전 1286년에 마한(馬韓) 아라사(阿羅斯)는, 우현왕 색불루가 군사력을 내세워 단군 천왕(天王)의 자리를 거의 반강제적으로 선양(禪讓)받아 차지하니, 군신의 도리를 어긴 것이라 하여 스스로 군사를 일으켜 토벌하러 해성으로 갔던 것이며, 마

---

152) 북부여의 남쪽에 위치하므로 남삼한이기도 하다.

한 아라사는 해성의 전쟁에서 패하여 전사하였던 것이 된다.

이에 색불루 천왕의 측근이던 여원흥(黎元興)이 마한에 봉해져 대동강(大同江) 지역 즉 마한의 수도(首都)를 진압하였던 것이며, 이 대동강의 백아강도 왕검성(王儉城)이라 하는 것이 된다. 또한 번한(番韓)의 수도도 왕검성이라 불린다.

이후 천왕은 매년 중춘(仲春)에는 반드시 마한(馬韓) 땅에 순수(巡狩)하여 머무르며 바른 왕도정치(王道政治)를 강조하며 백성들이 부지런하도록 만들었다. 이리하여 어떤 일을 빙자하여 재산을 바치게 하거나 억울하게 세금을 거두는 자공후렴의 폐단이 없어지게 되었던 것이다. 왕도정치는 곧 백성들을 폭정으로 혹사하지 않고 자식처럼 보살피며 잘 살게 하는 정치이다.

(7) 고등왕묘(高登王廟)를 장당경(藏唐京)에 세우다

서기전 1285년 병신년(丙申年) 가을 9월에 천왕께서 친히 장당경(藏唐京)으로 행차하여 사당(묘, 廟)을 세우고 고등왕(高登王)을 제사지냈다.[153]

장당경(藏唐京)은 단군조선 초기부터 개사원(蓋斯原)에 위치한 이궁(離宮, 別宮)으로 존재하였던 것이 되는데, 서기전 2324년경 단군조선이 유웅국(有熊國)을 이은 당요(唐堯)를 굴복시키고 안치(安置)하면서, 정기적으로 상국(上國)인 단군조선에 조공을 하는 등의 제후(諸侯)인 천자(天子)로서의 예(禮)를 갖추도록 한 곳이 된다.

장당경은 서기전 425년부터 말기 단군조선의 수도이기도 한데, 지금의 요동반도 북쪽에 위치한 심양(審陽)이다. 심양(審陽)은 장당경, 장춘(長春)은 상춘(常春)으로서 백악산아사달, 하얼빈(哈爾濱)은 아사달(阿斯達)로서 거의 남서-북동의 방향으로 일직선으로 이어진다.

한편, 서기전 2267년 도산회의(塗山會議) 이후에는 산동반도 남쪽에 위치한 낭

---

153) 전게 한단고기 〈단군세기〉, 99~100쪽 참조

야성(琅耶城)에 우순(虞舜)을 감시 감독하는 관청을 설치하여 감우(監虞)라 하였는데, 정기적으로 5년에 한번씩 순회하는 상국(上國)의 사자(使者)인 진한(眞韓) 태자 부루(太子扶婁)에게 우공(虞貢)의 사례(事例)를 보고토록 하여 예(禮)를 올리게 한 곳이 된다.

고등왕(高登王)은 고구려의 시조왕(始祖王)이기도 한데, 고등(高登)은 원래 개사원(蓋斯原) 또는 개사성(蓋斯城)의 욕살(褥薩)이었다가, 무정(武丁)이 왕으로 있던 은(殷)나라를 정벌한 공로와 강력한 군사력을 기반으로 하여 우현왕(右賢王)에 봉해줄 것을 자천(自薦)하여, 결국 소태 천왕이 우현왕에 봉한 인물이며, 후기 단군조선의 시조가 된다.

(8) 은(殷)나라를 정벌하다

서기전 1285년 병신년(丙申年) 겨울 11월 색불루 천왕께서 몸소 구한(九桓)의 군사를 이끌고 수차에 걸쳐 싸워 은나라 서울(京)을 격파하고 곧 화친하였으나 또다시 크게 싸워 이를 쳐부수었다.[154]

이때 은나라 왕은 제22대 무정(武丁)이며, 당시 은나라 서울은 박(亳)으로서 지금의 안양(安陽)의 서쪽에 위치한, 은나라가 은(殷)이라는 나라로 불리게 되는 땅이다. 당시 은나라의 수도인 박(亳)은 은나라 이전까지 수도로 정한 동서남북중(東西南北中)의 수도 중에서 중(中)에 해당하는 수도인 바, 중경(中京), 중박(中亳)에 해당한다.

구한(九桓)은 단군조선의 전체 백성을 가리키는 말로서 구족(九族)이라는 말이고, 고대중국 측에서는 구이(九夷)라고 하였던 것이 된다. 구족(九族)은 황족(黃族), 양족(陽族), 우족(于族), 방족(方族), 견족(畎族), 현족(玄族), 백족(白族), 남족(藍族), 적족(赤族)이다.

---

154) 전게 한단고기 〈단군세기〉, 99~100쪽 참조

한편, 고대중국의 백성은 9족 중에서 극히 일부의 황족(黃族)과 극히 일부의 백족(白族)으로 구성되었다가, 하은주(夏殷周)의 후대에 내려오면서 북쪽의 북적(北狄) 또는 북융(北戎)이라 불리는 황족(黃族), 동쪽 산동지역의 동이(東夷)에 해당하는 황족(黃族)과 남족(藍族), 남쪽의 남만(南蠻)이라 불리는 적족(赤族), 서쪽의 서융(西戎) 또는 서이(西夷)라 불리는 백족(白族)의 일부가 더하여 이루어진다.

(9) 황하(黃河)와 회대(淮岱)의 땅을 평정하고 승전축하(勝戰祝賀) 잔치를 벌이다

서기전 1284년 정유년(丁酉年) 봄 2월에 색불루 천왕께서 은(殷)나라 군사들을 추격하여 황하(黃河) 주변에 이르러 승전(勝戰)의 축하를 받고, 변한(弁韓)의 백성들을 회대(淮岱)의 땅으로 옮겨 그들로 하여금 가축을 기르고 농사를 짓게 하니 나라의 위세가 떨쳐졌다.[155]

은나라의 서울을 격파한 후 다시 추격하여 황하 주변에 이르러 승전의 축하를 받았다는 것이 되는데, 은나라 무정(武丁) 당시 은나라의 서울은 황하의 북쪽에 위치한 박(亳)이 되는 것이다. 은나라는 처음 박(亳)을 수도로 삼았다가 홍수로 인하여 수도를 동서남북으로 다섯 차례나 옮겼는데, 이 박(亳)을 다시 수도로 삼은 것은 서기전 1402년경 후기 은나라를 시작한 제19대 왕인 반경(盤庚)이다.

여기의 변한(弁韓)은 번한(番韓) 대신에 사용한 용어가 된다. 회대(淮岱)는 회수(淮水)와 대종(岱宗)이라는 산(山)인 태산(泰山) 사이의 땅을 가리킨다.

회대(淮岱)지역은 서기전 2700년경 배달나라 제14대 치우(蚩尤)천왕이 수도를 청구(靑邱)로 옮기고 평정한 땅이며, 소위 요순시대 9년 대홍수의 치수를 위한 서기전 2267년 도산회의(塗山會議) 때 단군조선의 사자(使者)로서 도산회의를 주관하러 갔던 태자 부루가 번한(番韓) 낭야(琅耶)에게 명하여 천제(天祭)를 지내게 한 곳이 태산(泰山)이며, 치수 관련 회의를 연 곳이 도산(塗山)으로서 회수(淮水)의 하류

---

155) 전계 한단고기 〈단군세기〉, 99~100쪽 참조

에 위치한 산이다.

태산(泰山)은 산동의 서쪽에 위치하여 그 동쪽이 산동지역이 되는데, 사공(司空) 우(禹)가 도산회의 이전에 치수에 힘쓰던 중 올랐던 동서남북 사방의 큰 산 즉, 화악 태형(華岳泰衡)이라 불리는 산 중에서 동쪽에 해당하는 산이 된다. 서쪽에는 서안(西安) 부근에 위치한 화산(華山)이 있고, 북쪽에는 북악(北岳)이라 불리는 항산(恒山)이 있으며, 남쪽에는 사공 우가 치수를 끝내고 그 정상(頂上)에 치수기념비를 세웠다는 양자강 남쪽에 위치한 형산(衡山)이 있다.

소위 금문(金文)에 천군(天君)이라 기록하며 술통인 준(樽)에 관한 기사가 있는데, 이 천군(天君)이 여기 서기전 1284년 2월경 황하주변에 이르러 승전축하 잔치를 벌인 색불루 천왕(天王)을 가리키는 것인지, 아니면 서기전 909년 청구에 이르러 서쪽으로 엄독홀에서 제후들과 제천행사를 벌이고 주(周) 나라와 수교를 맺은 제30대 내휴(奈休) 천왕을 가리키는 것인지, 아니면 제후국 중 군군(君國)인 고죽국(孤竹國)이나 청구국(靑邱國) 또는 남국(藍國) 등의 임금을 가리키는지는 아직 밝혀지지 않았다. 단, 서주시대의 금문인 점과 고죽국 관련 금문임을 고려하면 여기 천군은 단군 천왕(天王)이나 고죽군(孤竹君)일 가능성이 많다.

(10) 금팔조(禁八條) – 팔조금법(八條禁法)[156]

서기전 1282년 기해년(己亥年)에 진조선(眞朝鮮)이 천왕의 칙서(勅書)를 전하여 가로되, "그대들 삼한(三韓)은 천신(天神)을 위로 받들고 무리들을 직접 교화하

---

156) 그동안 고대중국의 기록에 팔조금법의 일부인 3조만 있었으나, 번한세가에 8조가 모두 기록되어 있어 설마 그러했겠느냐 하는 의구심을 불식시키기에 충분하다. 그러나, 이 8조금법도 이미 존재하던 단군조선의 법규 중에서 가장 중요한 것만 추려서 반포한 것이 되는 바, 배달나라 시대에 이미 있었던 무여율법 4조와 더불어 한배달조선 시대의 법을 연구하여 실제 정치에 어떻게 구현되었는지 연구정리하는 것이 필요하겠다. 단적으로 8조금법의 규정만 보더라도 손해배상을 돈으로 하였기 때문에 이미 단군조선에는 화폐가 사용되고 있었던 것이 되고, 역사적으로 서기전 1282년경에는 서기전 1680년에 주조 발행된 자모전(子母錢)이 있었던 것이 된다.

여 번성하게 하라"하였다. 이로부터 백성들에게 예의, 누에치기, 베짜기, 활쏘기, 글 등을 가르쳤으며, 백성들을 위하여 금팔조(禁八條)를 만들었다.[157]

이 금팔조(禁八條)가 단군조선 전역(全域)에 시행된 것인지, 아니면 천왕의 칙서를 받고서 번한(番韓) 서우여(徐于餘)가 번조선(番朝鮮)의 관경 내에서 시행한 것인지가 불명인데, 번한세가(番韓世家)에 기록된 것으로 보아 후자가 맞을 것이다.

금팔조 즉 소위 팔조금법은 아래와 같다.[158] *( )와 [ ]의 글은 참고로 붙였다.

1. 상대가 죽이면 바로 그때에 죽여서 갚는다. (살인을 금한다.) [살인죄-사형]

2. 상대가 다치게 하면 곡식으로 배상(賠償)하게 하라. (상해를 금한다.) [상해죄-벌금(손해배상)형]

3. 상대가 도둑질 하면 남자는 신분을 무시해 버리고 그 집의 노예(奴隸)가 되게 하고, 여자는 계집종(婢)이 되게 하라. (절도를 금한다.) [절도죄-노비형]

4. 소도(蘇塗)를 훼손한 자는 가두어 두라. (소도훼손을 금한다.) [신성모독죄, 손괴죄-금고형]

5. 예의(禮儀)를 잃은 자는 군(軍)에 복무하게 하라. (무례를 금한다) [무례죄-군복무형]

6. 근면하게 노동하지 않는 자는 부역(負役)을 시켜라. (게으름을 금한다.) [근로해태죄-부역형]

7. 음란(淫亂)한 행동을 하는 자는 태형(笞刑)으로 다스리라. (음란을 금한다.) [음란죄-태형]

8. 사기(詐欺)치는 자는 훈방(訓放)하라. (사기를 금한다.) [사기죄-교육형]

---

157) 전게 한단고기 〈태백일사/삼한관경본기〉, 222~223쪽 참조
158) 전게 한단고기 〈태백일사/삼한관경본기〉, 222~223쪽 참조

(相殺以當時相殺 相傷以穀償 相盜者男沒爲其家奴女爲婢 毁蘇塗者禁錮
失禮義者服軍 不勤勞者徵公 作邪淫者笞刑 行詐欺者訓放)

이상의 죄를 지은 자는 공표(公表)한다. 만약, 스스로 속죄하려 하면 공표하는 것을
면하여 준다.

위와 같이 시행하였으나, 백성들이 오히려 수치스럽게 여겨서 혼인(婚姻)도 할
수 없었던 듯하다. 이로써 백성들은 끝내 서로 도둑질 하지 않았으니 문을 닫는 일
도 없었고, 부녀자들은 정숙(貞淑)하고 신의(信義)가 있어 음란하지 않았다. 밭이나
들, 도읍지를 막론하고 음식을 바쳐 제사를 올리며 어질고 양보하는 문화가 있었
다.[159)]

남을 죽이면 바로 그때에 죽여서 갚는다는 것은, 눈에는 눈, 이에는 이라는 탈리
오의 법칙과 통하는 법이 된다. 살인죄(殺人罪)는 도로 그 살인자(殺人者)를 살인
(殺人)함으로써 갚는 다는 것이 되어, 죄에 상응하는 벌을 바로 받게 하는 것이 된
다. 이는 결국 죽임을 당하지 않으려면 살인을 하지 말라는 것으로서, 살인을 금한
다는 취지가 된다. 오늘날의 형벌로 보면 살인죄는 사형(死刑)에 처하는 것과 같은
것이 된다.

남을 다치게 하면 곡식으로 배상한다는 것은, 살인죄에 대한 응보(應報)보다는
더 순화(純化)되고 진화(進化)된 것이 되는데, 다시 살아날 수 없는 살인(殺人)과는
달리 상해(傷害)는 시간이 지나면 치유가 가능하므로 곡식으로서 손해배상(損害賠
償)하게 함으로써 해결하였던 것이다. 오늘날의 상해죄에 비견하면 벌금형(罰金
刑)에 해당하는 것이 된다.

도둑질 하면 남자는 노예가 되게 하고, 여자는 계집종이 되게 한 것은, 신분을 강

---

159) 전게 한단고기 〈태백일사/삼한관경본기〉, 222~223쪽 참조

등시켜 도둑질한 대가로 강제로 일을 시키는 것이 된다. 오늘날의 형벌로 보면 징역형(懲役刑)에 해당한다.

소도를 훼손한 자는 가두어 두었는데, 소도(蘇塗)는 제천행사(祭天行事)를 벌이는 신성(神聖)한 제단(祭壇)이 있는 곳인 바, 소도훼손은 신성모독죄(神聖冒瀆罪)와 기물손괴죄(器物損壞罪)에 해당하는 것으로, 오늘날 신성모독죄에 해당하는 범죄로는 분묘발굴훼손죄 등이 있으며, 소도훼손죄에 대한 벌은 오늘날의 형벌로 보면 금고형(禁錮刑)에 처한 것이 된다.

예의를 잃은 자는 군(軍)에 복무하게 하였는데, 이는 예의지국(禮儀之國)인 단군조선(檀君朝鮮)의 문화로 보아 당연한 법이 된다. 예의를 잃어 무례하다는 것은 오늘날의 죄로 보면 모욕죄(侮辱罪), 명예훼손죄(名譽毀損罪) 등에 해당하는 것이 되는데, 이러한 자는 군(軍)에 보내어 정신교육(精神敎育)을 중심으로 예의(禮儀)를 가르친 것이 된다. 오늘날의 형벌로 보면 사회봉사(社會奉仕)에 해당한다.

근면하게 노동하지 않는 자는 부역을 시켰는데, 오늘날의 죄와 형벌로 보면 근로해태죄(勤勞懈怠罪) 또는 직무태만유기죄(職務怠慢遺棄罪)로서 위 무례죄와 마찬가지로 사회봉사(社會奉仕)에 처한 것이 된다.

음란한 행동을 하는 자는 태형(笞刑)으로 다스렸는데, 예의를 중시한 단군조선의 문화로 보아 당연히 있을 법한 법이 되며, 태형은 신체(身體)에 직접 가하는 형벌로서 음란죄를 엄격히 금한 것이 된다. 음란행위는 사회의 기풍(氣風)을 순식간에 무너뜨릴 수 있는 가장 경계해야 할 것이 되는 바, 오늘날에도 어느 나라 할 것 없이 금지하고 있는 죄가 된다.

사기 치는 자는 훈방(訓放)하였는데 생각보다는 형벌이 약한 편이 되어, 이때의 사기죄(詐欺罪)가 오늘날의 사기죄처럼 남을 속여 재산(財産)을 빼앗는 행위를 가리키는 것인지 아니면 단순히 거짓말을 한 것을 가리키는지가 불명이다. 훈방은 가르침을 주고 석방(釋放)한 것이 되는데, 정신교육형(精神敎育刑)에 처한 것이 되는데, 남의 재산을 빼앗은 경우에는 속죄(贖罪)의 방법으로 배상(賠償)을 하도록 하였을 것이다.

당시 이상의 죄를 지은 자는 일반백성들에게 방을 붙이는 등 공표(公表)를 하였으며, 만약, 스스로 속죄하려 하면 공표하는 것을 면하여 주었는데, 오늘날 성폭행범(性暴行犯) 등 인면수심(人面獸心)의 파렴치범(破廉恥犯)을 일반에 신상공개(身上公開)하는 제도와 일맥상통한다. 속죄하는 방법은 피해를 입은 상대에게 진정으로 용서(容恕)를 빌거나 돈이나 재산으로 배상(賠償)한 것이 될 것이다.

실제로도 위 금팔조(禁八條)를 시행하니, 죄지은 자들과 연루(連累)되기를 피하며 백성들이 오히려 수치스럽게 여겨서 혼인(婚姻)도 할 수 없었던 것이 되고, 이로써 백성들은 도둑질 하지 않고, 특히 부녀자들은 음란하지 않았던 것이다.

색불루 천왕이 삼신(三神)을 잘 받들고 백성들을 교화(教化)하라는 가르침에 따라, 백성들에게 예의와 누에치기와 베짜기와 활쏘기와 글 등을 가르치며 금팔조를 만들어 시행하니, 백성들이 잘 따르며 밭이나 들, 도읍지를 막론하고 음식을 바쳐 제사를 올리며 어질고 양보(讓步)하는 문화가 정착되었던 것이 된다.

서기전 2333년경 단군왕검 천왕께서 가르치신 천범(天範) 8조는 인간 윤리적(人間倫理的)인 법으로서 범죄와 형벌에 대한 규정은 없었던 반면에, 이 금팔조(禁八條)에서는 죄(罪)와 벌(罰)을 규정한 것이 특징이라고 할 수 있다.

(11) 신지(臣智) 육우(陸右)의 영고탑 천도 건의

서기전 1280년 신축년(辛丑年)에 신지(臣智) 육우(陸右)가 상주(上奏)하여 아뢰기를, "아사달은 천년 제업(帝業)의 땅이라 해도 대운이 이미 다 했으며, 영고탑(寧古塔)은 왕기(王氣)가 짙어 백악산(白岳山)을 오히려 능가하는 듯합니다. 청컨대 성을 쌓고 그곳으로 도읍을 옮기시옵소서!"라 하니, 천왕께서 허락하지 않으시고 이르시기를, "새로운 도읍에 이미 집이 있는데 다시 어찌 다른 곳으로 가리오!"라고 하셨다.160)

단군조선의 수도는 서기전 2333년부터는 송화강 아사달(阿斯達)이며 이궁(離

宮)으로 상춘(常春) 백악산아사달(白岳山阿斯達)의 구월산(九月山, 아사달산) 신경(新京)과 장당경(藏唐京)과 영고탑(寧古塔)을 두었던 것이 되며, 서기전 1285년부터는 수도를 상춘의 백악산아사달에 두고 영고탑과 장당경이 이궁이 되고, 서기전 425년부터는 수도를 장당경에 두고 이궁은 장당경의 남쪽에 위치한 해성(海城)에 두었던 것이 된다.

신지 육우가 색불루 천왕이 수도로 삼은 백악산아사달보다는 영고탑이 왕기가 더 훌륭하다며 수도를 옮길 것을 건의한 것이 되는데, 천왕이 백악산아사달에 이미 수도를 정하였기 때문에 이를 받아들이지 않은 것이 된다.

(12) 은나라의 조공

서기전 1280년에 은(殷)나라 왕 무정(武丁)[161]이 번한(番韓)을 거쳐 천왕께 글을 올리고 방물(方物)을 바쳤다.[162]

이는 은나라 무정이 서기전 1285년에 조공을 약속한 데 따른 실천이 된다. 즉, 은나라 무정은 제22대 왕으로 단군조선의 서남방 즉 번한의 서방이 되는 귀방(鬼方)을 점령하고 색도(索度), 영지(永支) 등을 침범하였다가 패퇴되었는데, 특히 색불루 천왕의 조부인 고등(高登)이 귀방을 습격하여 멸망시키는 등 하여 군사력을 바탕으로 우현왕에 봉해졌고, 색불루 천왕은 우현왕 고등의 손자로서 세습하여 우현왕이 되었던 것이며, 서기전 1286년에 군사혁명에 성공하여 소태 천왕으로부터 선양받았는바, 서기전 1285년에 은나라 무정이 사신을 보내어 조공을 약속하였던 것

---

160) 전게 한단고기 〈단군세기〉, 99~100쪽 참조

161) 은나라 제22대 왕으로서 서기전 1325년부터 서기전 1267년까지 59년간 재위하였다. 전기 단군조선이 끝나는 서기전 1286은 은나라 무정이 즉위하여 3년상을 치른 후부터 38년이 되는 해인데, 삼국유사에서는 은 무정 8년에 전기 단군조선 1,048년이 끝난 것으로 적고 있는 것이 된다.

162) 전게 한단고기 〈태백일사/삼한관경본기〉, 223쪽 참조

이다.

번한(番韓)은 번조선(番朝鮮)의 임금을 가리킨다. 번한은 단군조선의 오른쪽인 서방(西方)을 지키는 비왕(裨王)으로서 제후들에게는 천상의 왕이 되는 천왕격에 해당하는바, 은나라 왕은 천하의 왕으로서 천자(天子)이므로 천왕께 직접 글을 올리지 않고 예를 갖추어 단계적으로 바로 위 상국(上國)이 되는 번조선에 글을 올리고 허락을 받아 천왕께 조공을 한 것이 된다. 즉 은나라는 번조선의 관할(管轄)에 있는 제후국이 되는 것이다.

(13) 황무(黃霧)가 끼다

서기전 1276년 을사년(乙巳年) 겨울 10월에 누런 안개(黃霧)가 끼었다.[163]

황무(黃霧)는 누런 안개로서, 당시에도 황사현상(黃砂現狀)가 있었던 것이 된다. 즉 사막의 모래가 바람에 날려 공중에 떠서 하늘을 뒤덮은 것이 된다.

(14) 남국(藍國)이 엄독홀에 진출하다

서기전 1266년 을묘년(乙卯年)에 남국(藍國)이 매우 강성하여 고죽군(孤竹君)과 더불어 여러 적들을 쫓아 남으로 이동하여 엄독홀(奄瀆忽)에 이르러 그곳에 머물렀으니 은나라 땅에 매우 가까웠다.[164]

남국(藍國)은 서기전 2333년경에 세워진 단군조선의 군국(君國)으로서 치우천왕의 후손들이 봉해진 나라가 되며, 산동지역의 서부에 위치하고 청구국(靑邱國)의 서쪽에 위치한 나라가 된다. 청구국은 치우천왕이 도읍한 지역이다.

고죽국은 단군조선의 군국(君國)으로서 은나라의 동북쪽에 있는 나라로서 지금의 북경(北京)과 천진(天津)을 중심으로 한 나라가 되는데, 남동쪽에 위치한 남국

---

163) 전계 단군조선 47대, 137쪽 참조
164) 전계 한단고기 〈단군세기〉, 100쪽 참조

(藍國)과 합공(合攻)으로 남하하여 엄독홀(奄瀆忽)에 진출한 것이 된다.

엄독홀(奄瀆忽)은 태산(泰山)을 중심으로 한 지역으로서 은나라 서울인 은허(殷墟) 즉 박(亳)의 동쪽에 위치하며, 서기전 1236년에 세워진 엄국(淹國)의 땅이 된다. 엄(淹)은 글자에서 보듯이 엄독(奄瀆)을 포함한 지역이 될 것이다.

(15) 빈-기의 땅에 여(黎)를 세우다

서기전 1266년에 여파달(黎巴達)로 하여금 병사를 나누어 진격하여 빈기(邠岐)의 땅에 웅거하도록 하면서 그곳의 유민(遺民)과 서로 단결하여 나라를 세워 여(黎)라 칭하고 서융(西戎)과 더불어 은나라 집안의 제후들 사이에 섞여 차지하고 있도록 하였으니, 남씨(藍氏)의 위세가 매우 성하여 황제(皇帝)의 교화(敎化)는 멀리 항산(恒山) 이남의 땅까지 미치게 되었다.165)

빈기(邠岐)의 땅은 빈(邠)과 기(岐)로서 은나라의 제후국이던 주(周) 나라가 일어난 곳인데, 주나라가 번창하기 이전이 되는 이때 여파달이 빈기의 땅에 진출하여 나라를 세워 여(黎)라 하였던 것이며, 서융(西戎)과 섞여 다스린 것이 된다.

서융(西戎)은 서이(西夷)로서 한배달조선의 9족에 속하는 백족(白族)과 황족(黃族)의 일부가 되며, 배달조선의 자치세습 제후국이 된다. 주나라를 세운 주축세력이 곧 서이(西夷)인데, 주나라가 서이(西夷)의 힘으로 은나라를 멸망시킨 것이 되며 주문왕(周文王)과 주무왕(周武王)을 서이(西夷) 출신이라고도 부른다.

지금의 서안(西安)을 포함하는 서이(西夷) 지역에 견이(畎夷)가 남하하여 섞여 살았던 것이 되고, 황족(黃族) 즉 황이(黃夷)에 속하는 웅족(熊族) 출신이 봉해진 소호국(少昊國)과 염제신농씨의 아버지인 소전씨(少典氏)의 유웅국(有熊國)이 있던 곳이기도 하다. 또 후대에는 서이(西夷) 즉 서융(西戎) 지역에 흉노족(匈奴族)도 진출하여 섞여 살았던 것으로 된다.

---

165) 전게 한단고기 〈단군세기〉, 100쪽 참조

은나라 집안의 제후들이란, 은나라에 속하는 제후라는 의미로서 은나라의 백작(伯爵)의 나라가 되는 제후국인 주(周) 나라도 있었던 것이 된다. 주나라는 서기전 1183년경에 서백(西伯) 창(昌)이 다스리고 서기전 1134년에 서백 발(發)이 대를 이어 다스리다, 서백 창이 등용하였던 산동출신의 강태공(姜太公)의 보좌(輔佐)로 서기전 1122년에 은나라를 멸망시키고 천하(天下)를 평정하여 주(周) 나라를 세운 것이다. 여기 천하는 천상(天上)의 상대적인 말로서 상국(上國)이 되는 배달조선(倍達朝鮮)의 지방(地方)에 해당하는 말이다.

항산(恒山)은 은나라의 북쪽에 위치하고 있는 산으로서 단군조선의 군국(君國)인 고죽국(孤竹國)의 서쪽에 있는 태항산(太行山)에 소재하고 있다. 항산은 요순시대 9년 대홍수를 다스릴 때 사공(司空) 우(禹)가 치수를 위하여 올랐던 북악(北岳)이다.

항산(恒山) 이남의 땅까지 황제의 교화가 미쳤다는 것은, 단군조선의 제후국이 항산 이남에 세워지는 등 천왕(天王)의 직접적인 권세(權勢)가 은나라 땅 가까이에 미쳤다는 것이다. 은나라는 단군조선의 조공국(朝貢國)이기는 하나 자치왕국(自治王國)으로서, 단군조선의 군사적 후원(後援)으로 하(夏)나라를 멸망시키고 나라를 세우며 단군조선의 제후국인 천자국(天子國)으로 시작하였으나, 이후 하(夏)나라의 제도를 답습함으로써 단군조선의 가르침을 거의 외면한 나라인 바, 단군조선의 사상과 철학과 종교와 문화와 거의 단절되다시피 한 나라였던 것이 된다.

(16) 신독(申督)의 반란

서기전 1250년 신미년(辛未年)에 변방의 장수 신독(申督)이 병력을 믿고 난(亂)을 일으켰는데, 이에 천왕이 잠시 영고탑(寧古塔)으로 피하니 많은 백성들이 이에 따랐다.[166]

---

166) 전계 한단고기 〈단군세기〉, 100쪽 참조

단군조선은 자치군후국(自治君侯國)을 많이 두었으나 군사권은 원칙적으로 천왕만이 가지는 것으로 되어 있었는데, 이는 비왕(裨王)이나 제후(諸侯)를 한(韓), 한(汗)이라 한 이유이다. 왕(王)은 독자적인 군사권을 가지는 임금이 된다. 그런데, 단군조선이라는 나라가 대국이 2개, 소국이 20여국이 넘으며, 조공국이 70여국이 넘어 하도 크다보니 제후가 아닌 지방장관인 욕살이나 장수들이 난을 일으키는 경우도 있었던 것이 되는데, 서기전 1250년에 난을 일으킨 신독(申督)은 지방장관인 욕살에 버금가는 변방에 소재한 성(城)의 장수가 된다. 성(城)은 제후가 되는 한(汗)이나, 지방장관인 욕살(褥薩)이나 욕살에 버금가는 장수(將帥)가 봉해진 곳이 된다.

영고탑은 이궁(離宮)이 있는 곳인데, 이궁은 순수(巡狩)할 때 머물거나, 천재지변이나 변란(變亂)이나 본궁(本宮)에 화재 등이 있을 때 피난하는 곳이 된다.

(17) 태자 아홀 즉위

서기전 1238년 계미년(癸未年)에 천왕께서 붕하시고 태자 아홀(阿忽)이 즉위하였다.[167]

서기전 1281년에 제18대 구모소(緱牟蘇) 천왕이 붕하고 우가(牛加) 고홀(固忽)이 즉위한 것을 끝으로 태자(太子)가 아닌 우가(牛加)나 양가(羊加) 출신이 천왕으로 즉위하였는데, 서기전 1285년 이후에는 서기전 426년까지 해모(奚牟), 마휴(摩休), 추밀(鄒密) 외는 모두 태자(太子)가 즉위한 역사를 가진다. 물론 태자가 아니면서 천왕으로 즉위한 인물은 천왕의 다른 아들이 된다. 시호는 정제(靖帝)이다.

---

167) 전게 한단고기 〈단군세기〉, 100쪽 참조

23. 제23대 아흘(阿忽:祐帝) 천왕(天王)의 역사

(1) 황숙(皇叔) 고불가(固弗加)를 낙랑홀(樂浪忽)에 봉하다

서기전 1237년 천왕의 숙부(叔父)인 고불가(固弗加)에게 명령하여 낙랑홀(樂浪忽)을 다스리게 하였다.[168]

고불가(固弗加)는 색불루(索弗婁)의 아우이다. 고불가, 색불루로서 불(弗)자를 돌림 이름으로 쓴 것이 된다. 불(弗)은 뿌리(本), 벌(原), 뿔(角) 등의 이두식 표기가 된다. 여기 불(弗), 또는 불루(弗婁)는 뿌리(本, 根)를 가리키는 표기로 보인다. 불루(弗婁)와 단군왕검의 태자였던 부루(扶婁)의 이름 글자가 같은 의미를 가지는 것으로 보이는데, 단군왕검의 넷째아들로서 막내인 부여(扶餘)라는 이름이 벌(原)판이라는 뜻을 가진 것으로 해석되는 바, 불루(弗婁) 또는 부루(扶婁)는 벌(原)이라는 뜻보다 뿌리(本)로 풀이되는 것이다.

고불가(固弗加)는 고불(固弗)의 가(加)로서 새로운 집안(家)을 시작한 것이 된다.

(2) 고을나(高乙那)를 신도후(神島侯)에 봉하다

서기전 1237년경에 태자 연나(延那)의 아우 을나(乙那)를 신도후(神島侯)에 봉하다.[169]

아흘 천왕이 숙부 고불가를 낙랑홀 임금으로 봉하면서 작은 아들 을나를 지금의 제주도(濟州道)가 되는 신도(神島)의 제후로 봉한 것이 되는데, 직위로 보아 군(君)에 해당된다. 즉 제주(濟州) 고씨(高氏)의 시조는 고을나(高乙那)인 것이며, 단군조선의 종실이 되고, 후대 고구려 고씨와 같은 씨족인 것이다.[170]

---

168) 전계 한단고기 〈단군세기〉, 101쪽 참조

169) 안동준, 오천백년왕통사 참조

170) 한반도 고씨의 시조는 고을나이나 원래 단군조선은 물론 배달나라 시대에 이미 고씨가 이었으며, 서기전 3897년경 웅족(熊族) 출신의 농사담당이던 고시씨(高矢氏)에서 시작되는 것으로 된

(3) 은나라를 정벌하다

서기전 1237년 천왕께서 웅갈손(熊乫孫)을 보내어 남국군(藍國君)과 함께 남쪽을 정벌한 군사가 은(殷)나라 땅에 여섯 군데의 읍(邑)을 설치하는 것을 살펴보게 하였으며, 은나라 사람들이 서로 싸우며 결정을 보지 못하므로, 이에 군사를 진격시켜 공격하여 쳐부수었다.[171]

웅갈손은 단군조선 진한(眞韓)에서 파견된 장수가 되고, 남국군(藍國君)은 남국의 임금이며, 웅갈손의 군사와 남국의 군사가 연합하여 은나라 땅을 정벌하여 6읍을 설치하였던 것을 웅갈손과 남국 임금이 관망하면서 은나라 사람들의 동태를 살폈다는 것이다. 그런데, 은나라 사람들이 서로 갈팡질팡하면서 혼란 속에 있으므로 이에 군사를 진격시켜 쳐부수어 마무리를 하였다는 것이다.

웅갈손(熊乫孫)과 남국군(藍國君)의 군사가 정복한 은나라 땅의 6읍은 남국의 서방이나 서남방이 되는 산동지역의 서쪽 지역이 될 것이다.

(4) 신독(申督)의 반란진압과 환궁(還宮)

서기전 1237년 가을 7월에 신독을 주살하고 수도로 돌아온 뒤 포로들을 석방하도록 하였다.[172]

서기전 1250년 신독의 반란으로 색불루 천왕이 백성들과 함께 이궁(離宮)인 영고탑(寧古塔)으로 피난하였다가 대를 넘겨 13년째인 아홉 천왕 때인 서기전 1237년 가을 7월에 신독을 주살하고 환궁하였던 것이며, 반란자 신독의 무리로서 포로가 된 자들을 석방하였던 것이다.

다.
171) 전게 한단고기 〈단군세기〉, 101쪽 참조
172) 전게 한단고기 〈단군세기〉, 101쪽 참조

(5) 엄(淹), 서(徐), 회(淮)를 봉하다

서기전 1236년 을유년(乙酉年)에 남국군(藍國君) 금달(今達)이 청구군(靑邱君0과 구려군(句麗君)과 주개(周愷)에서 만나 몽고리(蒙古里)의 군사와 합쳐 이르는 곳마다 은(殷)나라의 성책을 부수고 깊숙이 오지로 들어가 회대(淮岱)의 땅을 평정하더니 포고씨(蒲古氏)를 엄(淹)으로, 영고씨(盈古氏)를 서(徐) 땅에, 방고씨(邦古氏)를 회(淮) 땅에 각각 봉하니, 은나라 사람들이 우리의 기풍을 우러러보며 겁을 먹고 감이 접근하지를 못하였다.173)

남국과 청구국과 구려국의 임금은 일반 제후(諸侯)가 아닌 군(君)으로서 단군조선의 천군(天君)에 해당한다. 그 외 고죽국, 진번국, 부여국의 임금도 군(君)이다. 몽고리의 임금을 한(汗)이라 하나 천왕의 아우가 봉해졌으므로 군(君)에 해당하게 된다.

남국과 청구국과 구려국과 몽고리국의 군사가 연합하여 은나라를 공격하였는데, 회대(淮岱)지역 즉 대종(岱宗)인 태산(泰山) 지역에서 양자강 북쪽에 위치한 회수(淮水)에 이르는 지역을 정벌하여 각각 제후를 봉한 것이다.

엄국(淹國)은 고대중국의 역사기록에서 엄이(淹夷)라 하는 나라이며, 태산(泰山)을 중심으로 한 단군조선의 제후국인 것이다. 태산지역이 주(周) 나라의 제후국인 노(魯)나라 또는 제(齊)나라에 속하게 된 때에 엄국이 축소되거나 망한 것이 된다.

서국(徐國)은 산동지역의 남방에 위치한 나라로서 고대중국의 역사기록에서 서이(徐夷)라 하는 나라이며, 후대 주(周) 나라를 압박하여 36국(國)의 종주(宗主)가된 서언왕(徐偃王)이 다스리던 단군조선의 제후국이다. 서기전 1236년에 세워져 서기전 512년 오(吳)나라의 합려왕에게 망하기까지 725년의 역사를 가진다.

회국(淮國)은 서기전 2267년에 도산(塗山)회의가 열렸던 회수 지역에 서기전 1236년에 세워진 단군조선의 제후국으로서, 고대중국의 역사기록에서 회이(淮夷)라 하는 나라이며, 서기전 221년경 진시황의 진(秦)나라에 망하기까지 1,016년의

---

173) 전계 한단고기 〈단군세기〉, 101쪽 참조

역사를 가지는 나라이다.

부도지(符都誌)에서 부루씨(夫婁氏)가 일찍이 운해족(雲海族)과 긴밀히 연락하여 하토(夏土)가 하나로 돌아오기를 시도하더니 이도(異道)가 점차 번성하게 되어 마침내 뜻을 이루지 못하였다라고 기록하고 있는 바, 여기서 부루씨는 곧 색불루 천왕의 후대 시기의 천왕들을 가리키는 것이며, 운해족은 황하 이남의 산동지역의 황족(黃族)과 남족(藍族) 및 회수(淮水) 지역의 남족(藍族) 등 내륙의 소위 동이족(東夷族)과 양자강 유역의 적족(赤族, 南蠻)을 가리키는 것이 된다.

제22대 색불루 천왕이 서기전 1285년에 즉위하자마자 그해 11월에 직접 은(殷)나라를 정벌하였고, 서기전 1266년에는 서남방의 빈기(邠岐)의 땅을 점령하여 여(黎)라는 제후국을 세웠으며, 이후 아홉 천왕 때인 서기전 1237년과 이듬해에 대대적으로 은(殷)나라 땅을 공략하면서 엄(淹), 서(徐), 회(淮)라는 제후국을 산동지역과 회수(淮水)지역에 걸쳐 세우면서, 하(夏)나라의 대를 이은 은(殷)나라를 통제하고 통합하려는 차원에서 전초기지로 삼은 것이 된다.

그런데, 이미 이도(異道)가 번성하여 단군조선의 정치문화제도에서 벗어나, 은(殷)나라도 하나라의 제도를 답습함으로써 독자적으로 폐쇄정치를 하고, 이후 주(周) 나라를 거치면서 춘추전국시대로 말미암아 이탈(離脫)이 심화되고 고착화되어 더 이상 되돌리기에는 불가능한 상태가 되어버렸던 것이 된다.

춘추(春秋)시대 이전까지만 하여도 주(周) 나라는 천자국(天子國)으로서 단군조선을 천왕(天王)의 나라인 상국(上國)으로 모시고, 주나라의 제후국들은 주나라를 상국(上國)으로 모신 정치체제를 유지하였으나, 춘추시대 이후 패권주의(覇權主義)가 남발하면서 종주국(宗主國)인 주(周) 조정을 무시하게 되고, 전국시대에는 제후들이 아예 스스로 천자(天子) 즉 왕(王)이라 칭하면서 전쟁을 일삼게 되니, 천하가 전쟁의 소용돌이에 빠지게 되었으며, 이후 진시황의 출현으로 주(周) 나라 땅이 평정되었으나 이로 말미암아 요순하은주(堯舜夏殷周)[174]의 상국(上國)이던 단군조선의 후계국을 상국(上國)이 아닌 전쟁으로 차지하려는 정벌(征伐)의 대상으로 삼음으로써 왕도(王道)와 인도(人道)가 사라진 말세(末世)가 되어버렸던 것이다.

이로써 이후에는 신제자(臣弟子)의 나라였던 고대중국(古代中國) 땅에서 일어난 나라들이, 군사부(君師父)의 나라였던 고대한국(古代韓國)을 오랑캐나 미개인으로 날조함으로써 그들의 종주(宗主)이자 스승(師)이자 조상(祖上)을 업신여기는 패륜아적(悖倫兒的)인 족속이 되어 버린 것이다.

(6) 영고탑(寧古塔) 천도(遷都)를 건의하다

서기전 1233년 무자년(戊子年)에 마한(馬韓) 여원흥(黎元興)이 명을 받고 진조선(眞朝鮮)의 도읍인 백악산아사달에 들어가 도읍을 영고탑으로 옮기라고 간하였는데, 천왕이 마한(馬韓)과 번한(番韓) 및 오가(五加)들을 불러서 불가하다며 따르지 않고 영고탑으로 도읍을 옮길 것을 의논하는 것을 중지하도록 하였다.[175]

서기전 1280년에도 신지(臣智) 육우(陸右)가 영고탑으로 천도할 것을 건의한 적 있었으며[176], 47년이 지난 서기전 1233년에도 마한(馬韓) 여원흥이 영고탑으로 천도할 것을 건의하였던 것이나, 천왕이 받아들이지 않았던 것이다.

(7) 태자 연나 즉위

서기전 1162년 기해년(己亥年)에 천왕께서 붕하시고 태자(太子) 연나(延那)가 즉위하였다.[177]

서기전 1285년 이후 단군조선의 천왕의 대를 거의 태자가 이으면서 그냥 아들로

---

174) 단군조선과 요순하은주의 역사적 정치적 관계를 심도 있게 고찰함이 필요하다.

175) 전계 한단고기 〈단군세기〉, 101~102쪽 참조

176) 전계 한단고기 〈단군세기〉, 99~100쪽 참조

177) 전계 한단고기 〈단군세기〉, 101~102쪽 참조

서는 3분이 잇게 되는데, 전기 단군조선에서는 우가(牛加) 7분과 양가(羊加) 2분이 천왕으로 즉위한 것으로 된 것과는 비교된다.

시호는 우제(祐帝)이다.

24. 제24대 연나(延那:瑞帝) 천왕(天王)의 역사

(1) 황숙(皇叔) 고불가(固弗加)를 섭정(攝政)으로 삼다

서기전 1161년 경자년(庚子年)에 아우 솔나(率那)를 태제(太弟)로 세우고, 황숙(皇叔) 고불가(固弗加)를 섭정(攝政)으로 삼았다.[178] 태제(太弟)는 천왕의 아우로서 대를 이어 천왕이 될 자리가 된다. 황숙(皇叔) 고불가는 조부(祖父)인 색불루(索弗婁) 천왕의 아우이며, 연나(延那) 천왕에게는 종조부(從祖父)가 된다.

섭정(攝政)이란 정치를 대신 하는 것을 의미하는 바, 아홀 천왕이 황숙 고불가를 낙랑홀(樂浪忽)에 봉하여 다스리도록 하였던 것이며, 연나(延那) 천왕이 조정(朝廷)으로 불러 들여 섭정을 맡긴 것이 된다.

단군왕검은 서기전 2333년 10월 3일 조선(朝鮮)을 개국하면서 마한(馬韓)과 번한(番韓)을 비왕(裨王)으로 분봉(分封)하여 마한 땅과 번한 땅을 섭정(攝政)케 하였으며, 스스로는 천왕(天王)으로서 진한(眞韓) 땅을 다스리다, 연세(年歲)가 많아지자 태자 부루에게 정사(政事)를 맡김으로서 태자 부루가 단군조선 전체의 섭정비왕(攝政裨王)인 진한(眞韓)으로서 천왕격(天王格)이 되고, 단군왕검 천왕은 저절로 천왕보다 높은 천제(天帝)로 받들어진 것이 되는데, 늦어도 서기전 2267년 이전부터 태자 부루(太子扶婁)가 진한(眞韓)으로서 섭정(攝政)을 한 것이 될 것이다.

태자 부루 이후 단군조선의 역사에서 공식적(公式的)으로 단군조선 전체 또는 진

---

178) 전게 한단고기 〈단군세기〉, 102쪽 참조

조선(眞朝鮮)을 섭정(攝政)한 기록으로는 황숙(皇叔) 고불가(固弗加)의 섭정이 처음이자 마지막이 된다.

낙랑홀(樂浪忽)은 단군조선의 천왕이 직접 봉하였고 번조선의 북쪽에 위치한 나라로서 번조선(番朝鮮)이 아니라 진조선(眞朝鮮)의 관할에 속한 나라가 된다. 천왕의 아우가 봉해진 나라이므로 일반적인 제후국이 아니라 군국(君國)이상의 나라가 된다.

구려 - 고죽 - 낙랑 - 청구

후대에 나타나는 소위 한사군의 하나인 낙랑군(樂浪郡)은 낙랑홀에서 유래된 이름이며, 원래의 번조선(番朝鮮)의 땅과는 구분되는데, 지금의 난하(灤河) 중류 유역의 동서에 걸치는 지역으로서 번조선의 북쪽에 위치한 것이 된다. 번조선 직할지는 지금의 영정하(永定河) 동쪽으로 대릉하에 걸친다고 보면 될 것이다.

번조선의 동쪽에는 진번국(眞番國)이 지금의 요하 서쪽으로 대릉하 지역에 걸쳐 위치하고, 번조선의 북쪽이자 진번국의 서쪽에 구려국(句麗國)이 위치하며, 구려국과 번조선 사이에 낙랑홀이 난하(灤河) 중류 지역의 동서에 걸쳐 있는 것이 된다.

번조선의 서쪽이자 구려국의 남쪽에 북경(北京)과 천진(天津)을 중심으로 하는 고죽국(孤竹國)이 소재하며, 고죽국의 남동쪽이 되는 산동반도 지역에 청구국(靑邱國)이 위치하며, 산동지역의 서부에 남국(藍國)이 위치하는 것이다. 남국(藍國)의 서부에 서기전 1236년에 봉해진 엄국(淹國)이 소재하며, 남국과 청구국의 남쪽에 서국(徐國)이 소재하고 서국의 남쪽이 되는 회수 지역에 회국(淮國)이 위치하는 것이 된다.

단군조선 시대에 홀(忽)이라는 이름으로 된 땅으로는 낙랑홀(樂浪忽)과 엄독홀(奄瀆忽)이 기록에 보이는데, 그 외에도 홀(忽)이라 이름이 붙여진 나라가 있었던 것이 될 것이다. 홀(忽)이란 고을(郡)이란 의미를 가지고 있는데, 지금의 군(郡)단위에 해당하는 행정단위가 된다. 원래 군(郡)이라는 글자가 자체적으로 군(君)의 나라(邦)라는 의미를 가진다.

(2) 소도(蘇塗) 제천(祭天)

서기전 1160년 신축년(辛丑年)에 모든 한(汗)들이 조서(詔書)를 받들어 소도(蘇塗)를 증설(增設)하고 하늘에 제(祭)를 올렸으며, 나라에 큰일이나 이변이 생기면 여기서 기도하여 백성들의 뜻을 하나로 세웠다.[179]

소도(蘇塗)는 지방제후국(地方諸侯國)에 거의 모두 설치한 것이 되며, 이때에 이르러 증설(增設)한 것이 된다. 그리하여 단군조선의 중앙 조정에서 직할한 소도를 상소도(上蘇塗)라 한 것이 된다. 서기전 1891년에는 12명산(名山)에 국선소도(國仙蘇塗)를 설치하여 한웅상(桓雄像)을 모셨는데, 국선소도는 단군조선 조정에서 엄선(嚴選)하여 설치한 소도가 된다.

(3) 태제(太弟) 솔나(率那) 즉위

서기전 1151년 경술년(庚戌年)에 연나(延那) 천왕께서 붕하시고 태제(太弟) 솔나(率那)가 즉위하였다.[180]

제25대 천왕으로 즉위한 솔나(率那) 천왕은 연나 천왕의 태자(太子)라고도 하고 태제(太弟)라고도 하는데, 연나(延那), 을나(乙那), 솔나(率那)라는 인명을 고려하면 모두 아홀(阿忽) 천왕의 아들로서 형제간이 되는 바, 솔나는 태자(太子)가 아니라 태제(太弟)가 되는 것이다.

아홀(阿忽) 천왕이 76년 재위하고, 아홀 천왕의 아들인 연나(延那) 천왕이 11년

---

179) 전게 한단고기 〈단군세기〉, 102쪽 참조
180) 전게 한단고기 〈단군세기〉, 102~103쪽 참조

재위하면서 황숙(皇叔) 고불가(固弗加)를 섭정(攝政)으로 삼은 것과, 연나 천왕의 아우가 되는 솔나(率那) 천왕이 88년 재위한 것을 보면, 연나 천왕이 즉위하면서 건강문제로 황숙 고불가에게 섭정을 맡긴 것이 되고, 솔나 천왕은 연나 천왕보다 나이가 훨씬 적거나 장수(長壽)한 것이 될 것이다.

한편, 아홀 천왕의 작은아들 고을나(高乙那)가 봉해진 신도(神島)인 제주도에 출현하였다는 선량한 신하(臣下)인 양을나(良乙那)와 으뜸 백성인 부을나(夫乙那)도 각 제주 양씨(梁氏)와 제주 부씨(夫氏)의 시조가 되었다 하는데, 여기서 을나(乙那)는 아기(嬰兒) 또는 후손(後孫)이라는 말이 되며, 후대에 출현하는 김알지(金閼智)의 알지나 누루하치의 하치와 뜻이 통하는 말이 된다. 알지와 하치는 모두 아기 또는 아지를 나타낸 이두식 표기이며 새끼(子息)라는 말로서 후손(後孫)이라는 뜻을 가진다. 양씨(良氏)는 후대에 양씨(梁氏)로 바뀐다.

시호는 서제(瑞帝)이다.

25. 제25대 솔나(率那:穆帝) 천왕(天王)의 역사

(1) 천단가(天壇歌)

서기전 1130년 신미년(辛未年)에 번한(番韓) 임나(任那)가 솔나 천왕의 조서(詔書)로써 천단(天壇)을 동쪽 교외에 설치하고 삼신(三神)께 제사를 지냈다. 무리들이 둥글게 모여 북을 치며 다음과 같이 노래하였다.[181]

정성으로 천단을 쌓고 삼신께 축수하세!
황운을 축수함이며 만만세로다!
만인을 돌아봄이며 풍년을 즐거워하도다!

---

181) 전게 한단고기 〈태백일사/삼한관경본기〉, 223~224쪽 참조

(精誠乙奴 天壇築爲古 三神主其 祝壽爲世

皇運乙 祝壽爲未於 萬萬歲魯多

萬民乙 睹羅保美御 豊年乙 叱居越爲度多)

위 천단(天壇)은 삼신(三神) 제천단(祭天壇)으로서, 번한(番韓) 임나(任那)가 솔나 천왕의 명(命)을 받아 번한의 수도인 백아강의 동쪽 교외에 설치한 것이다.

둥글게 모여 북을 치며 노래하는 형태는 이미 서기전 3897년 이전의 한국(桓國) 시대부터 있어온 태백환무가(太白環舞歌)와 일맥상통한데, 이러한 노래가 있었던 것을 보면 태평시대였던 것이 된다.

위 노래의 가사가 한자(漢字)와 이두식 한자로 기록되고 있는데, 만약 말투가 위와 같았다라면 서기전 1130년경의 단군조선의 언어는 지금의 한국어 언어형식과 다름없는 것이 되는데, 구전(口傳)되던 노래가 기록되었던 것을 다시 조선시대 이맥(李陌) 선생이 번한세가(番韓世家)를 편찬할 때 서기 1520년경의 말투로 기록하였을 여지는 있겠다.

(2) 은(殷)나라 멸망과 주(周) 나라 건국

은(殷)나라 왕 주(紂)가 도리에 어긋나는 일을 많이 하여 서기전 1122년 기묘년(己卯年)에 주(周) 나라 무왕(武王) 희발(姬發)에게 망하였다.[182]

은나라는 서기전 1766년에 단군조선의 군사적 후원을 받아, 단군조선 선인(仙人) 유위자(有爲子)의 제자(弟子)였던 이윤(伊尹)을 재상으로 삼은 성탕(成湯)이 박(亳)을 수도로 하여 건국하였으며, 단군조선의 지방 제후국에 해당하는 천자국(天子國)으로 출발하였으나, 하(夏)나라의 제도(制度)를 답습함으로써 독자적 왕국으로 점점 이탈을 하게 되었는데, 다만, 단군조선 삼한(三韓)에 대하여는 조공(朝

---

182) 전게 단군조선 47대, 145쪽 참조

貢)의 예를 행하였다.

은나라 마지막 왕인 주(紂)는 포악한 정치를 하며 달기(妲己)라는 여자에 빠져 하(夏)나라 마지막 걸왕(桀王)처럼 주지육림(酒池肉林) 속에 지냈는데, 주왕(紂王)의 숙부(叔父)인 기자(箕子)와 비간(比干)과 서형(庶兄) 미자(微子)가 자주 간(諫)하였으나 들은 체도 하지 않아, 미자(微子)는 주왕(紂王)을 떠나 버렸다.

또, 비간은 주왕(紂王)이 가슴을 칼로 도려내어 무참하게 살해당하였으며, 기자는 미친 사람 행세를 하고 숨어 살았으나 결국 주왕에게 붙들리고 말았다. 이에 은나라 태사(太師)는 예악(禮樂)과 제사(祭祀)만이라도 보존하려고 악기(樂器)와 제기(祭器)를 가지고 주(周) 나라로 달아났다.

이후 주(周) 나라 제후인 창(昌)과 구후(九侯)와 악후(鄂侯)가 주왕(紂王)의 삼공(三公)이 되었는데, 주왕이 간(諫)하던 구후를 죽이고 또 악후도 죽여서 시체를 마른 고기로 만들었던 것이며, 이에 주후(周侯) 창(昌)은 주왕(紂王)의 무도함을 탄식하였고, 주왕(紂王)은 이를 듣고 창(昌)을 감옥에 가두었던 것인데, 창(昌)의 신하 산의생(散宜生)이 미녀와 진기한 보배를 구하여 주왕(紂王)에게 바치자 이에 창(昌)을 놓아 주었던 것이다.

주왕(紂王)은 창(昌)을 서백(西伯)으로 임명하였으며, 이에 창(昌)은 고향인 주(周) 나라로 돌아와 덕을 닦았고, 많은 제후들이 서백 창에게 귀복하였던 것이며, 창이 죽고 아들 발(發)이 대를 이어 서백(西伯)이 되어 제후를 이끌고 주왕(紂王)을 쳤는데, 이때 주왕(紂王)은 보석으로 수놓은 옷을 입은 채 불속에 뛰어들어 자살함으로써 은나라는 제30대 644년간 존속하다 망하였던 것이다.

처음 주나라는 은나라의 조그만 제후국에 지나지 않았으나, 창(昌)이 서백(西伯)에 임명되어 덕을 닦자 제후들이 모여들었고, 산동지역의 동해(東海) 출신인 강태공(姜太公)의 보좌로 천하통일의 기틀을 마련하였으며, 대를 이은 발(發)이 서백이 되어 상중(喪中)에도 은나라 정벌을 시도하였다.

이때 고죽국 출신의 백이와 숙제가 충효에 관하여 간하였는데, 좌우의 신하들이 백이숙제를 죽이려고 하였으나 강태공이 의사(義士)라 하며 호위하는 사람을 붙여 물러가게 하였다. 이리하여 주(周) 나라 시조 무왕(武王)이 된 발(發)이 은나라를 쳐서 멸망시키고 천하(天下)의 왕(王), 천자(天子)가 되었던 것이다.

주무왕(周武王)은 왕도정치(王道政治)를 실현하는 차원에서 은나라 왕족을 몰살시키지 아니하였으며, 천하를 주(周) 나라에 귀속하게 하기 위한 노력을 하였는데, 은왕족 기자(箕子)에게 천하를 다스리는 가르침을 청하였고 이에 기자는 주무왕에게 홍범구주(洪範九疇)를 가르쳐 주었던 것이다. 그러나 기자는 더 이상 주나라의 신하가 되기를 거절하고 태원 북쪽이자 태항산맥 서쪽 지역으로서 서화(西華)라고 불리게 되는 단군조선 영역으로 망명하였던 것이다.

이후 기자국(箕子國)은 단군조선의 기후국(箕侯國)으로서 수유(須臾)라고도 불리는데, 천자국(天子國)인 주(周) 나라의 북쪽, 천군국(天君國)인 구려국(句麗國)의 서남쪽, 천군국(天君國)인 고죽국(孤竹國)의 서쪽에 위치한 나라가 되는 것이며, 서기전 650년경 이후에는 주류(主流)가 동쪽으로 이동하여 번한(番韓) 지역에서 읍차(邑借)로 활동하다가 서기전 323년에 읍차 기후(箕詡)가 번조선왕(番朝鮮王)이 되었으며, 방계(傍系)는 남하(南下)하여 연(燕)나라와 조(趙)나라 사이에 선우중산국(鮮于中山國)을 세우고 서기전 296년경에 조나라 무령왕(武寧王)에게 망하게 된다.

한편, 주무왕은 은나라 주왕(紂王)의 서형(庶兄)인 미자(微子)를 송(宋)나라에 봉하였으며, 또 주왕(紂王)의 아들인 무경(武庚)을 은나라 후계자로서 녹보(祿父)로 봉하였는데, 무왕(武王) 다음의 성왕(成王) 시대에 관숙(管叔)과 채숙(蔡叔)이 무경을 받들어 모반(謀叛)을 일으켰는바, 이를 삼감(三監)의 난(亂)이라고 한다. 즉 주나라 초기에는 은나라의 잔재세력(殘在勢力)도 남아 있어 정세(政勢)가 혼란하였던 것이 된다.

주무왕(周武王)은, 제곡고신씨(帝嚳高辛氏:서기전 2436-서기전 2366)의 아들인 후직(后稷)으로 불리는 기(棄)의 후손이 되는데, 서기전 1134년에 서백(西伯)

이 되어 서기전 1122년까지 12년간 다스렸으며, 서기전 1122년에 은나라를 멸망시키고 서기전 1116년에 사망하여 주(周) 나라 왕으로 7년 재위하여, 합 19년이 된다.

주(周) 나라 또한 천자국(天子國)으로서 형식적으로는 물론 실질적으로도 상국(上國)으로서 천왕국(天王國)인 단군조선의 천하(天下)인 지방(地方)의 제후국(諸侯國)에 해당하는 것이다.

이리하여, 서기전 1122년경 숙신(肅愼)이 주(周) 나라에 석궁(石弓) 등 조공(朝貢)을 바쳤다는 고대중국측의 기록은, 단군조선의 제후국(諸侯國)인 숙신국(肅愼國) 또는 전기 단군조선의 수도였던 아사달이 숙신국(肅愼國)의 영역에 속한 까닭으로 단군조선을 숙신으로 대칭(代稱)한 것이라면 단군조선 조정(朝廷)에서, 사신(使臣)을 보내어 주무왕의 즉위를 축하(祝賀)하며 천자(天子)로 공식적으로 인정한 것을 왜곡한 것이 될 것이다.

(3) 은나라 왕족 기자(箕子)의 망명

서기전 1120년 신사년(辛巳年)에 자서여(子胥餘)가 거처를 태행산맥(太行山脈)의 서북의 땅으로 피하여 가니 막조선(莫朝鮮)이 이를 듣고 모든 주(州)와 군(郡)을 샅샅이 조사하더니 열병(閱兵)을 하고 돌아왔다. [183]

자서여(子胥餘)는 기자(箕子)의 성명으로서 성씨가 자씨(子氏)이며, 서여(胥餘)는 그의 이름이다. 기자(箕子)는 기(箕)라는 땅에 봉해진 자작(子爵)을 가리킨다. 즉 기(箕)라는 땅에 봉해진 시조(始祖)가 자서여(子胥餘)로서 은(殷)나라의 자작인 것이다.

기자(箕子)는 은나라 마지막 30대왕인 주(紂)의 숙부(叔父)이다. 주왕(紂王)은 이름을 수(受)라고도 하며 중국 측 기록에서는 호(號)를 제신(帝辛)이라고도 한다.

---

183) 전게 한단고기 〈태백일사/삼한관경본기〉, 213쪽 참조

고대중국의 역사기록에서 진한(秦漢) 시대 이전에 제(帝)로 붙여진 왕은 은나라의 29대왕인 제을(帝乙)과 제30대왕인 제신(帝辛)이 있는데, 왕(王)을 봉(封)하는 자리인 제(帝)의 의미와는 달리 은나라의 제을과 제신은 폭군(暴君)을 연상하게 한다.

하(夏)나라의 왕은 통상 후(后)라 하고 은(殷)나라와 주(周) 나라는 왕(王)이라 하는데 특히 주나라 천자(天子)는 무왕(武王), 성왕(成王) 등 모두 왕(王)이라는 호칭을 사용하고 있다.

태항산맥(太行山脈)은 고죽국의 서쪽에 위치하고 있는데, 기자(箕子)가 주나라 무왕(武王)의 요청으로 천하(天下)를 다스리는 도(道)로서 홍범구주(洪範九疇)를 가르쳐 주었으나, 끝내 주무왕(周武王)의 신하(臣下)가 되기를 거절하고 패잔병 5,000명을 이끌고서 태항산맥 서북의 땅으로 피하여 소위 서화(西華)라는 땅에 정착하였던 것이다.

막조선(莫朝鮮)은 마조선(馬朝鮮)을 나타낸 다른 표기가 되는데, 마조선의 임금인 마한(馬韓) 아도(阿闍)가 은나라 망명객인 기자(箕子)가 태항산맥 서북의 땅으로 피하여 간다는 소식을 듣고서, 모든 주(州)와 군(郡)을 샅샅이 조사하더니 열병(閱兵)을 하고 돌아왔다는 것인데, 막조선이 번조선(番朝鮮)의 오기(誤記)가 아니라면, 마한 아도가 혹시라도 기자의 소행으로 마조선 즉 마한 땅에 무슨 변고라도 일어날까 염려하여 마조선(馬朝鮮)의 각 지역을 순수하고 열병(閱兵)을 함으로써 사전(事前) 단속(團束)하였던 것이 된다.

이때 번조선(番朝鮮)의 임금인 번한(番韓)은 임나(任那)인데, 기자(箕子)가 태항산맥의 서북 땅으로 피하여 가는 것을 번한(番韓)이 조사하였을 만한 사건이라고 보이는 바, 당연히 번한(番韓)이 마한(馬韓)보다도 기자(箕子)의 소행(所行)을 철저히 감시(監視)하였던 것이 될 것이다.

서기전 1122년에 은나라가 주무왕에게 망하고, 이에 주무왕이 기자(箕子)를 석방하여 홍범구주(洪範九疇)의 가르침을 받았던 것이 되며, 기자는 주나라의 신하가 되기를 거절하고 서기전 1120년에 끝내 주무왕(周武王)을 피하여 군사 5,000을 이끌고서 북쪽으로 단군조선 직할영역이 되는 태항산맥 서북의 땅으로 망명(亡命)하였던 것이 된다.

기자(箕子)가 망명한 지역은 단군조선의 군국(君國)인 구려국(句麗國)의 서남방(西南方)이자 고죽국(孤竹國)의 서방(西方)이며, 흉노(匈奴)지역의 동방(東方)에 위치하고 태원(太原)의 북방이 된다. 이를 소위 서화(西華)라 하는데, 원래의 서화는 처음 기자(箕子)가 자작(子爵)으로 봉해진 기(箕)라는 땅으로서 황하(黃河) 유역의 개봉부(開封府) 부근에 위치하고 있었던 것이 된다.

이때 기자(箕子)가 군사 5,000명을 이끌고 옮겨와 정착함으로써 이미 그 땅에 살고 있던 백성들이 터를 내주고 흩어지거나 동쪽으로 이동하였을 수도 있다고도 보인다. 5,000명이면 큰 읍(邑)을 이룰 만한 숫자가 된다. 이후 기자국(箕子國)은 수유(須臾)라 불리면서 단군조선의 제후국으로서 서기전 653년 제36대 매륵(買勒) 천왕(天王)이 파견한 군대와 연합으로 연(燕)나라를 정벌하기도 하였다. 수유(須臾)라는 말은 자서여(子胥餘)의 서여(胥餘)와 통하는 말이 된다.

(4) 기자(箕子)의 은거(隱居)

서기전 1114년 정해년(丁亥年)에 기자(箕子)가 서화(西華)에 옮겨와 있으면서 인사를 받는 일도 사절하였다.[184]

여기서 말하는 서화(西華)라는 땅은 태항산맥(太行山脈)의 서북쪽 지역을 가리키는데, 원래의 서화는 옛 기(箕)의 땅으로서 개봉부(開封府)의 서쪽 90리에 있었으며 이곳에 기자대(箕子臺)가 있다.

기자(箕子)는 단군조선의 직할영역 안으로 망명함으로써 주(周) 나라의 영향력을 벗어났던 것이고, 이후 단군조선에서 제후(諸侯)로 인정받은 것이 된다. 원래 은나라가 단군조선의 제후국에 해당하는 천자국(天子國)으로서 은나라가 왕족 자서

---

184) 전계 한단고기 〈단군세기〉, 103쪽 참조

여(子胥餘)를 기(箕)의 땅에 자작(子爵)으로 봉하였는데, 이는 천하왕이 봉한 제후로서 또한 상국(上國)인 단군조선으로부터도 제후로 인정받을 수 있는 것이 된다. 즉 기자는 단군조선으로 망명한 이후에는 단군조선의 직속 제후가 되는 것이다.

기자(箕子)가 서화(西華)에 은거하였다는 것은, 자신이 이미 망한 은(殷)나라의 왕족이자 제후(諸侯)로서 주(周) 나라의 신하가 되기를 거절하고 주나라 영역을 벗어난 땅에 망명(亡命)한 처지이므로 어쩔 수 없는 일이었다라고 보인다.

그러나 이후 기자(箕子)는 단군조선의 문화제도를 접하면서 단군조선의 제후로서 활동하였던 것이 된다. 특히 기자는 사사(士師)였던 왕수긍(王受兢)에게 부탁하여 단군조선의 경전의 하나인 삼일신고(三一神誥)를 단목판에 새기게 하고서 읽었다라고 대진국(大震國, 발해) 제3대 문황제(文皇帝)가 대흥(大興) 3년인 서기 739년 3월 15일에 지어 태백산(白頭山) 보본단(報本壇) 석실(石室)에 보관한 삼일신고봉장기(三一神誥奉藏記)에 전한다.

(5) 기자(奇子)와 기자(箕子)는 다른 인물

단기고사(檀奇古史)의 기(奇)는 소위 기자(奇子)의 기(奇)를 가리키는데, 서기전 1286년경의 인물로 단군조선 제21대 소태 천왕 시절에 개사원(蓋斯原) 욕살(褥薩) 고등(高登)과 함께 은나라를 정벌한 장수(將帥) 즉 상장(上將) 서여(西余)와 동일인물이며 일명 서우여(徐于餘)라고도 불리는데, 해성(海城)의 욕살(褥薩)로 봉해졌다가 천왕의 종실(宗室)로서 서기전 1286년에 소태 천왕으로부터 살수(薩水) 지역 100리를 하사받고 섭주(攝主)로 봉해져 기수(奇首)라고 불려진 인물이다.[185]

즉, 기수(奇首)가 기자(奇子)로 불려진 것이 되는데, 땅 100리에 봉해지는 제후는 고대중국에서는 공후(公侯)에 해당하나 단군조선에서는 자작(자작)에 해당한다

---

185) 전게 한단고기 〈단군세기〉, 98~99쪽 및 〈태백일사/삼한관경본기〉, 208~209쪽, 221~222쪽 참조

고 보아 기자(奇子)로 불려진 것이 된다. 또는 자(子)를 일반적인 높임말로 사용하여 기수(奇首)를 기자(奇子)라 하였을 수도 있겠다.

고대중국의 왕제(王制)에서는 천자(天子) 즉 왕(王)은 밭(田)을 방(方) 천리(千里)를 가지며, 제후(諸侯)인 공후(公侯)는 방 백리(百里)이고, 백(伯)은 방 칠십리(七十里)이며, 자남(子男)은 방 오십리(五十里)가 된다.[186]

이렇게 보면, 단군조선에서 기수(奇首)로 봉해진 한서여(桓西余, 徐于餘)는 땅 100리에 봉해졌으므로 고대중국의 자작(子爵)보다 두 단계나 높은 공후(公侯)에 해당하는 직위가 되는데, 이는 단군조선의 임금이 천하(天下) 왕(王)을 봉하는 천상(天上)의 왕인 천왕(天王) 즉 상제(上帝)이기 때문에 당연한 논리가 된다.

은나라 왕족 기자(箕子)는 단군조선의 기자(奇子)보다 약 130년 이후가 되는 서기전 1150년경에 기(箕) 땅에 봉해진 자작으로서 성명(姓名)이 자서여(子胥餘)이며, 방 50리에 봉해진 제후가 된다.

즉 단군조선의 기수(奇首)인 서우여(徐于餘)는 단군조선의 기자(奇子)로서 고대중국의 작위(爵位)로 보면 은(殷)의 기자(箕子)보다 두 단계나 높은 공후(公侯)에 해당하는 것이 되는 것이다.

이리하여 은(殷)나라의 자작(子爵)이 되는 기자(箕子)를 단군조선의 자작(子爵)이 되는 기자(奇子)와 비교하거나 동일인물로 착각하는 것은 기자(奇子)를 모독하는 것이 될 것이다. 단군조선의 자작(子爵)은 천왕(天王)이 봉한 제후로서 천자격(天子格)이 되며, 고대중국의 천자(天子)와 동일격(同一格)이 되는 것이다.

고대중국의 천자가 방(方) 천리(千里)를 가지고 대체적으로 약 15개 제후(諸侯)들이 방 백리(百里)씩을 가졌다라고 한다면, 전체는 합 방(方) 3,000리 정도 영역이 되는데, 이는 단군조선의 마한 땅과 엇비슷한 넓이가 되며, 아무리 넓어도 단군조선 전체로 보면 약 1/10에도 미치지 못하는 것이 된다. 특히 고대중국의 제후국으로

---

186) 전게 예기(상) 〈제오 왕제〉, 171쪽 참조

기록된 나라들이 원래는 단군조선의 제후국들이었다가 고대중국의 영향하에 놓일 때 그들의 제후국으로 둔갑시켜 놓은 경우가 많다.

단군조선에서는 대국(大國)으로 마한(馬韓)과 번한(番韓)이 있고, 진한과 마한과 번한 관경내에 수많은 제후국을 두었는데, 큰 제후국으로 구려(句麗), 진번(眞番), 부여(扶餘), 남국(藍國), 청구(靑邱), 숙신(肅愼), 개마(蓋馬), 예(濊), 옥저(沃沮), 몽고리(蒙古里), 고죽(孤竹), 남선비(南鮮卑), 졸본(卒本), 비류(沸流), 신도(神島:濟州), 엄(淹), 서(徐), 회(淮), 협야(陝野) 등 20여국을 넘으며 조공국(朝貢國)까지 합하면 최소한 70여국이 넘었던 것이다.[187]

단군조선은 조공국과 지방장관인 욕살(褥薩)을 둔 큰 땅까지 모두 합하면 티벳고원에서 동쪽으로 동해(東海)에 이르는 동서 2만리 남북 5만리의 광대한 대제국으로서, 방(方) 3,000리 또는 5,000리에 해당하는 고대중국의 10배 이상 큰, 고대중국을 포함하면서, 바깥 경계가 없던 나라인 것이다.

숙신, 개마, 예, 옥저, 졸본, 엄, 서, 회, 협야 등의 제후국들이 소위 천자국(天子國)에 해당되며, 구려, 진번, 부여, 남국, 청구, 몽고리, 고죽, 남선비, 신도(神島) 등의 나라는 천군국(天君國)에 해당하게 된다. 당우하은주(唐虞夏殷周)의 고대중국은 단군조선의 제후격(諸侯格)에 해당하는 천자국(天子國)에 불과한 것이다. 특히 서(徐)는 고대중국의 기록에서 서이(徐夷)라고도 하는데, 한때 사방 500리를 차지한 대국으로서 주(周) 나라 천자국과 대적(對敵)하기도 하였다.

당우하은주(唐虞夏殷周)의 고대중국은, 단군조선의 비왕으로서 천왕격(天王格)인 마한(馬韓)과 번한(番韓)의 저 아래 작위가 되는, 천자(天子)가 다스리던 나라였다. 단군조선의 황제(皇制)로 보면, 천제(天帝), 천왕(天王), 한(韓)이 되는 천왕격 비왕(裨王), 이하 한(汗)이라 기록되는 천군(天君), 천공(天公), 천후(天侯), 천백(天伯), 천자(天子), 천남(天男)의 순서가 된다.

---

187) 전게 한단고기 〈단군세기〉, 74~75쪽, 78쪽 참조

천왕 이하는 일반적으로 한(韓), 한(汗)이라 기록되는데, 특히 고대중국의 천자(天子)와 비교할 때는 모두 그 작위에 천(天)자를 붙여야 마땅한 것이 작위가 된다. 즉 단군조선에서 봉해진 군공후백자남은 스스로 천군, 천공, 천후, 천백, 천자, 천남이 되는 것이다. 이리하여 고대중국의 천자는 단군조선의 제후 중에서 끝에서 두 번째의 작위에 해당하는 낮은 작위가 된다.

(6) 영고탑 천도(遷都) 문제

서기전 1112년 기축년(己丑年) 7월 15일 영고탑(寧古塔)에 도읍을 옮겼다고 대진국(大震國, 渤海) 초기에 편찬되었다는 단기고사[檀奇古史]에 기록되고 있는데[188], 단군조선의 수도는 송화강 아사달(阿斯達)과 상춘(常春)의 백악산아사달(白岳山阿斯達) 그리고 장당경(藏唐京)의 3경(京)이 확실한 바, 영고탑에 천도(遷都)한 것이 아니라 이궁(離宮)으로서 어떠한 이유로 장기간 체류하였던 것으로 인하여 후세에 천도한 것으로 오기(誤記)되었다고 볼 수 있다.

영고탑은 서기전 1345년에 건립된 이궁(離宮)인데, 서기전 1280년에 신지(臣智) 육우(陸右)가 백악산에서 영고탑으로 천도할 것을 간(諫)하였으나 받아들여지지 않았으며, 서기전 1250년에 신독(申督)의 난(亂) 때문에 제22대 색불루(索弗婁) 천왕이 많은 백성들과 함께 피난한 곳이기도 하고, 서기전 1233년에 마한(馬韓) 여원흥(黎元興)이 주축이 되어 다시 영고탑으로 천도할 것을 간(諫)하였으나 또한 받아들여지지 않았다.

단기고사에서는 서기전 1112년 7월 15일에 영고탑으로 천도한 이후 후단군조선(後檀君朝鮮)으로 분류하고 있는데, 이는 대진국 시대 초기에 조사하거나 답사한 결과, 천도(遷都)인지 이궁(離宮)에 단순히 머문 것인지에 관한 상세한 기록이 미비한 상황에서, 영고탑으로 옮긴 사실은 전해져 왔기 때문에 천도(遷都)라고 오

---

188) 전게 단군조선 47대, 145쪽 참조

기된 것으로 보이며, 대진국의 첫 수도가 동모산(東牟山)이라 그 부근이 되는 영고탑(寧古塔)을 의도적으로 강조한 것이라 여겨지기도 한다.

서기전 2049년에 신지(神誌) 발리(發理)가 지은 서효사(誓效詞)에서 상춘(常春)의 구월산(九月山)을 신경(新京)이라 묘사하고 있으며, 서기전 1984년에 우착(于捉)의 난으로 천왕이 상춘(常春)에 피하여 구월산 남쪽 기슭에 신궁(新宮)을 건립하고서 이궁(離宮)으로 삼았는데, 이곳이 백악산아사달 신궁으로서 녹산(鹿山)이라 하는 곳이 된다. 상춘(常春)은 지금의 장춘(長春)이다.

서기전 2084년에 제5대 구을(丘乙) 천왕이 장당경(藏唐京)에 행차한 사실이 있어 이미 장당경은 그 이전부터 이궁(離宮) 또는 별궁(別宮)으로 존재한 것이 된다. 장당경은 지금의 심양(審陽)인데, 그 글자 자체에서 보더라도 서기전 2324년경 단군왕검 천왕께서 서기전 2357년부터 서기전 2334년까지 전란(戰亂)을 일으켜 세상을 시끄럽게 한 반란자(叛亂者) 당요(唐堯)를 굴복시키고 천자(天子)로 용인(容認)하면서 안치(安置)한 곳이 틀림없는 것이 된다.

(7) 북막(北漠)의 침공과 토벌

서기전 1105년 병신년(丙申年)에 번한(番韓) 노단(魯丹)이 즉위하였으며, 북막(北莫)이 쳐들어와 노략질을 하니 노일소(路日邵)를 보내 토벌하고 평정케 하였다.[189]

북막(北漠)은 북쪽의 사막지대 나라를 가리키는데, 지금의 몽골고원 지대가 될 것이다.

서기전 2137년에 제4대 오사구(烏斯丘) 천왕의 아우인 오사달(烏斯達)이 한(汗)으로 봉해진 몽고리(蒙古里)는 지금의 내몽골 지대가 될 것이며, 몽고리의 남쪽에 구려(句麗)가 위치하고 몽고리의 동쪽에 부여(扶餘)가 위치하는 것이 된다.

---

189) 전계 한단고기 〈태백일사/삼한관경본기〉, 223~224쪽 참조

북막(北漠)은 몽고리(蒙古里)의 일파이거나 견족(畎族) 또는 선비(鮮卑)의 일파
이거나 혼합족일 가능성이 많다. 견족(畎族)은 돌궐족(突厥族)의 선대(先代)라 보
면 되는데, 돌궐족과 흉노족(匈奴族)은 몽골지역을 다스리면서 몽골족과 혼합된 것
이 되며, 모두 단군조선의 후예(後裔)인 것이다.

(8) 영신(佞臣)과 직신(直臣)

서기전 1104년 정유년(丁酉年)에 솔나(率那) 천왕께서 상소도(上蘇塗)에 계시
면 옛날부터 전해오는 의례를 강론하시다 영신(佞臣)과 직신(直臣)의 구분을 물으
시니, 이에 삼랑(三郞) 홍운성(洪雲性)이 나서서 대답하여 아뢰되, "이치를 굽히지
않는 자는 직신(直臣)이며, 위세를 두려워하여 굽혀 복종하는 자는 영신(佞臣)이며,
임금은 근원이고 신하는 흘러가는 물인데, 근원이 이미 흐렸다면 그 흐름이 맑기를
구하여도 될 수 없는 일이나니, 때문에 임금이 성인(聖人)이 된 후에야 신하(臣下)
가 바른 법이옵니다." 하니, 천왕께서 "옳은 말이오!"라고 하셨다.190)

상소도(上蘇塗)는 전국에 소재한 소도(蘇塗) 중에서 가장 중심이 되는 곳을 가리
키는데, 천왕(天王)이 제천행사를 주관(主管)하는 곳이 된다.

삼랑(三郞)은 삼신시종랑(三神侍從郞)의 준말로서 삼신(三神)을 모시는 벼슬 이
름이 된다.

(9) 밭곡식 풍년(豊年)

서기전 1092년 기유년(己酉年)에 밭곡식에 풍년이 들어 한 줄기(莖)에 다섯 개
이삭이 달린 조(粟)가 있었다.191)

단군조선 시대에 풍년과 관련된 기록으로는 서기전 1992년에 벼(禾) 한포기에

---

190) 전계 한단고기 〈단군세기〉, 103쪽 참조
191) 전계 한단고기 〈단군세기〉, 103쪽 참조

여덟 개의 이삭이 달렸다는 기록과, 여기 서기전 1092년에 조(粟) 한 줄기에 다섯 개 이삭이 달렸다는 기록과, 서기전 795년의 오곡(五穀) 풍년에 관한 기록을 들 수 있다.

(10) 감성(監星) 설치 – 천문관측

서기전 1066년 을해년(乙亥年)에 번한(番韓) 모불(牟弗)이 감성(監星)을 설치하였다.[192] 감성(監星)은 천문(天文) 관측기관인데, 단군조선 진한(眞韓)에서는 서기전 1916년에 처음으로 감성을 설치하였다고 기록되고 있다.

(11) 태자 추로(鄒魯) 즉위

서기전 1063년 무인년(戊寅年)에 솔나(率那) 천왕께서 붕하시고 태자 추로(鄒魯)가 즉위하였다.[193]

시호는 목제(穆帝)이다.

26. 제26대 추로(鄒魯:憲帝) 천왕(天王)의 역사

(1) 흰사슴 출현

서기전 1062년 가을 7월에 백악산(白岳山)의 계곡에 흰 사슴(白鹿) 200마리가 무리지어 와서 뛰어 놀았다.[194]

백악산은 상춘(常春)지역에 소재한 아사달(阿斯達)의 산으로서, 백악산 줄기를 따라 구월산(九月山)이 있고 다시 녹산(鹿山)이 있는 것이 된다. 즉 구월산 남쪽 기

---

192) 전계 한단고기 〈태백일사/삼한관경본기〉, 224쪽 참조
193) 전계 한단고기 〈단군세기〉, 103쪽 참조
194) 전계 한단고기 〈단군세기〉, 104쪽 참조

슭의 산이 녹산(鹿山)이 된다. 구월산(九月山)의 구월(九月)이 다른 말로 아사달(阿斯達)이다.

백록(白鹿)은 녹산(鹿山)과 관련되는데, 백악산 줄기에 녹산(鹿山)이 소재하고 여기의 계곡(溪谷)에 흰사슴 200마리가 무리지어 뛰어 놀았다는 것이 되며, 이는 태평시대(太平時代)를 연상하게 하는 것이 된다.

(2) 주(周) 나라의 조공

서기전 1047년 갑오년(甲午年)에 번한(番韓) 을나(乙那)가 즉위하고 주(周) 나라 왕 하(瑕)가 사신을 보내어 조공(朝貢)을 바쳤다.[195]

주나라 왕 하(瑕)는 소왕(昭王)이라고 하며 제4대왕으로서 서기전 1053년부터 서기전 1002년까지 51년간 재위하였다

(3) 소련, 대련의 묘(廟)를 세우고 삼년상 제도를 정하다

서기전 1012년 기사년(己巳年)에 번한(番韓) 등나(登那)가 즉위하였고, 이극회(李克會)가 소련(少連)과 대련(大連)의 묘(廟)를 세우고 삼년상(三年喪) 제도를 정할 것을 청하니, 번한(番韓)이 이에 따랐다.[196]

소련과 대련은 단군조선 초기인 서기전 2240년경의 인물로서 효(孝)의 대명사로 불리는데, 특히 공자(孔子)는 예기(禮記 雜記 下)에서 상을 잘 치렀다라고 기록하고 있고, 그 주해(註解)에서 삼년상(三年喪)의 유래를 들면서 소련과 대련을 동이(東夷)의 아들(子)이라 밝히고 있는 바, 예기의 주해를 단 인물은 소련과 대련의 효에 관한 역사를 기록을 통하여 알고 있었던 것이 된다.

동이의 아들이란 단군조선(檀君朝鮮) 본국 즉 삼한(三韓) 출신임을 나타내는 것

---

195) 전게 한단고기 〈태백일사/삼한관경본기〉, 224쪽 참조
196) 전게 한단고기 〈태백일사/삼한관경본기〉, 224쪽 참조

인데, 소련과 대련은 서기전 2239년에 제2대 부루(扶婁) 천왕의 부름을 받고 단군조선 진한(眞韓) 조정에 들어가 다스림의 도리 즉 치도(治道)에 관하여 아뢰었다라고 기록되고 있다.

(4) 태자 두밀(豆密) 즉위

서기전 998년 추로(鄒魯) 천왕께서 붕하시고 태자 두밀(豆密)이 즉위하였다.[197]

추로(鄒魯) 천왕은 85년을 재위하였는데 변란(變亂) 등의 특이한 기록이 없는 점으로 보아 태평시대(太平時代)였음이 틀림없는 것이 된다.

시호는 헌제(憲帝)이다.

27. 제27대 두밀(豆密:章帝) 천왕(天王)의 역사

(1) 사아란산(斯阿蘭山) 붕괴

서기전 997년 갑신년(甲申年)에 천해(天海)의 물이 넘쳐 사아란산(斯阿蘭山)이 무너졌다.[198]

천해(天海)는 하늘(天)의 바다(海)라는 뜻인데, 단군조선 땅에서 하늘의 바다는 지금의 바이칼호로서, 북쪽이 하늘을 상징하여 북해(北海)가 된다.

큰물이 모여 있는 곳이 바다(海)라고 기록되는데, 육지 속에서는 호수(湖水)를 가리키는 것이 된다.

북해(北海)라는 말은 단군조선 시대 말로 '바이하이'라고도 발음되었던 것이라 보이는 바, 이 '바이하이'의 마지막 발음인 '이'가 'ㄹ'로 변음되면서 '바이할'이 되고, 'ㅎ'이 'ㅋ'으로 격음화 되어 '바이칼'로 소리가 변한 것으로 추정되는 것이다.

---

197) 전계 한단고기 〈단군세기〉, 104쪽 참조
198) 전계 한단고기 〈단군세기〉, 104쪽 참조

위치상으로 사아란산(斯阿蘭山)은 바이칼호 주변에 있던 산이 되는데, 특히 바이칼호의 서쪽에 위치한 양운국(養雲國) 부근에 소재한 산으로서 지금의 사얀(Sayan)산맥에 위치한 산으로 추정된다.

(2) 수밀이국, 양운국, 구다천국의 조공

서기전 997년에 수밀이국(須密爾國), 양운국(養雲國), 구다천국(句茶川國)이 사신을 보내 특산물(方物)을 바쳤다.[199]

수밀이국과 양운국과 구다천국은 모두 서기전 3897년 이전의 한국(桓國) 시대의 12한국에 속한 나라로서 이때까지 존속하여 온 것이 되는데, 배달나라와 단군조선을 거치면서 망하지 않고 자치세습국(自治世襲國)으로 내려온 것이며, 수시로 한국(桓國)의 정통성(正統性)을 이은 종주국(宗主國)이 되는 배달조선(倍達朝鮮)에 조공(朝貢)을 바친 것이 된다.

수밀이국(須密爾國)은 송화강과 우수리강과 흑룡강 유역에 소재한 나라로서 소흥안령산맥(小興安嶺山脈)의 동쪽에 위치하며, 숙신(肅愼)의 북쪽이나 북동쪽에 위치한 나라가 된다.

양운국(養雲國)은 바이칼호의 서쪽에 위치하였던 나라가 된다. 한편 바이칼호 동쪽에는 12한국의 하나인 비리국(卑離國)이 소재하였던 것이 되는데, 지금의 부리야트공화국 자리가 된다.

구다천국(句茶川國)은 독로국(瀆盧國)이라고 불렸는데, 북개마대령(北蓋馬大嶺)이 되는 대흥안령산맥(大興安嶺山脈)의 서쪽에 위치하였던 것이 되며, 쑥과 마늘을 산출하던 곳이라고 기록되고 있다.

---

199) 전게 한단고기 〈단군세기〉, 104쪽 참조

(3) 큰 가뭄과 홍수와 구휼

서기전 990년 신묘년(辛卯年)에 큰 가뭄 끝에 큰 비가 쏟아져 백성들에게 곡식의 수확(收穫)이 없으므로 천왕께서 명을 내려 창고를 열어 두루 나누어 주게 하였다.200)

단군조선 시대에 이미 평상시에 창고에 곡식을 저장하여 두었다가 흉년에 백성들에게 나누어 주는 구휼법(救恤法)이 있었던 것이 되는데, 이러한 법제도는 후대 고구려의 진대법(賑貸法)의 원류가 되는 것이다.

단군왕검 천왕께서 가르친 천범(天範) 8조에도 구휼에 관한 내용이 있는데, 구제 구휼(濟恤)하더라도 모욕(侮辱)을 주거나 천대(賤待)하지 말라고 각별히 가르치고 있으며, 만약 이를 지키지 아니하면 영원히 하늘의 도움을 받지 못할 것이며 몸과 집안이 모두 사라질 것이라고 경고하고 있다.

(4) 중국내륙 동이(東夷)의 맹주(孟主) 서언왕(徐偃王)

서기전 980년경 서국(徐國)의 언왕(偃王)이 주(周) 나라를 공격하여 36군(郡)을 차지하니, 주나라 목왕(穆王)이 서언왕을 동방 36국의 주인(主人)으로 섬기도록 하였다. 201)

주(周) 나라 목왕(穆王)은 제5대 왕으로 서기전 1001년부터 서기전 947년까지 55년을 재위하였으며 이름을 만(滿)이라고 한다.

서국(徐國)은 고대중국의 기록에서 서이(徐夷)라고 불리는데, 서기전 1236년에 산동지역에서 단군조선의 제후국으로 출발하여 서기전 980년경에 출현한 서언왕(徐偃王)이 반경 500리(里)의 땅을 차지하여 36국을 다스려 주나라와 대등한 천자국(天子國)을 이루었던 나라이다.

---

200) 전게 한단고기 〈단군세기〉, 104쪽 참조
201) 범엽, 후한서 〈동이전 서문〉 및 이민수 역, 조선전 〈후한서 동이전 서문〉, 44쪽 참조

이후 서국(徐國)은 서기전 680년경에 이르러 초(楚)나라 문왕(文王)에게 크게 패(敗)하여 서산(徐山)으로 수도를 옮겼다가[202], 서기전 668년에 관중이 재상으로 있던 제(齊)나라 환공(桓公) 시절에 제나라에 복속하였고, 이후 독립을 시도하다가 서기전 530년에 초(楚)나라 영왕(靈王) 시절에 초나라에게 정벌을 당하였으며, 서기전 526년에 다시 안영이 재상으로 있던 제(齊)나라 경공 시절에 제나라에게 정벌을 당하였고, 서기전 512년에 오(吳)나라 합려왕에게 완전히 망하였다.

이리하여 서국(徐國)은 서기전 1236년에 산동지역에서 단군조선의 제후국으로 봉해져, 약 250년이 지난 서기전 980년경에는 중국내륙의 대표적인 동이족 국가의 맹주(盟主)로서 주(周) 나라와 종주(宗主)를 다투었던 것이며, 그로부터 다시 약 300년이 지난 서기전 680년경 이후에는 초(楚)나라와 제(齊)나라의 침공으로 위축되었다가, 서기전 512년에 오(吳)나라에 완전히 망하게 된 나라로서, 무려 725년을 존속한 나라가 된다.

(5) 삼성묘(三聖廟) 제사

서기전 979년 임인년(壬寅年)에 번한(番韓) 해수(奚壽)가 아들 물한(勿韓)을 상춘(常春)의 구월산(九月山)에 파견하여 삼성묘(三聖廟)에 제사를 돕게 하였는데, 묘(廟)는 상춘(常春)의 주가성자(朱家城子)에 있다.[203]

삼성묘(三聖廟)는 삼성(三聖)을 모신 사당(祠堂)이다. 삼성(三聖)은 세분의 성인이란 뜻으로서 통상적으로 한국(桓國)의 시조이신 한인(桓因), 배달나라 시조이신 한웅(桓雄), 단군조선의 시조이신 단군왕검(檀君王儉)을 가리킨다.

번한 해수가 아들 물한을 진조선(眞朝鮮)에 파견하여 삼성(三聖)께 올리는 제사를 돕게 하였다는 것이다. 상춘의 구월산에 삼신(三神) 제천단(祭天壇)이 있으며 삼

---

202) 범엽, 후한서 〈동이전 서문〉 및 이민수 역, 조선전 〈후한서 동이전 서문〉, 44~45쪽 참조
203) 전게 한단고기 〈태백일사/삼한관경본기〉, 224~225쪽 참조

성묘(三聖廟)도 건립하여 삼성(三聖)을 모신 것이 된다.

주가성자(朱家城子)는 후대에 고주몽(高朱蒙) 성제(聖帝)께서 수도로 삼았던 성(城)으로서 상춘(常春)에 소재한 것이 된다.204) 즉 고구려(高句麗) 개국 시조인 고주몽 성제는 고구려 이전의 북부여 말기에 대통(大統)을 이어 북부여를 계승함으로써 졸본(卒本)을 수도로 삼았는데, 이때를 졸본부여(卒本夫餘)라 하는 것이 되고, 이후 서기전 26년에 소위 눌현(訥見)으로 수도를 옮겼는바, 이 눌현이 곧 상춘(常春)인 것이다.

눌현(訥見)은 늘봄의 이두식 표기로서 눌현보다는 눌견으로 읽는 것이 이두식 표기에 해당하는 한자를 읽는 방법이 되는데, 눌(訥)은 늘의 이두식 표기이고 견(見)은 봄의 이두식 표기가 되는 바, 물론 눌견보다는 늘봄이 더 정확한 독법이 된다. 상춘(常春)은 훈독(訓讀)으로 늘봄이다.

(6) 해모(奚牟) 즉위

서기전 972년 기유년(己酉年)에 두밀(豆密) 천왕께서 붕하시고 해모(奚牟)가 즉위하였다.205)

특별히 태자(太子)라고 적고 있지 않는데, 해모는 두밀 천왕의 태자가 아닌 다른 아들이 분명한 것이 된다. 시호는 장제(章帝)이다.

28. 제28대 해모(奚牟:雲帝) 천왕(天王)의 역사

(1) 백의동자(白衣童子)

서기전 971년 경술년(庚戌年)에 천왕께서 질병을 앓으시어 백의동자(白衣童子)

---

204) 전게 한단고기 〈태백일사/고구려국본기〉, 259쪽 참조
205) 전게 한단고기 〈단군세기〉, 104~105쪽 참조

로 하여금 하늘에 빌게 하였더니 곧 치유되었다.[206]

세속(世俗)에 때묻지 않은 백의(白衣)를 입은 동자(童子)로 하여금 하늘에 기도를 올리게 하니 천왕의 병환이 낳았다는 것이 되는데, 깨끗한 마음으로 정성(精誠)을 다하면 즉 지성감천(至誠感天)인 바, 깨끗한 마음과 지극한 정성으로써 소원(所願)을 성취한 것을 실례(實例)로 든 기록이 된다.

(2) 석고(石鼓)

서기전 964년 정사년(丁巳年)에 탁암(卓岩)이 돌로 된 북(鐘)을 만들어 바쳤다.[207] 돌로 된 북은 악기의 일종으로서 석경(石磬)에 해당하는 것이 된다.[208]

(3) 폭우에 하늘에서 물고기가 쏟아져 내리다

서기전 961년 경신년(庚申年) 여름 4월에 회오리바람(旋風)이 크게 일어 폭우(暴雨)가 내리니 땅위에 물고기 종류가 어지럽게 떨어졌다.[209]

회오리바람은 대기(大氣)의 기압차이로 인하여 회전(回轉)을 하면서 사물을 빨아들여 하늘로 솟구치는 바람인데, 이때 바다나 강에 있던 미꾸라지 등 물고기들이 빨려 올라가 비가 쏟아질 때 함께 땅으로 떨어지는 현상이 벌어지게 된다.

(4) 빙해(氷海)의 제후(諸侯)들의 조공

서기전 954년 정묘년(丁卯年)에 빙해(氷海)의 여러 제후(諸侯, 汗)들이 사신을 보내 조공(朝貢)을 바쳤다.[210]

---

206) 전계 한단고기 〈단군세기〉, 105쪽 참조
207) 전계 단군조선 47대, 158쪽 참조
208) 조선시대 만들어진 악기인 편경(編磬)도 돌북 즉 석고에 해당하는 것이 된다.
209) 전계 한단고기 〈단군세기〉, 105쪽 참조

빙해(氷海)는 단군조선의 위치로 보아 북극해(北極海)를 가리키는 것이 되는데, 그 제후들은 북극해에 가까운 북시베리아 지역의 제후들이 된다. 단군조선의 영역인 동서 2만리 남북 5만리 내에 존재하는 나라가 된다.

(5) 마휴(摩休) 즉위

서기전 944년 정축년(丁丑年)에 해모(奚牟) 천왕께서 붕하시고 마휴(摩休)가 즉위하였다.[211]

마휴도 선제(先帝)인 해모(奚牟) 천왕처럼 태자(太子)가 아닌 다른 아들이 된다. 시호는 운제(雲帝)이다.

29. 제29대 마휴(摩休:慶帝) 천왕(天王)의 역사

(1) 주(周) 나라의 조공(朝貢)

서기전 943년 무인년(戊寅年)에 주(周) 나라 사람이 공물(貢物)을 바쳤다.[212]

이때 주(周) 나라 왕은 제6대 공왕(共王)으로서, 공왕은 서기전 947년부터 서기전 935년까지 12년간 재위하였다.

(2) 형제가(兄弟歌)

서기전 943년에 번한(番韓) 누사(婁沙)가 천조(天朝)에 들어가 마휴(摩休) 천왕을 뵙고서는, 태자(太子) 등올(登屼)과 작은 아들 등리(登里)가 별궁에서 한가하게 기거하고 있어, 이에 태자형제(太子兄弟)께 노래를 바쳤다.[213] 이 노래가 소위 형

---

210) 전게 한단고기 〈단군세기〉, 105쪽 참조
211) 전게 한단고기 〈단군세기〉, 105쪽 참조
212) 전게 한단고기 〈단군세기〉, 105쪽 참조

제가(兄弟歌)이다.

> 형은 반드시 아우를 사랑하고,
> 아우는 마땅히 형을 공경할지니라!
> 항상 털끝만한 일로써 골육(骨肉)의 정(情)을 상(傷)치 마오!
> 말(馬)도 오히려 같은 여물통에서 먹고,
> 기러기도 역시 한 줄(行)을 만드나니,
> 내실(內室)에서 비록 환락(歡樂)하나,
> 작은 말일랑 삼가 듣지를 마오소!

> (兄隱 伴多是 弟乙 愛爲古 弟隱 味當希 兄乙 恭敬爲乙支尼羅 恒常 毫尾之
> 事魯西 骨肉之情乙 傷厄 勿爲午 馬度 五希閭 同槽奚西 食爲古 鴈度 亦一行
> 乙 作爲那尼 內室穢西 非綠 歡樂爲那 細言乙良 愼廳勿爲午笑)

    가사의 글자는 한자어와 이두식 표기로 되어 있는데, 후대에 이두식으로 옮겨 적은 것으로 된다. 만약, 단군조선 시대인 서기전 943년경에 기록된 그대로의 글자를 옮긴 것이라면 단군조선의 말투나 단어 또는 조어법이 지금과 다르지 않은 것이 되는데, 단어나 조사가 사용된 형태가 고어형식이 아니므로 가능성이 낮다고도 보이나, 단군조선 시대에 이미 상형문자인 소위 한자(漢字)의 음독의 발음과 순수한 우리말이라 할 수 있는 상형문자의 훈독과 그 외 단어나 조사 또는 어미를 구사하는 법칙이 정립되어 있었다고 보이는 바, 더 연구하여 살펴볼 가치가 충분히 있는 것이 된다.214)

---

213) 전게 한단고기 〈태백일사/삼한관경본기〉, 224~225쪽 참조
214) 소위 명도전이라는 단군조선의 화폐에 새겨진 문자로 볼 때 단군조선 시대의 발음과 현시대의 발음이 대동소이한 것으로 나타나고 있는 것이 된다. 이는 소리글자인 가림토의 기능으로 보아 몇 천년이 지나도 발음이 대동소이할 가능성이 충분히 있는 일로 보인다.

등올(登屼)과 등리(登里)는 마휴(摩休) 천왕의 태자(太子)와 소자(少子)이며, 내휴는 마휴 천왕 시절에 태제(太弟)였는데, 등올과 등리는 태제 내휴(奈休)의 아들들이 아닌 것이 된다. 그리하여 내휴 천왕이 붕하고 즉위한 태자 등올은 내휴 천왕의 태자로서가 아니라 마휴 천왕의 태자로서 즉위한 것이 된다.

(3) 지진(地震) 발생

서기전 936년 을유년(乙酉年) 여름에 지진이 있었다.[215] 여름은 음력으로 4, 5, 6월이다. 이때 이미 별자리 등 천문(天文)관측은 물론 그 외 천재지변(天災地變)에 관한 관측기관을 두었던 것이 된다.

(4) 남해(南海)의 조수(潮水)가 물러가다

서기전 935년 병술년(丙戌年)에 남해(南海)의 조수(潮水)가 3척이나 물러갔다.[216]

여기 남해(南海)는 진한(眞韓)의 남해 즉 진조선(眞朝鮮)의 남쪽 바다인데, 지금의 요동반도 남쪽에 있는 바다로서 서쪽의 발해만이 아닌 동쪽의 황해(黃海) 북쪽 부분을 가리키는 것이 된다.

남해(南海)로 살수(薩水)가 흘러드는데, 고구려의 을지문덕 대모달(大謀達)이 펼쳤던 살수대첩(薩水大捷)의 현장이 곧 요동반도에 있는 것이며, 이 살수는 지금의 대련(大連)과 단동(丹東)의 중간 쯤에 위치하여 북쪽 해성(海城) 부근 즉 지금의 안산(鞍山) 부근에서 남으로 흐르는 강인 것이다.

---

215) 전게 한단고기 〈단군세기〉, 105쪽 참조
216) 전게 한단고기 〈단군세기〉, 105쪽 참조

(5) 왕문(王文)의 부예(符隸)와 이두법(吏讀法)

서기전 925년 병신년(丙申年)에 번한(番韓) 이벌(伊伐) 시대에 한수(漢水) 사람 왕문(王文)이 이두법(吏讀法)을 지어 바치니, 마휴(摩休) 천왕께서 좋아라 하시며 삼한(三韓)에 명하여 칙서(勅書)대로 시행하게 하였다.[217]

왕문이 만든 이두법을 단군조선 삼한(三韓)에 모두 시행하게 하였다는 것이며, 왕문은 이 이두법과 함께 상형문자인 전문(篆文)을 간략히 고쳐서 부예(符隸)를 만들기도 하였는데, 부예(符隸)의 서체(書體)는 진(秦)나라 이후 소위 예서체(隸書體) 즉 팔분(八分)의 성립에 영향을 준 것이 된다.

전문(篆文)은 단군조선의 진서(眞書, 참글) 즉 신전(神篆)으로서 상형문자이며 배달나라 문자를 계승한 것이 된다. 그리하여 단군조선에는 초기부터 이미 신전(神篆)이 있었고 서기전 2181년에 가림토(加臨土) 38자가 정선(精選)되었으며, 서기전 925년에 부예(符隸)와 이두법(吏讀法)이 왕문(王文)에 의하여 정리된 것이 된다. 물론 이두법은 상형문자에 해당하는 부예(符隸)를 사용한 것이 된다. 가림토는 소리글자이므로 가림토로 표기한 것을 굳이 이두법이라고 할 필요가 없기 때문이다.

(6) 태제(太弟) 내휴(奈休) 즉위

서기전 910년 신해년(辛亥年)에 마휴(摩休) 천왕께서 붕하시고 태제(太弟) 내휴(奈休)가 즉위하였다.[218]

내휴를 마휴 천왕의 태자(太子)라고도 적고 있으나 휴(休)자의 돌림자로 볼 때 아우(弟)로서 태제(太弟)가 맞는 것이 된다.

태제(太弟)로서 천왕으로 즉위한 경우는 제25대 솔나(率那) 천왕과 제30대 내휴

---

217) 전게 한단고기 〈태백일사/삼한관경본기〉, 225~226쪽 참조
218) 전게 한단고기 〈단군세기〉, 105쪽 참조. 제왕의 자리를 이을 아들은 태자(황태자), 세자(왕세자)가 되고, 대를 이를 아우는 태제(太弟), 세제(世弟)가 된다.

(奈休) 천왕이 있다. 한편, 제37대 마물(麻勿) 천왕과 제38대 다물(多勿) 천왕이 물(勿)자를 고려하면 부자간이 아니라 형제였을 가능성도 있다.

시호는 경제(慶帝)이다.

30. 제30대 내휴(奈休:烈帝) 천왕(天王)의 역사

(1) 청구(靑邱)를 순시하고 치우천왕 공덕비(功德碑)를 세우다

서기전 909년 임자년(壬子年)에 내휴(奈休) 천왕께서 청구(靑邱)의 다스림을 둘러보시고 치우천왕(蚩尤天王)의 공덕(功德)을 돌에 새겼다.[219] 청구(靑邱)는 단군조선의 군후국(君侯國) 중에서 군국(君國)에 해당하는 나라이며, 산동(山東)지역 중에서 산동반도를 비롯한 동부지역에 해당한다.

단군조선 초기인 단군왕검 천왕(天王) 시절에 산동지역에 청구(靑邱)와 남국(藍國)이 봉해졌는데, 청구는 고시씨(高矢氏)의 후손을 봉하고 남국(藍國)에는 치우천왕의 후손을 봉하였다. 청구군(靑邱君)과 남국군(藍國君)은 일반 제후가 아닌 군(君)으로서 천왕(天王)이 봉한 군후(君侯) 중에서 천군(天君)에 해당한다.

고시씨는 황족(黃族) 중에서 황하유역으로 이동한 웅족(熊族) 출신이며, 치우천왕은 배달나라 초기부터 있었던 병감(兵監) 즉 군사담당(主兵)인 치우(治尤)의 직책을 맡았던 인물로서, 배달나라 제14대 자오지(慈烏支) 한웅(桓雄)이며 일명 치우천왕이라고 부르는 것이다. 한편, 치우(蚩尤, 治尤)라는 말은 세상을 갈아 치우다는 등 천지개벽(天地開闢)이라는 뜻을 가지고 있기도 하다.

남국(藍國)은 산동지역 중에서 청구(靑邱)의 서쪽에 해당하는 지역으로서 태산(泰山)부근을 중심으로 하는 나라이며, 태산에서 양자강에 이르는 지역이 소위 남

---

219) 전게 한단고기 〈단군세기〉, 106쪽 참조

이(藍夷)지역으로서, 남국(藍國)의 백성은 주로 남족(藍族)과 황족(黃族)이 되는데, 원래 남족(藍族)은 양자강 유역과 양자강 남쪽에 사는 적족(赤族)과는 같은 족속이며 황궁씨(黃穹氏)의 아우가 되는 청궁씨(靑穹氏)의 후손이 된다.

청구(靑邱)의 백성은 주로 황족(黃族)이 되고 남족(藍族)이 섞인 것이 되는데, 남국(藍國)과 청구(靑邱)는 내륙의 동이(東夷)가 된다. 청구지역에는 소위 양이(陽夷), 우이(隅夷), 래이(萊夷), 개이(介夷) 등이 있었으며, 남국(藍國)의 남이(藍夷), 엄국(淹國)의 엄이(淹夷), 서국(徐國)의 서이(徐夷), 회국(淮國)의 회이(淮夷)와 함께 내륙8이(夷)가 되고 그 외 사이(沙夷), 사이(泗夷) 또는 도이(島夷)를 합하여 내륙 9이(夷)라고도 부른다.

서기전 2294년경 요임금의 섭정 순(舜) 또는 서기전 2284년경 우순(虞舜)이 서기전 2267년 이후 고죽국 자리가 되는 지금의 북경과 천진을 중심으로 한 지역에 유주(幽州)를 설치하고 그 남쪽이 되는 산동지역의 서쪽에 영주(營州)를 설치하였는데, 이 영주(營州)가 남국(藍國)의 인근에 설치되었던 것이며, 서기전 2267년에 폐지되어 단군조선 직할영역에 편입되었다가, 서기전 2247년경에 우순(虞舜)이 다시 설치하였던 것이고, 서기전 2240년에 부루(扶婁) 천왕이 정벌하여 폐지하고 제후를 봉하였던 것이며, 이후 순(舜)은 서기전 2224년에 단군조선의 유상(有象)과 단군조선의 후원을 얻고 있던 우(禹)의 합공(合攻)으로 제거되었던 것이다.

치우천왕의 공덕은, 서기전 2706년에 제14대 한웅으로 즉위하여 소위 청구(靑邱)시대를 열었는바, 당시 염제신농국의 쇠퇴로 많은 제후들이 서로 병탄하려 욕심을 내며 전란(戰亂)을 일으키려 하였는데, 종주국(宗主國)으로서 천병(天兵)을 일으켜 회대(淮岱)지역을 평정하여 수도를 청구(靑邱)에 정하고, 서기전 2697년에 염제신농국(炎帝神農國)의 제8대 천자(天子)인 유망(楡罔)을 폐하여 그 아들 괴(魁)를 단웅국(檀熊國) 천자로 봉하였으며, 또 서기전 2698년에 유웅국의 천자가 된 헌원(軒轅)의 10년 이상에 걸친 100여회의 도전(挑戰)을 물리치고 결국 신하(臣下)로 삼아 중부(中部)의 황제(黃帝)로 봉하는 등 당시 동서남북중에 걸쳐 12제후국을 평정하여 이후 서기전 2357년경까지 300년 이상의 평화시대를 열었던 것이다.

치우천왕 시절에 5부(部)의 천자(天子)가 되는 5제(帝)로는 동부(東部)의 청제(靑帝)로는 창힐(蒼詰), 서부(西部)의 백제(白帝)로는 소호(少昊), 남부(南部)의 적제(赤帝)로는 축융(祝融), 북부(北部)의 흑제(黑帝)로는 대요(大撓), 중부(中部)의 황제(黃帝)로는 유웅국(有熊國) 출신의 천자(天子)인 헌원(軒轅)을 두었던 것이다.

치우천왕이 수도를 삼은 청구(靑邱)는 배달나라 동서남북중에서 동부(東部)에 속하는 지역으로서 회대(淮岱)지역에 위치하며, 단군조선 시대에는 번한(番韓) 관경 중 서남부에 속하는 곳으로서 이 이름을 따서 군국(君國)인 청구국(靑邱國)이 봉해진 것이 된다.

(2) 엄독홀(奄瀆忽) 제천(祭天)과 주(周) 나라와의 수호(修好)

서기전 909년에 내휴(奈休) 천왕께서 서쪽으로 엄독홀(奄瀆忽)에 이르러 분조(分朝)의 여러 한(汗)들과 회합하여 열병(閱兵)하고 하늘에 제사를 지냈으며, 주(周) 나라 사람과 수호를 맺었다.[220]

천왕이 청구(靑邱)를 둘러보고 치우천왕의 공덕비를 세운 후, 이어 엄독홀(奄瀆忽)로 가서 군후(君侯)들과 회합하고 열병의식(閱兵儀式)을 행하며 제천행사(祭天行事)를 벌인 것이다.

분조(分朝)란 조정(朝廷)을 나눈 것으로 단군조선의 군후국(君侯國)이 되는 나라의 조정(朝廷)을 가리킨다. 즉 단군조선 진한(眞韓)의 조정은 중앙조정(中央朝廷)이 되며, 마한과 번한의 조정은 진한(眞韓)의 분조(分朝)가 되고, 삼한(三韓) 관경 내의 수많은 군후국들은 진한과 마한과 번한의 분조(分朝)가 된다. 한(韓)은 천왕(天王)의 비왕(裨王)으로서 분조(分朝)의 임금이 되고, 한(汗)은 일반 군후국(君侯

---

220) 전게 한단고기 〈단군세기〉, 106쪽 참조

國)의 임금인 비왕(裨王)을 가리키는데, 이 한(汗)들의 나라가 곧 일반적인 분조(分朝)가 되는 것이다.

엄독홀(奄瀆忽)은 엄독(奄瀆)이라는 강이 있는 고을(忽)이며, 서기전 1266년에 남국(藍國)이 고죽국(孤竹國)과 함께 군사를 몰아 주둔하였던 곳이기도 하고, 서기전 1236년에는 남국(藍國), 청구(靑邱), 구려(句麗), 몽고리(蒙古里)의 군사가 합공으로 은나라를 정벌하여 이곳을 중심으로 하여 포고씨(蒲古氏)를 엄국(淹國)에 봉하였는데, 약 330년이 지난 서기전 909년에 이곳에 내휴(奈休) 천왕이 순수(巡狩)하여 여러 군후(君侯)들과 회합하여 제천행사를 벌이는 등 단합대회를 연 것이 된다.

이때 회합한 한(汗) 즉 군후(君侯)들은 엄독홀에 가까운 나라들의 왕이 되는데, 엄(淹), 서(徐), 회(淮), 남국(藍國), 청구(靑邱), 고죽(孤竹), 래(萊), 우(隅), 양(陽), 개(介) 등 산동지역과 회대(淮岱)지역과 황하(黃河)유역에 걸쳐 자리한 제후국들의 제후들이 될 것이다. 특히 산동지역의 남쪽에 위치한 서국(徐國)은 서기전 980년경에 주(周) 나라를 공격하여 황하지역까지 이르러 반경 500리를 차지하는 대국(大國)이 되었는데, 이때 36국(國)을 거느려 종주(宗周)와 쌍벽을 이루었던 것이다.

소위 금문(金文)에 천군(天君)[221]에 관한 기사가 나오는 것이 있는데, 아마도 서기전 909년의 내휴(奈休) 천왕의 행적과 관련된 것이 아닌가 한다. 다만, 서기전 1236년에 제23대 아홀(阿忽) 천왕 시절에 있었던 남국(藍國), 청구(靑邱), 구려(句麗), 몽고리(蒙古里)의 연합군이 은(殷)나라를 정벌하여 엄(淹), 서(徐), 회(淮)라는 제후국을 세운 것과도 관련이 있을 가능성을 배제할 수는 없다.

---

221) 금문(金文)에 나타나는 천군(天君)이라는 용어는 서기전 209년 이후에 시작된 후삼한 시대보다 약 1,000년 이전에 해당하는 것이 되며, 천군은 고대중국의 임금이 아닌 사실에서 분명히 단군조선의 임금에 관한 기사가 되는 바, 소위 고대중국의 유물이 되는 금석문을 세세히 살펴 분석 연구하여 우리 역사로 정리하는 것이 필요하다.

〈금문(金文) 내용〉

丙午天君鄕稷酉才斤天君賞厥征人斤貝用作父丁樽彛天0

이를 풀이하면,

병오(丙午)일, 천군(天君)이 근(斤)땅에서 직신(稷神)께 술로 제를 올렸다. 천군(天君)이 그 정벌자 근(斤)에게 재물(貝)을 상으로 주어, 이를 사용하여 부정(父丁)에게 준이천0[222]을 만들도록 하였다.

가 된다.

서기전 909년이면 주(周) 8대 효왕(孝王) 2년경이 되는데, 이때는 서주(西周)시대로서 금문(金文, 鐘鼎文)이 새겨졌을 가능성이 농후하다. 다만, 서기전 909년경 고죽국(孤竹國)이나 산동지역의 엄국(淹國), 남국(藍國), 청구(靑邱) 부근의 근(斤)땅에서 주조된 것이 될 것이다.

한편, 위 당시 부정(父丁)이라는 인물이 고죽국(孤竹國)의 왕이라면 천군(天君)은 내휴(奈休) 단군천왕을 가리키는 것이 될 것이고, 당시 고죽국의 임금인 고죽군(孤竹君)을 천군(天君)이라 한 것이라면 부정(父丁)은 당시 고죽군의 아들이나 손자가 될 것이다.

엄독홀은 엄국(淹國, 淹夷)의 땅이 되며, 엄국은 태산을 중심으로 한 나라이고, 태산(泰山)은 천제(天祭)를 지내는 천단(天壇)이 있는 곳으로, 서기전 2267년에 태자 부루의 명을 받아 번한(番韓) 낭야(郎耶)가 천제(天祭)를 지낸 곳이기도 하며, 이후 태산은 노(魯)나라 땅에 들어가게 되었고 제환공(齊桓公)이 서기전 660년경 봉선(封禪)을 흉내 낸 곳이기도 하다.

---

222) 술통, 솥, 제기(祭器) 등의 명칭이 된다.

은주(殷周)시대의 금문(종정문)에는 보통 왕(王)의 행적을 새기고 있는데 위 금문에서는 천군(天君)의 행적이 기록되어 있어 특이한 것이라 할 수 있다.

이때 주(周) 나라와 수호를 맺었는데, 서기전 980년경에 서국(徐國)의 강성(强盛)으로 인하여 주(周) 나라가 위축되었던 것이 되고, 서기전 909년에 내휴(奈休) 천왕이 청구(靑邱)와 엄독홀(奄瀆忽)에 친림(親臨)하여 제천행사를 벌였던 것이며, 주나라와 수호를 맺어 평화시대를 열었던 것이 된다.

(3) 흉노(匈奴)의 조공(朝貢)

서기전 905년 병진년(丙辰年)에 흉노(匈奴)가 조공(朝貢)을 바쳤다.[223]

흉노(匈奴)는 서기전 2177년 열양(列陽) 욕살(褥薩) 색정(索靖)이 죄를 지어 처음 종신금고형(終身禁錮刑)에 처해진 곳이 약수(弱水)인데, 나중에 사면을 받아 봉해지니 흉노의 한(汗)이 되어 흉노의 시조가 되었던 것이며, 서기전 650년경 이후에는 기자(箕子)의 작은 아들의 후손인 선우씨(鮮于氏)가 흉노의 왕이 되기도 하였고, 소호금천씨(少昊金天氏)의 후손인 김씨(金氏)가 왕이 되기도 하였던 것이다.

서기전 905년에 흉노가 단군조선에 조공을 바칠 당시에는 흉노왕(匈奴王)이 색정(索靖)의 후손일 가능성이 많은 것이 된다.

(4) 주(周) 나라를 정벌하다

서기전 902년 기미년(己未年)에 번한(番韓) 이벌(伊伐)이 상장(上將) 고력(高力)을 보내어 회국(淮國)의 군사와 함께 주나라를 정벌하였다.[224]

회국(淮國)은 서기전 1236년에 회대(淮岱)지역의 남쪽이 되는 회수(淮水) 유역에 세워진, 번조선(番朝鮮)의 관할에 속한 제후국으로서, 서기전 902년에 번한(番

---

223) 전계 한단고기 〈단군세기〉, 106쪽 참조
224) 전계 한단고기 〈태백일사/삼한관경본기〉, 225~226쪽 참조

韓)이 보낸 상장(上將) 고력(高力)과 함께 군사를 내어 주(周) 나라를 정벌한 것이다.

번조선(番朝鮮)이 주(周) 나라를 정벌한 이유는 아마도 천자국(天子國)에 지나지 않는 주나라가 천왕격의 번한(番韓)이 다스리는 번조선에 조공(朝貢) 등 예(禮)를 다하지 아니하였던 것으로 보인다.

서기전 902년은 주나라 제8대 고왕(考王)의 9년째 해가 되며, 고왕은 이름이 벽방(辟方)이라 불리는데 서기전 910년부터 서기전 895년까지 15년간 다스렸다.

(5) 주(周) 나라가 번한(番韓)에 조공하다

서기전 895년 병인년(丙寅年)에 주(周) 나라 이공(二公)이 번한(番韓) 아륵(阿勒)에게 조공을 바쳤다.[225]

주나라 왕 이공(二公)은 이왕(夷王)이라고 하며 이름은 섭(燮)이고, 서기전 895년부터 서기전 879년까지 16년간 재위한 왕이다. 이 이왕(夷王) 시대에 초(楚)나라가 왕(王, 天子)을 칭하였다. 주나라 시대에 제후국으로서 가장 먼저 왕을 칭한 나라가 초(楚)나라가 된다.

서기전 902년에 번조선(番朝鮮)이 주나라를 정벌한 이후, 주나라가 상국(上國)인 번조선(番朝鮮)에 예(禮)를 갖추어 조공(朝貢)을 한 것이 된다. 주나라의 왕인 천자(天子)는 단군조선 천왕(天王)의 제후가 되며, 천왕격에 해당하는 마한(馬韓)과 번한(番韓)의 아래 작위가 된다. 한(韓)은 삼한관경의 최고 비왕으로 천상(天上)의 왕(王)이며, 한(汗)은 한(韓) 아래의 군(君), 후(侯)에 해당하고 천하(天下)의 왕(王)인 소위 천자(天子)에 해당한다.

(6) 태자 등올(登屼) 즉위

서기전 875년 병술년(丙戌年)에 내휴(奈休) 천왕께서 붕하시고, 선대 마휴(摩

---

225) 전계 한단고기 〈태백일사/삼한관경본기〉, 225~226쪽 참조

休) 천왕의 맏아들인 태자 등올(登屼)이 즉위하였다.

태자 등올(登屼)은 내휴(奈休) 천왕의 맏아들이 아니라 내휴 천왕의 형(兄)인 마휴(摩休) 천왕의 맏아들이다. 즉 등올이 마휴 천왕 시절에 태자(太子)라는 신분을 가지고 있었던 것인지는 단정할 수 없으나, 마휴 천왕의 아우인 내휴(奈休)가 천왕의 대를 이을 태제(太弟)라는 신분을 가지고 있었던 것이 되는데, 등올이 이미 태자로 봉해지지 아니하였다라면 내휴가 마휴 천왕의 뒤를 이은 후 장조카 등올(登屼)을 대를 이을 태자(太子)로 봉하여 천왕 자리를 되돌려준 것이 된다.

시호는 열제(熱帝)이다.

31. 제31대 등올(登屼:昌帝) 천왕(天王)의 역사

(1) 삼권분립(三權分立)

서기전 873년 무자년(戊子年)에 조자문(曹子文)이 등올 천왕께 아뢰기를,

> "정치와 법률은 서로 밀접한 관계가 있으나, 행정관과 사법관은 각각 그 직책이 달라야 서로 권한을 빼앗지 않고 그래야만 정치와 법률이 명백하여 공정하게 시행될 것입니다"

하니, 천왕께서 옳다 하시며 입법, 사법, 행정을 각각 나누어 다스리니 정치와 법률이 공평하였다.[226]

입법(立法), 행정(行政), 사법(司法)은 서기전 3897년 배달나라 초기에 이미 정립되었던 제도이며, 단군조선도 배달나라의 삼권분립(三權分立) 제도를 계승하였던 것인 바, 이때에 이르러 다시 정비한 것이 된다.

---

226) 전계 단군조선 47대, 170쪽 참조

(2) 태평시대(太平時代)

서기전 859년 임인년(壬寅年)에 봉황(鳳凰)이 백악(白岳)에서 울고 기린(麒麟)이 와서 상원(上苑)에서 놀았다.[227]

봉황은 신령(神靈)스런 날짐승이며, 기린(麒麟)[228]은 신령(神靈)스런 길짐승이다. 봉황의 봉(鳳)은 봉황새 중에서 수컷이며 황(凰)은 암컷이다. 봉황은 머리에 벼슬을 달고 있는 신령스런 새로서 불사조(不死鳥)라고도 불린다. 서기전 2598년경 소호금천씨(少昊金天氏)는 벼슬이름을 새이름으로 정하였는데 봉황을 총리로 삼았던 것인 바, 후대에는 봉황이 왕(王)을 상징하는 것으로 된 것이다. 대한민국 대통령의 문장(紋章)이 봉황이다.

단군조선 시대부터 나타나는 삼족오(三足烏)는 머리에 벼슬이 있는 검은 새로서 흑봉황(黑鳳凰) 즉 검은 봉황이 된다.

백악(白岳)은 후기 단군조선의 수도가 있던 상춘(常春) 즉 백악산아사달(白岳山阿斯達)에 있는 산(山)이다. 백악산아사달은 아사달로서 백악산이 있는 곳을 나타내는 것이다.

기린(麒麟)은 초원지대에서 긴 목을 가지고 나뭇잎을 뜯어 먹고 사는 짐승으로서, 사슴(鹿)과 같은 무늬를 가진 큰 동물이다. 한편, 천리마(千里馬)를 가리키는 기린마의 기는 기(驥)이다.

(3) 추밀(鄒密) 즉위

서기전 850년 신해년(辛亥年)에 등올(登屼) 천왕께서 붕하시고 아들 추밀(鄒密)이 즉위하였다.[229]

---

227) 전게 한단고기 〈단군세기〉, 106쪽 참조
228) 단군조선의 화폐가 되는 소위 명도전(明刀錢)에 기린을 나타낸 글자가 있다.〈 전게 고조선 문자, 109~111쪽 참조〉

추밀은 등올 천왕의 태자(太子)가 아닌 다른 아들이 된다.

등올 천왕의 재위기간이 서기전 874년부터 서기전 850년까지 24년간인데, 이는 선대왕인 숙부(叔父) 내휴(奈休) 천왕이 재위한 것으로 인하였다고 보인다. 즉 등올 천왕의 선친인 마휴(摩休) 천왕의 재위기간이 34년간인데, 만약 등올이 태자로서 바로 즉위하였다면 내휴 천왕의 재위기간인 35년간을 합하여 59년간 재위한 것이 될 것이다.

내휴(奈休) 천왕 즉위 원년(元年)인 서기전 943년에 번조선의 번한(番韓) 누사(婁沙)가 태자(太子) 등올(登屼)과 소자(少子) 등리(登里) 형제에게 소위 형제가(兄弟歌)를 지어 바쳤는데, 이때 등올 태자가 약 20세라고 보면 서기전 963년경 탄생한 것이 되고, 천왕으로 즉위한 서기전 874년에는 약 90세가 되며, 붕하신 서기전 850년에는 약 114세가 된다.

시호는 창제(昌帝)이다.

32. 제32대 추밀(鄒密:宣帝) 천왕(天王)의 역사

(1) 선비(鮮卑)의 조공

서기전 847년 갑인년(甲寅年)에 선비산(鮮卑山)의 추장(酋長) 문고(們古)가 찾아와 공물을 바쳤다.[230]

선비산(鮮卑山)은 선비족(鮮卑族)이 사는 지역에 있는 산(山)이 된다.

선비(鮮卑)의 역사는 서기전 3897년 이전의 한국(桓國)시대가 되는 서기전 5000년경부터 12한국의 하나로서 이어져 온 것이 되는데, 특히 서기전 1622년에는 단군조선 제15대 대음(代音) 천왕이 아우 대심(代心)을 남선비(南鮮卑)의 대인

---

229) 전계 한단고기 〈단군세기〉, 106쪽 참조
230) 전계 한단고기 〈단군세기〉, 106~107쪽 참조

(大人)으로 봉하였던 것이며, 대대로 반역하지 않고 배달조선을 중앙조정으로 정통성을 이은 나라로서 받들었던 것이 된다. 남선비(南鮮卑)는 선비의 남쪽 지역을 가리키는 것이며, 단군조선에서 선비를 나누어 그 남쪽에 대인(大人)을 특히 봉한 것이 된다. 대인(大人)은 고대중국의 대부(大夫)에 해당하는 벼슬직책이 된다.

선비(鮮卑)는 구려(句麗)의 서쪽이자 몽고리(蒙古里)의 남쪽이며 흉노(匈奴)의 북쪽이자 견족(畎族, 犬戎)의 동쪽에 위치한 나라가 된다. 선비의 동쪽이 단군조선 삼한(三韓) 본국을 가리키는 동이(東夷)가 된다.

선비(鮮卑)를 선패(鮮稗) 또는 선백(鮮白)이라고도 하며, 통고사(通古斯, Tunggus)라고도 하는데, 통고사는 동호(東胡)의 다른 말로서, 결국 단군조선에 속한 백성이라는 말과 같은 것이 된다. 고대중국의 기록은 흉노(匈奴), 선비(鮮卑), 번조선을 경우에 따라 동호(東胡)로 기록한다.

(2) 초(楚)나라 사람이 단군조선 조정(朝廷)에서 벼슬하다

서기전 838년 계해년(癸亥年)에 초(楚)나라 대부(大夫) 이문기(李文起)가 조정(朝廷)에 들어와 벼슬을 하였다.231)

초(楚)나라는 양자강 중류지역을 중심으로 한 나라였는데, 적족(赤族, 南蠻)의 나라이며 전욱고양(顓頊高陽)의 아들이 여기에 봉해져 축융(祝融)이라 불렸고 그 후손이 서기전 1180년경에 주문왕(周文王)을 섬기고 서기전 1110년경 주나라 성왕(成王) 때 단양(丹陽)에 봉해졌다.

이후 서기전 890년경 주나라 이왕(夷王) 때에 초나라가 왕을 참칭하였다 하고, 서기전 741년에 초자웅거(楚子熊渠)라는 사람이 왕을 참칭하였다고 기록되고 있다. 초자(楚子)는 초나라의 제후인 자작(子爵)이라는 말이며, 웅거(熊渠)는 그 사람의 이름이다.

---

231) 전게 한단고기 〈단군세기〉, 106~107쪽 참조

서기전 838년에는 주나라가 약해져 가면서 초나라의 세력이 점점 커져가던 시대가 되는데, 주(周) 나라는 폐쇄정치를 하였던 하(夏)나라나 은(殷)나라와는 달리 단군조선과 그 백성들이 오고가는 왕래가 상대적으로 쉽고 자유로웠던 것이 된다.

단기고사(檀奇古史)에서는 주(周) 나라 또는 주나라 제후국 출신의 사람들이 단군조선 조정에 들어와 벼슬을 많이 한 것으로 기록되고 있기도 하다.

(3) 일식(日蝕)

서기전 837년 갑자년(甲子年) 봄 3월에 일식(日蝕)이 있었다.[232]

(4) 흉년(凶年)

서기전 835년 병인년(丙寅年)에 농사가 크게 흉작(凶作)이었다.[233]

단군조선 시대에는 흉년이나 천재지변을 대비한 구휼법(救恤法)이 시행되고 있었다. 참전계경(參佺戒經)에 천재지변의 순환(循環) 원리(原理)에 관한 가르침이 있으며, 이러한 천재지변에 대한 대책으로서의 구휼법도 준비하고 있었던 것이다.

(5) 태자 감물(甘勿) 즉위

서기전 820년 신사년(辛巳年)에 추밀(鄒密) 천왕께서 붕하시고 태자 감물(甘勿)이 즉위하였다.[234] 시호는 선제(宣帝)이다.

---

232) 전계 한단고기 〈단군세기〉, 106~107쪽 참조
233) 전계 한단고기 〈단군세기〉, 107쪽 참조
234) 전계 한단고기 〈단군세기〉, 107쪽 참조

33. 제33대 감물(甘勿:長帝) 천왕(天王)의 역사

(1) 주(周) 나라의 조공

서기전 818년 계미년(癸未年)에 주(周) 나라 사람이 와서 호랑이와 코끼리 가죽을 바쳤다.[235]

이때 주나라 왕은 제11대 선왕(宣王)이며 이름은 정(靜)이고, 서기전 828년부터 서기전 782년까지 46년간 재위하였다.

단기고사(檀奇古史)에서는 주나라 사람 한직(韓直)이 호랑이 가죽과 코끼리 가죽을 많이 가져와 천왕께 바쳤다라고 기록하는데, 이 한직은 주나라 초기에 제후로 봉해졌던 한씨(韓氏) 집안 사람이 된다. 한씨는 주나라 초중기에 거의 망하여 제후국 대열에서 사라졌는데, 서기전 403년에 조(趙)나라와 위(魏)나라와 함께 진(晋)나라를 나누어 독립하여 한(韓)나라가 되었으며, 한나라 출신으로 한비자(韓非子)가 유명하다.

(2) 삼성사(三聖祠) 건립

서기전 813년 무자년(戊子年)에 감물 천왕께서 영고탑(寧古塔) 서문 밖 감물산(甘勿山) 밑에 삼성사(三聖祠)를 세우고 친히 제(祭)를 올렸다.[236]

이때 맹서하여 올린 서고문(誓告文)의 글이 있다.

> "삼성(三聖)의 존귀하심은 삼신(三神)과 함께 그 공을 나란히 하시며, 삼신(三神)의 덕(德)은 삼성(三聖)에 의하여 더욱 크시도다! 텅빈 것과 속이 있는 것은 같은 몸이며, 낱과 모두는 하나로 같도다! 지혜와 삶을 함께 닦고, 형체와 영혼은 함께 움직여 가도다! 참된 가르침은 이에 서고 믿음은 오래오래 스스로 밝도다! 그 기세를

---

235) 전게 한단고기 〈단군세기〉, 107~108쪽 참조
236) 전게 한단고기 〈단군세기〉, 107~108쪽 참조

이어 존중하고, 빛을 돌이켜 몸을 돌아보면, 저 백악(白岳)은 만고(萬古)에 하나같이 푸르리리! 열성(列聖)께서 이어 문명를 짓고 예약을 일으키니 근 본보기는 이로써 크며, 도(道)와 술(術)은 깊고 크나니, 하나를 잡으면 셋이 포함되고, 셋을 모으면 하나로 돌아가도다! 크게 하늘의 계율을 펴서 영원히 세세토록 법으로 삼으리로다!

(三聖之尊與神齋功 三神之德因聖益大 虛粗同體個全一如 智生雙修形魂俱衍 眞敎乃立信久自明 承勢以尊回光反躬 截彼白岳萬古一蒼 列聖繼作文興禮樂 規模斯大道術淵宏 執一含三會三歸一 大演天戒永世爲法)"237)

영고탑(寧古塔)은 단군조선 시대에 본궁(本宮)에 화재(火災) 등 천재지변이나 변란(變亂)이 생겼을 때 잠시 피하던 이궁(離宮) 즉 별궁이었다.

영고탑 서문 밖에 감물산(甘勿山)이 있고, 이 감물산 밑에 한인(桓因), 한웅(桓雄), 단군왕검(檀君王儉, 桓儉)을 모신 삼성사(三聖祠)를 세우고서, 감물(甘勿) 천왕께서 친히 제(祭)를 올린 것이다. 이 감물산(甘勿山)과 감물(甘勿) 천왕의 휘자(諱字)가 관련이 있는 듯하다. 즉 감물산에 삼성사를 세운 것으로 인하여 감물이라 시호를 올린 것으로 보이는 것이다.

서고문(誓告文)은 하늘에 맹서하여 올리는 글이라는 말이다. 여기 감물산(甘勿山) 삼성사(三聖祠) 서고문(誓告文)은 삼신(三神)과 삼성(三聖)의 은덕(恩德)을 찬양하고 그 뜻을 받들어 하늘의 계율(戒律)을 법(法)으로 삼겠다는 맹서(盟誓)를 담고 있다.

한편, 서기전 1285년에 후기 단군조선을 시작한 제22대 색불루(索弗婁) 천왕이 마한(馬韓) 여원흥(黎元興)으로 하여금 백두산 제천단에서 대독(代讀)하게 한 소위 백두산서고문(白頭山誓告文)은 색불루 천왕이 선대 천왕의 대를 잇고 그 정통성을

---

237) 전계 한단고기 〈단군세기〉, 107~108쪽 참조

이어 나라를 다스릴 것을 맹서하는 내용을 담고 있다.

(3) 태자 오루문(奧婁門) 즉위

서기전 796년 을사년(乙巳年)에 감물(甘勿) 천왕께서 붕하시고 태자 오루문(奧婁門)이 즉위하였다.[238] 시호는 장제(長帝)이다.

34. 제34대 오루문(奧婁門:遂帝) 천왕(天王)의 역사

(1) 도리가(兜里歌) - 풍년 축가(祝歌)

서기전 795년 병오년(丙午年)에 오곡(五穀)이 풍성하게 익어 백성들 모두가 기뻐하며 도리가(兜里歌)를 지어 불렀다. 그 가사는 다음과 같다.

하늘에는 아침 해 솟아, 밝은 빛으로 비추어 빛나고,
나라에는 거룩한 분 계시어, 덕의 가르침은 널리 퍼지네!
큰 땅 나라 우리 배달, 거룩한 조정으로,
많고 많은 사람마다, 가혹한 정치 보지 못하네!
빛나게 밝게 노래하며 길이길이 태평하리!

(天有朝暾 明光照耀 國有聖人 德敎廣被 大邑國我倍達聖朝 多多人不見苛政 熙皞歌之 長太平)

도리가는 "드리 노래"라는 소리를 나타낸 이두식 표기로서, 드리는 노래, 바치는 노래 즉, 헌가(獻歌)를 가리킨다.

---

238) 전게 한단고기 〈단군세기〉, 108~109쪽 참조

도리가는 공수(貢壽), 공수(供授), 두열(頭列), 조리(朝離), 주리(侏離), 도솔(都率) 등으로 불리는데, 모두 "바침, 받드리, 드리"라는 말을 나타낸 이두식 표기가 된다.

(2) 두개의 태양과 누런 안개

서기전 786년 을묘년(乙卯年)에 두개의 해가 나란히 뜨더니 누런 안개가 사방에 그득했다.[239]

두개의 태양이 나란히 떴다라는 것과 누런 안개가 사방에 그득했다라는 기사가 당시의 실제 상황이었던 것이 되는데, 이는 태양과 그 외 태양과 같이 밝은 천체가 출현한 것으로 보면 혜성이 출현하였던 것이 아닌가 하며, 누런 안개는 현 시대에도 종종 일어나는 황사(黃砂)현상을 가리키는 것이 틀림없다.

(3) 태자 사벌(沙伐) 즉위

서기전 773년 무진년(戊辰年)에 오루문(奧婁門) 천왕께서 붕하시고 태자 사벌(沙伐)이 즉위하였다.[240] 시호는 수제(遂帝)이다.

35. 제35대 사벌(沙伐:孝帝) 천왕(天王)의 역사

(1) 황충(蝗蟲) 피해와 홍수

서기전 767년 갑술년(甲戌年)에 황충(蝗蟲)의 피해와 홍수가 있었다.[241]

황충(蝗蟲)은 누리라고 하는데, 들판의 벼 등 곡식을 먹어 치우는 메뚜기의 일종이 된다. 단군조선의 화폐가 되는 소위 명도전(明刀錢)에 메뚜기의 원어가 되는 말

---

239) 전게 한단고기 〈단군세기〉, 109쪽 참조
240) 전게 한단고기 〈단군세기〉, 109쪽 참조
241) 전게 한단고기 〈단군세기〉, 109~110쪽 참조

로서 "메도괴"라고 읽을 수 있는 글자가 새겨져 있기도 하다.242) 세종대왕 때에는 메뚜기를 "멧독"이라고 적고 있다. 한편, 메는 벼(禾, 稻)를 가리키는 말이기도 하다.

(2) 범(호랑이)이 궁전에 들어오다

서기전 759년 임오년(壬午年)에 범(虎)이 궁전(宮殿)에 들어왔다.243)

이때 궁전은 백악산아사달 즉 상춘(常春)에 있는 수도의 궁전인데, 호랑이가 들어 왔다는 것은 단순한 사건일 수도 있으나 앞으로 반란(叛亂) 등 변란(變亂)이 있을 것임을 미리 알려주는 사건으로도 여겨질 수 있는 것이 된다.

실제 이 이후로 서기전 723년에 사벌(沙伐) 천왕께서 장군 언파불합(彦波弗哈)을 보내어 삼도(三島)에 있는 웅습(熊襲, 구마모또)의 난(亂)을 평정하게 하였다는 기록을 보면, 이때부터 지금의 일본 땅에 변란이 예견되고 있었던 것이 된다.

범(虎)을 호랑이라고도 하는데, 호랑이는 원래 범과 이리라는 한자말인 호랑(虎狼)에서 나온 것이 된다. 범을 사나이 취급하여 호랑(虎郎)이라는 말에서 나왔다라고도 할 수 있겠으나, 호랑의 랑(狼)은 이리라는 뜻보다는 얌전하지 아니한 사나운 동물을 가리키는 일반명사로 보면 될 것이다. 한편, 낭패(狼敗)를 당하다라는 말은 이리나 늑대에게 공격을 당하여 피해를 입었다는 뜻이 된다244).

(3) 주(周) 나라 왕 의구(宜臼)가 사신을 보내 신년하례(新年賀禮)를 올리다

서기전 753년 무자년(戊子年)에 주나라 왕 의구(宜臼)가 사신을 보내어 마조선(馬朝鮮)의 마한(馬韓) 사우(斯虞)에게 신년하례(新年賀禮)를 올렸다.245)

---

242) 전게 고조선 문자, 129쪽 참조
243) 전게 한단고기 〈단군세기〉, 109~110쪽 참조
244) 狼敗라는 말은 원래 狼狽(낭패)에서 와전되어 사용되는 말이라고 보이는데, 이 狼狽라는 짐승은 다리가 온전치 못하여 서로 의지하지 아니하면 걷지 못하는바, 여기서 낭패를 당하다는 말은 곤란한 상황에 빠진 딱한 처지를 뜻한다.

주나라 왕 의구(宜臼)는 제13대 평왕(平王)이며, 서기전 770부터 서기전 720년까지 50년간 재위하였으며, 수도를 낙읍(洛邑) 즉 낙양(洛陽)에 두어 동주(東周)시대의 첫 왕이 되었다. 즉 이때부터 소위 주나라 춘추시대(春秋時代)가 시작되었다.

춘추시대란 주나라 조정(朝廷)의 세력이 약해지고 제후국들이 패권을 다투던 시대로서, 공자(孔子)가 춘추(春秋)라는 역사서를 집필한 데서 나온 말이 된다.

주나라 왕인 의구가 마한에게 신년하례를 올렸다는 기록은 주(周) 나라의 왕인 천자(天子)는 마한(馬韓)의 아래 직책에 해당하는 것임을 단적으로 나타내 주는 것이 된다. 단군조선의 마한은 천왕의 비왕으로서 천왕격의 임금이 되어 일반적인 천군(天君)보다도 위가 된다. 천군(天君) 저 아래에 일반적인 하늘의 제후인 천자(天子)가 있다.

(4) 웅습(熊襲)의 난을 평정하다

서기전 723년 무오년(戊午年)에 사벌 천왕께서 장군 언파불합(彦波弗哈)을 보내어 해상(海上)의 웅습(熊襲)을 평정하였다.246)

언파불합은 소위 일본의 초대 천황인 신무왕(神武王)247)의 아버지가 되는데, 이때 언파불합은 단군조선의 장수로서 파견되어, 지금의 일본 땅인 구주(九州, 큐슈)의 웅습(熊襲, 熊本, 구마모또)에서 일어난 반란을 진압하였던 것이 된다.

해상(海上)은 바다 가운데를 가리키는 말로서, 당시 단군조선으로 볼 때는 지금의 일본 땅이 바다 가운데에 있었던 땅인데, 지금의 일본 땅을 삼도(三島)라고도 불렀는데 삼도란 세 개의 큰 섬으로서 구주(九州), 본주(本州), 북해도(北海道)를 총칭

---

245) 전게 한단고기 〈태백일사/삼한관경본기〉, 213쪽 참조
246) 전게 한단고기 〈단군세기〉, 109~110쪽 참조
247) 일본 왕조의 실질적인 시조가 되는 신무왕이 즉위하는 역사적 배경을 철저히 연구하여 신무왕의 정체성을 정립할 필요가 있다.

한 것이 된다.

　언파불합은 당시의 역사적 정황으로 보면 구주(九州)의 웅습을 평정한 후 협야(陜野)라는 땅에 제후로 봉해졌던 것으로 된다. 이리하여 서기전 667년에 언파불합의 큰 아들이 되는 도반명(稻槃命)이 협야후(陜野侯)로서, 삼도(三島)의 난을 평정하였던 것이며, 이 협야의 무리 중에 도반명의 막내아우인 반여언(磐余彦)이 서기전 660년에 천황을 참칭한 신무(神武)인 것이다.

(5) 연(燕)나라와 제(齊)나라를 정벌하다

　서기전 707년 갑술년(甲戌年)에 사벌 천왕께서 조을(祖乙)을 파견하여 바로 연(燕)나라의 수도를 뚫고 나가 제(齊)나라 군사와 임치(臨淄)의 남쪽 교외에서 전쟁하였는데, 승전하였음을 알려 왔다.[248]

　연(燕)나라의 수도는 보통 계(薊)라고 하는데, 이때 연나라[249]의 수도는 안(安) 또는 이(易)가 되며, 모두 지금의 북경의 서남쪽에 위치하고, 또한 위수(渭水)가 되는 탁수(涿水)의 서남쪽에 위치한 것이 된다. 여기서 안(安)은 지금의 안국시(安國市)가 되고 이(易)는 안국시의 북동쪽에 위치한 지금의 이현(易縣)이 될 것이다.

　연(燕)나라는 주나라의 제후국으로서 처음에는 황하 유역에 있던 은(殷)나라의 연(燕) 땅이었으나, 주나라가 시작되면서 무왕(武王)의 아우인 소공(召公)이 봉해진 나라로서 연(燕)이라는 이름을 피하여 언(匽)이라고 하였으며, 이후 삼감(三監)의 난을 평정하면서 황하 이북의 북쪽으로 옮기었던 것이고, 후대에 수도가 안이(安易)인 것이며 다시 계(薊)라고 기록되는 것이 된다.

　주나라의 제후국인 연(燕)나라의 국명은 주나라 시대에는 줄곧 언(匽 ,偃) 또는

---

248) 전게 한단고기 〈단군세기〉, 109~110쪽 참조
249) 역사적으로 주나라의 제후국인 연나라는 단군조선의 번한과 고죽국, 구려국, 기후국과 동, 북으로 연접한 나라가 되는 바, 특히 단군조선과의 시기별 국경문제와 연나라의 수도 및 고죽국의 수도에 관한 연구정립이 필요하다.

안(晏, 安)으로 불렸던 것이 되고, 진(秦)나라 때에 연(燕)으로 다시 고쳐진 것이 된다. 그래서 연(燕) 소공(召公) 석(奭)이 황하 북쪽에 수도를 정한 곳이 안(安)이라는 땅으로서 지금의 안국시(安國市)로 추정된다.

서기전 650년경에 고죽국이 연나라와 제나라의 합공으로 망한 것이 되는데 이때 경에 연나라가 수도를 안(安)에서 북동의 이(易)로 옮긴 것으로 보이며, 서기전 323년에 연나라 이왕(易王 또는 역왕)이 칭왕을 하고, 서기전 226년경 연(燕)나라가 진(秦)나라에 수도를 함락당하여 연희왕(燕喜王)이 요동(遼東)으로 가서 수도를 삼은 곳이 지금의 북경(北京)으로서 계(薊)라고 불린 것이 된다. 이때 요수(遼水)는 북경의 서남으로 흐르는 대요수(大遼水)로서 지금의 영정하(永定河)가 된다.

고죽국의 수도는 영지성(永支城)의 남동쪽에 위치하는데, 영지성은 서기전 2301년에 축조된 단군조선의 번한 요중 12성의 하나로서 위수(渭水)가 되는 탁수(涿水)의 상류지역에 위치하는데, 그리하여 고죽국의 수도 고죽성(孤竹城)은 천진(天津)의 서북쪽이나 서쪽으로서 영지성의 남동쪽이 되는 탁수의 중류 또는 하류지역이 되는 것이다.

단군조선의 군사가 연나라 서울이 되는 안(安) 또는 이(易)를 뚫고 남하하여 제나라의 수도인 임치(臨淄)의 남쪽 부근에서 제나라 군사와 전쟁을 하여 승전하였던 것인데, 임치는 산동반도의 북부가 되는 황하 하류 부근에 위치하며, 당시 임치의 주위에는 단군조선의 제후국이 현존하고 있었던 것이 된다.

은주(殷周)나라 시대에 산동지역에서 제나라 주변에 있던 단군조선의 제후국은 내륙8이(夷)라 불리는 남(藍), 엄(淹), 서(徐), 회(淮), 래(萊), 개(介), 양(陽), 우(隅) 등의 나라이며, 이중에서 서국(徐國)은 서기전 1236년에 봉해져 서기전 512년에 오나라에 멸망하였고, 회국(淮國)은 서기전 1236년에 봉해져 서기전 221년에 진시황(秦始皇) 때 망하여 흡수되었다.

그 외 산동반도에 있던 래(萊), 개(介), 양(陽), 우(隅)는 제(齊)나라에 흡수된 것이 되고, 태산(泰山) 주변과 그 남쪽에 위치하였던 남(藍)과 엄(淹)은 노(魯)나라와 제

(齊)나라에 흡수된 것으로 된다.

(6) 태자 매륵(買勒) 즉위

서기전 705년 병자년(丙子年)에 사벌 천왕께서 붕하시고 태자 매륵(買勒)이 즉위하였다.[250]

시호는 효제(孝帝)이다.

36. 제36대 매륵(買勒:夙帝) 천왕(天王)의 역사

(1) 흉노가 번한에 조공하다

서기전 703년 무인년(戊寅年)에 흉노(匈奴)가 번조선(番朝鮮)의 번한(番韓) 엄루(奄婁)에게 사신을 파견하여 천왕(天王)을 알현할 것을 청하여 신하로 봉함을 받고, 조공(朝貢)을 하고 돌아갔다.[251]

흉노(匈奴)는 열양(列陽) 욕살(褥薩)로서 죄를 지어 약수(弱水)지역에 종신금고형(終身禁錮刑)에 처해졌다가 제후(諸侯)로 봉해진 색정(索靖)의 후손으로서 단군조선의 한 부족(部族)이 된다.

흉노가 단군조선 제36대 매륵(買勒) 천왕을 알현할 것을 번한(番韓)에게 간청하면서 조공을 바친 것인데, 이에 번한 엄루가 흉노를 신하로 삼고 조공을 받았던 것이다. 흉노는 원래 단군조선의 한 부족으로서 자치세습 제후국에 해당하였는데, 후대에 흉노가 독립을 하다시피하면서 독자적으로 세력을 키우다가 이때에 이르러 번한(番韓)에게 조공을 하면서 신하(臣下)의 나라로 속하게 된 것이 된다.

후대 전국(戰國)시대에 흉노의 왕으로는 서기전 1120년 단군조선에 망명한 소

---

250) 전게 한단고기 〈단군세기〉, 109~110쪽 참조
251) 전게 한단고기 〈태백일사/삼한관경본기〉, 225~226쪽 참조

위 기자(箕子)의 작은 아들 집안인 선우씨(鮮于氏)가 있고, 전국시대 말기에서 진한(秦漢)시대에는 소호금천씨의 후손이 되는 김씨(金氏)도 있었는데, 특히 흉노 휴도왕(休屠王)의 아들이던 김일제(金日磾)가 서기전 121년에 한무제(漢武帝)에게 투항하여 산동(山東)지역에 투후(秺侯)로 봉해졌으며, 그 후손들이 한(漢) 나라에 염증을 느끼고 대거 한반도의 남부지역으로 건너와 서기 42년에 6가야(伽倻)를 건국하는 세력이 되었다.

흉노(匈奴)는 서기전 90년경까지도 한(漢) 나라를 위협하는 존재가 되었다.

(2) 지진과 해일

서기전 677년 갑진년(甲辰年)에 지진(地震)과 해일(海溢)이 있었다.252)

지진(地震)이 일어난 장소와 해일(海溢)이 일어난 바다가 어디인지는 불명하나, 단군조선의 중앙조정(中央朝廷)인 진한(眞韓)조에 기록된 것으로 보아, 지진은 백두산 일대일 것으로 보이고, 해일은 바다 속의 화산활동 또는 육지의 함몰로 인하여 생기므로 진한의 남해(南海)가 되는 지금의 요동반도 남쪽이나, 동해(東海)로서 지금의 울릉도나 독도 부근에서 발생하였을 가능성이 많다고 본다.

물론 진조선의 인근지역이 되는 마한이나 번한 지역일 가능성을 배제할 수는 없으며, 당시 단군조선의 제후국들이 있던 곳으로서 삼도(三島)라 불리는 지금의 일본 땅일 수도 있는 것이 된다.

(3) 다리가 8개 달린 송아지 출생

서기전 673년 무신년(戊申年)에 서촌(西村)에 있는 민가(民家)에서 소가 다리 여덟 개 달린 송아지를 낳았다.253) 여기서 서촌(西村)은 단군조선의 수도가 되는

---

252) 전계 한단고기 〈단군세기〉, 110~111쪽 참조
253) 전계 한단고기 〈단군세기〉, 110~111쪽 참조

백악산아사달을 기준으로 한 서촌으로서 상춘 궁전(宮殿)의 서쪽에 위치한 마을이 된다.

다리가 여덟 개 달린 송아지는 다리의 수가 다리가 4개 달린 보통 송아지의 곱절이나 되는데 정상적인 것이 아니라서 이상현상이 발생한 것이 된다. 길조(吉兆)인지 흉조(凶兆)인지는 기록 자체에서는 알 수 없다.

(4) 용마(龍馬) 출현

서기전 670년 신해년(辛亥年)에 용마(龍馬)가 천하(天河)에서 나왔는데 등에는 별무늬가 있었다.[254]

용마는 용(龍)처럼 신령스런 말을 가리키며, 천하(天河)는 하늘의 강으로서 당시 단군조선의 수도가 있는 강이며 위치상으로 지금의 송화강이 될 것이다.

용마(龍馬)의 등에 별무늬가 있었다는 것은 용마가 하늘의 기운을 타고난 말임을 나타내고 있다.

서기전 3500년경 배달나라 한웅의 아들 태호복희(太皓伏羲)는 천하(天河)에서 하도(河圖)를 얻고서 8괘역(卦易)을 만들었다 하고, 후대에 하(夏)나라 시조가 된 우(禹)는 서기전 2267년경에서 서기전 2224년 사이에 낙수(洛水)에서 소위 낙서(洛書)를 얻었으며 소위 주문왕팔괘도(周文王八卦圖)가 여기서 나왔다 하는 바, 여기의 천하(天河)는 배달나라의 천하로서 지금의 황하(黃河)를 가리키고, 낙수(洛水)는 중원 땅에 있는 황하의 남쪽에서 합류하는 지류가 된다.

용마(龍馬)의 등에 새겨진 별무늬는 별자리 그림을 가리키는 것이 되는데, 서기전 1935년에 천하(天河)에서 나온 신구(神龜)의 등판에 그려진 그림이 윷놀이판과 같았다라고 한 것과 상통한다.

원래 윷놀이판에 새겨진 28개의 점이 28수(宿)로서 별자리인 것이며, 북두칠성

---

254) 전게 한단고기 〈단군세기〉, 110~111쪽 참조

(北斗七星)이 회전하는 모양을 동서남북의 사방(四方)으로 나누어 펼친 그림이기도 하다.

윷놀이판의 그림은 곧 한역(桓易)으로서 조주석야(朝晝夕夜)의 4시(時), 7요일(曜日) 4주(週) 28수(宿), 춘하추동(春夏秋冬)의 4계(季), 동서남북(東西南北)의 4방(方), 음양오행(陰陽五行)의 순환상생원리(循環相生原理)의 역을 나타내고 있는 것이며, 마고(麻姑), 한국(桓國), 배달나라(檀國), 단군조선(檀君朝鮮)의 정치행정제도(政治行政制度)를 나타낸 것이기도 하다.

태호복희가 천하에서 얻었다는 소위 하도(河圖)는 태호복희 이전의 배달나라 초기에 사용되던 역(易)으로서 동서남북에 배당한 음양(陰陽) 및 수리(數理)가 된다. 즉 북쪽은 양1 음6, 남쪽은 음2 양7, 동쪽은 양3 음8, 서쪽은 음4 양9, 중앙은 양5 음10을 배치하고 있는 그림이 된다. 이 하도(河圖)에서는 방향의 순서가 북남동서중(北南東西中)으로 배정되고 있다.

태호복희가 창안하였다는 3연(連) 3절(絶)의 8괘역은 곧 태호복희8괘역으로서 건태리진곤간감손(乾兌離震坤艮坎巽)의 괘(卦)가 되는데, 처음 무극(無極)에서 음양(陰陽)의 태극(太極)이 나오고 이 태극에서 사상(四象)이 나오며 다시 8괘(卦)가 나온 것이 된다.

하(夏)나라 시조가 된 우(禹)가 낙수(洛水)에서 얻은 소위 낙서(洛書)는 이전의 배달나라 역(易)으로서 동서남북중과 북동 남동 남서 북서에 배당된 음양(陰陽) 및 수리(數理)가 된다. 즉 북쪽은 양1, 북동쪽은 음8, 동쪽은 양3, 남동쪽은 음4, 남쪽은 양9, 남서쪽은 음2, 서쪽은 양7, 북서쪽은 음6, 중앙은 5를 배치하고 있는 그림이 된다. 이 낙서에서는 1,3,9,7의 방향은 태양이 도는 방향이 되고, 2, 4, 8, 6,의 방향은 지구가 도는 방향이 된다. 이러한 수의 배치는 가로, 세로와 대각선으로 각 세 가지 수의 합이 15가 되는 소위 마방진(魔方陣)이 된다.

낙서(洛書)에서 나왔다는 소위 주문왕팔괘도(周文王八卦圖)는 그 8괘의 배치가 태호복희 8괘역의 배치도와는 다른데, 북동쪽의 간괘(艮卦)와 남동쪽의 손괘(巽卦)

의 방향만 일치하고 나머지는 시간의 흐름에 따른 순행방향의 태호복희팔괘역의 괘를 따르지 않고 방향을 틀어 놓은 것이 된다.

태호복희8괘역은 음양(陰陽) 사상(四象) 팔괘(八卦)의 역으로서 오행(五行)의 원리와는 바로 상통하지 않는 것이 되는데, 태호복희8괘역은 곧 음양(陰陽)이 분화되어 생긴 음양의 조합(調合)이 되는 것이며, 한편 주문왕팔괘역은 태호복희팔괘역의 8괘를 오행의 원리와 혼잡하여 적용한 것이 되는데, 소위 오행(五行)은 음양(陰陽)의 태극(太極)에서 나온 중(中)이 되는 물(水)의 소음(少陰)과 불(火)의 소양(少陽)에다 다시 중(中)이 되는 목금토(木金土)의 세 가지가 합쳐진 다섯가지 요소로 이루어진 것이 된다.

여기서 태호복희8괘역의 8괘는 건태리진곤간감손(乾兌離震坤艮坎巽)으로서 각 그 괘가 배치되는 방향이 수목화토금(水木火土金)의 오행(五行)의 방향과 일치하지 않는데, 이는 수목화토금이 원래 음양에서 나온 중(中)으로서 태호복희역255)으로 보면 소음과 소양과 다시 중에 해당하는 소음과 소양과 중으로 이루어져 있기 때문이 된다.

즉 오행(五行)은 오행성(五行星)의 기(氣)를 가리키는데, 음양(陰陽)에 해당하는 해달(日月)과 대비하여 중(中)에 해당하는 별(星)이 되기 때문이다. 태호복희8괘역의 건태리진곤간감손의 괘는 음양에서 다시 음양으로 분화된 사상(四象)에서 다시 음양으로 분화되어 불어난 것이다.

그리하여 태호복희8괘역은 음(陰)과 양(陽)에서 음음, 음양, 양양, 양음의 사상(四相)이 되고 다시 음음음(陰陰陰), 음음양, 음양음, 음양양, 양양양(陽陽陽), 양양음, 양음양, 양음음의 팔괘(八卦)8괘로 세분화된 것이 된다.

한편, 오행(五行)은 해달(日月)의 음양(陰陽)에서 생긴 별(星)이 중(中)이 되는데, 이 중(中)에서 나온 음양중(陰陽中)이 분화되어 생긴 중음(中陰), 중양(中陽)과 다

---

255) 태호복희8괘역의 원리에 관한 정확하고도 심도있는 철학적 연구가 필요하다.

시 중중(中中)에서 생긴 중중음(中中陰), 중중양(中中陽), 중중중(中中中)이 합해진 즉 중음, 중양, 중중음, 중중양, 중중중의 5가지 오행(五行)이 되는 것이다.

　여기서 중음(中陰)은 물(水)로서 태호복희역에서는 음양음(陰陽陰)의 소음(少陰)이 되며, 중양(中陽)은 불(火)로서 양음양(陽陰陽)의 소양(少陽)이 되고, 중중음(中中陰)은 목(木)이며, 중중양(中中陽)은 금(金)이고, 중중중(中中中)은 토(土)가 되는 것이다.

　이리하여 태호복희8괘역은 각 건태리진곤간감손 즉 하늘(乾), 화산(火山), 불(火), 벼락(震), 땅(坤), 산(山), 물(水), 바람(風)을 나타내며, 오행(五行)은 물(水), 나무(木), 불(火), 땅(土), 금(金)을 나타내어 서로 대응되는 성질을 지닌 요소는 물(水), 불(火), 땅(土, 坤)이 되는데, 그 배치되는 방향이 달라 일치하지 아니하는 것이다. 한편, 건(乾, 하늘)괘는 원래 태양(太陽)

태조복희8괘역도

을 나타내는 괘로서 기(氣)의 원천이 되는데, 태호복희8괘역에서 건괘는 태양의 괘이기도 하다. 특히 태호복희팔괘역의 곤(坤)은 땅이라는 글자이나 태음(太陰)으로서 달(月)을 가리키는 것이 되어, 오행(五行)에서 토성(土星)의 기(氣)를 가리키는 토(土)와는 차이가 있는 것이 된다.

　따라서, 태호복희8괘역의 배치도를 바꾸어 오행의 방향과 혼잡하여 놓은 소위 주문왕팔괘도는, 간손(艮巽)괘 외에는 시간의 흐름에 따른 순행(順行)의 역(易)도 아닌 것이 되고, 수화(水火) 외에는 오행(五行)의 원리에도 맞지 아니하는, 억지로 혼잡하여 끼워 맞춘 역(易)이 되어 순행역(順行易)의 반역(反逆)이라 할 수 있는 것이다.

(5) 삼도(三島)의 난(亂) 평정

　서기전 667년 갑인년(甲寅年)에 협야후(陜野侯) 배반명(裴槃命)을 보내어 해상

(海上)의 도적을 토벌케 하였는데, 마조선(馬朝鮮)의 마한(馬韓) 궁홀(弓忽)이 협야 후에게 명하여 전선(戰船) 500척을 이끌고 가서 왜(倭)의 반란을 평정하도록 하였으며, 12월에 삼도(三島)가 모두 평정되었다.[256]

협야후(陜野侯)는 협야(陜野)에 봉해진 제후(諸侯)를 가리키는데, 단군조선 후기에 지금의 일본 땅 구주(九州, 큐슈)에 협야라는 지명이 있었던 것이며, 이곳에 단군조선의 장수이던 언파불합(彦波弗哈)이 서기전 723년경에 웅습(熊襲)의 반란을 진압한 공로로 제후로 봉해졌던 것이 되고, 이 언파불합의 아들이 배반명(裵槃命, 稻飯命)이 되는 것이다.

배반명(裵槃命)은 일본서기(日本書紀)에 기록된 도반명(稻飯命)과 동일인물이며, 언파불합의 장자(長子)로서 협야후를 세습하였던 것이 되고, 배반명의 막내아우가 반여언(磐余彦)으로서 일본서기에서 서기전 660년에 초대 천황(天皇)이라 기록된 소위 신무(神武)가 된다. 역사적으로 신무왕(神武王)은 서기전 660년에 단군조선을 반역하여 천황이라 참칭(僭稱)하며 단군조선의 질서에서 이탈(離脫)한 자가 된다.

삼도(三島)는 지금의 일본 땅의 세 섬을 가리키는데, 구주(九州, 큐슈), 본주(本州, 혼슈), 북해도(北海島, 홋카이도)가 된다. 그리고 본주의 남쪽에 사국(四國)이라는 섬이 있기는 하나 삼도에서는 별도로 칭하지 않은 것이 된다.

서기전 667년 12월에 삼도의 반란이 협야후 배반명이 이끄는 군사에 의하여 진압이 되었으나, 이후 반여언(磐余彦, 神武)이 다른 형제들이 모두 사망한 것을 기회로 삼아 천황(天皇)을 참칭(僭稱)한 것이 되는데, 이러한 신무(神武)를 단군세기에서는 협야노(陜野奴)라 하여 반역자로 기록하고 있다. 아마도 신무가 다른 형제들을 모두 살해하여 바다에 빠뜨린 것으로 보인다.

---

256) 전게 한단고기 〈단군세기〉, 110~111쪽 참조

(6) 제(齊)나라의 단군조선 제후국 침공

서기전 665년 제(齊)나라 환공(桓公)이 영지국(永支國), 고죽국(孤竹國)을 정벌하였다라고 고대중국의 기록에서 적고 있다.

서기전 770년부터 주나라는 소위 춘추시대가 시작되는데, 서기전 679년부터 제(齊)나라 환공(桓公)이 패자(覇者)가 되어 서기전 668년에 단군조선의 직할 제후국이던 서국(徐國)을 병합하고, 서기전 666년에 위(衛)나라를 침공하고 서기전 665년에 영지국(永支國)과 고죽국(孤竹國)을 침공한 것이 된다.

춘추시대의 첫 패자 제나라 환공이 19년인 서기전 668년에 산동지역의 서산(徐山)을 수도로 한 단군조선의 제후국이던 서국(徐國)을 병합하였다가 이후 부흥을 시도하자 서기전 526년에 정벌하였던 것이며, 결국 서국은 서기전 512년에 오(吳)나라 합려왕에게 망함으로써 서기전 1236년부터 서기전 512년까지 725년이라는 긴 역사를 남긴 채 역사 속에서 사라졌다.

영지국(永支國)은 단군조선 번한(番韓)의 요중(遼中) 12성(城) 중 하나인 영지성(永支城)으로서 일개 성(城)에 지나지 아니하나, 고대중국 기록에서는 나라(國)로 기록되고 있어 제후국에 버금가는 세력을 갖춘 것이 된다. 보통 성(城)의 책임자인 성주(城主)는 주로 지방장관인 욕살(褥薩)이 되나 대부(大夫)에 해당하는 직(職)이나 제후(諸侯)가 봉해지는 경우도 있다. 제후가 봉해지는 경우는 국(國)이 된다.

고죽국(孤竹國)은 단군조선의 군국(君國)이며, 서기전 2267년 도산회의(塗山會議)에서 순(舜)임금이 서기전 2284년경에 임의로 설치하였던 유주(幽州)를 폐하고 봉한 나라가 되는데, 서기전 2224년에 시작된 하(夏)나라 이전부터 존속하여 서기전 650년경에 연나라와 제나라의 침공으로 망한 것으로 되어 약 1,600년을 존속한 나라가 된다.

(7) 연(燕)나라 정벌과 제(齊)나라의 구원

서기전 653년 무진년(戊辰年)에 매륵(買勒) 천왕께서 군사를 보내어 수유(須臾)의 군대와 함께 연(燕)나라를 정벌케 하였더니, 이에 연나라 사람이 제(齊)나라에 위급함을 알리자 제나라 사람들이 크게 일어나 고죽(孤竹)에 쳐들어 왔으나, 우리의 복병(伏兵)에 걸려 싸워 보았지만 이기지 못하고 화해를 구하고 물러갔다.257)

수유(須臾)는 서여(胥餘)라는 이름을 가진 은나라 왕족 기자(箕子)의 후손을 가리키는 것이 된다. 즉 기자족(箕子族)을 須臾族(수유족)이라 부르는 것이다. 기자(箕子)는 은나라 마지막 왕 주(紂)의 숙부인 자서여(子胥餘)가 은나라의 기(箕) 땅에 봉해진 자작(子爵)이라 하여 부르는 명칭이며, 서기전 1120년에 단군조선 땅에 망명하여 이후에는 단군조선의 제후가 되었던 것이다.

여기서 고죽(孤竹)은 단군조선의 군국(君國)인 고죽국(孤竹國)을 가리키는 것이 되는데, 단군조선 중앙조정인 진조선(眞朝鮮)이 기후국(箕侯國) 즉 수유국(須臾國)과 함께 연(燕)나라를 정벌하였던 것이며, 이에 연나라가 제(齊)나라에 구원을 요청하였던 것이고 당시 패자(覇者)의 나라이던 제나라가 군사를 일으켜 대대적으로 고죽국에 쳐들어 온 것이 된다.

이때 제나라 군사들은 고죽국 땅에서 복병(伏兵)전술(戰術)에 걸려 이겨 보지도 못하고 화해를 구하고는 퇴각하였던 것이다. 이처럼 단군조선에서는 강태공(姜太公)이 지었다고 전해지는 병법(兵法)인 육도삼략(六韜三略)의 원류가 되는 고도의 전략전술(戰略戰術)을 포함하는 병법(兵法)을 가지고 있었던 것이 된다.

제(齊)나라 환공(桓公) 시대의 고대중국 기록에서는 산융(山戎)의 임금을 말로(末路)라고 기록하고 있는데, 당시 산융(山戎)은 위치상으로 단군조선의 군국(君國)이던 구려(句麗)가 되며, 말로(末路)라는 글자는 당시 단군조선의 제36대 천왕

---

257) 전게 한단고기 〈단군세기〉, 110~111쪽 참조

이던 매륵(買勒)과 유사한 소리가 되는 것으로 보아, 당시 산융(山戎)을 단군조선의 대칭(代稱)으로 사용한 것이 된다.

한편, 고대중국의 기록에서는 서기전 651년 제나라 환공이 산융(山戎), 이지(離支), 고죽(孤竹)을 정벌하였다고 하는 바, 이 기록은 단군세기의 서기전 653년 기사와 관련 있는 것이 되는데, 서기전 653년에 단군조선이 수유국(須臾國)과 합공으로 연나라를 정벌하자, 연나라는 당시 주(周) 나라 제후국 중에서 패자(覇者)의 나라이던 제(齊)나라에 긴급을 알려 구원을 요청하였고, 이에 제나라 환공(桓公)이 관중(管仲)의 보필로 군사를 크게 일으켜 고죽국(孤竹國)에 쳐들어 왔다가, 계속하여 단군조선의 영지성(永支城)으로서 영지국(永支國)이라고도 불리는 이지(離支)와 구려국(句麗國)이 되는 산융(山戎)까지 쳐들어 왔다가 소득 없이 물러간 것이 된다.

당시 제나라 환공이 관중과 함께 고죽국(孤竹國)을 정벌하고, 고죽국의 수도가 되는 무체성(無棣城)의 서북쪽에 위치한 영지성(永支城, 離支)에 이어 산융(山戎)까지 들어갔다가 모래바람에 후퇴한 것으로 기록되고 있다. 이 모래바람은 곧 사막(砂漠)이 있음을 가리키는 것으로서, 당시 제나라가 침공한 것이 단군조선의 군국(君國)인 구려국(句麗國)의 사막지대로서 지금의 장가구(張家口) 북쪽의 내몽골지역이 되는 것이다.

(8) 태자 마물(麻勿) 즉위

서기전 647년 갑술년(甲戌年)에 매륵(買勒) 천왕께서 붕하시고 태자 마물(麻勿)이 즉위하였다.[258] 시호는 숙제(夙帝)이다.

---

258) 전계 한단고기 〈단군세기〉, 111쪽 참조

37. 제37대 마물(麻勿:信帝) 천왕(天王)의 역사

(1) 방공전(方孔錢) 주조

서기전 642년 기묘년(己卯年)에 방공전(方孔錢)을 주조(鑄造)하였다.[259]

방공전은 네모난 구멍이 뚫린 주화(鑄貨)가 된다. 이전에 주조한 원공패전(圓孔貝錢), 자모전(子母錢), 패엽전(貝葉錢) 등은 모두 구리나 구리합금으로 만든 동전(銅錢)이 될

단군조선 화폐 - 방공전(方孔錢)
-해 달(明月)-

것인데, 이 방공전은 쇠(鐵)로 만든 철전(鐵錢)이 된다. 자모전(子母錢)의 대표적인 화폐로는 소위 명도전(明刀錢)이 있다.

후대의 소위 엽전(葉錢)은 거의 네모난 구멍이 뚫린 둥근 금속화폐인 원전(圓錢)이 되는데, 이때 주조된 방공전(方孔錢)이 후대에 나타나는 소위 방공전(方孔錢)[260]의 시초가 되는 셈이다.

(2) 모문국(毛文國)의 반란

서기전 639년 임오년(壬午年)에 모문(毛文)의 제후인 유례(有禮)가 반란을 일으키므로 군사를 보내어 토벌하였다.[261]

단군조선의 제후국인 모문국(毛文國)이 어디에 소재하였던 것인지 불명이나, 주

---

259) 전계 단군조선 47대, 188쪽 참조
260) 소위 명월전(明月錢)은 철전(鐵錢)으로서 방공전(方孔錢)이 된다. 이 명월전은 고대중국의 화폐로 알려져 있으나 실은 단군조선의 철전이 된다.
261) 전계 단군조선 47대, 188쪽 참조

(周) 나라의 북쪽으로서 서기전 703년에 번조선(番朝鮮)에 조공한 사실이 있는 흉노(匈奴)의 서쪽에 위치하였던 것으로 추정된다.

(3) 주(周) 나라 공주를 천왕비로 삼다

서기전 637년 갑신년(甲申年)에 마물(麻勿) 천왕께서 주(周) 나라 공주(公主)를 천왕비로 삼았다.[262] 이때 주나라 왕은 제18대 양왕(襄王)으로서 이름이 정(鄭)이며, 서기전 652년부터 서기전 619년까지 재위하였다.

천왕비가 된 주나라 공주가 마물 천왕의 정비(正妃)인지 아니면 계비(繼妃)나 후비(後妃)인지는 불명이다.

(4) 거미와 뱀의 싸움

서기전 622년 기해년(己亥年)에 궁궐 동산에 큰 뱀이 들어와 죽었다.[263]

궁액기(宮掖記)에 의하면, "궁궐 뜰안에 큰 거미가 있었는데 큰 뱀이 와서 거미를 잡아먹으려 하자 이에 거미줄 아래 엎드려 위를 향해 입을 열고 독기를 토하였으며, 몇날이 못되어 뱀이 죽고 거미는 여전히 살아 있었는바, 사람들이 이상하게 여겨 뱀의 배를 가르고 검사 해보니, 배 안에 큰 석웅황(石雄黃) 한 뭉치가 있는 것을 보고 거미가 복수하고자 뱀을 죽이는 유일한 독약인 석웅황을 구하여 묘한 계책으로서 먹여 죽인 것을 알게 되었다"라고 적고 있다.

궁액기라는 기록에 거미와 뱀의 싸움에 관한 상세한 내용이 실려 있는 것으로 보면, 과연 신빙성이 있는 것이라 하겠다.

---

262) 전게 단군조선 47대, 188쪽 참조
263) 전게 단군조선 47대, 189쪽 참조

(5) 연못이 만들어 지고 샘이 솟다

서기전 609년 임자년(壬子年)에 성(城)의 북쪽 땅이 내려앉아 큰 연못이 되니, 큰 샘이 솟아나 배를 띄울 수 있을 정도였다.264) 여기 성(城)은 백악산아사달의 성(城)을 가리키는 것이 될 것이다.

연못과 샘은 관련성이 많은데, 연못은 물길 따라 내려오는 물로 차기도 하지만 곳곳에 샘이 솟아올라 연못을 이루기도 하는 것이다.

특히 연못과 샘이 깊은 관련이 있다는 것을 증명하는 듯한 단군조선 시대의 유물이 있는데, 곧 소위 명도전(明刀錢)이다. 즉 명도전에 가림토 글자로서 "ㅁ ㅗ ㅅ" 즉 "못"이라고 읽을 수 있는 글자가 새겨져 있는 것이 있는데, 이를 아래 철자부터 위로 읽으면 그 모습이 위로 샘솟는 모양으로서 "ㅅ ㅐ ㅁ" 즉 "샘"이라고 읽히는 글자가 되는 것이다.265) 여기서 ㅁ은 물방울 모양으로서 물을 뜻하며, 맨 아래 ㅅ모양은 샘물의 구멍을 뜻하는 것이 된다.

(6) 용사(龍師) 황학노(黃鶴老)

서기전 599년 임술년(壬戌年)에 도인(道人) 황학노(黃鶴老)가 신술(神術)이 있어 풍력(風力)으로 40리를 오고가니 용사(龍師)라 하였다.266) 용사(龍師)란 용과 같이 신출귀몰(神出鬼沒)하는 도술(道術)을 부리는 사람을 부르는 것이 된다.

황학노(黃鶴老)라는 말은 성씨가 황씨(黃氏)이며 이름이 학노(鶴老)라는 사람을 가리킬 수도 있으나, 황학(黃鶴)처럼 신선(神仙)같은 늙은이(老)라는 명칭일 수도 있다. 풍력(風力)으로 40리를 오고갔다는 것은, 바람을 타고 40리를 다녔다는 것이 되는데, 풍력을 이용하는 비법(秘法)을 알고 있었던 것이 된다.

---

264) 전게 단군조선 47대, 190쪽 참조
265) 전게 고조선 문자, 143쪽 참조
266) 전게 단군조선 47대, 190쪽 참조

(7) 신선(神仙) 양선자(養仙子)

서기전 597년 갑자년(甲子年)에 장백산(長白山)에 양선자(養仙子)라는 숨어사는 사람이 있었는데, 나이 160살에 이르렀어도 피부가 어린아이와 같았다.267)

장백산은 지금의 백두산(白頭山)으로서 단군조선 시대에 태백산(太白山), 삼한대백두산(三韓大白頭山)이라 불렸다.

160살에 어린아이 피부를 가졌다는 것으로 보아 도(道)를 닦던 신선(神仙)같은 사람임에 틀림없는 것이 된다. 서기 199년에 붕하신 금관가야의 김수로왕은 서기 23년생으로서 177세를 살았다고 기록되고 있어 또한 신선(神仙)이라 불릴 만하다.

(8) 한웅, 치우, 단군왕검의 삼조(三祖)의 상(像)을 모시게 하다

서기전 591년 경오년(庚午年)에 천왕께서 사신(使臣) 고유(高維)를 파견하여 한웅(桓雄), 치우(蚩尤), 단군왕검(檀君王儉)의 삼조(三祖)의 상(像)을 나누어 주어 관가(官家)에서 모시게 하였다.268)

한웅천왕과 치우천왕과 단군왕검을 삼조(三祖)로 모시고 이 삼조의 상(像)을 관가(官家) 즉 관공서(官公署)에 나누어 주어 모시게 하였는데, 아마도 마물 천왕께서 남쪽 순시를 하기 이전에 고유(高維)를 사자(使者)로 삼아 명령으로 시행한 것이 될 것이다.

다만, 번조선(番朝鮮)의 번한(番韓) 아갑(阿甲) 때의 일로서 아갑의 재위 기간이 서기전 613년부터 서기전 589년까지로 추정되나 정확하지는 아니한 바, 갑자(甲子)로 계산하면 60년 이전이 되는 서기전 641년으로 제36대 매륵 천왕 때의 역사일 가능성을 배제할 수 없다. 만약, 서기전 641년 때의 일이라면 번한 아갑은 서기전 663년부터 서기전 649년까지 재위한 것이 된다.

---

267) 전계 단군조선 47대, 190쪽 참조
268) 전계 한단고기 〈태백일사/삼한관경본기〉, 225~226쪽 참조

한웅천왕은 서기전 3897년 갑자년에 배달나라(檀國)를 세워 개국시조가 되며, 치우천왕은 서기전 2706년에 배달나라 제14대 천왕으로 즉위하여 청구(靑邱)로 수도를 옮기고 12제후국을 평정함으로써 청구시대를 열었고, 단군왕검은 서기전 2333년에 조선(朝鮮)을 세웠던 개국시조가 된다.

한인, 한웅, 단군왕검 또는 한웅, 치우, 단군왕검의 삼성(三聖) 상(像)을 모신 관가(官家)의 누각(樓閣)을 절(寺)이라 하는데, 원래 절(寺)은 공무(公務)를 보던 사람들이 시간에 맞추어 기도를 올리는 기도처(祈禱處)가 된다. 후대에 이 절(寺)에 불가(佛家)가 들어서서 본전(本殿)인 대웅전(大雄殿)에 석가부처를 모시고 삼성(三聖) 또는 산신(山神)을 대웅전의 윗자리인 북쪽이나 뒷자리가 되는 곳에 따로이 삼성각(三聖閣), 산신각(山神閣)을 모신 것이 된다.

소위 명도전에 "절(寺)"이라는 소리로 읽히는 문자가 누각모양의 상형문자로 새겨진 것이 발견 되었는데, 원래는 "뎔" 또는 "델"이라는 소리로 읽은 것이 되며, 후대에 "뎔"은 구개음화되어 "절"이라 발음되고 "델"은 "데라"로서 지금의 일본식 발음으로 변한 것으로 된다.269)

(9) 천왕께서 남쪽을 순수하다 기수(淇水)에서 붕하시다

서기전 591년 경오년(庚午年)에 마물(麻勿) 천왕께서 남쪽을 돌아보시다가 기수(淇水)에 이르러 붕하시니 태자(太子) 다물(多勿)이 즉위하였다.270) 마물 천왕은 남쪽과 관련된 시호로 보이는데, 즉 마물의 마가 남(南)을 가리키는 말로서, 마물은 남쪽에 머문다는 뜻을 지닌 말로 해석되는 것이다.

이때 마물 천왕께서 순수하신 곳이 남쪽 지역이라 하였는데, 기수(淇水)가 어디에 위치하였던 강인지 불명이라 단정하기 곤란하나, 당시 단군조선의 수도이던 백

---

269) 전게 고조선 문자, 227쪽 참조
270) 전게 한단고기 〈단군세기〉, 111~112쪽 참조

악산아사달인 상춘(常春, 지금의 長春)의 남쪽이라면 지금의 요동반도와 압록강 유역으로 볼 수도 있지만, 단군조선의 영역에서 동서의 중앙지역인 구려국(句麗國)을 기준으로 하면 그 남쪽은 바로 번조선의 서쪽에 위치한 고죽국(孤竹國) 땅이나 번조선의 남쪽으로서 산동지역이 되는 것이다.

여기서 고죽국은 서기전 651년경에 제(齊)나라의 침공으로 망한 것이 되어, 서기전 567년에 제(齊)나라에 망한 래이(萊夷)라는 나라가 즉묵(卽墨)[271]의 후예국(後裔國)으로서 고죽국(孤竹國)의 잔존세력이 되는 바, 결국 마물 천왕이 순시(巡視)한 남쪽지역은 산동지역이 될 것인데, 발해만 서쪽의 고죽국 땅을 이미 잃은 것이 되어 진조선(眞朝鮮)의 남해안(南海岸)인 지금의 요동반도 남단에서 배(舟)를 타고 래이(萊夷)나 그 주변 땅을 순수한 것이 될 것이다.

다만, 현재로서는 당시 기수(淇水)가 산동지역에 있었다라고 단정하기 곤란한 점이 있어 상춘의 남쪽이 되는 지금의 요동반도와 압록강 유역에 있었을 가능성을 배제할 수는 없는 것이 된다.

한편, 여기에서 적은 기수(淇水)가 하남성(河南省)에 걸친 강이라면, 이때는 진(晉)나라 문공(文公)이 서기전 632년 초(楚)나라와의 전쟁에서 승리하여 패자(覇者) 노릇을 하던 시기가 되는데, 거(莒)나라나 주(邾)나라 등이 존속하고 있던 때로서 주(周) 나라 제후국이 아닌 단군조선의 직할 제후국으로서 소위 동이족(東夷族)의 나라에 있던 강이 될 것이다.

(10) 다물(多勿)은 태자(太子)인가? 태제(太弟)인가?

다물(多勿)은 마물(麻勿) 천왕의 태자(太子)로 기록되고 있기는 하나, 88년 재위

---

271) 즉묵이라는 나라는 고죽국의 분국 또는 후예국이 되는 바, 단군조선 제후국의 땅이 되는 산동지역을 점점 차지하게 되는 제(齊)나라와 즉묵 등 단군조선 제후국들과의 역사적 관련성을 심도 있게 고찰하는 것이 필요하다.

한 제25대 솔나(率那) 천왕은 11년 재위한 제24대 연나(延那) 천왕의 아우로서 태제(太弟)가 되며, 30년 재위한 제30대 내휴(奈休) 천왕은 34년 재위한 제29대 마휴(摩休) 천왕의 태제(太弟)가 되는 것으로 보아, 그 시호(諡號)에서 마물(麻勿) 천왕의 아우가 되는 태제(太弟)였을 가능성이 농후하다.

물론, 마물 천왕의 56년 재위기간과 다물 천왕의 45년 재위기간을 고려하면, 다물이 마물 천왕의 태자(太子)였을 가능성을 전혀 배제할 수는 없는 것이 된다. 다만, 마물 천왕이나 다물 천왕의 재위기간이 더 짧다라면 태제(太弟)였을 가능성이 더 농후해 지는 것이다. 시호는 신제(信帝)이다.

38. 제38대 다물(多勿:道帝) 천왕(天王)의 역사

(1) 정(鄭)나라 사람이 들어와 살다

서기전 581년 경진년(庚辰年)에 정(鄭)나라 사람 신도회(申屠懷)가 많은 사람을 거느리고 와서 살았다.[272]

서기전 268년경 공자(孔子)의 7세손이라 기록되는 위(魏)나라 사람 공빈(孔斌)이 지었다는 홍사(鴻史)의 서문에서 주(周) 나라와 동이(東夷)가 1,000년을 넘게 우방(友邦)이었으며, 양국의 백성들이 오고감이 많았다라고 기록되고 있는 것을 입증하는 기록이기도 하다.

정(鄭)나라는 낙양의 동쪽에 있던 나라로서, 서기전 800년경에 주(周) 나라 선왕(宣王)이 환공(桓公)을 봉한 곳이며, 서기전 375년에 제33대 군을(君乙)이 한(韓)나라의 애후(哀侯)에게 망하면서 정(鄭)은 한(韓)나라의 수도가 되었다.

---

272) 전게 단군조선 47대, 191쪽 참조

(2) 백학(白鶴)이 춤을 추다

서기전 576년 을유년(乙酉年)에 흰 두루미(鶴)가 궁궐의 안에 있는 소나무에 와서 살더니 음악소리를 듣고 내려와 춤을 추었다.[273]

학(鶴)은 우아(優雅)한 자태를 지니고 있고 특히 하얀 학은 평화로움을 나타내는 새라 할 것인 바, 백학(白鶴)이 음악을 듣고 춤을 추었다는 것은 태평시대(太平時代)임을 보여주는 것이 된다.

(3) 래(萊)나라가 제나라에 망하다

서기전 567년 갑오년(甲午年)에 산동지역에 있던 래국(萊國)이 제나라에 망하였다.

래국(萊國)은 래이(萊夷)라고 불리는 단군조선의 제후국이 되는데, 서기전 650년경에 연(燕)나라와 제(齊)나라의 연합군에 망하였던 고죽국(孤竹國)의 후예국인 즉묵(卽墨)이라는 나라의 후신(後身)이 된다. 즉묵은 절묵(節墨)이라고도 한다.

(4) 송(宋)나라 황노술의 딸이 태자궁(太子宮)에 살다

서기전 565년 병신년(丙申年)에 송(宋)나라 사람 황노술(黃老述)의 딸이 아버지의 명을 받들어 입국하여 태자궁(太子宮) 안에서 함께 살았다.[274]

이때 태자는 두홀(豆忽)인데, 송나라 황노술의 딸이 태자의 후빈(後嬪)이나 시종(侍從)이 되었다는 것을 나타낸다.

(5) 표상술(表相述)의 상소

서기전 558년 계묘년(癸卯年)에 표상술이 아뢰기를,

---

273) 전게 단군조선 47대, 191쪽 참조
274) 전게 단군조선 47대, 192쪽 참조

"새의 둥지를 뒤집어 놓으면 알이 떨어져 성할 까닭이 없고, 나라가 망한 속에서는 평안한 백성이 있을 수 없으며, 불이 타는 집과 물이 새는 배에서 근심을 같이 하지 아니할 사람이 없고, 음식이 떨어져 여러 날 굶주리면 병이 나지 않을 몸이 없을 것 입니다. 국가는 천하의 큰 그릇이므로 만일 한번 기울면 사람의 힘으로 갑자기 바로 세우기는 어렵습니다. 그러므로 훌륭한 임금이 기울기 전에 힘쓰는 것은 앞으로 기 울어질 우려가 있기 때문입니다. 폐하에서는 밝게 살피시기 바랍니다."

하니, 천왕께서 이 말을 따라 국정을 밝히 살피셨다.[275]
표상술이 지은 시(詩)가 있다.

외로운 등불은 싸늘한 바다의 밤을 밝히고,
가을비에 병법 책만 읽네!
칼을 씻어 석벽에 거니,
우렛소리 천지를 진동하도다!

(孤燈滄海夜 秋雨讀兵書 洗劍掛石壁 雷聲動天地)[276]

위 표상술의 시를 보면, 단군조선은 병법이 발전하였음을 알 수 있는데, 고대중국 역사에서 전쟁의 신(神)으로 받들어지는 배달나라 제14대 한웅(桓雄)이신 치우천 왕(蚩尤天王)이 황제헌원과의 전쟁에서 백전백승한 전력(戰歷)과 서기전 2470년 경 출생한 인물로서 순(舜)의 아버지이기도 하며 단군왕검(檀君王儉)을 보필한 유 호씨(有戶氏)가 하(夏)나라 우(禹)와 계(啓)와의 약 30년에 이르는 전쟁에서 연전연 승(連戰連勝)하였다는 전력(戰歷)만 보더라도 충분히 납득이 가는 것이다.

---

275) 전게 단군조선 47대, 192~193쪽 참조
276) 전게 단군조선 47대, 193쪽 참조

(6) 진(晉)나라 김일선의 입조(入朝)

서기전 556년 을사년(乙巳年)에 진(晉)나라 사람 김일선(金日善)이 천문지리학(天文地理學)을 가지고 조정(朝廷)에 참여하였다.[277]

진(晉)나라는 주(周) 나라 춘추시대에 주로 황하 북부지역에 있던 나라로 진(秦)나라 동쪽이자 연(燕)나라 서쪽에 위치하였으며, 서기전 632년에 문공(文公) 시절에 초나라와의 전쟁에서 승리하여 춘추시대의 패자(覇者)가 되었으나, 서기전 653년에 한위조(韓魏趙)의 세 나라에 망하였고, 서기전 403년에 이 한위조 세나라가 나누어 다스렸는데, 이후 전국(戰國)시대라 부르게 된다. 조정(朝廷)에 참여하였다는 것은 조정에 벼슬(官)을 하였다는 것이 된다.

(7) 제(齊)나라 상인 노일명(老一明)의 조공

서기전 551년 경술년(庚戌年)에 제(齊)나라 상인(商人) 노일명(老一明)이 고급 비단을 싣고 와 천왕께 바쳤다.[278]

서기전 551년은 노(魯)나라 양공 22년으로서 노나라에서 공자(孔子)가 출생한 해가 된다. 공자는 서기전 479년에 사망하여 72세를 살았다.

(8) 초나라 사람 번석문의 망명

서기전 549년 임자년(壬子年)에 초(楚)나라에서 망명한 번석문(樊釋文)이 황금 40근을 가지고 입국하였다.[279]

초(楚)나라는 주로 양자강 남쪽에 위치하여 주(周) 나라 지역에서도 남방에 있어 비록 주나라의 제후로 봉해졌으나 줄곧 남만(南蠻)으로 취급당한 나라이기도 한데,

---

277) 전계 단군조선 47대, 193쪽 참조
278) 전계 단군조선 47대, 193쪽 참조
279) 전계 단군조선 47대, 194쪽 참조

그 백성들은 주로 적족(赤族, 赤夷)으로서 한배달조선의 9족(族)에 속한다.

　초(楚)나라는 주(周) 나라 제후국 중에서 가장 먼저 왕(王)을 칭한 나라로서, 서기전 741년에 웅거(熊渠)가 칭왕을 하였는데, 이 웅거의 성씨가 웅씨(熊氏)로서 배달나라 웅족(熊族)의 후손임을 보여준다. 웅족으로는 크게 웅씨(熊氏), 고씨(高氏), 여씨(黎氏), 공손씨(公孫氏), 희씨(姬氏) 등이 있다.

　웅씨의 시조는 배달나라 천황비(天皇妃)가 된 웅녀군(熊女君)이 되고, 고씨의 시조는 배달나라 초기에 농사담당이 된 고시씨(高矢氏)가 되며, 여씨의 시조는 서기전 2800년경 웅녀군의 후손으로서 단허(檀墟)에 왕검(王儉, 임금)으로 봉해진 사람이며, 공손씨의 시조는 유웅국(有熊國) 시조인 소전씨(少典氏)의 후손 중에서 나온 인물이 되고, 희씨의 시조는 공손씨의 후손인 황제헌원(黃帝軒轅)이다.

(9) 태자 두홀(豆忽) 즉위

　서기전 546년 을묘년(乙卯年)에 다물(多勿) 천왕께서 붕하시고 태자(太子) 두홀(豆忽)이 즉위하였다.[280]

　다물이라는 말은 "되물리다" 즉 도로 물리다, 회복(回復)이라는 뜻을 가지는데, 후대 고구려 고주몽 성제(聖帝)의 연호가 단군조선 고토(古土)를 회복한다는 다물이다. 두홀(豆忽)은 "콩 고을" 또는 "큰 고을"이라는 뜻을 가지는 말이 된다. 즉 두(豆)가 콩을 가리키는 말이면 "콩이 많이 나는 땅의 고을"이 되고, 두(豆)가 "큰(大)"이라는 말을 나타낸 이두식 표기라면 "큰 고을"이라는 뜻이 된다.

　시호는 도제(道帝)이다.

---

280) 전게 한단고기 〈단군세기〉, 112쪽 참조

39. 제39대 두흘(豆忽:端帝) 천왕(天王)의 역사

(1) 연(燕)나라 사절의 입조(入朝)

서기전 545년 병진년(丙辰年)에 연(燕)나라 사절(使節)이 입조(入朝)하였다.[281]

연(燕)나라는 서기전 653년에 단군조선으로부터 정벌(征伐)을 당할 때 제(齊)나라에 구원을 요청하였으며, 이에 제(齊)나라가 크게 군사를 일으켜 고죽국(孤竹國)에 쳐들어 왔다가 화해를 구하고 물러갔던 것인데, 이후 서기전 400년경까지는 단군조선과 대체적으로 평화를 유지한 것이 된다.

연나라는 서기전 1120년경 주무왕(周武王)의 아우인 소공(召公) 석(奭)이 봉해진 나라인데, 처음에는 은(殷)나라의 제후국이던 연(燕) 땅에 봉해졌으나 나라이름을 은나라 때 이름인 연(燕)을 피하여 언(匽)이라 하였던 것이며, 이후 1100년경 삼감(三監)의 난 등으로 은(殷)나라 잔존세력을 토벌하면서 황하북부 지역을 평정하여 수도를 황하북부의 안(安)으로 옮긴 것으로 된다. 주나라의 제후국인 연(燕)이라는 국명은 진시황(秦始皇) 시대에 언(匽), 안(安) 등을 연(燕)으로 고쳐 적은 것에서 연유하는 것이다.

이후 연나라는 수도를 서기전 653년경에 안(安)의 북동쪽에 위치한 이(易)로 천도한 것이 되는데 이를 계(薊)라 한 것이 되며, 서기전 339년경에 연나라가 번조선(番朝鮮)을 침범하였다가 연나라 공자(公子)인 진개(秦開) 등이 번조선(番朝鮮)에 인질로 잡혔으며 약 28년만인 서기전 311년경에 석방되어 연나라로 되돌아갔던 것이다.

연나라는 이왕(易王, 또는 역왕)이 서기전 323년에 주나라 천자(天子)를 무시하고 왕(王)을 칭하였고, 서기전 311년 이후 연나라 장수인 진개(秦開)가 이전에 인질로 잡혀 있었던 번조선(番朝鮮)을 침공하여 소위 복수를 하였는데, 서기전 281년

---

281) 전게 단군조선 47대, 195쪽 참조

에 번조선과 만번한(滿番汗)을 경계로 삼은 것이 된다. 만번한(滿番汗)은 지금의 난하(灤河) 서쪽으로 고하(沽河)에 가까운 지역이 된다.

이후 연나라는 서기전 226년에 진(秦)나라에 수도를 점령당하고 요동(遼東)[282]으로 달아났는데, 이때 지금의 북경(北京)이 요동 땅에 생긴 수도로서 연나라 수도 계(薊)가 이(易)에서 옮겨진 것이 된다. 지금의 계(薊)라는 지명은 먼 후대에 생긴 것이 된다. 즉 지금의 계(薊) 이전의 계는 지금의 북경(北京)인 것이다.

연(燕)나라는 서기전 222년에 진(秦)나라에 완전히 망하였다. 이후 연(燕)이라는 이름이 계속 존속하였는데, 한(漢) 나라 때에 연(燕)으로 봉해져 이어져 오다가, 서기전 195년 연왕(燕王) 노관(盧綰)이 한나라를 배반하여 흉노(匈奴)로 망명하고, 그 신하였던 위만(衛滿)은 번조선(番朝鮮)에 망명한 사실이 있다.

(2) 초(楚)나라 사절의 입조(入朝)

서기전 544년 정사년(丁巳年)에 초(楚)나라 사절(使節)이 입조(入朝)하였다.[283]

초(楚)나라와 단군조선 본국은 직접적인 국경을 접하지 아니하였으나, 산동지역에 있던 단군조선의 제후국이던 서국(徐國)이 서기전 1236년에 봉해졌다가 서기전 980년경에 서언왕(徐偃王)이 세력을 팽창하여 반경 500리(里)에 36국(國)을 거느려 종주(宗周)에 버금가는 대국(大國)이었는데, 서기전 680년경에 초나라 문왕(文王)이 서국(徐國)을 정벌하여 수도를 점령하니, 이에 서국은 수도를 서산(徐山)으로 옮겨 축소되었던 것이다.

이후 서기전 668년에 서국은 제(齊)나라에 병합되었다가 이후 독립을 하였던 것이며, 서기전 530년에 초나라로부터 정벌을 당하였고, 서기전 526년에 제나라로

---

282) 우리 역사 속에서 요동과 요서는 매우 중요한 부분이 되는 바, 역사적으로 요동과 요서의 위치 및 그 변동의 역사를 철저히 연구하여 바로 정립하는 것이 반드시 필요하다.

283) 전게 단군조선 47대, 195쪽 참조

부터 정벌을 당하였으며, 결국 서기전 512년에 서국은 오(吳)나라에 의하여 완전히 멸망하였던 것이다.

초(楚)나라는 주(周) 나라 제후국 중에서 가장 먼저 칭왕(稱王)을 한 나라로, 서기전 741년에 웅거(熊渠)가 칭왕을 하였으며, 서기전 479년에 진(陳)나라를 멸망시키고 서기전 447년에 채(蔡)나라를 멸망시켰으며, 서기전 334년에 월(越)나라를 멸망시키고 서기전 249년에 노(魯)나라를 멸망시켰으며, 서기전 223년에 진왕(秦王) 정(政)의 진(秦)나라에 망하였다.

(3) 슬후(膝侯)의 아들 섭이(攝珥)의 입조(入朝)

서기전 542년 기미년(己未年)에 슬후(膝侯)의 아들 섭이(攝珥)가 입조(入朝)하였다.[284]

슬후(膝侯)는 슬(膝)나라의 제후를 가리킨다. 슬(膝)나라는 단군조선의 제후국이 분명한데 어디에 위치한 나라였는지는 불명이다.

(4) 송(宋)나라 정상충(鄭尙忠)의 입국(入國)

서기전 536년 을축년(乙丑年)에 송(宋)나라 사람 정상충(鄭尙忠)이 자기 나라 사람 50명을 거느리고 입국(入國)하였다.[285]

이 경우는 송나라 사람인 정상충이 50명을 거느리고 단군조선에 살기 위하여 귀화(歸化)한 것이 된다. 이 기록으로 위(魏)나라 사람인 공빈(孔斌)이 지었다는 홍사(鴻史) 서문(序文)에 중화(中華)와 동이(東夷)는 1,000년을 넘게 우방(友邦)으로서 서로 오고가는 사람들이 많았다라고 적힌 내용이 정확한 것임을 입증하는 것이 된다.

송(宋)나라는 서기전 1122년경 주무왕(周武王)이 은나라 주왕(紂王)의 서형(庶

---

284) 전계 단군조선 47대, 195쪽 참조
285) 전계 단군조선 47대, 195쪽 참조

兄)이던 미자(微子) 자계(子啓)를 하남성(河南省) 상구(商丘)에 봉한 제후국이다. 미자(微子)는 기자(箕子)의 조카가 되며, 은나라가 망하자 은나라의 제사를 잇기 위하여 옷을 벗고 한손에는 제기(祭器)를 들고 한손에는 양(羊)을 끌며 이마에는 띠를 두르고 무릎으로 걸으면서 호소하며 군문(軍門)을 나서자, 이에 무왕(武王)이 용서하여 송나라에 봉하고서 은(殷)나라의 대(代)를 잇게 하였던 것이다.

송나라는 춘추시대 중엽에 조(曹)나라를 멸망시키는 등 융성하기도 하였으나, 서기전 286년에 제(齊), 초(楚), 위(魏)의 연합군에 망하였다.

노(魯)나라 사람 공자(孔子)는 그 조상이 송(宋)나라 사람인데, 그 후손이 노나라에 옮겨 살았던 것이다.

(5) 큰 가뭄이 들다

서기전 535년 병인년(丙寅年)에 큰 가뭄이 들었다.[286]

(6) 제(齊)나라 사절이 오다

서기전 533년 무진년(戊辰年)에 제(齊)나라의 사절이 왔다.[287]

제(齊)나라는 서기전 1122년경에 주무왕(周武王)이 강태공(姜太公) 여상(呂尙)을 산동(山東)지역에 봉한 제후국이다.

태공의 선대는 원래 강씨(姜氏)로 염제신농씨(炎帝神農氏)의 후손인데, 하(夏)나라 때 여(呂)에 봉해져 여씨가 된 것이다.

강태공은 태공망(太公望) 여상(呂尙)이라 하는데, 서기전 1211년생으로 서기전 1140년 72세로 은나라의 제후국이던 서방의 주(周) 나라 서백(西伯) 창(昌)에 의하여 등용되었으며, 이에 무왕에 의하여 문왕(文王)으로 추봉된 서백 창(昌)이 태공

---

286) 전게 단군조선 47대, 195쪽 참조
287) 전게 단군조선 47대, 196쪽 참조

(太公)이라 불리는 할아버지인 고공단부(古公亶父)가 기다리던(望) 인물이라 하여 여상을 태공망(太公望)이라 불렀던 것에서, 강태공(姜太公)이라 불리게 된 것이다.

제(齊)나라는 주(周)나라 초기에 강성하였다가 쇠퇴하였는데, 이후 서기전 700년경 춘추시대에 다시 강성하기 시작하였으며 서기전 679년에 환공(桓公)이 패자(覇者)가 되었다.

고대중국기록에서는 서기전 668년에는 단군조선의 제후국이던 산동 남부지역의 서국(徐國)을 병합하였으며, 서기전 665년에 단군조선의 제후국인 영지국(永支國)과 고죽국(孤竹國)을 정벌하였다 하고, 서기전 651년에는 산융(山戎), 이지(離支), 고죽(孤竹)을 정벌하였다라고 적고 있는데, 산융은 단군조선의 군국(君國)이던 구려(句麗)를 가리키며 단군조선의 대칭(代稱)이 될 수 있고, 이지(離支)는 곧 영지(永支)를 가리키는 것이 된다. 영지국(永支國)은 단군조선의 번한(番韓) 요중(遼中) 12성(城)의 하나인 영지성(永支城)이다.

단군세기(檀君世紀)에는 서기전 653년에 단군조선이 수유국(須臾國, 箕侯國)의 군사와 합공으로 연(燕)나라를 정벌하였으며, 이에 연나라가 제(齊)나라에 구원을 요청하여 제나라가 크게 군사를 일으켜 고죽(孤竹)에 쳐들어 왔다가 복병(伏兵) 작전에 걸려 화해(和解)를 구하고 물러갔던 사실이 있는데, 서기전 651년에 제나라가 산융(山戎), 영지, 고죽(孤竹)을 정벌하였다는 기록과 시차(時差)가 있긴 하나 상관(相關)된 기록이 된다.

이리하여 서기전 651년경에 고죽국(孤竹國)과 기후국(箕侯國, 수유국)이 제(齊)나라에 망한 것이 되고, 이때 고죽국과 기후국의 백성들이 대거 동쪽의 번조선 땅으로 이주한 것이 되며, 특히 기자(箕子) 자서여(子胥餘)의 작은 아들의 후손이 되는 선우씨(鮮于氏)는 남쪽으로 이동하여 중산국(中山國)을 세웠다가 서기전 415년에 무공이 즉위하였고, 서기전 296년에 조(趙)나라 무령왕에 의하여 멸망하였던 것이다.

제나라는 서기전 567년에 산동지역의 래이(萊夷)를 멸망시켰으나 래이는 이후 다시 부흥하여 서기전 284년까지도 존속하였던 것이 되며, 서기전 668년에 병합되었다가 다시 부흥한 서국(徐國, 徐夷)을 서기전 526년에 정벌하였고, 서기전 386년에 전씨(田氏)가 주인(主人)이 되었는데 서기전 334년에 선왕(宣王)이 칭왕을 하였던 것이고, 서기전 286년에 위(魏)나라, 초(楚)나라와 연합하여 송(宋)나라를 멸망시켰으며, 서기전 221년 전국(戰國)시대에 마지막으로 진(秦)나라에 망하였다.

(7) 진(晉)나라 사절이 오다

서기전 531년 경오년(庚午年)에 진(晉)나라 사절(使節)이 왔다.[288]

진(晉)나라는 주(周) 나라 2대 성왕(成王)의 아우인 당숙우(唐叔虞)가 봉해진 곳으로, 황하 중류에서 산서성(山西省) 일대에 걸쳐 위치한다. 즉 진(晉)나라의 중심은 서기전 2357년에 천자(天子)가 된 요(堯)임금의 당(唐)이라는 땅이 된다. 당(唐)나라의 수도는 태원(太原)의 남쪽으로 황하 남류(南流)와 동류(東流) 사이에 위치한 평양(平陽)이라 불리던 곳이다.

진(晉)나라는 서기전 632년에 문공(文公) 중이(重耳)가 패자(覇者)가 되었으나, 서기전 453년에 한위조(韓魏趙)의 제후들에게 망하였으며 서기전 403년에 결국 한(韓), 위(魏), 조(趙)의 나라로 삼분(三分)되었고, 서기전 378년에 완전히 망하였던 것이다.

한(韓)나라는 수도가 평양(平陽)으로 하남성 남부에서 산서성에 걸친 나라이며, 위(魏)나라는 수도가 안읍(安邑)으로 섬서성(陝西省) 동부와 산서성(山西省) 남부와 하북성(河北省) 북부에 걸쳐 천하의 중앙이었으며 전국칠웅(戰國七雄) 중에서 가장 문화가 발달하였고, 조(趙)나라는 수도가 중모로서 하북성 남쪽에서 산서성 북쪽에 걸치며 서쪽의 진(秦)나라와 접하였다.

진(晉)나라는 그 위치상으로 북동에 위치한 산융(山戎)과 관련이 많은데, 산융은

---

288) 전계 단군조선 47대, 196쪽 참조

단군조선의 군국(君國)인 구려국(句麗國)이 되며, 구려를 포함한 단군조선의 대칭(代稱)이 되기도 한다.

(8) 초(楚)나라가 서국(徐國)을 정벌하다

서기전 530년 정미년(丁未年)에 초(楚)나라가 단군조선의 제후국이던 서국(徐國)을 정벌하였다.

서기전 668년에 제(齊)나라가 서국(徐國, 徐夷)을 병합(倂合)하였다 하나 이후 역사적으로 서국이 독립(獨立)하여 부흥(復興)한 것이 된다.

(9) 제나라가 서국(徐國)을 정벌하다

서기전 526년 을해년(乙亥年)에 제(齊)나라가 단군조선의 제후국이던 서국(徐國)을 정벌하였다.

서국은 서기전 1236년에 단군조선의 제후국으로 산동지역의 남부에 봉해졌다가 서기전 980년경에 서언왕(徐偃王)에 의하여 전성기를 누렸고, 이후 서기전 680년경에 초(楚)나라 문왕(文王)에 의하여 수도를 점령당하여 서산(徐山)으로 옮겨 축소되었으며, 서기전 668년에 제(齊)나라에 병합되었다가 이후 독립하여 부흥하였던 것이 되고, 서기전 530년에 초(楚)나라가 다시 서국(徐國)을 정벌하였으며, 서기전 526년에 제(齊)나라가 다시 서국(徐國)을 정벌하였던 것이 되고, 서기전 512년에 결국 오(吳)나라의 합려왕(闔呂王)에게 완전히 망한 것이다.

(10) 일식(日蝕)

서기전 525년 병자년(丙子年) 가을 8월에 일식(日蝕)이 있었다.[289]

---

289) 전계 단군조선 47대, 196쪽 참조

(11) 공자가 노자에게 예(禮)를 묻다

서기전 518년 계미년(癸未年)에 노나라 사람 공구(孔丘)가 주(周) 나라로 가서 노자(老子, 李耳)에게 예(禮)에 대하여 물었다.

노자의 아버지는 한건(韓乾)이며 그 선조는 풍인(風人)이라 한다. 풍(風)은 태호 복희(太皞伏羲) 후손들이 사는 땅이 된다. 노자는 한씨(韓氏)를 고쳐 목자(木子)로서 즉, 동방(東方)의 아들(子)이라는 뜻으로 이씨(李氏)를 사용한 것이 된다.

노자는 서기전 603년생이며 공자는 서기전 551년생으로서 52년의 차이가 있는데 할아버지와 손자 사이에 해당하는 것이 되며, 서기전 518년에 노자는 86세이며 공자는 34세였던 것이 된다.

(12) 진충노(秦忠老)가 치도(治道)를 아뢰다

서기전 516년 을유년(乙酉年)에 진충노(秦忠老)가 아뢰기를, "천하(天下)를 다스리는 도(道)는 풍속(風俗)을 바르게 하며 어진 인재(人材)를 얻는 데 있사온데, 가장 시급한 일은 각종 학교를 설립하여 영재(英才)를 기르는 일이며, 각 부분에 적합한 인재를 양성하여 그 중에서 뽑아쓰면 천하가 태평하게 될 날을 기다릴 수 있을 것이옵니다."하니, 천왕(天王)께서 그렇다 하고서 각종 학교를 많이 세워 백성을 교육하였으며, 외국인들도 와서 유학하는 자가 많았다.[290]

여기서 외국인(外國人)이라 함은 단군조선(檀君朝鮮) 삼한(三韓) 관경에 속하지 아니하는 나라의 백성을 가리키는데, 천하(天下)에 해당하는 주(周) 나라와 천하(天下)의 천하(天下)가 되는 주나라의 제후국들도 외국에 해당하게 된다.

(13) 서국(徐國)이 오(吳)나라에 망하다

서기전 512년 기축년(己丑年)에 단군조선의 제후국인 서국(徐國)이 오(吳)나라

---

290) 전게 단군조선 47대, 196쪽 참조

합려왕에게 망하였다.

오(吳)나라는 태백(太伯)과 중옹(仲雍)이 봉해진 곳이다. 태백과 중옹은 모두 주문왕(周文王)의 백부(伯父)인데, 아우 계력(季歷)에게 자리를 양보하고서 양자강 남쪽의 형만(荊蠻)으로 피하였던 인물로서 머리를 깎고 문신(文身)을 하여 살았던 인물이며, 이후 주나라 무왕(武王)이 은나라를 멸망시킨 후 태백(太伯)의 자손을 봉한 것이다. 중옹(仲雍)은 우중(虞仲)이라고도 한다.

서기전 580년경 태백(太伯)의 19대째인 수몽(壽夢)이 칭왕(稱王)을 하였다. 즉 오나라는 주나라의 제후국 중에서 초(楚)나라 다음으로 칭왕을 한 나라가 된다.

서기전 515년에 즉위한 합려왕(闔呂王, 또는 闔盧王)이 서기전 512년에 서국(徐國)을 멸망시켰으며, 서기전 506년에 초나라의 수도를 함락하기도 하였고, 서기전 494년에 월나라를 공격하여 월왕(越王) 구천(勾踐)을 사로잡는 등 전성기를 누리다가, 서기전 473년에 월(越)나라에 도리어 망하였다.

(14) 태자 달음(達音) 즉위

서기전 510년 신묘년(辛卯年)에 두홀(豆忽) 천왕께서 붕하시고 태자(太子) 달음(達音)이 즉위하였다.[291]

시호는 단제(端帝)이다.

40. 제40대 달음(達音:安帝) 천왕(天王)의 역사

(1) 진(晋)나라 사절 입조

서기전 509년 임진년(壬辰年)에 진(晋)나라 사절이 왔다.[292]

---

291) 전계 한단고기 〈단군세기〉, 112쪽 참조
292) 전계 단군조선 47대, 197쪽 참조

진(晋)나라는 연(燕)나라의 서쪽에 위치한 주나라의 제후국으로서 춘추시대인 서기전 632년에 패자(覇者)가 되었으며, 서기전 403년에는 한(韓), 위(魏), 조(趙)의 세 나라로 나뉘어졌다.

(2) 초(楚)나라 사절 입조

서기전 505년 병신년(丙申年)에 초(楚)나라 사절(使節)이 입조(入朝)하였다.[293]

초(楚)나라는 전욱고양씨(서기전 2514~서기전 2436)의 아들이 봉해진 축융(祝融)이라 불리는 나라이며, 주(周) 나라 성왕(서기전 1115~서기전 1079) 때 웅역(熊繹)이 안휘성(安徽省)의 단양(丹陽)에 봉해졌다.

주나라 춘추시대가 시작되던 평왕(平王 : 서기전 770~서기전 720) 시절에 초(楚)나라의 자작(子爵)이던 웅거(熊渠)가 서기전 741년에 왕을 칭하여 주나라의 제후국으로서는 가장 먼저 주나라와 대등한 천자국(天子國)임을 선포하였다.

초나라 문왕(文王)이 서기전 680년경에 산동지역에 있던 단군조선의 직할 제후국인 서국(徐國)을 침공하여 수도를 점령함으로써 서국을 서산(徐山)으로 옮기게 하여 축소시켰으며, 서기전 530년에도 다시 서국을 정벌하였다.

초나라는 서기전 479년에 진(陳)나라를 멸망시키고 서기전 447년에는 채(蔡)나라를 멸망시켰으며, 서기전 334년에는 월(越)나라를 멸망시켰고, 서기전 259년에는 노(魯)나라를 멸망시켰으며, 서기전 223년에 초왕(楚王) 부추(負芻) 때 진(秦)나라에 멸망당하였다.

(3) 견융(犬戎)이 복종하다

서기전 504년 정유년(丁酉年)에 견융(犬戎)이 와서 복종하였다.[294] 견융(犬戎)

---

293) 전게 단군조선 47대, 197쪽 참조
294) 전게 단군조선 47대, 197쪽 참조

은 견융(畎戎)으로서 소위 구이(九夷) 중의 견이(畎夷)이며 한배달조선의 9족 중의 견족(畎族)이다. 융(戎)이란 병기(兵器)를 사용하는 족속이라는 데서 붙여진 명칭이다.

견족(畎族)은 서쪽의 삼위산(三危山)을 중심으로 황하중류의 서안(西安) 지역에 걸쳐 살던 황족(黃族)의 일파로서 대표적인 9족(族)에 속한다. 서안(西安)을 비롯한 그 서쪽의 사막지대는 한배달조선의 9족 중 백족(白族)인 백이(白夷) 즉 서이(西夷)가 살던 곳이다. 주(周) 나라는 서이(西夷)를 주축으로 세워진 나라가 되는데, 그러나 주나라는 은나라를 멸하고 천하(天下)를 통일한 후 서이(西夷)를 서융(西戎)으로 야만족이라 하며 배척하였다.

서기전 3897년경 배달나라 초기에는 반고(盤固)라는 자가 10간(干) 12지(支)의 신장(神將)을 인솔하여 삼위산을 근거로 가한(可汗)이 되어 배달나라의 천자국(天子國)이 되었으며, 단군조선의 구족(九族)에 속하며 후대 고구려(高句麗)와 대진국(大震國)의 동맹국으로서 형제국이라 불리는 돌궐(突厥 : 투르크, 터키)295)의 선대가 된다.

단군조선 말기에 이르러 천하(天下)의 천자국(天子國)들이 서서히 독립왕국으로 활동하면서 분리되어 나간 것이 되는데, 이 견족(畎族)인 견융(犬戎)도 이에 해당한다.

서기전 504년에 견융(犬戎)이 와서 복종하였다는 것은 옛 질서대로 단군조선의 신하국으로서 예(禮)를 갖춘 것이 된다.

역사상 하은주(夏殷周)의 서쪽, 서북쪽, 북쪽, 동쪽, 남쪽에는 각각 소위 서융(西戎), 견융(犬戎), 북적(北狄) 또는 북융(北戎), 동이(東夷), 남만(南蠻)이 있었는데, 서융은 서이(西夷)이자 백이(白夷)인 백족(白族)이며, 견융은 견이(畎夷)이자 견족(畎族)인 황족(黃族)이고, 북적은 북이(北夷)이자 황이(黃夷)인 황족(黃族)이며, 동

---

295) 우리 역사의 가지에 해당하는 터키의 상고사에 관한 역사 정립이 필요하다.

이는 단군조선 삼한관경 내 양족(陽族)과 우족(于族)과 방족(方族)을 포함하는 황족(黃族)과 회대(淮岱)지역의 남족(藍族)으로 이루어지며, 남만은 적이(赤夷)이자 적족(赤族)이 되는데, 이들 백족, 견족, 양족, 우족, 방족, 남족, 적족은 종주(宗主)인 황족(黃族)과 흑룡강 유역에 정착한 현족(玄族)과 더불어 모두 단군조선의 9족에 해당하는 것이다.

(4) 태자 음차(音次) 즉위

서기전 492년 기유년(己酉年)에 달음(達音) 천왕께서 붕하시고 태자 음차(音次)가 즉위하였다.[296] 시호는 안제(安帝)이다.

41. 제41대 음차(音次:達帝) 천왕(天王)의 역사

(1) 연(燕)나라 사절 입조

서기전 490년 신해년(辛亥年)에 연(燕)나라 사절(使節)이 입조(入朝)하였다.[297] 이때까지만 하여도 단군조선과 연나라는 평화를 유지한 것이 된다.

(2) 태자 을우지(乙于支) 즉위

서기전 472년 기사년(己巳年)에 음차(音次) 천왕께서 붕하시고 태자 을우지(乙于支)가 즉위하였다.[298] 시호는 달제(達帝)이다.

---

296) 전계 한단고기 〈단군세기〉, 112쪽 참조
297) 전계 단군조선 47대, 198쪽 참조
298) 전계 한단고기 〈단군세기〉, 113쪽 참조

42. 제42대 을우지(乙于支:輪帝) 천왕(天王)의 역사

(1) 정나라 사절이 오다

서기전 471년 경오년(庚午年)에 정(鄭)나라 사절이 왔다.[299]

정(鄭)나라는 하남성(河南省) 낙양(洛陽)의 동쪽에 있던 나라로서, 서기전 800년경 주(周) 나라 제11대 선왕(宣王 : 서기전 828~서기전 782) 때 선왕의 아우인 환공(桓公)이 봉해진 곳이다.

정(鄭)나라는 주(周) 나라 제34대 위열왕(威烈王) 때인 서기전 375년에 한(韓)나라 애후(哀侯)에게 망하고 정(鄭)이라는 땅은 한(韓)나라의 수도가 되었다.

(2) 태자 물리(勿理) 즉위

서기전 462년 기묘년(己卯年)에 을우지(乙于支) 천왕께서 붕하시고 태자 물리(勿理)가 즉위하였다.[300] 시호는 윤제(輪帝)이다.

43. 제43대 물리(勿理:通帝) 천왕(天王)의 역사

(1) 제나라 전굉의 망명

서기전 461년 경진년(庚辰年)에 제(齊)나라 대부(大夫) 전굉(田宏)이 망명하여 입국하였다.[301]

대부(大夫)는 제후(諸侯) 아래의 직책으로 춘추시대에 제나라 대부인 전굉이 단군조선에 망명하였다는 것은 제나라 조정(朝廷)의 권력 다툼 때문인 것으로 보이는

---

299) 전게 단군조선 47대, 199쪽 참조
300) 전게 한단고기 〈단군세기〉, 113쪽 참조
301) 전게 단군조선 47대, 201쪽 참조

데, 망명한 땅이 구체적으로 어디인지 불명이나, 번조선이나 진조선 땅으로 들어온 것이 될 것이다.

제(齊)나라는 처음 강태공(姜太公)이 봉해진 나라이나, 한때 쇠퇴하였다가 서기전 680년경 환공(桓公) 때 관중(管仲)의 보필로 춘추오패(春秋五霸)의 첫 패자가 되었으며, 그러다가 전국시대에 접어들어 서기전 386년에는 전씨(田氏)인 전화(田和)가 군주(君主)가 되었고, 서기전 334년에 선왕(宣王)이 왕을 칭하였으며, 서기전 221년에 진시황(秦始皇)에게 전국칠웅(戰國七雄) 중에서 마지막으로 멸망하여 진(秦)나라의 천하(天下)가 되었다.

(2) 북적(北狄)이 입조하다

서기전 447년 북적(北狄)의 사자가 입조하였다.[302]

북적(北狄)은 북이(北夷)로서 주(周) 나라의 북쪽에 살던 황족(黃族)의 일파가 되는데, 지리적으로 주나라의 북쪽에는 흉노, 선비, 몽골, 구려가 위치하는데, 이때의 북적은 흉노가 팽창하던 시기로서 흉노가 주축이 되어 선비, 몽골이 섞이어 활동하였던 무리[303]를 가리키는 것이 될 것이다.

(3) 우화충(于和冲)의 반란(叛亂)

서기전 426년 을묘년(乙卯年)에 융안(隆安)의 사냥꾼(獵戶) 우화충(于和冲)이 장군(將軍)을 자칭하고 무리 수만 명을 모아 서북 36군(郡)을 함락시켰는데, 천왕께서는 병력을 파견하였으나 이기지 못하였으며, 겨울이 되자 도적들은 도성(都城)을 에워싸고 급하게 공격하였다. 천왕께서는 좌우의 궁인(宮人)들과 함께 종묘사직(宗廟社稷)의 신주(神主)들을 받들어 모시고 배를 타고 피난하여 해두(海頭)로 나

---

302) 전게 단군조선 47대, 201쪽 참조
303) 우리 역사상 가지에 해당하는 흉노와 선비 및 몽골의 상고사에 관한 역사 정립이 필요하다.

가시더니 얼마 지나지 않아 돌아가셨다. 이 해에 백민성(白民城)의 욕살(褥薩) 구물(丘勿)이 어명(御命)을 가지고 군대를 일으켜 먼저 장당경(藏唐京)을 점령하니 구지(九地)의 군사들이 이에 따라서 동서(東西)의 압록(鴨綠) 18성이 모두 병력을 보내 원조하여 왔다.304)

서기전 426년에 마조선(馬朝鮮)의 제32대 마한(馬韓) 가리(加利)가 융안의 우화충의 반란(叛亂)을 토벌(討伐)하러 출전(出戰)하였다가 화살에 맞아 전사하였다.

서기전 426년에 마한(馬韓) 가리(加利)의 손자인 전나(典奈)가 가리의 대를 이어 제33대 마한(馬韓)으로 즉위하였다.

융안(隆安)은 단군조선에서 보면 서쪽 지역에 위치한 것이 될 것이며, 시대상의 흐름으로 볼 때 흉노(匈奴)의 근거지인 것으로 보인다.

흉노는 서기전 2177년 약수(弱水)지역에 종신금고형(終身禁錮刑)으로 처벌받은 욕살(褥薩) 색정(索靖)이 뒤에 사면(赦免)되어 봉해짐으로써 시작되었는데, 남쪽으로는 하은주(夏殷周)와 접하고 북쪽으로는 선비(鮮卑)와 접하며 서쪽으로는 견족(畎族, 犬夷, 畎戎)과 접하고 동쪽으로는 구려(句麗)와 기후국(箕侯國, 須臾國)과 접하였다.

흉노의 세력이 서기전 10세기경부터 팽창하기 시작하여 그 세력이 동서(東西)로 확장되었는데, 동으로 팽창한 세력이 단군조선 삼한관경(三韓管境)의 본국(本國)을 위협하였던 것이며, 남으로는 서기전 90년경까지 고대중국을 위협하는 세력이 되었는데, 서기전 121년에는 한무제(漢武帝) 때 혼사왕(渾邪王)과 휴도왕(休屠王)의 아들 김일제가 항복하는 등 하였으나 이후에도 흉노는 지속적으로 한나라의 골칫거리였던 것이 된다.

흉노가 그 근거지였던 오르도스 지역에서 동진(東進)하여 태항산(太行山) 서쪽의 옛 기후국(箕侯國) 땅과 선비(鮮卑) 동쪽의 구려국(句麗國) 땅의 일부를 차지하

---

304) 전게 한단고기 〈단군세기〉, 113~114쪽 참조

여 번조선(番朝鮮)에 접하기도 하였는데, 서기전 195년에 한(漢) 나라의 연왕(燕王) 노관(盧綰)이 흉노(匈奴)로 망명할 때 노관의 신하였던 위만(衛滿)은 번조선에 망명하였다. 고대중국의 기록에서는 전국시대 이후 번조선(番朝鮮)을 그냥 조선(朝鮮)이라 적고 있다.

우화충의 군사가 함락시킨 서북 36군(郡)은 상춘의 백악산아사달의 서쪽에 있는 땅으로서 구려국(句麗國)과 진번국(眞番國)과 부여국(扶餘國)의 군을 가리키는 것이 된다. 백악산아사달은 부여 땅 중에서 북부여에 위치하고, 진번국은 부여의 서쪽에 있는 서압록인 지금의 요하 서편으로 대릉하 유역에 걸치며, 구려국은 선비와 흉노의 동쪽으로 진번국의 서쪽이자 번조선의 북쪽에 걸치는 땅으로 내몽골 지역이 된다.

물리(勿理) 천왕이 반란군을 피하여 배를 타고 해두(海頭)로 나갔다는 그 해두(海頭)는 바닷가의 나루(津)가 되는데, 상춘의 백악산아사달의 궁을 빠져나와 강을 따라 배를 타고 바닷가까지 나온 것이며, 이곳은 아마도 위치상으로 지금의 요동반도 동서 또는 지금의 압록강 지류가 되는 어느 강의 하구(河口)가 될 것이다.

물리 천왕이 전쟁 중에 붕하시어 경황이 없어 태자(太子) 등이 대를 잇지 못하고 어명(御命)을 받아 전공(戰功)을 세운 욕살(褥薩) 구물(丘勿)이 여러 장수들의 추대를 받아 즉위한 것이 되는데, 서기전 295년에 단군조선의 마지막 제47대 천왕(天王)에 오른 고열가(古列加)는 물리 천왕의 현손(玄孫)이라고 전해진다.

백민성(白民城)의 욕살(褥薩) 구물(丘勿)이 어명(御命)을 가지고 군대를 일으켰다는 것은, 구물은 당시 상장(上將)으로 욕살이었는데, 물리 천왕의 최측근으로서 신임을 받고 있었던 것이 되며, 종실(宗室)이 분명하다.

장당경(藏唐京)은 단군조선 시대에 전기와 후기에 이궁이었으며 서기전 425년부터 서기전 232년까지 단군조선 말기에 수도로 삼은 곳이다.

동서(東西)의 압록(鴨綠) 18성은, 동압록은 지금의 압록강이며 서압록은 지금의 요하인 바, 이 동압록과 서압록에 걸치는 지역에 있던 18성(城)이 되며, 물리 천왕의 명을 받은 역살 구물이 군사를 일으키자 이러한 사정을 듣고 18성의 욕살들이 군사를 동원하여 구원한 것이 된다.

이때 마조선(馬朝鮮)의 제32대 마한(馬韓) 가리(加利)가 우화충의 난을 진압하기 위하여 출전(出戰)하였다가 날아오던 화살에 맞아 전사하였는데[305], 당시 마조선(馬朝鮮)의 수도는 지금의 대동강 평양(平壤)으로서 단군조선 시대에 줄곧 마한(馬韓) 땅의 수도였다.

마한(馬韓) 가리(加利)가 전사하자 가리의 손자인 전나(典奈)가 대를 이어 제33대 마한(馬韓)으로 즉위하였던 것이 된다.

(4) 상장(上將)인 백민성 욕살(褥薩) 구물(丘勿)이 우화충의 반란을 진압하다

서기전 425년 병진년(丙辰年) 3월에 큰물이 도성(都城)을 휩쓸어 버리니 적병들이 큰 혼란에 빠졌으며, 이에 상장(上將) 구물(丘勿)이 만명의 군대를 이끌고 가서 우화충의 무리를 정벌하니 적군은 싸워보지도 못하고 저절로 괴멸되니 마침내 우화충(于和冲)의 머리를 베었다.[306]

서기전 425년 병진년(丙辰年) 3월에 큰물이 도성을 휩쓸어 버리니 적병들이 큰 혼란에 빠졌다는 것에서, 단순한 홍수가 아니라 수공(水攻) 작전을 펼친 것이 된다. 상장 구물이 백악산아사달 부근의 강을 이용하여 수공작전으로 궁궐에 홍수가 나게 만들어 반란군을 혼란에 빠뜨려 승전한 것이 된다.

시호는 통제(通帝)이다.

---

305) 전계 한단고기 〈태백일사/삼한관경본기〉, 213쪽 참조
306) 전계 한단고기 〈단군세기〉, 114~115쪽 참조

44. 제44대 구물(丘勿:誠帝) 천왕(天王)의 역사

(1) 구물(丘勿) 천왕 즉위

서기전 425년 병진년(丙辰年) 3월에 백민성 욕살(褥薩)인 상장(上將) 구물(丘勿)이 우화충(于和冲)의 반란(叛亂)을 진압하였으며, 이에 여러 장수들의 추대를 받아 마침내 3월 16일에 단(壇)을 쌓아 하늘에 제사 지내고, 장당경(藏唐京)에서 즉위하였다.[307]

상장(上將)이자 백민성(白民城) 욕살(褥薩)이던 구물(丘勿)은 물리 천왕의 어명(御命)을 받들어 군사를 일으켰던 것이며, 더불어 우화충의 반란을 진압하는 결정적인 전공(戰功)이 있어 여러 장수들의 추대를 받았던 것이 되는 바, 전조(前朝)의 정통성(正統性)을 자연스럽게 이은 것이 되어, 삼신영고제(三神迎鼓祭)를 드리는 3월 16일에 단(壇)을 쌓아 하늘에 제사 지내고 장당경(藏唐京)에서 즉위하였던 것이 된다.

음력 3월 15일은 서기전 2241년에 단군왕검 천제(天帝)께서 붕하신 날로서 어천절(御天節)이라고 부르며, 다음날인 3월 16일은 삼신영고제(三神迎鼓祭)를 지내는 날 즉 대영절(大迎節)이라 한다.

구물 천왕은 나라 이름을 대부여(大夫餘)라고 고쳤으며, 중부여(中夫餘) 땅이 되는 장당경(藏唐京)을 수도로 삼아 동압록(東鴨綠)과 서압록(西鴨綠) 사이에 자리잡은 것이 된다. 장당경은 지금의 심양(瀋陽)으로서 단군조선 초기부터 이궁(離宮)으로 삼아 왔던 곳이며 제22대 색불루 천왕이 조부(祖父)인 우현왕(右賢王) 고등(高登)의 사당을 세운 곳이기도 하다.

---

307) 전게 한단고기 〈단군세기〉, 114~115쪽 참조

(2) 대부여(大夫餘)와 삼조선(三朝鮮)

서기전 425년에 구물 천왕은 나라 이름을 대부여(大夫餘)라고 고치고, 삼한(三韓)을 삼조선(三朝鮮)이라 바꾸었으며, 이후 삼조선은 비록 단군(檀君)을 한분의 절대권자인 천왕(天王)으로 받들어 모시고 통치를 받기는 하였으나, 화해(和解)와 전쟁(戰爭)의 권한은 단군 천왕 한분에게만 있지 않았다.[308]

구물 천왕이 삼한(三韓)을 삼조선(三朝鮮)이라 바꾸었다 하였는데, 서기전 1285년에 제22대 색불루(索弗婁) 천왕 때부터 이미 삼한(三韓)을 진조선(眞朝鮮), 마조선(馬朝鮮), 번조선(番朝鮮)의 삼조선이라는 관경으로 사실상 운영되어 왔던 것이 되며, 다만 군사권은 이때까지 천왕(天王) 한분이 전권(專權)을 가지고 명령을 하였던 것이 된다.

이때에 이르러 삼조선(三朝鮮)은 비록 단군(檀君)을 한분의 절대권자인 천왕(天王)으로 받들어 모시고 통치를 받기는 하였으나, 화해(和解)와 전쟁(戰爭)의 권한은 단군 천왕 한분에게만 있지 않게 되었는데, 이는 진조선의 임금은 천왕(天王), 마조선의 임금은 마조선왕(馬朝鮮王), 번조선의 임금은 번조선왕(番朝鮮王)이라 불리게 되었다는 것이다.

즉, 임금인 한(韓)은 비왕(裨王) 또는 보왕(補王)으로서 본 임금인 천왕(天王)을 보좌하는 직책이 되고, 독자적인 군사권을 가지지 못하여 천왕의 명을 받아 군사를 부릴 수 있는데, 왕(王)은 독자적인 군사권을 가지는 직책이 된다.

그리하여 단군조선은 삼한관경의 임금을 한(韓)이라 하고 그 외 일반 군후(君侯)들을 한(汗)이라 하여 군사권은 어명(御命)을 받아 행사하도록 하여 군사적 분쟁을 없앴던 것이다. 다만, 왕(王)이라는 제도를 두기도 하였는데 서기전 1289년에 개사원(蓋斯原) 욕살(褥薩) 고등(高登)이 군사력을 바탕으로 소태(蘇台) 천왕께 우현왕(右賢王)에 봉해 줄 것을 요청하여 봉해졌던 것이며, 그 손자 색불루도 군사력을 기

---

308) 전계 한단고기 〈단군세기〉, 114~115쪽 참조

반으로 천왕(天王)에 즉위하는 혁명에 성공한 것이 된다.

(3) 해성(海城)을 평양(平壤)이라 하고 이궁(離宮)을 짓다

서기전 425년 가을 7월에 구물 천왕께서 해성(海城)을 개축하도록 명령하여 평양(平壤)으로 삼고 이궁(離宮)을 지었다.[309]

해성(海城)을 개축하도록 명령하여 평양(平壤)으로 삼고 이궁(離宮)을 지었는데, 해성(海城)은 장당경의 남쪽에 위치한 성(城)으로서 서기전 1285년에 색불루 천왕에 의하여 번한(番韓)으로 봉해진 서우여(徐于餘)가 욕살(褥薩)로 있었던 곳이며, 구물(丘勿) 천왕이 이때 해성(海城)을 평양이라 부르고 이궁(離宮)을 지은 것이다.

이리하여 단군조선 시대의 평양(平壤)은 서기전 425년에 구물(丘勿) 천왕이 해성(海城)을 부른 이름이 되는 것이며, 마한(馬韓) 땅인 대동강(大同江)의 백아강(白牙岡)은 북부여 시대인 서기전 195년에 발해만 북쪽에 있었던 낙랑홀(樂浪忽) 출신의 최숭(崔崇)이 배를 타고 건너가 정착하여 낙랑(樂浪)이라 불린 곳이고, 고구려 시대에 남경(南京)으로서 평양(平壤)이라 불리게 되는 것이다.

(4) 삼신영고제(三神迎鼓祭)

서기전 424년 정사년(丁巳年)에 예관(禮官)이 청하여 3월 16일에 삼신영고제(三神迎鼓祭)를 행하였다. 구물 천왕께서 친히 행차하시어 경배하시니 첫 번째 절에 세 번 조아리고 두 번째 절에 여섯 번 조아리고 세 번째 절에 아홉 번 조아리는 예를 올렸고, 따르는 무리들은 특별히 열 번 조아렸는데, 이를 삼육대례(三六大禮)라 한다.[310]

삼육대례(三六大禮)는 삼육구배(三六九拜)라고도 하는데, 서기전 2267년 도산

---

309) 전게 한단고기 〈단군세기〉, 114~115쪽 참조
310) 전게 한단고기 〈단군세기〉, 115~116쪽 참조

회의(塗山會議) 때 사공(司空) 우(禹)가 천사(天使)인 태자 부루(太子扶婁)에게 치수법을 전수받으면서 올렸던 절이 곧 삼육구배 즉 삼육대례이다. 삼(三)은 천지인(天地人) 삼신(三神)의 삼(三)이며, 육(六)은 천이(天二), 지이(地二), 인이(人二)인 천지인(天地人) 삼체(三體)의 음양(陰陽)의 합(合)으로 육(六)이며, 구(九)는 천이삼(天二三), 지이삼(地二三), 인이삼(人二三)의 합(合)으로서의 구(九)가 된다.

십(十)은 만유(萬有)의 시초인 일(一)이 돌고 돌아 다시 일(一)이 된 수로서 무한순환의 무극(無極)을 상징한다.

삼육대례(三六大禮)에서 세 번 조아림은 천지인(天地人) 삼신(三神)께, 여섯 번 조아림은 천지인(天地人)의 창조적(創造的) 존재인 음양(陰陽) 육체(六體)의 주(主)인 육신(六神)께, 아홉 번 조아림은 천지인(天地人)의 완성된 존재로서의 음양중(陰陽中) 구체(九體)의 주(主)인 구신(九神)께, 열 번 조아림은 천지인의 무한순환 무극(無極)이자 만유(萬有)의 원천(再源泉)인 삼일신(三一神)께 올리는 것이 된다. 삼신(三神)은 삼일신(三一神)의 준말이 되며, 삼일신은 일신(一神)을 나누면 삼신(三神)으로서 삼신일체(三神一體)를 의미한다.

(5) 일식(日蝕)

서기전 423년 무오년(戊午년) 봄 2월에 일식(日蝕)이 있었다.[311]

(6) 효자(孝子)와 청렴(淸廉)한 자를 천거토록 하다

서기전 409년 임신년(壬申년)에 감찰관(監察官)을 각 주(州)와 군(郡)에 파견하여 관리들과 백성들을 살피게 하여 효자와 청렴한 자를 천거토록 하였다.[312]

단군조선 시대에도 효도상(孝道償)과 청백리상(淸白吏賞)을 제정하여 효(孝)와

---

311) 전게 단군조선 47대, 204쪽 참조
312) 전게 한단고기 〈단군세기〉, 115쪽 참조

청렴(淸廉)을 권장한 것이 된다.

(7) 연(燕)나라가 새해 인사를 올리다

서기전 403년 무인년(戊寅年)에 연(燕)나라에서 사신을 보내와 새해 문안인사를 올렸다.[313] 이때까지만 하여도 연(燕)나라는 단군조선에 호의적(好意的)이었던 것이 되는데, 새해 문안인사로써 단군조선(檀君朝鮮)을 상국(上國)으로 예(禮)를 올린 것이 된다.

(8) 홍수로 밭농사 흉년이 들다

서기전 401년 경진년(庚辰年)에 홍수가 일어나 밭농사가 크게 흉년이 들었다.[314]

(9) 태자 여루(余婁) 즉위

서기전 397년 갑신년(甲申年)에 구물(丘勿) 천왕(天王)께서 붕하시고 태자(太子) 여루(余婁)가 즉위하였다.[315] 시호는 성제(誠帝)이다.

45. 제45대 여루(余婁:彬帝) 천왕(天王)의 역사

(1) 제(齊)나라 사절 입조

서기전 396년 을유년(乙酉年)에 제나라의 사절(使節)이 입조(入朝)하였다.[316]

---

313) 전게 한단고기 〈단군세기〉, 115쪽 참조
314) 전게 단군조선 47대, 205쪽 참조
315) 전게 한단고기 〈단군세기〉, 115쪽 참조
316) 전게 단군조선 47대, 207쪽 참조

제나라는 서기전 665년경에 중국 측 기록에서 영지국(永支國)이라 기록되는 단군조선의 번한(番韓) 요중(遼中) 12성(城)의 하나이던 영지성(永支城)과 영지성의 남동쪽에 위치한 고죽국(孤竹國)을 침범하고, 서기전 653년에 단군조선이 소위 기자(箕子)의 나라인 기후국(箕侯國) 즉 수유국(須臾國)의 군사와 함께 연(燕)나라를 치자 연나라가 제나라에 구원을 요청하여, 서기전 651년에 제(齊)나라 환공이 영지(永支)와 고죽(孤竹)을 치고 북진하여 지금의 내몽골 땅이 되는 구려국(句麗國) 즉 산융(山戎)을 침범하였다가 산융의 벌목작전과 모랫바람 때문에 회군하였다.

제나라는 서기전 679년부터 서기전 633년경까지 주나라 춘추시대의 패자였는데, 주나라 천자(天子)를 대신하여 천하를 다스린 격이 된다.

제(齊)나라가 단군조선의 제후국인 고죽국과 산융이라 기록되는 구려국 땅을 침범한 것은 연(燕)나라의 요청에 의하여 이루어진 것으로서, 연나라는 전국시대인 서기전 284년 소왕 때 한(韓), 위(魏), 조(趙), 진(秦)의 연합군과 함께 제(齊)나라를 대파할 때까지는 제나라 때문에 존속한 것이 되고 한편으로는 제나라의 속국에 지나지 않았던 것이 된다.

(2) 장령(長嶺)의 낭산(狼山)에 성을 쌓다

서기전 396년 을유년(乙酉年)에 장령(長嶺)의 낭산(狼山)에 성을 쌓았다.[317]

장령(長嶺)이 서기전 396년 당시에는 단군조선의 영역 내에 있었다는 것이 되는데, 요동(遼東) 땅이 되는 지금의 하북성(河北省) 지역에 있는 긴 고개로서 당시 요수(遼水)가 되는 지금의 영정하(永定河)의 동쪽이자 서기전 365년경 이후 우리의 요동과 요서의 기준선이 되는 패수 즉 지금의 난하의 동쪽에 있다.[318] 장령(長嶺)

---

317) 전계 한단고기 〈단군세기〉, 116쪽 참조

318) 대진국(발해) 시대에 난하(灤河)의 동쪽을 장령(長嶺)이라고 하였다.〈전계 한단고기 〈태백일사/대진군본기〉, 304~305쪽 참조〉

은 장령(長岺)과 같은 말이다.

　장령의 낭산에 성을 쌓은 것은 아마도 연나라를 대비한 것이 될 것이다. 실제로 6
년째인 서기전 380년에 연나라가 번조선(番朝鮮)의 서쪽 변두리 땅을 침범하였다.

(3) 대동율령(大同律令) 공포

　서기전 393년 무자년(戊子年)에 법령을 개정하여 대동율령(大同律令)이라 하여
천하에 공포하였다.[319]

　신왕종전(神王倧佺)의 시대 즉 소위 제정일치(祭政一致) 시대에는 계율(戒律)이
나 율법(律法)이 곧 나라를 다스리는 법이 되는데, 단군조선 시대에는 실체적인 법
규범을 만들어 공포하여 실시하였는 바, 서기전 1282년에 공포된 8조금법(八條禁
法)이 있으며, 이때 이르러 대동율령이 공포된 것이 된다.

　이 대동율령(大同律令)이 8조금법에서 나아가 60여 조항으로 확장하여 구체적
으로 더 자세하게 만든 법이 될 것이다.

(4) 빈민 구제

　서기전 391년 경인년(庚寅年)에 큰 흉년이 들어 창고의 쌀을 다 풀어 빈민을 구
제하였다.[320]

　단군조선은 백성의 삶과 행복을 최우선으로 하던 진정한 홍익인간(弘益人間)의
시대이며, 군사력(軍事力)은 다른 나라를 정벌(征伐)하기 위한 것이 아니라 침범하
는 적(敵)을 막고 국내적으로는 난(亂)을 진압하여 백성을 평안하게 하고 평화를 유
지하기 위한 필요악에 불과하였던 것이 된다.

　단군조선은 비록 대국(大國)이나 함부로 다른 나라를 침범하지 않았다라고 공자

---

319) 전게 단군조선 47대, 207쪽 참조
320) 전게 단군조선 47대, 207쪽 참조

(孔子)의 7세손이 되는 위(魏)나라 출신의 공빈(孔斌)이 서기전 268년경 자신이 쓴 홍사(鴻史)의 서문(序文)에서 밝히고 있기도 하다.

(5) 감천이 솟다

서기전 387년 갑오년(甲午年)에 감천(甘泉)이 대묘(大廟) 앞에서 솟아 나왔다.[321] 대묘(大廟)는 선대 천왕(天王)들의 신주(神主)를 모신 종묘(宗廟)가 될 것이다.

(6) 양생론을 바치다

서기전 385년 병신년(丙申年)에 곽태원(郭太原)이 양생론(養生論)을 저술하여 천왕께 바쳤다.[322] 아마도 양생론은 호흡(呼吸)과 음식물(飮食物)과 관련된 양생법(養生法)을 밝힌 이론이 될 것이다.

(7) 연나라의 침범

서기전 380년 신축년(辛丑年)에 연(燕)나라 사람이 변두리의 군(郡)을 침범하므로 수비 장수 묘장춘(苗長春)이 이를 쳐부수었다.[323]

이때부터 연나라가 서서히 동침을 시작하게 되고 번조선과 큰 전쟁을 치루면서 서기전 339년에는 연나라 공자(公子)인 진개(秦開)가 번조선에 서기전 311년경까지 약 28년간 인질(人質)로 잡히기도 하였으며, 서기전 323년에 이르러 이왕(易王) 10년이 되는 해에 왕(王)이라 칭하게 된다. 이때 번조선의 읍차(邑借)이던 기후(箕詡)가 당시 비어 있던 번조선왕의 자리를 차지하고 또한 번조선왕이라 칭하면서 보

---

321) 전게 단군조선 47대, 207쪽 참조
322) 전게 단군조선 47대, 207쪽 참조
323) 전게 한단고기 〈단군세기〉, 116쪽 참조

을(普乙) 천왕의 사후윤허(事後允許)를 받았다.

이때 서쪽 변두리 군(郡)은 번조선의 서쪽 땅으로서 요서(遼西) 지역이 되는데, 시대상으로 볼 때 단군조선에서 본 요서지역은 지금의 난하(灤河) 서쪽 지역이 된다. 한편, 고대중국에서 본 요동과 요서의 구분은 여전히 대요수(大遼水)인 지금의 영정하(永定河)가 된다. 소위 요수(遼水) 즉 대요수(大遼水)는 최소한 한(漢) 나라 때까지도 지금의 영정하가 된다.

서기전 650년경에 지금의 영정하(永定河 : 원래의 大遼水) 서쪽이 되는 요서지역에 위치하였던 고죽국(孤竹國)이 연나라와 제나라의 침공으로 멸망하여 그 주류와 많은 백성들이 번조선 땅으로 들어왔던 것이 되고, 이때 연나라는 수도를 안(安)에서 이(易)로 옮긴 것이 되며, 이 이(易)를 계(薊)라고도 불렀던 것이 된다.

서기전 365년에 연나라의 침공으로 단군조선의 요동(遼東)이 되는 요수에서 패수(浿水)에 걸치는 지역을 연나라에 함락 당하였다가 삼조선 연합군이 복병작전 등으로 연나라와 제나라의 군사를 오도하(五道河)에서 패퇴시키고 수복하였는데, 이후 줄곧 연나라와 진나라와 한나라와의 전쟁으로 인하여 단군조선의 소위 요수(遼水)가 패수(浿水)라 불리는 지금의 난하(灤河)로 옮겨진 것인데,, 그러나 여전히 고대중국에서는 영정하를 요동과 요서의 구분으로 삼아 영정하 동쪽을 요동이라고 불렀던 것이다.

서기전 226년에 연나라는 진나라 군사에 패하여 요동(遼東)으로 피하였는데 이곳이 지금의 북경(北京)으로서 계(薊)라고 불리게 된 것이다. 북경의 동쪽에 위치한 지금의 계(薊)는 먼 후대에 만들어진 것이 된다.

(8) 온천(溫泉)이 솟다

서기전 379년 임인년(壬寅年)에 온천이 성(城) 남쪽 삼사(三舍: 90리) 쯤 되는 곳에서 새로 솟아났다.324)

여기의 성(城)은 도성(都城)으로서 장당경(藏唐京)을 둘러싼 성(城)을 가리키며 그 남쪽에서 90리 떨어진 곳에 온천(溫泉)이 솟았다는 것이다.

삼사(三舍)는, 군대(軍隊)가 하루에 가는 거리로 보는 30리(里)를 사(舍)라고 하는데서, 90리 거리가 된다. 1리(里)는 약 400미터이며 30리는 12킬로미터가 되고 90리인 삼사(三舍)는 36킬로미터가 된다.

(9) 정(鄭)나라 사람이 누시계(漏時計)를 바치다

서기전 377년 갑진년(甲辰年)에 정(鄭)나라 사람 누경(屢景)이 누시계(漏時計)를 가지고 입조(入朝)하였다.[325] 누시계는 물시계가 된다.

단군조선 전기인 서기전 1846년에 자명종(自鳴鐘), 경중누기(輕重漏器)가 발명되었는 바, 경중누기와 자명종이 결합되면 자명누기(自鳴漏器)가 될 것인데, 여기 누시계처럼 생활에 필요한 기구들이 지속적으로 연구 발전되어 발명되었던 것이 된다.

(10) 대부례(大夫禮)를 대산후(大山侯)에 봉하다

서기전 376년 을사년(乙巳年)에 대부례(大夫禮)를 대산후(大山侯)에 임명하였다.[326]

대부례는 직책이 대부(大夫)로서 이름이 례(禮)인 인물인지, 아니면 대부례(大夫禮)가 원래 인명인지는 불명이나, 대산후(大山侯)라는 제후(諸侯)에 봉해진 것이다. 대부(大夫)와 제후(諸侯)라는 직위를 비교해 보면 아마도 대부였던 례(禮)라는 인물이 승진하여 제후로 봉해진 것일 가능성도 있다. 이는 단군조선에서는 군후(君侯)가 되는 한(汗)의 아래 직에 대인(大人)을 두었던 반면, 고대중국은 제후(諸侯)

---

324) 전계 단군조선 47대, 208쪽 참조
325) 전계 단군조선 47대, 208쪽 참조
326) 전계 단군조선 47대, 208쪽 참조

아래에 대부(大夫)를 두었던 것으로 볼 때, 단군조선의 대인을 여기서 대부라고 적은 것이 될 것이다.

대부례(大夫禮)는 단군조선의 번조선(番朝鮮) 사람으로서 연(燕)나라가 도(道)에 어긋나는 짓을 하자 연나라로 건너가서 도(道)에 관하여 가르침을 주었던 사람으로 알려져 있다.

(11) 가뭄

서기전 372년 기유년(己酉年)에 크게 가물어 초목(草木)이 말랐다.[327]

(12) 연나라의 요서(遼西) 침범

서기전 365년 병진년(丙辰年)에 연(燕)나라 사람 배도(倍道)가 쳐들어와서 요서(遼西)를 함락시키고 운장(雲障)을 육박하였는데, 이에 번조선이 상장(上將) 우문언(于文言)에게 명하여 이를 막게 하고, 진조선(眞朝鮮)과 막조선(莫朝鮮)도 역시 군대를 보내와 이를 구원하여 오더니, 복병(伏兵)을 숨겨두고 협공(夾攻)하여 연(燕)나라, 제(齊)나라의 군사를 오도하(五道河)에서 쳐부수고는 요서(遼西)의 모든 성(城)을 남김없이 되찾았다.[328]

여기서 요서(遼西)는 패수(浿水)라 불리는 지금의 난하(灤河) 서쪽 지역을 가리키는데, 이는 단군조선에서 패수를 기준으로 구분지어 패수 서쪽이 되는 요서(遼西)이며, 여전히 고대중국에서는 원래의 대요수(大遼水)였던 지금의 영정하(永定河)를 기준으로 요동과 요서로 구분하였던 것이 된다.

원래 요(遼)라는 말은 멀다(遠)라는 뜻이 되는데, 요중(遼中)이라는 말이 단군조선의 번한 땅 중에서 패수(浿水)의 서쪽으로 요수가 되는 영정하 부근에 걸치는 지

---

327) 전계 단군조선 47대, 209쪽 참조
328) 전계 한단고기 〈단군세기〉, 116쪽 참조

역이 되는데, 이리하여 요(遼)라는 말은 단군조선의 수도인 아사달에서 보아 멀다라는 것이 된다. 즉 요(遼)라는 명칭은 고대중국에서 처음 만든 말이 아니라 단군조선에서 먼저 생긴 명칭이 되는 것이다.

그래서, 단군조선은 서기전 365년경부터 요중(遼中)의 땅을 요서라 하여 요서지역을 패수의 서쪽으로 보는 반면, 요(遼)라는 지명을 그대로 차용하였던 고대중국은 서기 220년경의 한나라 때까지 원래의 요수였던 지금의 영정하를 기준으로 요동과 요서를 구분 지었던 것이 된다. 이는 본국(本國)이 언어체계나 문자를 바꾸더라도, 그 언어나 문자를 그대로 차용한 나라는 오랫동안 바꾸지 못하고 유지하는 습성이 있는 것과 같은 이치가 된다.

운장(雲障)은 패수(浿水)가 되는 지금의 난하(灤河) 바로 동쪽에 있던 번조선의 요새(要塞)로서 상하 두 곳이 있어 상하운장(上下雲障)이라고도 부른다.

여기서 오도하(五道河)는 다섯 갈래의 강이 있는 곳이 되는데, 단군조선에게는 요서지역이 되며 당시 연나라에게는 요동지역이 되는 곳으로서, 영정하(永定河)와 난하(灤河) 사이에 있는 강이 된다.

당시 연나라의 침공이 대대적인 것이어서 진조선(眞朝鮮)과 마조선(馬朝鮮)에서도 군사를 파견하여 막게 하였던 것이며, 복병작전(伏兵作戰) 등을 통하여 연제(燕齊)의 연합군을 격퇴시키고 단군조선의 요서(遼西)지역인 난하 서쪽 지역을 모두 회복한 것이 된다. 이때 단군조선과 연나라의 국경은 서기전 650년경에 고죽국이 망하면서 요서지역을 내어주게 됨으로써 대요수(大遼水)인 영정하(永定河)로 삼았던 것이 된다.

(13) 우문언(于文言)의 추격

서기전 364년 정사년(丁巳年)에 연(燕)나라 사람이 싸움에 지고는 연운도(連雲島)에 주둔하며 배를 만들고 장차 쳐들어올 기세였으므로, 우문언이 이를 추격하여 크게 쳐부수고 그 장수를 쏘아 죽였다.[329]

연운도는 섬으로서 연나라의 동쪽이 되는 발해만이나, 단군조선과 국경이 되는 영정하 하류, 또는 지금의 천진(天津) 부근이 되는 옛 유수(濡水)가 되는 탁수(涿水)의 하류 지역이나, 영정하와 탁수 사이에 위치한 섬이 될 것이다.

(14) 송나라 사람의 입경

서기전 362년 기미년(己未年)에 송(宋)나라 학사(學士) 오문언(吳文偃)이 입경(入京)하였다.[330)]

이때 송나라 사람인 오문언이 단군조선의 서울인 장당경 안으로 들어와 살았다는 것이 된다.

송(宋)나라는 은나라 마지막 주왕(紂王)의 서형(庶兄)이었던 미자(微子)가 주무왕(周武王)에 의하여 서기전 1122년경에 봉해진 나라인데, 서기전 286년에 제(齊)나라에 망하였다.

주나라 제후국인 송(宋)나라의 시조인 미자(微子)는 기자(箕子) 서여(胥餘)의 조카가 되는데, 송미자세가(宋微子世家)라는 책에 서기전 2267년 도산회의(塗山會議)에서 단군조선(檀君朝鮮) 태자 부루(太子扶婁)가 우순(虞舜)의 사공(司空) 우(禹)에게 전수하였던 치수법(治水法)이 실려 있는 홍범구주(洪範九疇)가 실려 있다. 송미자세가의 홍범구주는 소위 상서(尙書)에 실려 있는 홍범구주와 서문과 본문의 글자가 다른 것이 있을 뿐 내용은 같다고 보면 된다.

(15) 예기(禮記)를 바치다

서기전 355년 병인년(丙寅年)에 노(魯)나라 학자 소문술(蘇文述)이 예기(禮記)를 가지고 입조(入朝)하였다.[331)]

---

329) 전계 한단고기 〈단군세기〉, 116쪽 참조
330) 전계 단군조선 47대, 210쪽 참조

노(魯)나라는 주나라 시대에 산동지역의 곡부(曲阜)에 있던 제후국으로서, 서기전 1100년경 주나라 초기에 주공(周公)의 아들이자 성왕(成王)의 사촌인 백금(伯禽)이 봉해진 나라이다. 노나라는 서기전 249년 초(楚)나라에 망하였다.

송나라 사람이었던 공자(孔子)의 선대는 송나라에 살다가 망하여 노나라로 들어와 살았던 것이 된다.

역사상 곡부(曲阜)는 배달나라 제후국이던 염제신농국(炎帝神農國)의 땅에 있었던 것이 되고, 또한 이곳은 서기전 2357년에 염제신농국의 후계국인 단웅국(檀熊國)의 비왕(裨王)으로서 단군왕검(檀君王儉)이 섭정하던 곳이기도 하다. 즉, 노나라 지역은 고대중국의 내륙(內陸) 동이(東夷)지역이 되는 것이다.

(16) 주역(周易)을 바치다

서기전 352년 기사년(己巳年)에 노(魯)나라 사람 안사득(顔思得)이 주역(周易)을 가지고 입경(入京)하였다.[332]

주역(周易)은 역경(易經)이라고도 부르는데, 태호복희팔괘역(太皓伏羲八卦易)을 중첩하여 만든 역으로서 64괘역이다.

팔괘역은 천지인(天地人) 또는 상중하(上中下)의 3연3절(三連三絶)로 된 괘(卦)로 이루어진 역인데, 1연1절(一連一絶)이 되는 음양(陰陽)의 태극(太極)에서 출발하여, 태양, 태음, 소양, 소음의 2연2절(二連二絶)로 이루어진 사상(四象)에서, 다시 음양(陰陽)의 괘를 조합하여 이루어진 8괘역이 된다. 팔괘역은 건태리진곤간감손(乾兌離震坤艮坎巽)의 괘로 이루어진다. 건괘가 양양양의 태양, 곤괘가 음음음의 태음, 리괘가 양음양의 소양, 감괘가 음양음의 소음이 되고, 그 외 하중상(下中上)의 차례로 양양음, 진괘는 양음음, 간괘는 음음양, 손괘는 음양양의 각

---

331) 전게 단군조선 47대, 210쪽 참조
332) 전게 단군조선 47대, 210쪽 참조

괘가 된다.

건태리진곤간감손(乾兌離震坤艮坎巽)의 건은 하늘(태양), 태는 화산(火山), 리는 불(火), 진은 번개(震), 곤은 달(月, 태음), 간은 산(山), 감은 물(水), 손은 바람(風)이 된다. 건태리진곤간감손의 순서로 수승화강(水昇火降)의 이치를 담고 있는데, 이는 지구가 태양의 주위를 주기적으로 공전하면서 빚어지는 현상이기도 하다.

한편, 물(水)은 하늘을 닮아 땅에서 하늘로 땅, 물, 바람(수증기)의 순서로 올라갔다가 다시 물이 되어 땅으로 내려오는 이치를 가지고 있으며, 불(火)은 땅을 닮아 하늘에서 땅으로 태양, 불, 번개의 순서로 내려왔다가 다시 불이 되어 하늘로 향하는 이치를 가지고 있는데, 이는 수승화강(水昇火降)과 천생수지생화(天生水地生火)의 이치를 가지는 것이 된다.

천일생수(天一生水) 즉 하늘님이 하늘에서 땅으로 내리듯 하늘에서 비가 되어 내리는 물을 하늘이 물을 낳는다 하며, 지이생화(地二生火) 즉 성통광명(性通光明)하듯 땅에서 하늘로 솟는 불꽃을 내는 불을 땅이 불을 낳는다 하는 것인데, 이는 북쪽을 하늘로, 남쪽을 땅으로 하여 오행(五行)의 원리를 적용한 것이 되며, 수승화강(水昇火降)의 원리와는 반대이나 조화(調和)의 관계가 된다.

수승화강(水昇火降)의 원리는 음양(陰陽)의 태극(太極)에서 출발한 태호복희팔괘역(太皓伏羲八卦易)의 원리이며, 천일생수(天一生水), 지이생화(地二生火)의 원리는 음양중(陰陽中)의 원리에서 중(中)에서 파생된 중양양(中陽陽), 중음양(中陰陽), 중음음(中陰陰), 중양음(中陽陰), 중중중(中中中)으로 이루어진 오행(五行)의 원리가 된다. 즉, 중양양은 소양으로서 불(火), 중음음은 소음으로서 물(水), 중중중은 중(中)으로서 토(土), 중음양은 목(木), 중양음은 금(金)으로서 오행(五行)이 된다.

(17) 북막(北漠)과 합공으로 연(燕)나라를 정벌하다

서기전 350년 신미년(辛未年)에 북막(北漠) 추장(酋長) 액니거길(厄尼車吉)이 조정에 찾아와서 말 200필을 바치고 함께 연(燕)나라를 칠 것을 청하였다. 마침내 번조선의 소장(少將) 신불사(申不私)로 하여금 병력 일만명을 이끌고 합공(合攻)하여 연나라의 상곡(上谷)을 쳐서 빼앗아 성읍(城邑)을 설치하였다.333)

북막(北漠)은 지금의 몽골지역이 되는데, 원래 몽골지역은 단군조선의 몽고리(蒙古里)라는 땅으로서 서기전 2137년 단군 오사구(烏斯丘) 천왕의 아우인 오사달(烏斯達)이 봉해진 나라이며, 그 후손들이 지금의 몽골족이 되는 것이며, 이때에 이르러 각 마을의 추장들이 세력을 키워 독자적으로 활동하던 시대가 된 것이다.

추장(酋長)은 읍차(邑借)가 다스리는 읍(邑)보다 작은 부락(部落)으로서 마을(里) 단위를 다스린 두목(頭目) 즉 우두(牛頭)머리가 된다.

단군조선과 북막(北漠)의 군사가 합공(合攻)하여 연나라의 상곡(上谷)을 쳐서 빼앗았다 하는 것은, 이전에 상곡(上谷)이 연나라의 영역에 들어가 있었다는 것이 되는데, 원래 상곡은 단군조선의 군후국이던 구려국(句麗國)의 영역에 있었던 땅이다.

성읍(城邑)은 성(城)과 읍(邑)을 가리키는데, 성(城)은 외곽을 돌로 쌓은 도시(都市)가 되며, 읍은 성곽(城郭)이 없이 평지(平地)에 이루어진 도시가 된다. 읍의 수장(首長)은 읍차이며 성(城)의 수장(首長)은 성주(城主)로서 단군조선 시대에는 원칙적으로 욕살(褥薩)이었으며 경우에 따라 승진하여 한(汗)으로 봉해지기도 하였다.

(18) 두개의 해가 뜨다

서기전 349년 임신년(壬申年) 8월에 두개의 해가 함께 떴다.334)

아마도 실제로 태양과 함께 태양과 유사한 별이 되는 혜성(彗星)이 출현하였거나, 아니면 기상현상에 의하여 태양이 두 번 나타나는 현상을 가리키는 것이 될 것인데, 함께 떴다는 것에 중점을 두면 혜성(彗星)이 출현한 것이 될 것이다.

---

333) 전게 한단고기 〈단군세기〉, 117~118쪽 참조
334) 전게 단군조선 47대, 211쪽 참조

(19) 북견융의 침입

서기전 347년 갑술년(甲戌年)에 북견융(北犬戎)이 쳐들어와서 군사를 보내어 물리쳤다.335)

북견융은 견융(犬戎)의 북쪽 지역에 있는 무리를 가리키는 것이 되는데, 견융은 고대중국의 기록으로는 견이(畎夷)이며, 한배달조선의 견족(畎族)으로서 9족에 속한 족속이다. 배달나라 초기인 서기전 3897년경에 반고(盤固)가 견족의 가한(可汗)이 되어 배달나라 천자가 되었던 것이다. 지금의 터키(Turkey)는 돌궐(突厥, Turk)의 후예이며, 돌궐이 곧 견족(畎族)의 후예가 된다.

(20) 중화(中華) 열국(列國) 시찰

서기전 345년 병자년(丙子年)에 천왕께서 중화(中華)에 행차하시어 열국(列國)의 형세를 관찰하고 환궁하였다.336)

중화(中華)는 곧 고대 중국(中國)을 가리키는데, 특히 서기전 1122년에 건국된 주(周) 나라가 춘추전국시대에 주(周) 나라를 중화(中華)라고 불렀던 것이며, 주(周) 나라 밖에 있던 동서남북의 다른 나라를 사이(四夷)에서 동이(東夷), 남만(南蠻), 서융(西戎), 북적(北狄)으로 낮추어 불렀던 것인데, 이들 동서남북의 이족(夷族)들은 원래 단군조선의 천자국(天子國)이며, 특히 동이(東夷)는 고대 중국의 내륙 동이(東夷)를 포함하여 단군조선 삼한관경(三韓管境)의 본국(本國)을 가리키는 것이 된다.

서기전 345년은 주나라 시대로 보면 전국(戰國)시대 초기에 해당하는데, 단군조선은 서기전 425년에 삼조선(三朝鮮)으로 불리게 되고, 번조선왕과 마조선왕으로 불리게 됨으로써 번조선과 마조선이 각 군사권을 독자적으로 행사하게 되었던 것

---

335) 전게 단군조선 47대, 211쪽 참조
336) 전게 단군조선 47대, 211쪽 참조

으로 주나라의 정세와 단군조선의 정세는 유사한 면이 있기도 하다.

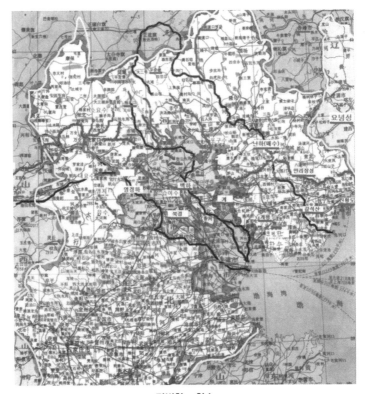

만번한 – 한수

다만, 단군조선의 내부정세는 서기전 425년부터 삼조선 시대가 되었으나 여전히 천왕(天王)의 권위를 부정하지 못하고 사후윤허(事後允許)를 받는 등 어느 정도 질서가 있었던 것이나, 주나라는 전국(戰國)시대에 각 제후들이 함부로 스스로 천자(天子) 즉 왕(王)을 칭하는 등 하여 주나라 천자(天子)를 무시하였던 것이다.

여루 천왕이 당시 중국의 열국을 시찰하였다는 것은 정세를 참작하여 정치에 반영하기 위하였던 것이 되는데, 당시 시찰하였던 주나라 열국들이 어느 나라들이었는지 불명인데, 아마도 단군조선이나 번조선의 인근 나라가 되는 연(燕), 제(齊), 위(魏), 한(韓), 조(趙) 등이 될 것이다.

(21) 연(燕)나라와 조양(造陽)의 서쪽을 경계로 삼다

서기전 343년 무인년(戊寅年)에 상곡(上谷)의 싸움 이후 연나라가 해마다 침범해 오더니 이때에 이르러 사신을 보내 화해를 청하므로 이를 허락하고 또 조양(造陽)의 서쪽을 경계로 삼았다.[337]

상곡(上谷)은 대요수(大遼水)였던 영정하의 상류 부근에 위치하며, 태원(太原)의 북쪽에 위치

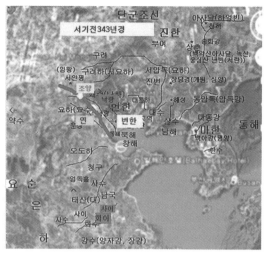

서기전343년경 국경

한 지금의 대동(大同)인데, 원래 단군조선의 구려국(句麗國)의 서남쪽 지역이 된다.

대동(大同)에서 태원에 걸치는 지역이 태항산(太行山)의 서쪽으로서 서기전 1120년경에 은나라 왕족 기자(箕子)가 망명하여 정착한 기후국(箕侯國)으로서 소위 서화(西華)라는 땅이며, 태항산의 동쪽에 고죽국(孤竹國)이 있었고, 이 기후국과 고죽국의 북쪽에 구려국이 있었던 것이며, 구려국과 기후국의 서쪽에는 흉노(匈奴)와 선비(鮮卑) 그리고 몽고리(蒙古里)가 남에서 북으로 걸쳐 있었던 것이 된다.

여기 조양(造陽)은 상곡(上谷)의 동쪽에 위치한 것이 되는데, 후대에 대릉하 부근에 생긴 조양(朝陽)과는 다른 지역이며, 여기 조양(造陽)은 지금의 고하(沽河) 상류에 위치한 것이 된다.

이로써, 단군조선은 연나라와 서기전 350년경에 상곡(上谷)의 서쪽을 경계로 하였던 것이 되고, 서기전 343년에는 조양(造陽)의 서쪽을 경계로 삼았던 것이 된다. 이후 연나라 진개 때인 서기전 281년경에는 조양의 동쪽이자 지금의 난하 서쪽이

---

337) 전계 한단고기 〈단군세기〉, 117~118쪽 참조

되는 만번한을 경계로 하였으며, 서기전 202년에는 한(漢) 나라와 패수(浿水)였던 지금의 난하(灤河)를 경계로 한 것이 된다.

(22) 기우제(祈雨祭)를 드리다

서기전 342년 기묘년(己卯年) 여름에 크게 가물어 죄(罪) 없이 옥(獄)에 갇힌 사람이 있을까 염려하여 크게 사면(赦免)하고, 여루(余婁) 천왕께서 몸소 나아가서 기우제를 드렸다.338)

백성들이 잘 살지 못하면 왕도(王道)를 실천하지 못한, 즉 백성을 자식처럼 보살피며 다스리는 왕(王)으로서의 덕(德)이 부족한 것으로 생각하고, 인간세상을 다스리는 왕으로 권한을 부여한 신(神)께 죄를 용서하며 제사를 올린 것이 된다.

단군조선은 서기전 2333년부터 서기전 232년까지 합 2,102년간 왕도(王道)를 철저히 실천한 나라인 반면에, 주나라는 서기전 770년 이후 춘추(春秋)시대에 접어들면서 제후국들이 패권(覇權)을 다투었고, 서기전 403년 이후 전국(戰國)시대에 접어들면서 더 추락하여 전쟁을 통하여 패권(覇權)을 잡으려 함으로써 천하(天下)가 전쟁의 소용돌이 속에 빠졌던 것이다.

(23) 태자 보을(普乙) 즉위

서기전 342년 기묘년(己卯年) 9월에 여루(余婁) 천왕께서 붕하시고 태자 보을(普乙)이 즉위하였다.339) 시호는 빈제(彬帝)이다.

---

338) 전게 한단고기 〈단군세기〉, 118~119쪽 참조
339) 전게 한단고기 〈단군세기〉, 118~119쪽 참조

46. 제46대 보을(普乙:和帝) 천왕(天王)의 역사

(1) 번조선왕 해인(解仁)이 연(燕)나라 자객에게 시해당하다

서기전 341년 경진년(庚辰年) 12월 번조선왕(番朝鮮王) 해인(解仁)이 연(燕)나라가 보낸 자객에게 시해당하니 오가(五加)가 다투어 일어났다.[340] 해인은 번조선의 제68대 왕이며, 일명 산한(山韓)이라고도 한다.

연나라가 자객을 보내어 번조선왕 해인을 시해한 것인데, 이에 번조선의 오가들이 번조선왕이 되기 위하여 다투어 군사를 일으켰다는 것이다. 그러나, 해인의 아들 수한(水韓)이 서기전 340년에 제69대 번조선왕이 되었다.

(2) 연나라의 기습과 단군조선의 역습

서기전 339년 임오년(壬午年)에 연(燕)나라 사람 배도(倍道)가 쳐들어 와서 안촌홀(安寸忽)을 공격하여 노략질을 하고 또 험독(險瀆)에도 들어오니, 수유 사람 기후가 자제 5,000인을 데리고 와 싸움을 도왔다. 이에 군세가 떨치기 시작하더니 곧 진조선과 번조선의 병력과 함께 협격하여 이를 대파하고, 또 한쪽으로 군사를 나누어 파견하여 계성의 남쪽에서도 싸우려 하니, 연나라가 두려워하며 사신을 보내어 사과하므로 공자(公子)를 인질(人質)로 삼았다.[341]

배도(倍道)는 서기전 365년에도 요서(遼西)지역을 함락시키고 운장(雲障)까지 기습한 사실이 있다. 이때 번조선의 상장 우문언이 명을 받아 방어하였으며, 진조선과 마조선에서 군사를 보내어 복병작전으로 연나라와 제나라의 군사를 오도하(五道河)에서 격퇴하고 요서의 모든 성을 수복하였던 것이다.

서기전 339년에 연(燕)나라의 배도(倍道)가 안촌홀(安寸忽)과 험독(險瀆)을 공

---

340) 전게 한단고기 〈태백일사/삼한관경본기〉, 226~227쪽 참조
341) 전게 한단고기 〈태백일사/삼한관경본기〉, 226~227쪽 참조

격하여 들어왔는데, 안촌홀은 고구려의 안시성(安市城)으로서 단군조선의 번한(番韓) 요중(遼中) 12성(城) 중 하나인 탕지(湯池) 지역이 된다. 안촌홀(安寸忽)은 "안말 고을"이며 안시성은 "안 벌 재"로서 안시성은 안촌홀에 축조한 성(城)이 되는 것이다. 탕지 또는 안촌홀, 안시성은 패수(浿水)가 되는 지금의 난하(灤河)의 바로 서쪽으로 중류지역에 있었던 것이 된다.

한편, 험독(險瀆)은 당시 번조선(番朝鮮)의 수도로서 패수(浿水)의 동쪽에 위치하였는데, 번한의 요중(遼中) 12성의 하나로서 가장 동쪽에 위치한 성이 되며, 단군조선 초기에 번한의 수도로서 동경(東京)이 된다.

번한, 번조선에는 5경이 있었는데 이를 오덕지(五德地)라 하며, 동경(東京)은 험독(險瀆), 서경(西京)은 한성(汗城), 남경(南京)은 낭야성(琅耶城, 可汗城), 북경(北京)은 탕지(湯池), 중경(中京)은 개평(蓋平)이 된다. 개평을 안덕향(安德鄉)이라고도 하고 탕지를 구안덕향(舊安德鄉)이라고도 한다.

서기전 339년 연나라의 침입 때 수유(須臾) 사람 기후(箕詡)가 자제 5,000인을 데리고 와 싸움을 도왔는데, 기후는 번조선의 읍차(邑借)이며, 이후 군사력을 기반으로 서기전 323년에 번조선왕이 된다. 기자(箕子)의 후손을 수유족(須臾族)이라 하는데, 기자의 이름이 서여(胥餘)로서 수유(須臾)라는 말과 유사한 바, 서여를 수유라고 부른 것이 될 것이다.

계성(薊城)은 연나라의 수도를 가리키는데, 서기전 339년 당시 연나라의 수도는 북경의 서남쪽이 되는 곳으로서 지금의 탁수지역에 있었던 것이 된다.

읍차(邑借) 기후(箕詡)의 군사와 진조선과 번조선의 군사가 협공으로 연(燕)나라 군사를 격파하고, 한편으로 군사를 나누어 연나라의 수도인 계성의 남쪽까지 가서 기습적으로 전쟁을 개시하려 하자, 연(燕)나라가 겁을 먹고 화해를 청한 것이 된다.

이리하여 연나라는 사신을 보내어 사과하고 공자(公子)를 번조선에 인질(人質)로 주었는데, 여기 공자(公子)는 후대 연(燕)나라 장수가 되어 번조선을 침략함으로써 28년간 인질로 잡힌 데 대한 복수를 한 진개(秦開)가 분명한 것이 된다.

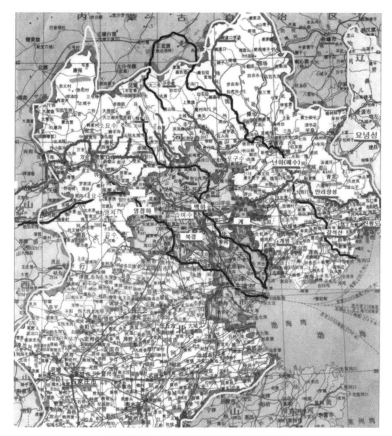

유수 대요수 소요수 습여수 고하 포구수 패수

(3) 백두산 천지 물이 넘치다

서기전 338년 계미년(癸未年)에 백두산(白頭山)이 밤에 울고 천지(天池)의 물이 넘쳤다.342) 이때 아마도 백두산이 폭발하기 직전에 마그마가 끓어오르는 상황이었던 것이 되며, 마그마가 천지에 분출되어 물이 끓어오르면서 물이 밖으로 넘쳐 흐른 것이 된다.

---

342) 전계 단군조선 47대, 213쪽 참조

(4) 황충(蝗蟲)과 흉년

서기전 327년 갑오년(甲午年)에 황충(蝗蟲)이 밭곡식을 다 먹어 버렸다.[343]

황충은 메뚜기의 일종으로 밭곡식을 절단 냈던 것이 되는데, 당시 벼를 논농사로 지었는지 밭농사로 지었는지 불명하나, 이양법(모내기)이 시행되기 이전이라고 보면 밭농사로 벼농사를 지은 것이 될 것인 바, 황충이 먹어 치운 것은 벼와 그 외 곡식이 될 것이다.

(5) 읍차(邑借) 기후(箕侯)가 번조선왕(番朝鮮王)이 되다

서기전 323년 무술년(戊戌年) 정월에 번조선왕 수한(水韓)이 죽었는데 후사(後嗣)가 없으므로 이에 기후(箕詡)가 명을 받아 번한성(番汗城)에 머물며 군령을 대행하여 만일의 사태에 대비하였는데, 이에 연나라는 사신을 보내 이를 축하하였다.[344]

이때 연(燕)나라가 왕(王)이라 칭하고 장차 쳐들어오려고 하였으므로, 번한성에서 군령을 대행하던 읍차(邑借) 기후(箕詡)도 병력을 이끌고 험독성(險瀆城)에 입궁(入宮)하여 자칭하여 번조선왕(番朝鮮王)이라 하고 사람을 보내어 윤허(允許)를 구하므로, 보을(普乙) 천왕은 이를 허락하시고 굳게 연나라에 대비하도록 하였다.[345]

이때 연나라는 마조선(馬朝鮮)에 사신을 보내와 함께 기후(箕詡)를 치자고 하였으나 마조선왕(馬朝鮮王) 맹남(孟男)은 이를 따르지 않았다.[346]

번조선의 읍차 기후(箕詡)가 명을 받고 군령을 대행하던 번한성(番汗城)은 당시

---

343) 전게 단군조선 47대, 214쪽 참조
344) 전게 한단고기 〈태백일사/삼한관경본기〉, 227~228쪽 참조
345) 전게 한단고기 〈단군세기〉, 118~119쪽 참조
346) 전게 한단고기 〈태백일사/삼한관경본기〉, 214쪽 참조

번조선의 수도인 험독(險瀆)이 아니라 서쪽에 있던 번조선 5덕지(五德地)인 5경(京) 중에서 서경(西京)에 해당하며, 번한 요중(遼中) 12성의 하나인 한성(汗城)이 될 것이다. 단군조선의 한성(汗城)은 고구려의 요서(遼西) 10성의 하나인 한성(韓城)이 된다.

읍차 기후가 번조선왕의 자리를 대신하여 군령을 대행할 때, 연나라가 사신을 보내어 축하인사를 하였는데, 이는 연나라가 장차 스스로 왕이라 칭하려 하는 의도에서 같은 처지라고 여기며 축하를 한 것이 될 것이다. 그러나, 연나라는 서기전 323년에 스스로 왕이라 참칭을 하였으나, 번조선왕이라 자칭한 기후(箕詡)는 보을 천왕께 사후윤허(事後允許)를 받았던 점에서 서로 차이가 있다.

한편, 연나라는 마조선(馬朝鮮)에는 번조선을 치자며 유혹하였는데, 이는 연나라의 번조선 침공을 위한 전략전술에서 나온 것이 된다.

(6) 주(周) 나라 제후국들의 칭왕(稱王) - 전국(戰國)시대

서기전 334년에 선왕(宣王)이 왕을 칭하였고, 진(秦)나라는 서기전 324년에 혜문왕(惠文王)이 왕을 칭하였으며, 연(燕)나라는 서기전 323년에 이왕(易王)이 왕을 칭하였고, 한(韓)나라는 연나라와 같은 해에 선혜왕(宣惠王)이 왕을 칭하였으며, 위(魏)나라와 조(趙)나라는 서기전 320년경 위(魏)의 애왕(哀王)과 조(趙)의 무령왕(武寧王)이 각 왕을 칭하였다.

한편, 초(楚)나라는 서기전 980년경 주(周) 나라 목왕(穆王) 시절에 이미 왕을 칭하였다가 서기전 741년 웅거(熊渠)가 본격 왕을 칭하였으며, 오(吳)나라는 서기전 515년경에 합로왕(闔盧王)이 있어 이때 왕을 칭한 것이 되고, 월(越)나라는 서기전 494년에 월왕 구천(勾踐)이 있었다.

위에서 왕(王)을 자칭한 연(燕), 제(齊), 진(秦), 한(韓), 위(魏), 조(趙), 초(楚) 나라를 전국칠웅(戰國七雄)이라고 부르는데, 오(吳)나라는 서기전 474년에 월(越)나라에 일찍 망하였고, 월(越)나라는 서기전 334년에 초(楚)나라에 일찌감치 망하였다.

서기전 770년부터 서기전 403년 이전의 춘추시대에 패자(覇者)가 되었던 제(齊)나라의 환공(桓公), 송(宋)나라의 양공(襄公), 진(晉)나라의 문공(文公), 진(秦)나라의 목공(穆公), 초(楚)나라의 장왕(莊王)의 다섯 나라를 춘추오패(春秋五覇)라 하는데, 전국시대 초기에 진(晉)나라가 망하고 한위조(韓魏趙)의 세 나라로 나누어졌으며, 송(宋)나라는 서기전 286년에 제(齊)나라에 망하였다.

전국시대까지 존속한 작은 나라로 정(鄭)나라는 서기전 375년에 한(韓)나라에 망하였고, 노(魯)나라는 서기전 249년에 초(楚)나라에 망하였고, 위(衛)나라는 서기전 240년에 진(秦)나라에 망하였다.

(7) 정(鄭)나라 사람의 입국

322년 기해년(己亥年)에 정(鄭)나라 사람 정발(鄭拔)이 음악을 가지고 입국하였다.[347]

375년에 정(鄭)나라는 한(韓)나라에 망하였는데, 여기서 정발(鄭拔)이라는 사람은 정(鄭)나라 출신이라는 의미가 된다.

(8) 태풍

서기전 319년 임인년(壬寅年)에 북풍(北風)이 크게 불어 나무가 꺾어지고 집이 무너졌다.[348] 북풍은 북쪽에서 불어오는 바람인데, 높파람이라고도 한다. 동(東)을 새, 남(南)을 마, 서(西)를 하늬, 북(北)을 높이라고 하는데, 동쪽은 새로운 태양이 떠오르는 곳으로서 항상 새롭다(新:새)는 의미를 가지는 말로서 새라 하며, 남쪽은 태양이 정상에 떠오르는 방향인 남쪽을 바라보며 마주보는 방향이라는 의미로서 마주한다(對:맞)라는 말로서 마이다.

---

347) 전계 단군조선 47대, 214쪽 참조
348) 전계 단군조선 47대, 215쪽 참조

또, 북쪽은 동서남북의 사방 중에서 신(神)을 모시는 자리로서 높은(高) 자리라는 의미로서 높이 된다. 북쪽을 남향을 하고 서면 뒤가 되므로 뒤(後)라는 의미로서 되라고도 한다. 한편, 서방(西方)을 하늬라고 하는 것은 어원적으로 분석연구가 더 필요하다.

(9) 붉은 흙비가 내리다

서기전 314년 정미년(丁未年) 4월에 적토우(赤土雨)가 쏟아졌다.[349] 하늘에서 붉은 흙비가 내린 것은, 황사현상과 관련된 것으로 보인다. 그렇지 않다면 선풍(旋風, 회오리바람)에 의하여 딸려 올라갔던 황토 흙이 비와 섞이어 내린 것이 될 것이다.

(10) 정권이 외척에게 돌아가다

서기전 312년 기유년(己酉年)에 국정(國政)이 문란하여 정권이 외척 한윤(桓允)에게 돌아갔다.[350]

서기전 1286년 이전의 전기 단군조선의 천왕족(天王族)이 한(桓)씨인데, 여기서는 외척(外戚)으로 기록되고 있다. 이때에 이르러 외척의 권세(權勢)가 국정을 휘두를 만큼 비대해졌던 것이 된다. 외척이나 환관(宦官) 등 측근(側近)의 권세가 비대해지면 백성들의 삶이 피폐해지고 나라는 기울게 되어 있다.

(11) 해성(海城)의 이궁(離宮)으로 피하다

서기전 304년 정사년(丁巳年)에 도성에 큰불이 일어나 모두 타버리니, 천왕께서는 해성(海城)의 이궁(離宮)으로 피난하였다.[351]

---

349) 전계 단군조선 47대, 215쪽 참조
350) 전계 단군조선 47대, 215쪽 참조

이궁(離宮)으로서의 해성(海城)은 서기전 425년 7월에 구물 천왕 때 개축하여 평양(平壤)이라고 부른 곳이다. 북부여 시대인 서기전 192년에는 해성을 평양도(平壤道)에 속하게 하였다.

(12) 북막 추장이 음악을 바치다

서기전 298년 계해년(癸亥年)에 북막(北漠)의 추장 이사(尼舍)가 음악을 바치니 이를 받으시고 후하게 상을 내렸다.[352]

(13) 수유인(須臾人) 한개(韓介)의 반란과 상장(上將) 고열가(古列加)의 토벌

서기전 296년 을축년(乙丑年)에 한개(韓介)가 수유(須臾)의 군대를 이끌고 궁궐을 침범하여 스스로 천왕이 되려 하니, 상장(上將) 고열가(古列加)가 의병(義兵)을 일으켜 이를 격파하였는데, 천왕께서 서울로 돌아와서는 크게 사면(赦免)을 하였으며, 이때부터 나라의 힘이 매우 약해지고 나라의 재정이 따라 주지 못하였다.[353]

한개(韓介)는 수유족 출신이며, 기자(箕子)의 먼 후손이 된다. 기자(箕子)의 후손에 기씨(箕氏), 한씨(韓氏), 선우씨(鮮于氏)가 있는 것이 되는데, 기씨는 기자의 종손이며, 선우씨는 기자의 차자 후손이 된다. 한씨는 기씨와 선우씨의 방계(傍系)가 되는 것이다.

(14) 물리 천왕의 현손 고열가(古列加)의 즉위

서기전 296년 을축년에 천왕께서 붕하시니 후사가 없으므로 고열가(古列加)가 단군물리(勿理)의 현손(玄孫)으로서 무리의 사랑으로 추대 받고 또한 전공이 있어

---

351) 전계 한단고기 〈단군세기〉, 118~119쪽 참조
352) 전계 한단고기 〈단군세기〉, 118~119쪽 참조
353) 전계 한단고기 〈단군세기〉, 119쪽 참조

드디어 8월 15일에 즉위하였다.354)

서기전 1285년 이후 천왕(天王)의 태자나 아들이 아니면서 천왕으로 즉위한 예는 서기전 425년에 제44대 천왕으로 즉위한 백민성 욕살이었던 구물(丘勿)과, 서기전 295년 제47대 천왕으로 즉위한 제43대 물리 천왕의 현손이 되는 상장(上將) 고열가(古列加)가 있다. 시호는 화제(和帝)이다.

47. 제47대 고열가(古列加:寧帝) 천왕(天王)의 역사

(1) 천왕(天王)의 친정(親政)

서기전 294년 정묘년(丁卯年)에 천왕께서 친히 국정(國政)을 집행하였다. 외척(外戚)의 권위를 물리치고 어진 이를 기용하는 등 능한 사람에게 일을 맡겨 백성을 다스렸다.355) 보을(普乙) 천왕 시절인 서기전 312년 기유년(己酉年)에 국정(國政)이 문란하여 외척 한윤(桓允)에게 돌아갔던 정권을 도로 찾은 것이다.

고열가(古列加) 천왕은 보을(普乙) 천왕의 아들이 아니라서 보을 천왕의 외척(外戚)과 거의 관련이 없으므로 그 외척을 축출하고 정권을 도로 찾을 수 있었던 것이 된다.

(2) 견융(犬戎) 평정

서기전 291년 경오년(庚午年)에 견융이 복종하지 않아 군사를 보내어 물리쳐 평정(平定)하였다.356)

견융은 견족(畎族)으로서 한국시대인 서기전 5000년경에 형성된 구족(九族) 중

---

354) 전계 한단고기 〈단군세기〉, 119쪽 및 전계 단군조선 47대, 216쪽 참조
355) 전계 단군조선 47대, 217쪽 참조
356) 전계 단군조선 47대, 217쪽 참조

의 하나로서, 서기전 3897년경에 반고가한(盤固可汗)이 배달나라의 천자(天子)로서 삼위산(三危山)을 중심으로 다스렸던 족속이며, 이후 줄곧 배달조선의 9족의 하나로서 다스림을 받아 오다가 단군조선 말기에 이르러 스스로 왕(王)을 칭하며 독립을 시도한 것이 된다.

이후 역사상 고구려(高句麗) 및 고구려를 이은 대진국(大震國:발해)과 형제국으로서 동맹을 맺고 당(唐)나라를 견제하였던 돌궐(突厥)이 곧 견족(畎族)의 후예가 된다. 돌궐(Turk)의 후예가 지금의 터키(Turkey)이다.

돌궐과 고구려 및 대진국과의 동맹관계 역사로 인하여 지금의 터키(Turkey)라는 나라는 대한민국을 형제(兄弟)의 나라로서 그들의 국민들에게 역사로서 가르치고 있다.

(3) 번조선왕 기석(箕釋)이 현량(賢良)을 추천케 하다

서기전 290년 신미년(辛未年)에 기석(箕釋)이 번조선왕(番朝鮮王)에 즉위하였으며, 이해에 각 주군(州郡)에 현량(賢良)을 천거토록 하니 일시에 선택된 자들이 270인이나 되었다.[357]

현량(賢良)은 현명한 자와 선량한 자를 가리킨다. 즉 학식을 갖추어 이치에 밝은 자와 착한 일을 하는 자를 각 주(州)와 군(郡)에서 추천하도록 하여 공무(公務)에 등용(登用)하고 표창(表彰)하려 하였던 것이 된다.

량(良)은 어질 량이라는 글자인데, 현(賢)보다는 아래 단계에 해당하는 것이 되며, 현(賢)은 성(聖)보다 아래 단계가 되고, 성(聖)은 철(哲)보다 아랫 단계가 되며, 철(哲)은 왕(王)보다 아랫 단계가 되며, 신(神)보다 아래 단계가 된다. 즉 신성(神性)을 기준으로 하면, 신(神)〉왕(王)〉철(哲)〉성(聖)〉현(賢)〉량(良) 또는 인(仁)〉인(人)〉중(衆)〉물(物)의 순으로 적을 수 있을 것이다.

---

357) 전게 한단고기 〈태백일사/삼한관경본기〉, 228쪽 참조

여기서 왕(王)은 전쟁을 일삼는 왕이 아니라 신(神)으로부터 백성을 자식처럼 돌보며 다스리는 권한을 부여받은, 진정한 왕노릇을 하는, 즉 왕도(王道)를 실천하는 임금을 가리킨다. 철(哲)은 종(倧), 선(仙), 전(佺)으로서 신선(神仙)의 경지에 오른 존재에 해당한다.

성(聖)은 글자에서 보듯이 귀가 열려 모든 것을 다 듣고 가르침으로써 다스릴 수 있는 사람을 가리키며, 현(賢)은 학식으로 지혜를 갖추어 임금의 신하(臣下)가 될 만한 사람이며, 량(良)은 착하게 사는 사람이고, 인(仁)은 사람과 사람간의 관계를 조율(調律)할 수 있는 사람이며, 인(人)은 보통 사람에 해당하고, 중(衆)은 육체만 사람으로서 인성보다 동물성이 농후한 사람이나 소위 짐승(衆生)을 가리키며, 물(物)은 인간성이 없는 동물적인 사람이나, 동식물을 가리키는 것이 된다.

사람이 사람의 형태를 가지고 있다고 하여 다 사람이 아니다. 이는 서기전 3897년경 한웅천왕(桓雄天王)이 서로 간에 화합하지 못하고 전쟁(戰爭)을 일삼던 웅족(熊族)과 호족(虎族)에게 인간이 되라는 가르침을 주었어도, 웅족은 가르침을 받아 인간성(人間性)을 회복하여 선량한 백성이 되었으나, 호족(虎族)은 끝까지 거부하고 호전성(好戰性)을 버리지 못하여 추방되었던 것에서 인간답게 살려는 인간성과, 이기적이고 본능적으로 사는 동물성이 구분이 되는 것이다.

홍익인간(弘益人間) 사상은 인간을 인간답게 살도록 하는 세상을 실현하는 공동체 행복 사상이자 개인 행복 사상이다. 그렇다고 동물(動物)을 학대(虐待)하는 것이 아니며 식물(植物)까지도 만물평등(萬物平等) 사상으로 대우하고 함부로 대하지 않으며 그 희생(犧牲)에 감사하는 마음을 가지고, 홍익제물(弘益濟物) 즉 만물을 구제하고 기르고 보호하는 사상인 것이다.

(4) 단군왕검(檀君王儉)의 사당(廟)을 백악산에 세우다

서기전 282년 기묘년(己卯年)에 단군왕검의 묘(廟)를 백악산(白岳山)에 세우고 유사(有司)에게 명을 내려 사철마다 제(祭)를 지내게 하였으며, 천왕께서는 1년에

한번 친히 제사를 지냈다.358)

　단군왕검(檀君王儉)은 단군조선의 개국시조(開國始祖)로서 처음에는 배달나라
의 단군(檀君)으로서 천군(天君)이었으나, 개국시조가 됨으로써 천왕(天王)이 되었
으며, 태자(太子) 부루(扶婁)를 진한(眞韓)으로 삼음으로써 천제(天帝)로 받들어졌
다. 진한(眞韓)은 천제(天帝) 아래의 천왕(天王)이 된다. 이로써 마한(馬韓)과 번한
(番韓)도 비왕(裨王)으로서 진한(眞韓)의 바로 아래에 해당되며 천군(天君)의 위가
되는 천왕격(天王格)이 되는 것이다.

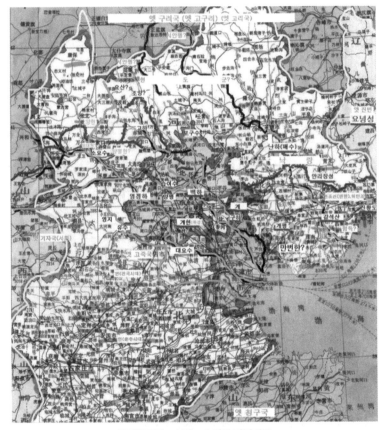

만번한지역- 수경 - 수경주 강명지도

---

358) 전계 한단고기 〈단군세기〉, 119~120쪽 참조

여기 백악산(白岳山)은 상춘(常春)에 있는 백악산아사달의 백악산이 될 것이다. 유사(有司)는 종중(宗中)이나 문중(門中)의 일을 보는 사람을 가리킨다.

고열가 천왕께서 1년에 한번 친히 제사를 지낸 것은 음력 3월 15일에 지낸 제사가 될 것이다. 단군왕검은 서기전 2241년 3월 15일에 돌아가셨는데 이날을 어천절(御天節)이라 하여 기념하고 있다. 다음날인 3월 16일은 소위 대영절(大迎節)로서 삼신영고제(三神迎鼓祭:삼신맞이굿 제사)를 지내는 날이다.

(5) 번조선왕 기석(箕釋)이 교외에서 밭을 갈다

서기전 282년 기묘년(己卯年)에 번조선왕(番朝鮮王) 기석(箕釋)이 교외(郊外)에서 몸소 밭을 가꾸었다.[359] 여기서 교외는 번조선 땅으로서 당시의 수도이던 험독(險瀆)의 바깥 근교(近郊)가 된다.

(6) 연나라와 만번한을 경계로 삼다

서기전 281년에 연(燕)나라는 장수 진개(秦開)를 파견하여 우리의 서쪽 변두리 땅을 침략하더니 만번한(滿番汗)에 이르러 국경으로 삼게 되었다.[360]

진개(秦開)는 연나라 공자(公子)이며, 서기전 339년 연나라가 번조선을 침범하였다가 역습을 당하여 수도였던 계성(薊城)을 정벌 당하려 하자 사신을 보내 사과하고 공자(公子)를 인질로 잡혔는데, 이때 진개(秦開)와 진개의 측근들이 번조선에 서기전 311년경까지 28년간 인질이 되었던 것이다. 서기전 339년 당시에는 연나라 문공(文公) 시절이 되며 진개는 곧 공(公)의 아들로서 공자(公子)가 되고, 풀려났던 서기전 311년은 연나라가 서기전 323년에 왕을 칭한 후 12년이 지난 소왕(召

---

359) 전게 한단고기 〈태백일사/삼한관경본기〉, 228쪽 참조

360) 전게 한단고기 〈태백일사/북부여기 상〉, 126쪽 참조. 역사상 단군조선이 연나라와 실제로 만번한을 경계로 한 시기는 서기전 221년의 60(1갑자)년 이전이 되는 서기전 281년이 될 것이다

王) 시절이 된다.

서기전 311년에 인질에서 풀려난 진개(秦開)가 연나라로 돌아갔으며, 이후 늙은 장수가 되어 번조선을 침공하는 등 복수심으로 소위 동정(東征)을 한 것이 되는데, 서기전 281년에 번조선과 만번한(滿番汗)을 경계로 삼았던 것이다.

만번한은 서기전 281년경에 연나라와 번조선의 중간지역에 있었던 것이 되는 바, 당시 연나라의 수도 계성(薊城)은 지금의 북경(北京) 부근을 흐르는 대요수(大遼水) 즉 지금의 영정하의 서남쪽에 위치한 이(易)가 되는 것이며, 진개가 소위 동정을 하여 이른 곳은 지금의 고하(沽河)의 동쪽이자 난하의 서쪽이 되는 지역으로서 연나라의 요동(遼東)이 되며 번조선(番朝鮮)에게는 요서(遼西)가 된다.

서기전 202년에 한(漢) 나라의 연왕(燕王) 노관(盧綰)이 번조선과 경계를 삼은 곳이 당시 패수(浿水)가 되는 지금의 난하(灤河)인 바, 이러한 시대적 흐름으로 보아 만번한(滿番汗)은 대요수(大遼水, 지금의 永定河)의 동쪽에 위치한 고하(沽河)의 동쪽이자 패수(浿水)인 지금의 난하(灤河)의 서쪽에 위치한 것이 분명해지는 것이다. 이리하여 만번한은 고하의 동쪽으로서 고하에 가까운 곳이 되며, 하류의 흐름이 서향(西向)하는 모습을 지니는 지역이 되는 지금의 당산(唐山) 부근에 위치한 것이 된다.

(7) 위(魏)나라 사절의 입조

서기전 280년 신사년(辛巳年)에 위(魏)나라 사절(使節)이 입조(入朝)하였다.[361] 위(魏)나라는 서기전 225년에 진(秦)나라에 망하였는데, 55년 전인 서기전 280년에 단군조선에 사절을 파견하였고, 단군조선(檀君朝鮮)은 이로부터 12년 후인 서기전 268년에 위(魏)나라에 사절을 파견하여 위세(威勢)를 보여 주었던 사실이 있다.

---

361) 전게 단군조선 47대, 218쪽 참조

서기전 268년에 위(魏)나라를 방문한 단군조선(檀君朝鮮, 東夷)의 사절단(使節團)이 위세(威勢)를 보여주었다고 기록한 글로는, 위(魏)나라 사람이던 공빈(孔斌)이 쓴 홍사(鴻史) 서문(序文)이 있다. 이 홍사 서문에서는 단군조선과 배달나라를 동이(東夷)라 기록하고 있다.

서기전 280년경의 위(魏)나라 왕은 안리왕 바로 전의 왕인 애왕(哀王)이 되는데, 위나라가 왕을 칭한 것은 서기전 319년 애왕 때가 되며, 애왕 이전의 혜왕(惠王)은 일명 양혜왕(梁惠王) 또는 위혜왕(魏惠王)으로서 추존(追尊)된 경우가 된다.

(8) 연나라가 번조선에 조공하다

서기전 276년 을유년(乙酉年)에 연(燕)나라가 번조선(番朝鮮)에 사신을 파견하여 조공(朝貢)을 바쳤다.362)

이해에 풍년이 들고 동해(東海)에서 많은 고기가 잡혔다. 연(燕)나라가 번조선에 조공을 하였다는 것은 당시에 연나라는 번조선을 상국(上國)으로 모셨던 것이 되며, 이때는 연나라 소왕(召王)의 아들인 혜왕(惠王) 3년이 된다.

여기서 동해(東海)는 지금의 동해(東海)이기도 하다. 서기 739년에 대진국(大震國)의 제3대 문황제(文皇帝)가 지은 삼일신고봉장기(三一神誥奉藏記)에 서기전 2333년 당시 단군왕검께서 강연하던 삼일신고(三一神誥)를 동해(東海)에서 고시(高矢)가 캐어온 청석(靑石)에 신지(神誌)가 새겼다라고 하였는데, 여기의 동해가 곧 단군조선의 동해(東海)로서 역사상 변함없이 지금까지 전해지는 동해(東海)인 것이다.

(9) 위(魏)나라에 사절단을 보내다

서기전 268년 계사년(癸巳年)에 위(魏)나라에 사절단을 파견하여 위세(威勢)를

---

362) 전게 한단고기 〈태백일사/삼한관경본기〉, 228쪽 참조

보였다.363)

위(魏)나라가 서기전 280년에 단군조선에 사절단을 보낸 것과 연관이 있는 것이 되는데, 이때 위(魏)나라가 번조선(番朝鮮)이 아닌 진조선(眞朝鮮)에 사절단을 보낸 것이 분명한 바, 서기전 268년에 위(魏)나라에 파견한 단군조선의 사절단은 진조선(眞朝鮮)의 사절단이 될 것이다.

서기전 268년에 위(魏)나라 사람 공빈(孔斌)은 단군조선(東夷)는 비록 대국(大國)이나 함부로 남의 나라를 침략하지 않는 나라라고 그가 지은 홍사(鴻史) 서문에서 밝히고 있다.

(10) 신원함(伸冤函) 설치

서기전 265년 병신년(丙申年)에 각처에 신원함(伸冤函)을 설치하여 억울한 일을 당한 자들이 투서(投書)하도록 하였다.364)

단군조선 전기인 서기전 1946년에 이미 신원목(伸冤木)을 설치하여 백성들의 억울함을 풀어준 역사가 있기도 하다. 신원목은 신문고(申聞鼓)와 유사한 장치가 된다.

(11) 암행어사(暗行御史) 파견

서기전 256년 어사(御使)를 시켜 백성들의 사회를 몰래 다니며 부정한 사건을 비밀리에 탐지하여 바로 잡았다.365)

소위 암행어사(暗行御史)를 파견하여 사회부정 사건을 비밀리에 탐지하여 바로

---

363) 위(魏)나라 공빈(孔斌)이 지은 홍사(鴻史) 서문 참조. 공빈은 공자의 7세손이며, 공자순(孔子順)이라고도 한다.
364) 전계 단군조선 47대, 218쪽 참조
365) 전계 단군조선 47대, 218쪽 참조

잡도록 하였던 것이 되는데, 단군조선의 천왕들께서 미복(微服)차림으로 백성들의 삶을 살펴서 제도를 고치거나, 하(夏)나라와 주(周) 나라의 정세를 시찰하기도 하였다.

(12) 연나라가 새해 인사를 올리다

서기전 252년 기유년(己酉年)에 연나라가 사신을 보내어 새해 인사를 올려 왔다.[366] 이때 연나라가 상국(上國)인 진조선(眞朝鮮)에 사신을 보내어 고열가(古列加) 천왕께 새해 인사를 올린 것이다. 연나라는 번조선(番朝鮮)도 상국(上國)으로 모시며 수시로 조공을 바치고 예(禮)를 올렸다.

연나라는 서기전 323년에 이왕(易王)이 주나라 천자(天子, 王)를 무시하고 함부로 왕(王)을 칭하였는데, 진조선(眞朝鮮)은 번조선(番朝鮮)의 상국(上國)이며 번조선은 연나라에 대비하여 연나라가 왕을 칭한 같은해인 서기전 323년에 왕(王)을 칭하였던 것인 바, 연나라가 번조선을 상국(上國)으로 받드는 데서 진조선을 상국(上國)으로 받드는 것은 너무나 당연한 일이 되는 것이다.

(13) 연(燕)나라 대부(大夫)의 망명

서기전 251년 경술년(庚戌年)에 연(燕)나라 대부(大夫) 형운(荊雲)이 망명하여 입국하였다.[367]

서기전 255년에 진(秦)나라가 주(周) 나라를 멸망시켰으며, 이때부터 진(秦)나라가 서서히 세력을 팽창하기 시작하게 되는데, 연나라 대부 형윤이 단군조선에 망명한 것은 시대를 읽은 것이 아닌가 한다.

서기전 227년에 연나라에 형가라는 유명한 자객이 있었는데, 형운과 같은 씨족인(氏族人)이 되는 셈이다.

---

366) 전게 한단고기 〈단군세기〉, 119~120쪽 참조
367) 전게 단군조선 47대, 219쪽 참조

고대중국의 땅에 변란이 있을 때 동쪽으로 피난하여 우리나라에 망명 귀화한 사례가 역사속에 수없이 나타난다.

(14) 일식

서기전 248년 계축년(癸丑年) 겨울 10월 초하루에 일식(日蝕)이 있었다.[368]

(15) 북막(北漠)이 요청한 연나라 정벌을 거절하다

서기전 248년 겨울에 북막(北漠)의 추장 아리당부(阿里當夫)가 군사를 내어 연(燕)나라를 정벌할 것을 청했으나, 천왕께서 허락하지 않으시니, 이때부터 원망하여 공물을 바치지 않았다.[369]

이후 북막(北漠)은 단군조선의 영향 하에서 벗어나 독자적으로 활동한 것이 되는데, 서기전 229년에는 북부여의 서쪽 변두리를 습격하여 크게 약탈을 하기도 하였다.

(16) 보을(普乙) 천왕의 묘를 세우다

서기전 248년에 선단제묘(先檀帝廟) 즉 보을(普乙) 천왕의 묘(廟)를 성(城)의 남쪽에 세웠다.[370]

고열가 천왕이 바로 앞 천왕인 제46대 보을 천왕의 신주(神主)를 모신 사당(祠堂)을 장당경(藏唐京)의 성(城)의 남쪽에 세운 것이다. 고열가 천왕이 보을 천왕의 아들은 아니지만 고열가 천왕이 선대 천왕의 묘를 세움으로써 스스로 그 정통성을 이었음을 나타내는 것이 된다.

---

368) 전계 단군조선 47대, 219쪽 참조
369) 전계 한단고기 〈단군세기〉, 119~120쪽 참조
370) 전계 단군조선 47대, 219쪽 참조

(17) 해모수의 출현 – 북부여 시조 해모수가 군사를 일으키다

서기전 239년 임술년(壬戌年) 4월 8일에 23세이던 종실(宗室) 대해모수(大解慕漱)가 천왕의 자리에 오르고자 몰래 수유(須臾) 사람 기비(箕丕)와 약속하고 웅심산(熊心山)을 내려와 군대를 일으켜, 옛 서울 백악산(白岳山)을 습격하여 점령하고는 천왕랑(天王郞)이라 칭했다.[371]

해모수는 단군조선의 종실인 원래 고씨(高氏)이며, 서기전 239년 4월 8일[372]에 23세의 나이로 번조선의 기비(箕丕)와 모의하여 쇠퇴하여 가던 단군조선의 옥새(玉璽)를 차지하려고 하였던 것인데, 처음 웅심산(熊心山)을 근거지로 삼아 기다리다가 하산하여 군대를 일으켰던 것이며, 장당경(藏唐京) 이전의 서울인 백악산(白岳山)을 습격하여 점령하고는 천왕랑(天王郞)이라 칭했던 것이다.

해모수는 서기전 239년 군사를 일으키고서 천왕랑(天王郞)이라 칭하였는데, 이는 천왕(天王)이 아니라 천왕이 될 자격을 가진 사나이라는 말로서, 천왕의 자제(子弟)라는 말이 된다. 천왕랑(天王郞)은 단군조선의 국자랑(國子郞), 천지화랑(天指花郞)과 같은 의미가 된다.

여기 해모수(解慕漱)는 원래 고씨(高氏)로서 고모수(高慕漱)이기도 하고 북부여 시조로서 대해모수(大解慕漱)라고 하는데, 고주몽의 아버지가 북부여의 제후국인 옥저국(沃沮國)의 제후 즉 옥저후(沃沮侯)이자 일명 불리지(弗離支)인 고모수(高慕漱)로서 고씨(高氏)는 해씨(解氏)이므로 곧 해모수(解慕漱)이기도 하며, 후기 북부여 시대인 서기전 59년에 고두막(高豆莫) 단군의 아들로서 북부여 단군이 된 고

---

371) 전게 한단고기 〈단군세기〉, 119~121쪽 및 〈북부여기 상〉, 125쪽 참조

372) 음력으로 4월 8일은 서기전 239년 임술년에 해모수가 북부여를 시작한 날이 된다. 한편 우리 나라나 중국의 불교계에서는 음력 4월 8일을 석가세존의 탄생일로 보고 있는데 동남아에서는 5월 15일로 기념한다. 또, 불교에서는 서기전 544년을 부다 기원으로서 불기의 시작년도로 하여 서기 2012년은 불기2556년이라 하나, 실제로는 81세로 열반에 든 해이므로 석가부처가 탄생한 해는 서기전 624년으로서 불기2636년이 된다. 한편 서기전 1027년을 석가부처가 탄생한 해로 기록되기도 하는데, 이를 기준으로 하면 서기 2012년은 불기3039년이 된다.

무서(高無胥)가 백성들을 잘 다스렸으므로 소해모수(小解慕漱)라 불렸다.

즉, 역사기록상 해모수가 3분이 있는데, 북부여 시조인 대해모수(大解慕漱), 후기 북부여의 단군 고무서인 소해모수(小解慕漱), 고주몽의 아버지인 옥저후 불리지(弗離支)가 있는 것이 된다. 고(高)는 높다는 뜻이며 지상에서 볼 때 높은 것은 하늘에 떠있는 해(解, 태양)이므로 북부여 시조 해모수는 고씨(高氏)를 두고 해(解)로써 성씨를 삼은 것이 된다. 고(高)라는 글자는 높은 성(城)을 나타낸 상형문자가 되는데 그 옛 발음이 호(戶)에 가까워 해(解, 태양)와 상통하는 소리와 뜻을 가진 것으로 보인다.

(18) 해모수 천왕랑이 북부여 수도를 난빈(蘭濱)에 정하다

해모수(解慕漱)는 웅심산(熊心山)에 의지하여 궁실을 난빈(蘭濱)에 쌓았다. 까마귀 깃털로 만든 모자를 쓰고 용광(龍光)의 칼(釖)을 차고 오룡거(五龍車)를 타고 다녔다. 따르는 종자들 500인과 함께 아침에는 정사(政事)를 듣고 저녁에는 하늘로 오르더니 이에 즉위하였다. 해모수의 선조는 고리국(藁離國) 사람이다.373)

웅심산(熊心山)은 상춘(常春) 즉 백악산아사달 또는 여기에 가까이 있는 산으로서 개마산(蓋馬山)을 가리키며, 개마산은 북개마(北蓋馬) 또는 서개마(西蓋馬)로서 지금의 대흥안령산맥(大興安嶺山脈)에 있는 산이 된다. 웅심산을 뒤로 하고 궁궐을 지은 것이 되는데, 난빈(蘭濱)이라는 곳은 강가에 있는 것이 된다. 당시 수도가 장당경으로서 중부여(中夫餘) 땅이 되는데 상춘 즉 백악산아사달과 웅심산은 북부여 땅이 되므로 해모수의 나라를 북부여라 하는 것이다.

개마산(蓋馬山)의 개(蓋)의 옛 발음이 해(解, 태양)와 유사하거나 음운변화로 인하여 개마산은 해마리산으로서 백두산(白頭山:흰머리산:희마리산)을 가리키는 것이 된다. 즉 단군조선시대와 북부여 시대에는 해마리산 즉 개마산(蓋馬山)이라는 이

---

373) 전게 한단고기 〈단군세기〉, 121쪽 및 〈북부여기 상〉, 125쪽 참조

름을 가진 산이 서개마(西蓋馬) 또는 북개마(北蓋馬)인 지금의 대흥안령산맥(大興安嶺山脈)에 있는 개마산과 지금의 백두산인 동개마(東蓋馬)가 있었던 것이 된다.

해모수는 오우관(烏羽冠)을 쓰고 용광검(龍光劍)을 차고 오룡거(五龍車)를 타고 다녔던 것인데, 오우관은 단군조선 시대 국자랑(國子郎) 즉 천지화랑(天指花郎)들이 머리를 장식하던 관이며, 측근으로 500인(人)을 두고 함께 오전부터 낮 동안에는 각 지역을 돌아다니며 정사(政事)를 돌보고, 밤에는 궁궐로 돌아갔던 것이다. 즉 저녁에 하늘로 올라갔다라고 적은 것은 낮에는 지방을 돌아다니면서 순방정치(巡訪政治)를 하다가 밤에는 궁(宮)으로 숙소로 되돌아가던 것을 가리키는 것이 된다.

해모수의 선조는 고리국(藁離國) 사람으로 해모수의 고향이 고리국인데, 여기 고리국은 곧 구려국(句麗國)이며, 구려국은 처음 단군왕검의 둘째 아들인 부소(扶蘇)가 봉해진 나라이고, 서기전 1285년 이후 색불루 단군 또는 이후 고씨단군의 친족이 봉해진 것이 된다. 해모수(解慕漱)는 고씨 단군의 종실로서 역시 원래 고씨(高氏)인 것이다. 고리(藁離)와 구려(句麗)는 가운데 땅, 가운데 나라, 중국(中國)이라는 의미를 지니는 말이다.

단군조선 시대 구려국의 위치는, 지금의 서요하 상류지역에서 서쪽으로 다시 서남쪽으로 태원의 북쪽에 위치한 대동(大同)에 이르는 지역으로서, 북쪽에는 몽골이 있고 서쪽에는 선비와 흉노가 있었으며, 남쪽에는 태항산(太行山) 서쪽이자 태원(太原)의 북쪽으로 은(殷) 기자(箕子)가 망명한 땅인 기후국(箕侯國)이 있었고, 태항산 동쪽으로 지금의 북경과 천진을 중심으로 하였던 고죽국(孤竹國)이 있었으며, 남쪽에 위치한 패수(浿水, 난하) 중류지역에 낙랑홀(樂浪忽)이 있었고, 그 남쪽에 발해만 유역에 걸쳐 번한(番韓) 즉 번조선(番朝鮮)이 위치하였으며, 구려와 번한의 동쪽으로 지금의 요하 서편에 진번국(眞番國)이 있었는 바, 단군조선 전체의 영역으로 보면 동서를 기준으로 동해(東海)와 티벳 또는 청해(靑海) 사이에 위치하여 거의 중앙에 자리한 나라가 된다.

(19) 고열가 천왕께서 오가(五加)들에게 나라를 맡기다

서기전 238년 계해년(癸亥年)에 천왕께서는 어질고 순하기만 하고 결단력이 없어 명령을 내려도 시행되지 않는 일이 많았고 ,여러 장수들은 용맹만 믿고 난리를 자주 피웠기 때문에 나라의 살림은 따라주지 않았고 백성의 사기는 날로 쇠퇴하였다.374)

3월 16일 하늘에 제사지내던 날 저녁에 마침내 오가(五加)들과 의논하여 가로대,

> "옛 우리 열성조(列聖祖)들께서 나라를 열어 대통(大統)을 이어가실 때는 덕(德)을 심어 널리 미쳐 오랜 세월 법(法)이 되었으나, 이제 왕도(王道)는 쇠미(衰微)하여지고 여러 한(汗)들은 강함을 다투는데, 짐은 덕이 엷고 겁이 많아 능히 다스리지 못하며 방책(方策)을 세워 어진이를 불러 무마시키지 못하여 백성들은 흩어지니, 너희 오가(五加)들은 어진이를 택하여 천거(薦擧)하라"

하시며, 옥문(獄門)을 크게 열어 사형수 이하의 모든 죄수들을 돌려보내게 하였다. 이튿날인 3월 17일에 마침내 천왕 자리를 버리고 아사달(阿斯達) 산에 들어가 수도하여 신선(神仙)이 되시니, 이에 진조선(眞朝鮮)의 오가(五加)들은 공화정치(共和政治)를 6년을 하다가 마침내 회복하지 못하고 서기전 232년에 해모수에게 나라를 넘김으로써, 서기전 2333년 10월 3일 시작된 단군조선은 2,102년 만에 종말을 맞았다.

여기서 서기전 238년 3월 16일에 단군조선이 망한 것이 아니며, 6년 후인 서기전 232년에 천왕랑(天王郞)이라 칭하였던 해모수가 오가(五加)의 공화정(共和政)을 철폐하여 접수함으로써 이에 추대를 받아 단군이 되니 천왕으로 즉위한 것이 되어, 서기전 232년에 단군조선이 완전히 망한 것이 된다.

서기전 238년부터 서기전 232년까지 단군조선은 천왕이 부재한 상황에서 오가

---

374) 전게 한단고기 〈단군세기〉, 120~121쪽 참조

(五加)의 공화정(共和政)이 실시되었던 것으로, 나라가 없어진 것이 아닌 것이다. 그리하여 단군조선의 역년은 서기전 2333년부터 서기전 232년까지 2,102년이 되는 것이다.

(20) 해모수 천왕랑의 3월 제천과 연호법(煙戶法) 제정

서기전 238년 3월 16일에 해모수 천왕랑(天王郞)께서 하늘에 제사를 지내고 연호법(烟戶法)을 제정하더니 오가(五加)의 병력을 나누어 배치하여 밭을 갈아 자급자족함으로써 뜻밖의 일에 대비하도록 하였다.[375]

해모수가 스스로 천왕랑(天王郞)이라 칭한 후, 고열가 천왕이 3월 16일에 제천하는 것과는 별도로 제천행사를 벌인 것이 되는데, 이는 신하의 도리로 보면 반역행위이나, 스스로 천왕랑(天王郞)으로서 천군(天君)의 자격이 있음을 나타낸 것이 된다. 천왕랑(天王郞)은 천왕(天王)의 자제(子弟)로서 천군(天君)격, 천왕(天王)격에 해당한다.

고열가(古列加) 천왕이 43대 물리(勿理) 천왕의 현손(玄孫)으로서 후기 단군조선의 종실(宗室)이기도 하며, 해모수(解慕漱)도 원래 고씨(高氏)로서 종실(宗室) 즉 천왕족(天王族)이 되는데, 제44대 구물(丘勿) 천왕의 후손으로서인지 아니면 그 이전의 먼 방계(傍系)인지는 불명이나, 천왕랑(天王郞)이라 칭한 것으로 보아 단군조선의 국자랑(國子郞), 천지화랑(天指花郞)의 자격이 있었던 것은 분명하다고 보인다.

(21) 단군조선의 접수 – 해모수가 오가(五加) 공화정치를 철폐하고 천왕(天王)이 되다

서기전 232년 기사년(己巳年)에 해모수 천왕랑(天王郞)이 무리를 이끌고 가서 옛 도읍의 오가(五加)들을 회유하여 마침내 공화정치(共和政治)를 철폐하였다. 이

---

375) 전계 한단고기 〈북부여기 상〉, 125쪽 참조

에 만백성들이 추대하여 단군(檀君)으로 즉위하여 천왕(天王)이 되었다.376)

　여기서 옛 도읍은 서기전 425년에 수도로 삼은 장당경(藏唐京)을 가리키는 것이다. 서기전 238년부터 서기전 232년까지 장당경에서는 오가(五加)의 공화정치(共和政治)가 행해지고 있었던 것인데, 어진 자를 찾아 세우라는 고열가 천왕의 유지를 받들지 못하고 있던 차에, 해모수가 군사를 이끌고 장당경에 들어가 오가들을 회유하여 공화정을 철폐하고 단군조선을 접수하였던 것이다. 이로써 단군조선은 서기전 2333년부터 서기전 232년까지 합2,102년의 역사를 마감한 것이 된다. 한편, 고열가 천왕이 나라를 내놓은 서기전 238년에 사실상 단군조선이 망한 것으로 계산하면 2,096년의 역사를 가지는 것이 된다.

　해모수는 군사를 일으켜 천왕랑(天王郎)이라 칭하였다가 단군조선의 오가공화정(五加共和政)을 철폐하여 접수하니, 이에 만백성들이 단군(檀君)으로 추대하였던 것이 된다. 이리하여 서기전 232년에 해모수는 천왕랑(天王郎)의 칭호에서 나아가 정식으로 본 임금인 천왕(天王)으로 즉위한 것이 된다.

　천왕(天王)은 천하에 제후를 거느린 천상(天上)의 왕이 되는 것이며, 결국 지방 제후국들의 상국(上國)의 본 임금을 가리키는 것이 된다.

　이때 번조선왕 기비(箕丕)는 해모수 천왕이 인정하여 봉한 비왕(裨王)이며, 그 외 북부여에 속한 제후국들이 많이 존재하였던 것이 된다. 단, 마한(馬韓) 즉 마조선(馬朝鮮)은 마한 맹남(孟男)을 끝으로 더 이상 기록이 없어 서기전 323년부터 서기전 238년경 사이에 이미 대가 끊기어 망한 것이 된다. 이후 서기전 195년에 낙랑홀(樂浪忽) 출신의 최숭(崔崇)이 배를 타고 이동하여 마한 땅의 도성(都城)이던 왕검성(王儉城)에 정착하여 낙랑국(樂浪國)을 세웠던 것이 된다. 즉 북부여는 최숭을 낙랑왕(樂浪王)으로 대우하였다. 시호는 영제(寧帝)이다.

---

376) 전게 한단고기 〈북부여기 상〉, 126쪽 참조

단군조선 군후국(君侯國)의 역사

1. 단군조선(檀君朝鮮) 개국(開國) 전후(前後) 상황(狀況)

서기전 2698년 배달나라 천자국(天子國)인 유웅국(有熊國)의 왕이 된 헌원(軒轅)이 10여 년간 도전(挑戰) 끝에 치우천왕께 항복하여 배달나라의 진정한 천자(天子)로서 황제(黃帝)가 된 이후에 서기전 2383년경까지 약 300년 이상 배달나라에는 거의 전쟁이 없던 평화시대가 되었다.377)

서기전 2383년부터 제곡고신(帝嚳高辛)의 아들인 요(堯)가 도(陶)에 봉해진 이후, 요의 권력욕 때문에 전운(戰運)이 감돌기 시작하였다.

서기전 2357년 요(堯)는 황제헌원의 나라인 (유)웅국(有熊國)의 천자(天子, 王)이던 이복형 지(摯)를 멸망시키고 스스로 천자가 되어 함부로 구주(九州)를 나누었으며, 배달나라 역법(曆法)을 폐하고 명협(蓂莢)이라는 풀에 의존하여 달력을 만들고, 당(唐)을 수도로 삼아 제왕(帝王)의 도(道)를 주창하였다.

즉, 이로써 배달나라의 법질서에 도전한 것이다. 역법은 종주국(宗主國) 조정(朝廷)의 천왕(天王)이 만들어 각 지방의 나라 사정에 맞도록 협의(協議)하여 사용하는 것인데, 요(堯)는 배달나라의 역법을 폐지하고 스스로 명협이라는 풀의 잎이 피고

---

377) 전계 한단고기 〈신시본기〉, 182쪽 참조

지는 것에 따라 한 달을 기준으로 달력으로 삼았던 것이다. 이는 배달나라 한역(桓易)을 기초로 한 양력(陽曆)을 폐하고 달(月)의 운행만을 기준으로 한 순수한 음력(陰曆)을 사용한 것이 된다.

제왕(帝王)의 도(道)를 주창한다고 함은 일반적인 왕(王)보다 높은 제(帝)로서 하늘을 대신하여 인간세상을 다스리는 천상천하의 최고 임금임을 함부로 주장하고, 왕(王) 이하 제후(諸侯)를 마음대로 봉하고 달력을 만드는 천권(天權)을 마음대로 행사한다는 것을 의미한다.

제(帝)를 높인 존재는 천제(天帝)이며, 천제는 천신(天神)의 화신(化身)으로서 하늘과 땅을 모두 다스리는 최고의 임금이다. 즉 일신(一神, 天神)>=천제(天帝)>제(帝)의 순이 된다.

천제(天帝)의 대행자는 천제자(天帝子)인 천왕(天王)이 된다. 우리기록에서는 배달나라는 한국(桓國, 하늘나라)의 한인(桓因)의 아들 한웅(桓雄)이 세운 나라이므로, 한인을 천제(天帝)라 모시고 한웅을 천제의 아들인 천왕(天王)이라 한 것이 된다. 즉 천신(天神)>=천제(天帝)>천왕(天王)>제(帝)의 순이 된다.

삼신오제설(三神五帝說)에 의하면, 삼신(三神)은 곧 천지인(天地人) 삼신으로서 일신(一神)이며 천신(天神)으로 대표되고, 오제(五帝)는 동서남북중 오방위(五方位)를 맡은 제후격의 임금인데 각각 청제(靑帝), 백제(白帝), 적제(赤帝), 흑제(黑帝), 황제(黃帝)라 한다. 즉 삼신(三神)>오제(五帝)가 된다.

천제(天帝)는 삼신(三神, 天神)의 대행자(代行者)이며, 천왕(天王)은 천제자(天帝子)로서 천제(天帝)의 대행자(代行者)이므로 오제(五帝)를 거느리는 임금이 된다. 즉 천신(天神)>=천제(天帝)>천왕(天王)>오제(五帝)의 순이 된다.

삼일신(三一神) 사상에 의하여 일신(一神)=삼신(三神)=천신(天神)=천제(天帝)=천왕(天王)이 된다. 배달나라에는 천왕(天王) 아래 오방위의 오제(五帝)가 있었으니, 즉 오부(五部)의 천자(天子)가 이에 해당한다.

오부(五部)의 장이 오가(五加)가 되어 조정에서 천왕을 보필하니, 각각 저가(豬

加), 구가(狗加), 양가(羊加), 우가(牛加), 마가(馬加)이다. 그리고 천왕 아래 삼사(三師)를 두니 각 풍백(風伯), 우사(雨師), 운사(雲師)이다. 그리하여 배달나라의 직제는 천왕(天王)〉삼사(三師)〉오가(五加)〉오부(五部)의 천자(天子)=오제(五帝)의 순이 된다. 오부의 천자(天子) 또는 오제(五帝)는 하늘나라의 지방 제후에 해당하는 바, 하늘나라의 제후는 천후(天侯)가 된다.

서기전 2334년경 요(堯)는 산동지역의 공상(空桑)에 수도를 삼고 있던 단웅국(檀熊國=염제신농국의 후계국)을 기습하여 왕성(王城)을 점령하고 이에 그 왕인 홍제(洪帝)가 붕하니, 단웅국의 비왕(裨王)으로서 순방정치를 하던 단군왕검은 이에 800의 무리를 이끌고 3,000리 이상 떨어진 동북의 아사달(阿斯達)로 이동하였다.

염제신농국(炎帝神農國)은 서기전 3218년부터 서기전 2698년까지 8대왕 520년간 지속되었고, 단웅국(염제신농국의 후계국)은 서기전 2697년 갑자년부터 서기전 2333년 무진년까지 5대왕 365년간 지속되었으며, 염제국의 역년은 13대와 합885년간이 된다.

단웅국(檀熊國)의 수도인 공상(空桑)은 곡부(曲阜)의 남쪽에 있고 소위 진류(陳留)라는 곳이 된다. 공상을 포함한 산동지역이 단군왕검이 외조부인 단웅국왕(염제국 홍제)을 대신하여 섭정하던 대읍국(大邑國)이라 불리는 단웅국이다.

단군왕검이 3,000리 이상 떨어진 동북의 아사달로 이끌고 간 800의 무리는 단군왕검의 최측근을 가리키는 것이 된다. 이때 많은 백성들이 큰 고개(阿里嶺)와 큰강(阿里水)을 수 없이 넘고 건너며 단군왕검의 뒤를 따랐는데, 단군왕검이 측근들과 바삐 서둘러 먼저 가시자, 따라 가지 못하고 큰 고개를 넘다 뒤에 처졌던 백성들 중 어떤 사람이, 함께 가고 싶은 심정을 애닯게 부르던 노래가 민요로 전승(傳承)되어 온 것이 아리랑이 아닌가 한다.

단군조선의 시조 단군왕검(檀君王儉)은 한웅천왕(桓雄天王)의 아들인 천군(天君)으로서 단군(檀君)이라 하며, 서기전 2333년에 구족(九族) 즉 구이(九夷)의 추대에 응하여 임금이 되어 조선(朝鮮)의 최고 임금이 되니 천왕(天王)이 되셨으며,

곧 비왕(裨王)으로서 삼한(三韓)을 봉하여 섭정하게 하니 삼한이 곧 천왕격(天王格)이 되고 단군왕검은 천제(天帝)가 되었던 것이다.

태자 부루(太子扶婁)를 천제자(天帝子)라 하니[378] 곧 천왕격(天王格)의 진한(眞韓)이 된다. 단군왕검은 그 아들들을 군(君)으로서 땅을 나누어 봉하니 각 천군국(天君國)이 되었다. 그 외 공을 세운 수많은 제후(諸侯)를 나라에 봉하니 천후국(天侯國)이 되었다. 그리하여 단군왕검 때는 천제(天帝, 단군왕검)〉천왕(天王, 삼한)〉천군(天君)〉천후(天侯)의 순이 된다. 천후에는 공, 후, 백, 자, 남 등이 있어 각각 천공(天公), 천후(天侯), 천백(天伯), 천자(天子), 천남(天男)이 되는 것이다.

일신(一神)=삼신(三神)=천신(天神)〉=천제(天帝)〉=천왕(天王)〉천군(天君)〉=천후(天侯: 공(公), 후(侯), 백(伯), 자(子), 남(男))의 순이 되고, 천제(天帝), 천왕(天王), 천군(天君)은 천상(天上) 즉 천국(天國)의 임금으로서 하늘과 땅을 다스리며, 천후(天侯)는 천하(天下)의 왕(王)으로서 땅 즉 지방(地方)을 다스리는 임금이 된다.

특히 고대중국의 왕은 천후(天侯)의 하나인 천자(天子)이며, 그 왕이 봉한 제후는 그냥 공(公), 후(侯), 백(伯), 자(子), 남(男)이다. 단군조선의 천자(天子)이던 소위 요(堯)임금이 일반제후를 공(公), 후(侯), 백(伯), 자(子), 남(男)으로 봉하였던 것이 된다.

조선(朝鮮)을 개국한 지 10년이 지난 서기전 2324년에 단군왕검 천왕(天王)은 유호씨(有戶氏) 부자(父子)로 하여금 환부(鰥夫), 권사(權士) 등 100여명과 군사를 이끌고 가서 요(堯)를 깨우치게 하였는데, 이에 요는 굴복하여 유호씨를 하빈(河濱)에 머물도록 대접하였고, 이후 유호씨는 요의 소행(所行)을 감시만 하였다.

순(舜)은 당시 단군조선의 환부(鰥夫)로서 무여율법 4조(無餘律法4條)를 조절하던 직책을 수행하였다.

유호씨(有戶氏)는 순(舜)의 아버지로서 요임금이 반역을 하자 단군왕검을 보필하

---

378) 전게 한단고기 〈태백일사/삼한관경본기〉, 번한세가 상, 218~219쪽 참조

였고, 단군왕검보다 100여세가 많았으며, 요임금을 치러간 단군조선의 사자(使者)로서 서기전 2200년경까지 130여 년간 단군조선의 천사(天使)로서 활동하였다.

중국기록에서 순(舜)을 동이(東夷) 출신이라고 적고 있는 것은 바로 순이 단군조선 출신이자 단군조선 조정(朝廷)의 신하(臣下)임을 단적으로 나타내는 말이다.

하빈(河濱)은 황하(黃河) 물가라는 말이다. 요(堯)가 태원(太原)의 남쪽, 황하 북쪽인 평양(平陽)에다 당도(唐都)를 세웠으니, 지금의 서안(西安) 동쪽으로 황하남류의 밑부분과 황하가 동쪽으로 꺾어지는 곳의 사이 땅으로 황하 근처가 된다. 즉 당(唐)의 수도 평양(平陽)은 지금의 태원(太原)과 낙양(洛陽)의 중간 쯤 분수(汾水) 유역에 있는 것이 된다.

순(舜)은 20세이던 서기전 2324년에 단군조선의 환부(鰥夫)라는 직을 수행하며 아버지 유호씨(有戶氏)를 따라 요(堯)를 토벌(討伐)하러 갔었고, 이때 정세(政勢)를 알아차린 요(堯)가 나라를 보존코자 단군조선의 사자(使者) 유호씨에게 무조건 굴복(屈服)하여 전쟁을 피하고 단군조선의 천자(天子)로 인정받게 되었는데, 당시 순은 소위 효자(孝子)로서 아버지의 명을 잘 따르고 있었던 것이 된다.

순의 나이 30세인 서기전 2314년에 요임금은 순(舜)을 등용하였으며, 이때 아버지 유호씨는 순에게 훈계를 하였으나 순은 이를 듣지 않고 요에 협조하게 되었는데, 이때부터 순은 아버지의 눈 밖에 나게 되어 중국역사 기록에서 불효자(不孝子)라고 적히게 되는 것이다.

순의 나이 50세인 서기전 2294년에 요임금은 순에게 제2인자로서 섭정(攝政)을 맡겼다.

서기전 2288년에 소위 요순시대 9년 대홍수가 발생하였고, 서기전 2284년에는 단군조선에도 대홍수가 발생하였다. 단군조선은 풍백(風伯)이 치수(治水)를 잘하여 큰 피해가 없었고 치수비(治水碑)를 우수주(牛首州:송화강과 우수리강 유역으로 추정)에 세웠다.

서기전 2288년에 순은 요임금의 섭정(攝政)으로서 곤(鯤)을 치수담당으로 맡겨 치수하도록 명하였다.

서기전 2284년에 순(舜)이 요(堯)의 섭정이던 중, 요(堯)를 유폐시키고 위협하여 선양받아 천자 자리를 찬탈하였다.

서기전 2280년에 순임금은 9년 동안이나 치수에 진척이 없자 곤(鯤)에게 치수에 성공하지 못한 책임을 물어 우산(羽山)에서 처형하고 곤의 아들 우(禹)를 사공(司空)에 봉하여 치수를 맡겼다.

이후 우(禹)가 13년간 치수에 힘썼으니 마무리를 하지 못하였고, 이에 자허선인(紫虛仙人)을 찾아가 가르침을 받아 단군조선의 섭정이던 진한(眞韓) 태자 부루를 만나는 방법을 알게 되었으며, 우(禹)가 치수를 위하여 단군조선 조정에 도움을 요청하도록 순임금에게 간청하였던 것이고, 순(舜)이 불효불충(不孝不忠)을 무릅쓰고 단군왕검 천제(天帝)께 도움을 요청하였던 것이다.

이에 단군왕검 천제(天帝)께서는 순(舜)이 백성을 위하는 마음을 읽고서 순을 진정한 천자(天子)로 인정하고, 홍익인간의 이념실현을 위하여 서기전 2267년에 진한(眞韓)이던 태자(太子) 부루(扶婁)를 파견하여 도산회의(塗山會議)를 주관하게 하여, 순(舜)의 신하 사공(司空) 우(虞)에게 치수법(治水法)을 전수토록 하셨던 것이다.

이리하여 태자 부루는 번한(番韓 琅耶)을 대동하고 양자강과 회수(淮水) 사이의 하류 쪽에 있는 도산(塗山)에서 회의를 주관하면서, 순임금의 신하 사공 우(禹)에게 치수법을 전수하였고, 이후 태자 부루로부터 치수(治水)에 관한 전권(專權)을 부여받은 사공(司空) 우(禹)는 태자 부루의 가르침에 따라 실행하여 결국 치수에 성공하였던 것이다.

도산회의에서 태자 부루는 천자(天子) 순(舜)의 기왕(旣往)의 잘못을 지적하고 순이 임의로 설치하였던 유주(幽州), 영주(營州), 병주(幷州) 중에서 유주와 영주를 단군조선의 직할영역에 편입시켰으며, 5년마다 한번씩 낭야성(琅耶城=可汗城)에서 우공(虞貢)의 사례(事例)를 보고토록 하였고, 순으로 하여금 단군조선의 분조

(分朝:자치 제후국)의 감독자로 삼았다. 이에 낭야성에 감우(監虞)를 설치하여 순(舜)을 감독(監督)하는 관청으로 두었다.[379]

이후 천자 순은 서기전 2267년부터 서기전 2247년까지 20년간 4회에 걸쳐 진한 태자 부루에게 우공(虞貢)의 사례를 보고하였고, 서기전 2246년 이후에는 태자 부루가 순행(巡行)하지 않자 순(舜)은 다시 유주와 영주를 산동지역 남국(藍國)의 이웃에 설치하는 등 스스로 반역하였던 것이 된다.

분조(分朝)는 나누어진 조정(朝廷)으로서 자치제후국(自治諸侯國)을 가리키며, 특히 고대중국의 내륙 동쪽에는 단군조선의 번한관경에 속하는 수많은 제후국들이 있었는데, 대표적으로 청구(靑邱)와 남국(藍國, 藍夷), 엄이(淹夷), 서이(徐夷), 회이(淮夷), 개이(介夷), 양이(陽夷), 래이(萊夷), 우이(隅夷) 등 내륙8이(夷)가 있었다. 이들 제후국들은 천자 순의 시대에는 순이 번한(番韓) 낭야(琅耶)를 대리하여 감독하였던 것이다.

서기전 2267년 도산회의 이후 우(禹)는 치수에 관한 왕권(王權, 專權)을 부여받아 중국내륙의 산, 강 등 지리를 모두 조사하여 순임금에게 보고하였던 것이고, 순임금은 이를 태자 부루에게 감우(監虞)라는 관청이 설치된 낭야성(琅耶城)에서 보고하였다. 이것이 우공(虞貢)의 사례(事例) 중의 하나인 우공(禹貢)이 된다.

소위 우공(禹貢)의 지도를 우공(禹貢)이라 우기는 역사가가 있으나, 치수와 관련하여 사공이던 우(禹)가 보고용으로 작성하였던 것이 되는데, 우(禹)가 반역하여 하왕(夏王)이 된 후에 우공(禹貢)이라고 하였던 것이라면, 이는 우(禹)가 악용(惡用)한 것에 불과한 것이다.

원래 산해경(山海經)이나 우공(禹貢)의 지도는 도산회의 때 태자 부루의 명을 받고 행한 것이 된다. 그래서 천자 순(舜)이 번한(番韓)을 대신하여 감독하던 산동지역 등 내륙 동쪽의 땅도 산해경(山海經)이나 우공(禹貢)의 지도에 나타나는 것이다.

---

379) 전게 한단고기 〈태백일사/삼한관경본기〉, 번한세가 상, 215쪽 참조

만약 우(禹)가 하왕(夏王)이 된 이후에 만든 것이라면, 산동지역을 포함한 땅에 대하여는 직접 답사하지 못하고 요임금의 구주(九州) 등 이전의 기록을 베끼거나 추정하여 기록할 수밖에 없는 것이 된다.

우공(禹貢)이라는 말은 제후들이 우(禹)에게 바친다는 뜻보다는, 우(禹)가 순임금에게 보고하여 바친다는 의미가 되는 것이다.

서기전 2241년에 단군왕검 천제(天帝)께서 붕어하시니 태자 부루가 서기전 2240년에 제2대 천왕(天王)으로 즉위하였다.

순임금은 서기전 2267년부터 서기전 2247년까지 태자 부루에게 5년마다 한번씩 20년간을 낭야성에서 우공의 사례를 보고하였으나, 서기전 2246년 이후에는 반역하여 다시 유주와 영주를 단군조선 번한관경 내 남국(藍國, 남이)의 근처에 설치하였고, 서기전 2240년에 천왕이 된 태자 부루가 유주와 영주를 정벌하여 폐하고서 단군조선의 직할 제후를 봉하였으며, 이때부터 순(舜)을 제거하기 위한 형제간의 전쟁이 본격적으로 전개되었던 것이다.

유호씨(有戶氏)는 악행을 저지르는 순(舜)을 제거하기 위하여 작은 아들 유상(有象)과 치수(治水)에 공에 많아 무리의 추앙을 받게 된 우(禹)에게 명하여 협공(協攻)으로 순(舜)을 치게 하니, 드디어 서기전 2224년 우(禹)의 군사가 남쪽 창오(蒼梧)의 들에서 순(舜)을 죽였던 것이다. 그러나, 우(禹)는 곧바로 단군

코끼리와 차자(且子=次子) = 舜의 아우 象

조선을 반역하여 군사를 몰래 모으고 무기를 수리하여 자칭 하왕(夏王)이라 하고 도산(塗山)을 수도로 삼고서 독단(獨壇)을 차려 단군조선의 제도를 흉내 내며 제후(諸侯)를 마음대로 봉하여 함부로 조공을 받는 등 폭돌한 정치를 하였고, 이때 수많은 백성들이 단군조선의 영역으로 도망하였으며, 이에 우는 국경을 봉쇄하여 도망가지 못하도록 하였다.

이후 유호씨와 하(夏)나라와의 전쟁이 시작되어 서기전 2195년경까지 약 30년 간 계속되었다. 우는 전쟁 중에 진중(陣中)에서 병들어 죽었고, 서기전 2197년에 우의 아들 계(啓)가 왕이 되어 계속 항거하였다. 결국 유호씨는 눈과 귀가 막혀버린 우매한 하(夏)나라를 포기하고 다른 곳(월식주인 수메르지역, 성생주인 인도지역) 으로 가르침을 펴러 떠났던 것이다. 이로써 하나라 이후 고대중국은 한배달조선의 홍익인간의 천부도(天符道)를 접하지 못하고 왕도(王道)를 벗어나, 진정한 도를 이탈하여 패도(覇道)를 숭상하는 등, 폭정과 전쟁의 소용돌이 속으로 빠져갔던 것 이다.

2. 단군조선(檀君朝鮮)의 군후국(君侯國)

서기전 2333년 10월 3일 단군왕검은 구한(九桓, 구족, 九族, 구이, 九夷)의 추대 에 응하여 임금으로 즉위하여 천군(天君)의 윗자리인 천왕(天王)이 되었으며, 나라 를 조선(朝鮮)이라 하였다.

단군왕검 천왕(天王)은 배달나라 18대 거불단(居弗檀) 한웅(桓雄)과 단웅국(檀 熊國) 5대 (염제신농국 13대)의 홍제(洪帝)의 딸 사이에 탄생하신 분이다.

단웅국(檀熊國)이라 한 것은 단국(檀國) 즉 배달나라와 웅씨국(熊氏國)의 혼합된 명칭이 되는데, 이는 그냥 웅씨국인 유웅국(有熊國)과 구분되는 명칭이 되며, 서기 전 2697년 갑자년에 배달나라 제14대 치우천왕이 염제신농국을 평정하여 염제(炎 帝) 유망(楡罔)의 아들인 괴(魁)를 천자(天子, 왕)로 다시 봉한 나라를 가리킨다.

유웅국은 웅씨국의 하나로서 서기전 3242년에 소전씨(少典氏)가 배달나라 종실 (宗室)로서 천자(天子)로 봉해져 시작한 나라이며, 소전씨의 별고인 공손씨(公孫 氏)가 잇고, 공손씨의 아들 또는 후손인 황제헌원(黃帝軒轅)이었는데, 황제헌원의 나라를 웅국(熊國)이라고도 한다.

요(堯)임금은 서기전 2357년에 배달나라 천자국(天子國)인 유웅국(有熊國)의 천자(天子)이던 제지(帝摯)를 쳐서 멸하고서 함부로 참칭 제왕(帝王)이라 하였던 반면에, 단군왕검(檀君王儉)은 배달나라의 전체 부족(部族)인 구이(九夷)의 추대를 받아 배달나라의 정통을 이었던 것이다.

구족(九族)을 구한(九桓)이라 하는데 고대중국은 이를 구이(九夷)라 불렀다. 구이는 황이(黃夷), 백이(白夷), 남이(藍夷), 현이(玄夷), 적이(赤夷), 양이(陽夷), 우이(于夷), 방이(方夷), 견이(畎夷)이다.

구이(九夷)의 분포를 보면 아래와 같다.380)

황이(黃夷)는 파미르고원의 동쪽으로 천산(天山), 몽골, 만주, 시베리아, 연해주, 한반도, 산동지역에 걸쳐 사는 황인종(黃人種)이며, 황궁씨(黃穹氏) 후손이 된다.

백이(白夷)는 파미르고원에서 사방분거 이전에 먼저 동쪽으로 나가 사막지대에 걸쳐 선착한 백소씨(白巢氏)의 일파인 지소씨(支巢氏)의 후손으로서, 주로 황하상류 부근의 사막지역에 사는 아시아 백인종(白人種)이다.

남이(藍夷)는 청궁씨(靑穹氏)의 후손으로서 청(靑)인종에 속하며, 황하하류와 양자강하류 사이의 땅에 걸쳐 살며, 특히 치우천왕의 후손을 남이(藍夷)라고도 한다. 남이를 곧 태호복희의 후손이 되는 풍이(風夷)라고도 하는데, 이는 태호복희의 나라인 진(震)나라가 산동지역의 진(陳)을 중심으로 하던 나라이며, 치우천왕이 수도로 정한 곳이 산동지역의 청구로서 태호복희의 땅이 치우천왕이 직할로 다스리던 지역에 속하였기 때문이 된다.

현이(玄夷)는 흑룡강 유역에 걸쳐 사는 아시아 흑인종(黑人種)으로서 서기전 7197년경 인도지역으로 이주한 흑소씨(黑巢氏)의 일파로 추정된다.

적이(赤夷)는 양자강 이남으로 해안가에 걸쳐 사는 홍인종(紅人種)으로서 남이(藍夷)와 같이 청궁씨(靑穹氏)의 후손이 된다.

---

380) 전계 부도지 및 을파소 전수, 참전계경 충론 및 전계 한단고기 〈삼성기 전 하〉, 〈태백일사/삼신오제본기, 한국본기〉 및 범엽, 후한서 및 전계 조선전 〈후한서 동이전 서문〉 등 참조

양이(陽夷)는 백두산 남쪽의 한반도에 걸쳐 사는 황이의 분파로서, 바다를 건너 산동지역에 옮겨 살기도 한 것이 된다. 산동지역에 사는 양이가 중국 내륙(內陸) 8 이의 하나가 된다. 단군조선 시대에는 마한(馬韓) 땅이 되고 마한의 북동지역이 되는 지금의 개마고원 지역에 제후국인 개마국(蓋馬國)이 봉해진 것이 된다.

우이(于夷)는 백두산의 동쪽에 걸쳐 사는 황이(黃夷)의 분파로서 동해(東海)에 걸쳐 산 족속이 된다. 단군조선 시대에는 제후국인 예국(濊國)이 봉해진 지역이 된다.

방이(方夷)는 송화강 북쪽에 걸쳐 사는 황이(黃夷)의 분파이다. 단군조선 시대에는 제후국인 숙신국(肅愼國)이 봉해진 곳이 된다.

견이(畎夷)는 서쪽의 삼위산(三危山)과 서안(西安)에 걸쳐 사는 황이(黃夷)의 분파이다. 견이는 서기전 3897년경 반고(盤固)가 가한(可汗) 즉 배달나라의 천자(天子)가 된 이후 배달조선의 자치제후국으로 이어져 온 것이 된다. 후대에 나타나는 돌궐이 견이의 후예가 된다.

단군왕검 천왕(天王)은 나라의 지역행정(地域行政) 제도를 서기전 70378년부터 서기전 7197년까지 존속한 파미르고원의 마고성(麻姑城) 시대의 것을 본받아 동서남북중(東西南北中)으로 나누어 중앙이 되는 태백산(太白山) 즉 지금의 백두산에는 삼신(三神)의 자리로서 천부단(天符壇) 즉 제천단(祭天壇)을 두었고, 북쪽에는 삼신(三神)의 대리이자 북보(北堡)로서 진한(眞韓)을 두었으며, 남쪽에는 남보(南堡)로서 마한(馬韓)을 두었고, 서쪽에는 서보(西堡)로서 번한(番韓)을 두었으며, 동쪽에는 중요성이 덜하여 일반제후국인 예국(濊國)으로써 동보(東堡)로 삼았다.

보(堡)는 파미르고원의 마고성 시대에 사방에 두었던 보루(堡壘)로서 마고성의 내외부를 관찰하고 지키던 축조물이 되며, 마고성의 중앙에는 제천단인 천부단(天符壇)을 두었던 것이 된다. 마고성 시대에 이미 사방(四方)에 각 3개씩의 보(堡)를 두어 12성문(城門)을 설치하였던 것이 되는데, 이러한 구조를 단군조선이 본뜬 것이다.

단군조선은 사보(四堡)에 중앙에서 각 1,000리마다 물길을 두어 관문(關門)으로서 성(城)을 설치하였던 것으로 되는데381), 이는 진한(眞韓), 마한(馬韓), 번한(番韓)의 3한(韓)과 구려, 진번, 부여, 청구, 남국, 숙신, 예국, 개마, 옥저의 9군후국(君侯國)을 두어 기본 12봉국(封國)을 두었던 것과 일맥상통한다. 그 외에도 윷놀이판의 모습처럼 고죽국(孤竹國), 몽고리(蒙古里), 흉노(匈奴), 남선비(南鮮卑), 낙랑홀(樂浪忽), 여국(黎國), 엄국(淹國), 서국(徐國), 회국(淮國), 개이(介夷), 래이(萊夷), 양이(陽夷), 우이(隅夷), 기후국(箕侯國), 기국(杞國), 응국(鷹國) 등 많은 제후국을 두어 28수(宿)처럼 최소한 28개의 봉국(封國)을 두었던 것이 된다.

구족(九族)은 원칙적으로 자치(自治)를 하였으며, 단군조선 시대에 특별히 군후국(君侯國)으로 봉해진 나라로는, 양이(陽夷) 지역으로 지금의 백두산(白頭山) 남쪽에 봉해진 개마국(蓋馬國:해마리국), 우이(于夷) 지역이 되는 백두산의 동쪽에 봉해진 예국(濊國), 방이(方夷) 지역에 봉해진 숙신국(肅愼國), 남이(藍夷) 지역에 봉해진 남국(藍國), 엄국(淹國:奄瀆忽), 서국(徐國), 회국(淮國) 등, 그 외 황이(黃夷) 지역에 봉해진 구려국(句麗國), 진번국(眞番國), 부여국(夫餘國), 청구국(靑邱國), 옥저국(沃沮國), 졸본국(卒本國), 비류국(沸流國), 고죽국(孤竹國), 몽고리(蒙古里), 흉노(匈奴), 남선비(南鮮卑) 등, 백이(白夷)와 견이(畎夷)의 혼잡지역에 봉해진 여국(黎國) 등이 있다.

가. 삼한(三韓) = 천국 비왕(天國 裨王)이자 관경(管境)

단군왕검 천왕(天王)은 태자 부루(太子扶婁)를 진한(眞韓)으로 삼고, 치두남(蚩頭男)을 번한(番韓)으로 삼고, 웅백다(熊伯多)를 마한(馬韓)으로 봉하여 비왕(裨王)으로 삼았다. 진한, 번한, 마한은 천왕격(天王格)에 해당한다. 진한이 천왕격이므로 진한의 상제(上帝)인 단군왕검은 자연히 천제(天帝)가 되는 것이다. 태자 부루가 스스로 천제자(天帝子)라 칭하였던 것은 단군왕검을 천제(天帝)로 모신 것이

---

381) 전게 부도지, 45~46쪽 참조

된다.

삼한(三韓)은 비왕(裨王)인 삼한(三韓)을 가리키기도 하고 관경(管境=나라), 땅, 나라인 삼한관경을 가리키기도 한다. 단군조선 후기가 시작된 서기전 1285년부터는 관경인 삼한을 삼조선(三朝鮮)이라 불렀던 것이고, 단군조선 말기가 시작된 서기전 425년부터는 삼한관경을 삼조선(三朝鮮)으로 부르기도 하면서 마조선과 번조선의 임금인 마한(馬韓)과 번한(番韓)이 비왕(裨王)에서 승격되어 군사권을 가지는 왕(王)으로 불러 마조선왕(馬朝鮮王), 번조선왕(番朝鮮王)이라 한 것이 된다.

마한과 번한이 칭왕을 한 시기를 주나라의 전국시대로 비견한다면, 서기전 425년부터 단군조선의 전국(戰國)시대라 할 수도 있게 되는데, 서기전 403년부터 전국시대라 부르는 주나라는 단군조선의 역사적 흐름을 따라온 것이 된다. 이는 단군조선이 봉건국을 거느린 대제국(大帝國)으로서 말기에 이르러서는 제후국들이 왕을 칭하면서 난을 일으키게 됨으로써 그 역사적 흐름이 중앙조정의 천왕(天王)이 통제할 수 없는 지경에 이르렀기 때문이 된다.

다만, 단군조선의 마조선과 번조선이 스스로 왕을 칭한 것인지 진조선 천왕의 윤허를 받아 왕을 칭한 것인지에 관하여 명확한 기록이 없으나, 서기전 323년에 번조선의 읍차 기후(箕詡)가 번조선왕의 자리가 비어 있던 틈에 번조선왕이라 칭하고 천왕의 사후윤허를 구하였다는 기록을 보면, 서기전 425년 삼조선왕 시대 시작시기에 마조선과 번조선의 마한과 번한에게 왕이라 칭하도록 윤허한 것이 되고, 또 기후(箕詡)가 사후에 윤허를 구한 사실 등을 고려하면, 주나라 제후국들이 스스로 왕(王, 天子)을 칭한 것과는 확연한 차이가 있는 것이 된다.

(1) 진한(眞韓)

단군왕검 천왕(天王)이 태자(太子) 부루(扶婁)를 진한(眞韓)으로 봉한 것이 된다. 단군왕검 천왕이 태자 부루를 언제 진한(眞韓)으로 봉하였는지는 불명이나, 서기전 2333년에 마한(馬韓)과 번한(番韓)을 봉한 이후에 서기전 2324년경 천사(天使)

유호씨(有戶氏)로 하여금 요(堯)를 토벌토록 파견한 때, 태자 부루를 진한으로 봉하여 섭정케 한 것으로 추정된다. 이때 태자 부루는 약 20세가 될 것이다. 유호씨의 장자(長子)인 순(舜)이 서기전 2343년생인데 태자 부루와 엇비슷한 나이가 된다고 본다. 한편, 단군왕검은 14세 때부터 단웅국(檀熊國)의 비왕(裨王)으로 섭정하였다고 기록된다.

진한(眞韓)이란 말은 "참 왕" 즉 왕 중의 왕이라는 말이다. 마한은 남쪽의 왕이라는 말이며, 번한은 번(番) 즉 차례를 서서 경계를 하는 왕이라는 말이다. 여기서 진한은 마한과 번한을 거느리는 통솔의 왕이라는 뜻이 된다. 진한(眞韓)을 진한(震韓) 또는 진한(辰韓) 또는 진한(秦韓)이라 적기도 하는데, 이는 진한(眞韓)의 진(眞)과 같은 소리의 글자로 적은 용어가 된다. 신한(辰韓)이라고도 읽어 세력이 가장 강한 왕이라고 해석하는 경우도 있기도 한데, 참왕이라는 말이 원래의 뜻이 될 것이다.

태자 부루는 진한(眞韓)으로 봉해진 이후 제2대 천왕으로 즉위할 때까지 즉 서기전 2241년까지 섭정(攝政)한 것이 되며, 천왕으로는 58년간 다스렸다. 단군왕검은 130세를 사셨고, 태자 부루는 서기전 2343년경 생이면 서기전 2183년에 돌아가셨으니 약 160세를 사신 것이 된다.

단군왕검은 서기전 2370년 탄생하여 배달나라의 천군(天君)으로서 서기전 2333년 38세에 조선(朝鮮) 개국시조(開國始祖)가 됨으로써 천왕(天王)이 되셨고, 서기전 2324년경 48세경에 태자 부루를 천왕격인 진한(眞韓)으로 봉함으로써 천왕(天王)의 상제(上帝)인 천제(天帝)로 받들어진 것이 된다.

진한관경(眞韓管境)은 제후국이 아니며 천왕이 직접 다스리는 나라로서, 마한과 번한이나 다른 군후국들의 상국(上國)이 된다.

북보(北堡)로서의 역할을 하며, 단군조선 중앙이 되는 태백산의 천부단(天符壇)에 모신 삼신(三神)을 대리하는 천왕(天王), 천제(天帝)가 다스리는 나라이고, 태자 부루가 제2대 천왕이 된 후에는 진한(眞韓)을 따로 봉하지 않고 천왕으로 흡수된 것이 되며, 이후 진한(眞韓) 또는 진조선(眞朝鮮)은 마한(馬韓)과 번한(番韓)을 좌우로 거느린 상국(上國)으로서 천왕국(天王國)이 된다. 천왕의 아래인 마한(馬韓)과 번한(番韓)은 천왕격의 비왕(裨王)이 된다.

진한의 관경은 마한관경과 번한관경을 제외한 모든 땅이 되는데, 파미르고원 동쪽으로 보면, 지금의 한반도는 마한관경이며, 발해만유역과 산동지역은 번한관경이 되고, 그 외의 지역이 모두 진한관경에 속하는 것이 된다.

즉, 진한관경에는 구려(句麗), 진번(眞番), 부여(夫餘), 숙신(肅愼:方夷), 예국(濊國:于夷), 개마(蓋馬:陽夷), 흉노(匈奴), 몽고리(蒙古里), 남선비(南鮮卑), 여국(黎國), 기후국(箕侯國), 현이(玄夷), 견이(畎夷=犬戎), 백이(白夷=西夷=西戎), 적이(赤夷=南蠻) 등이 모두 포함되는 것이 된다.

한편, 고대중국의 당요(唐堯), 우순(虞舜)은 단군조선 중앙조정의 관할 하에 있었던 것이 되며, 하은주(夏殷周)는 원칙적으로 번한(번조선)의 관할 하에 있었던 것이 된다.

서기전 2324년경에 단군조선이 당요를 굴복시켜 부여(夫餘) 땅인 장당경(藏唐京)에 안치하였던 것이 되며, 서기전 2267년 도산회의 때 번한관경인 산동지역의 가한성(可汗城:낭야성)에 감우(監虞)라는 관청을 설치하여 5년마다 진한 태자 부루의 순행 시에 우순으로 하여금 단군조선에 조공을 하는 우공(虞貢)을 하도록 하였던 것이다.

하은주(夏殷周)는 번한(番韓)이나 마한(馬韓)이 지내는 천제(天祭)를 돕거나 조공을 올리거나 새해인사를 올리는 등 번한과 마한을 상국(上國)으로 모신 것이 된다.

지금의 일본 땅인 본주(本州, 혼슈)의 북동지역과 북해도(北海島, 홋카이도)는 단군조선 시대에 진한(眞韓)관경에 속하는 것이 되는데, 단군조선의 4보(堡) 중에서 동보(東堡)의 역할을 하던 예국(濊國)이 관할하던 땅이 되고, 단군조선의 유배지(流配地)로 사용되었던 곳이 된다. 한편, 구주(큐슈), 본주(혼슈)의 남서지역은 마한(馬韓)관경에 속하였던 것이 된다.

진한(眞韓)의 수도는 송화강 유역에 있는 아사달(阿斯達)로서 지금의 하얼빈(哈

爾濱)이며, 숙신(肅愼)의 땅에 있어 숙신이 조선(朝鮮)의 대칭(代稱)으로 사용되기도 하였다. 서기전 1285년 이후에는 수도가 북부여 땅인 상춘의 백악산아사달에 있었으므로 부여(夫餘)가 조선의 대칭이 되기도 한 것이 된다. 하얼빈은 어원상 하늘물가(하ㅇ얼 물가, 天河)라는 말을 이두식 표기로 쓴 것으로 보인다. 하얼빈이 만주어로 영광의 땅이라는 말이라고 하는 설이 있는데, 먼 옛날에 단군조선의 수도로서 그 의미가 후대에 전해져 생긴 뜻이라 할 수 있다.

진한(眞韓), 진조선(眞朝鮮)의 역사는 제후국의 역사가 아니라 단군조선의 중앙조정(中央朝廷)의 역사로서, 서기전 2333년 10월 3일부터 서기전 232년 북부여 시조 해모수(解慕漱)가 오가공화정(五加共和政)을 철폐하여 접수한 때까지 47대 2,102년의 역사를 가진다.

서기전 2333년부터 서기전 1286년까지 1,048년은 전기(前期) 단군조선이 되고, 서기전 1285년부터 서기전 426년까지 860년은 후기(後期) 단군조선이 되며, 서기전 425년부터 서기전 232년까지 194년은 말기(末期) 단군조선이 된다.

전기와 후기를 합하면 1,908년으로 삼국유사에서 적고 있는 단군의 나이가 된다. 서기전 238년부터 서기전 232년까지 오가공화정(五加共和政)은 정치형태상으로 서기전 60년 로마제국에서 나타나는 삼두정치(三頭政治)와 유사한 것으로 볼 수도 있을 것이다.

(2) 번한(番韓, 번조선)

단군조선 번한(番韓)의 시조는 치두남(蚩頭男)이다. 서기전 2333년경에 단군왕검 천왕이 치우천왕(蚩尤天王)의 후손인 치두남(蚩頭男)을 남작(男爵)에서 승격시켜 비왕인 번한(番韓)으로 봉한 것이 된다. 즉 치두남을 천자(天子)의 바로 아래 작위가 되는 천남(天男)에서 천왕(天王)의 비왕(裨王)인 천왕격(天王格)으로 승진시켜 한(韓)이라 한 것이 된다.

단군왕검 천왕은 조선을 개국한 후 요(堯)의 반란을 염두에 두어 서쪽을 지키는 서보(西堡)로서 번한(番韓)을 두어 요(堯)를 견제한 것이다.

번한(番韓)이라는 말은 번(番) 즉 차례를 서서 경계를 하는 왕이라는 뜻이 된다. 단군조선의 서쪽에는 전란을 일으킨 당요(唐堯)가 있었고 실제 단군조선은 당요의 반역 때문에 피하여 세워진 나라인 바, 단군왕검이 번한을 둔 것은 서쪽을 잘 경계하여 지키라는 의미를 부여한 것이 된다. 번한에는 특히 오덕지(五德地)라 불리는 5경(京)을 두었는데, 이는 서쪽의 정세에 따라 수도를 옮기면서 균형을 유지시키고 조절하도록 전략전술적으로 마련한 것이 된다.

번한관경은 발해만 유역에 걸치는 지역과 산동지역을 포함하는 것이 된다. 번한(番韓) 땅은 번한의 직할영역이며, 고죽(孤竹), 청구(靑邱), 남국(藍國:藍夷), 엄국(淹國:淹夷), 서국(徐國:徐夷), 회국(淮國:淮夷) 등 회대(淮岱)지역이 번한관경에 포함된다. 서기전 1766년에 은나라가 건국되자 제15대 번한(番韓) 사전(沙佺)이 고죽국의 왕인 묵태씨(墨胎氏)를 보내어 은탕의 즉위를 축하하도록 하였다.382)

번한의 수도는 처음 험독(險瀆)에 두었고, 동서남북중에 모두 5곳을 두었는데 오덕지(五德地)라고 불리며 5경(京)에 해당한다.

험독은 5경 중에서 동경(東京)에 해당하며 지금의 산해관(山海關) 자리가 되고, 낭야성(琅耶城)인 가한성(可汗城)은 남경(南京)에 해당하며 지금의 산동반도 남쪽에 위치한 청도(靑島) 자리가 되고, 탕지(湯池)는 북경(北京)에 해당하며 구안덕향(舊安德鄕)이라 불리고 지금의 천안(遷安) 지역으로서 난하(灤河) 서편에 위치하였던 것으로 고구려의 안시성(安市城)이 되고, 개평(蓋平)은 중경(中京)에 해당하며 안덕향(安德鄕)으로 불리고 지금의 당산(唐山) 위 개평(開平)이 되며, 한성(汗城)은 서경(西京)에 해당하며 번한성(番汗城)으로서 지금의 고하(沽河) 하류의 동쪽에 위치하고 고구려의 한성(韓城)이 된다. 번한의 수도는 모두 왕검성(王儉城) 즉 임검성으로 불리기도 한다.

---

382) 전계 한단고기 〈태백일사/삼한관경본기〉, 220~221쪽 참조

위 5경 중에서 험독(險瀆), 탕지(湯池), 한성(汗城), 개평(蓋平)은 서기전 2301년 경자년에 축조 완성된 번한(番汗) 요중(遼中) 12성(城)에 속하기도 하며, 탕지와 한성은 고구려(高句麗) 요서(遼西) 10성에 속하기도 한다. 험독은 패수가 되는 지금의 난하 동쪽에 두었고, 그 외 탕지, 한성, 개평은 난하의 서쪽으로 원래의 대요수인 영정하(永定河) 또는 고하(沽河) 사이에 위치하고 있었던 것이 된다.

번한(番韓), 번조선(番朝鮮)의 역사는 서기전 2333년경부터 서기전 194년 위만에게 망한 때까지 74대 2,140년의 역사를 가진다.

서기전 2333년부터 서기전 1334년까지는 치두남(蚩頭男)과 그 후손인 치씨(蚩氏)가 번한(番韓)이 되었고, 서기전 1333년부터 서기전 1291년 사이에 단군조선 중앙조정의 우사(雨師)를 지낸 소정(小丁)이 번한이 되었으며, 서기전 1285년부터 서기전 324년까지는 전기 단군조선 천왕의 종실인 서우여(徐于餘)와 그 후손인 한씨(桓氏)가 번한(番韓)이 되었고, 서기전 323년부터 서기전 194년까지는 기씨(箕氏)가 번조선왕(番朝鮮王)이 되었다.

(3) 마한(馬韓, 마조선)

단군조선 마한의 시조는 웅백다(熊伯多)이다. 서기전 2333년경에 단군왕검 천왕이 웅씨국(熊氏國)의 후손으로서 백작(伯爵)이던 웅백다(熊伯多)를 승진시켜 천왕의 비왕(裨王)인 마한(馬韓)으로 봉한 것으로 보인다.

웅백다는 웅족(熊族)인 고시씨(高矢氏)의 후손이 되며, 서기전 2357년부터 서기전 2334년까지 단군왕검이 비왕(裨王)으로 섭정하던 웅씨국(熊氏國)의 백작으로서 단군왕검을 보좌하던 측근 800명에 속한 사람이 분명한데, 단군왕검이 단군조선 땅의 남쪽 지역이 되는 지금의 한반도 평양에 마한(馬韓)으로 봉한 것이다.

단군왕검이 비왕으로 있던 나라가 단웅국(檀熊國)으로서 웅씨국의 하나이며, 염제신농국(서기전 3218년~서기전 2698년)의 후계국(서기전 2697년~서기전 2333년)이다. 한편, 요임금이 이은 나라는 황제헌원의 유웅국(有熊國)(서기전

2698년~서기전 2357년)이 된다.

마한(馬韓)이라는 말은 남쪽의 왕이라는 뜻이 되는데, 마(馬)는 말이라고도 읽히지만 마라고도 읽히는 글자로서 남(南)이라는 뜻으로 사용한 글자가 된다. 마한(馬韓)의 마(馬)를 머리(頭)라는 뜻을 나타낸 말로서 말(馬)이라고 해독하여 말한이라 읽는 경우도 있는데, 이는 서기전 194년 이후의 한반도에 성립되었던 후삼한(後三韓) 시대에 마한왕(馬韓王)이 진한(辰韓)과 변한(弁韓)을 아우르는 진왕(辰王, 眞王)이었던 것을 단군조선 시대까지 소급시켜 해석한 것이 되어 타당하지 않은 것이 된다.

마한의 수도는 백아강(白牙岡)으로서 지금의 대동강(大同江) 평양(平壤)으로서 왕검성(王儉城) 즉 임검성으로 불리기도 한다.

마한(馬韓) 땅은 황족(黃族)에서 파생되어 구족(九族)의 하나가 된 양족(陽族) 즉 양이(陽夷)가 사는 땅이며, 이들 양족 중 일부가 산동지역으로 건너가 살게 되어 산동지역의 양이(陽夷)가 된 것으로 추정된다.

지금의 일본 땅 중 구주(九州:큐슈), 본주(本州:혼슈)의 남서지역은 단군조선 시대에 마한(馬韓)관경에 속한 것이 된다. 한편, 본주(혼슈)의 북동지역과 북해도(北海島, 홋카이도)는 진한(眞韓)관경에 속하는 것이 되는데 동보(東堡)의 역할을 하던 예국(濊國) 소속 땅이 되고 단군조선의 유배지(流配地)로 사용되었던 곳이 된다.

마한(馬韓), 마조선(馬朝鮮)의 역사는 서기전 2333년경부터 서기전 323년경까지 35대 2,011년의 역사를 가진다. 서기전 323년 이후 낙랑 출신의 최숭(崔崇)이 서기전 195년경 백아강에서 낙랑국을 열 때까지 사이의 마한 역사는 불명인데 아마도 이주민인 최숭이 터를 잡을 만큼 혼란기였다라고 추정된다.

서기전 2333년부터 서기전 1286년까지는 웅백다(熊伯多)와 그 후손인 웅씨(熊氏)가 마한(馬韓)이 되었고, 서기전 1285년부터 서기전 323년경까지는 여원흥(黎元興)과 그후손인 여씨(黎氏)가 마한(馬韓)이 되었다. 여씨(黎氏)도 웅씨(熊氏)와 함께 웅족(熊族)의 후예가 된다.

나. 삼한관경 내 군후국(君侯國) (天君國과 天侯國) = 천상 군후국(天上 君侯國)

단군왕검 천왕(天王)은 구족(九族) 즉 구한(九桓)의 땅 일부에 군국(君國)과 제후국(諸侯國)을 두게 되었는데, 둘째 아들 부소(扶蘇)는 구려(句麗)에, 셋째 아들 부우(扶虞)는 진번(眞番)에, 네째 아들 부여(扶餘)는 부여(扶餘)에, 고시씨(高矢氏)의 후손을 청구(靑邱)에, 치우천왕의 후손을 남국(藍國)에, 신지씨(神誌氏)를 숙신(肅愼)에, 여수기(余守己)를 예국(濊國)에, 주인씨(朱因氏)를 개마(蓋馬)에 각 봉하여 8군후국(君侯國)을 두었고, 이후 부루단군이 옥저(沃沮), 비류(沸流), 졸본(卒本)에 각 제후를 봉하였다.

또, 서기전 2137년에 오사구(烏斯丘) 천왕의 아우 오사달(烏斯達)을 몽고리(蒙古里)에, 서기전 1622년에 대음(代音) 천왕의 아우 대심(代心)을 남선비(南鮮卑)에, 서기전 1266년에 여파달(黎巴達)을 여(黎)에, 서기전 1237년에 아홀(阿忽) 천왕의 숙부 고불가(固弗加)를 낙랑(樂浪, 樂浪忽)에, 서기전 1237년경에 아들 을나(乙那)를 신도(神島:지금의 濟州)에, 서기전 1236년에 포고씨(蒲古氏)를 엄(淹, 奄瀆忽))에, 영고씨(寧古氏)를 서(徐)에, 방고씨(邦古氏)를 회(淮)에 각 봉하는 등 많은 군후국(君侯國)을 두었다.

구려(句麗), 진번(眞番), 부여(夫餘)는 단군왕검의 아들로서 천군(天君)에 해당하는 임금이 다스리는 천군국(天君國)이며, 청구(靑邱), 남국(藍國), 고죽국(孤竹國)도 천왕의 아들은 아니지만 그 임금이 군(君)으로 불리는 천군국(天君國)에 해당한다.

고죽국의 임금은 묵태씨(墨胎氏)가 되는데, 언제 단군조선의 군국(君國)이 되었는지는 불명이나, 서기전 1766년에 번한(番韓) 소전(少佺)이 묵태를 파견하여 은탕(殷湯)의 즉위를 축하하였다는 기록에서 서기전 1766년 이전에 이미 단군조선의 번한관경 내 군후국이 된 것으로 되는데, 지금의 북경(北京)을 포함하는 지역에 순임금이 설치하였던 유주(幽州)를 서기전 2267년의 도산회의(塗山會議)에서 단군조선 직할영역으로 편입하였던 사실로 보아, 서기전 2267년경에 고죽국을 봉한

것이 된다. 서기전 2224년에 세워진 하(夏)나
라 이전에 이미 고죽국383)이 있었던 것으로
기록되고 있다.

숙신(肅愼), 예(濊), 개마(蓋馬), 옥저(沃沮),
비류(沸流), 졸본(卒本), 여(黎), 엄(淹), 서(徐),
회(淮) 등은 단군조선의 일반제후국으로서, 천
국(天國)인 단군조선의 천왕(天王)이 봉한 제
후국이므로 천후국(天侯國)이 된다. 천후(天
侯)에는 천공(天公), 천후(天侯), 천백(天伯),
천자(天子), 천남(天男)이 있는데, 고대중국의
왕을 특히 천자(天子)라고 부른다.

천자수인- 단군조선 천자국 맥국 옥새

즉 고대중국의 시초가 되는 천자(天子)는 배
달나라 시대에 봉해진 제후로서 자작(子爵)에
해당하는 나라의 왕이 되는 것이다. 서기전
3242년 유웅국(有熊國)에 봉해진 소전씨(少
典氏), 서기전 3218년에 시작된 염제국의 신
농씨(炎帝神農氏), 서기전 2698년에 시작한
황제헌원씨(黃帝軒轅氏) 등이 대표적인 천자
가 된다. 다만, 고대중국에서는 천하 최고의 왕

맥국 옥새 천자수인

을 천자(天子)라 하는데, 하지만 천하는 천상의 나라인 천국(天國) 즉 상국(上國)의
제후국에 해당하는 것이다.

몽고리(蒙古里)는 천왕의 아우가 봉해진 나라, 낙랑(樂浪)은 천왕의 숙부가 봉해

---

383) 고죽국이 세워진 시기가 정확하게 기록된 것이 나타나지 않았는데, 은나라의 제후국으로 날
조된 경위와 고죽국의 정체를 심도 있게 역사적으로 연구하여 밝힐 필요가 있다.

진 나라이므로 천군국(天君國)에 해당한다 할 것이다.

남선비(南鮮卑)는 천왕의 아우를 대인(大人)에 봉한 나라이다. 대인은 대부(大夫)에 해당하는 것으로서 남선비는 천인(天人), 천부(天夫)의 나라가 된다.

낙랑은 천왕의 숙부가 봉해지고, 신도(제주)는 천왕의 아들이 봉해졌으므로 천군국에 해당한다.

한편, 욕살(褥薩)을 승진시켜 제후인 한(汗)으로 봉한 경우도 있는데, 서기전 1806년에 청아(菁莪)의 욕살 비신(丕信)384)과 서옥저(西沃沮)의 욕살 고사침(高士琛)과 맥성(貊城)의 욕살 돌개(突蓋)385)를 각 한(汗)으로 삼았으므로, 각 청아국, 서옥저국, 맥국은 진한관경 내의 천후국(天侯國)이 되는 것이다.386)

단군조선의 군후국 중에서 진한관경에 속하는 나라는, 구려, 진번, 부여, 숙신, 예, 개마, 옥저, 졸본, 비류, 흉노, 몽고리, 남선비, 낙랑, 여(黎), 청아, 서옥저, 맥 등이 된다.

또, 번한관경에 속하는 군후국(君侯國)은 발해만 유역과 산동의 회대지역에 있는 청구, 남국, 고죽국, 엄(淹), 서(徐), 회(淮), 개(介), 래(萊), 양(陽), 우(隅) 등이 된다. 또, 마한관경에 속하는 제후국(諸侯國)은 지금의 한반도 땅에 있던 나라와 지금의 일본 땅인 구주(九州, 큐슈)와 본주(本州, 혼슈)의 남서쪽에 위치한 나라가 되는데, 대표적으로 지금의 제주도인 신도(神島), 구주(九州)에 있었던 협야(陜野)를 들 수

---

384) 단기고사에서는 한불배(韓不倍)라고도 적히는데 불배는 비신의 오기로 추정된다.

385) 단기고사에서는 신돌개(申突蓋)라고 적는데 지금의 춘천이 맥국의 자리이기도 하고 평산신씨(平山申氏)의 본관이기도 한바, 춘천의 맥성일 가능성이 있는데 이 경우 마한관경이 된다. 맥에는 구려맥(句麗貊), 소수맥(小水貊), 대수맥(大水貊), 양맥(洋貊) 등이 있는데, 소수는 소요수로서 지금의 영정하 상류쪽으로 동북에서 서남으로 흘르드는 청수하, 대수는 대요수로 지금의 영정하, 양은 양하로서 영정하 상류쪽으로 서쪽지역에서 동으로 흘르드는 지금의 양하이다. 즉 이곳이 모두 단군조선의 구려국 지역인 것이며, 내륙지역이므로 맥족이라고 부르는 것이 된다. 대요수 중하류지역은 서기전 2267년경부터 고죽국이 자리한 곳이기도 하다.

386) 전계 한단고기 〈단군세기〉, 70, 86, 92쪽 참조

있다.

물론 한반도 땅 내에 수많은 제후국들이 봉해졌던 것이 되는데, 서기전 209년 이후에 성립된 후삼한(後三韓) 시대의 변진(弁辰) 24국과 마한(馬韓) 54국 등을 볼 때, 약 100여국의 제후국이 있었던 것이 될 것이다. 또, 소위 삼도(三島)라고 불리던 지금의 일본 땅 중에서 구주(九州, 큐슈)와 본주(本州, 혼슈)에도 수많은 제후국들이 있었던 것으로 된다.

다. 삼한관경 외 제후국 = 천하 제후국 = 천후국(天侯國) = 천하왕국(天下王國)

서기전 1266년에 단군조선이 여파달(黎巴達)에게 명하여 세우게 한 여(黎)는 서안(西安) 부근에 있어 삼한관경 직할영역 외에 있어 삼한관경 외의 제후국으로서 천하 제후국이라고도 할 수 있다. 물론 단군조선이 직접 봉한 제후국이므로 삼한 중 진한관경(眞韓管境)에 속한다고도 할 수 있긴 하다.

양이(陽夷), 우이(于夷), 방이(方夷), 황이(黃夷), 남이(藍夷) 외의 현이(玄夷), 백이(白夷), 견이(畎夷), 적이(赤夷) 지역은 여(黎)를 봉한 것 외는 특별히 따로 봉후국(封侯國)을 두지 아니하고 배달나라 시대부터 세습되어 온 대로 인정되었던 것이 된다. 즉 현이, 백이, 견이, 적이는 그 자체로 자치제후국으로 인정된 것이 된다. 각 천후국(天侯國)에 해당한다.

그리고 특히 단군조선에 조공을 한 일군국(一群國), 양운국(養雲國), 수밀이국(須密爾國) 등은 단군조선의 삼한관경 외의 나라로서 천하(天下)의 천후국(天侯國)에 해당하는 것이 된다.

요(堯)의 당(唐)나라, 순(舜)의 우(虞)나라, 하(夏)나라, 은(殷)나라, 주(周) 나라는 배달나라 황제헌원 이후 이어온 천자국(天子國)에 해당한다. 요와 순은 반역하였다가 진정한 천자로 인정되었던 것이며 순은 다시 반역하였다가 서기전 2224년에 제거되었고, 하우(夏禹)는 반역자로서 진정한 천자로 인정받지 못하였고, 은(殷)과 주(周)는 단군조선으로부터 즉위 축하를 받는 등 진정한 천자(天子)로 인정받았다.

홍범구주(洪範九疇) 건용황극(建用皇極)편에 천자(天子)는 천하왕(天下王)이라 적고 있다(天子作民父母以爲天下王). 천하왕은 천상(天上)으로부터 왕(王)으로 봉함을 받아 부모(父母)가 되어 땅의 인간들을 자식(子息)처럼 돌보며 다스리는 임금이라는 뜻이다. 이러한 왕이 다스리는 법을 왕도(王道)라고 한다.

즉 왕도(王道)는 백성들을 자식처럼 돌보는 정치이며, 전쟁을 일삼는 왕은 진정한 왕이 아니라 전쟁광(戰爭狂)일 뿐이며, 또한 무력(武力)으로 패권(覇權)을 차지하는 정치는 패도(覇道)인 것이다.

패도(覇道) 또한 진정(眞正)한 왕도(王道)와는 거리가 먼 것이 되는데, 패도가 진정한 왕도로 적용(適用)되려면 홍익인간(弘益人間), 제족자치(諸族自治), 만물평등(萬物平等) 사상의 실현이 가장 중요한 요소가 될 것이다.

호족(虎族)과 웅족(熊族)의 전쟁을 끝내게 한 한웅천왕(桓雄天王)과, 100여회에 걸쳐 도전(挑戰)한 헌원(軒轅)을 굴복시켜 신하로 삼은 치우천왕(蚩尤天王)과, 배달나라의 반역자 당요(唐堯)를 굴복시킨 단군왕검 천왕과, 우순(虞舜)의 반역을 응징한 부루 천왕의, 패권(覇權)은 단순한 패도(覇道)를 넘어선 진정한 왕도(王道)가 되는 것이다.

3. 삼한관경 내 제후국 (天君國, 天侯國)

단군조선의 삼한관경 내의 땅은 천하가 되는 밖에서 보면 천상(天上)의 나라 즉 천국(天國=중앙=하늘)이 되며, 삼한관경 내에서도 다시 땅을 나누어 봉하니 각 제후국은 단군조선 중앙조정에 대하여 지방 즉 천하가 되는 바, 각 천군국(天君國), 천후국(天侯國)이 된다.

삼한관경은 천군(天君) 이상 천왕격(天王格)에 해당하는 천상(天上)의 왕인 삼한(三韓)이 다스리는 땅이므로, 삼한(三韓)은 단순한 천하의 왕인 천자(天子)와는 달리 제천권(祭天權) 즉 직접 하늘에 제사를 지내는 권한을 가진다.

여기서 제천권이란 천신(天神)에게 제사(祭祀)를 올리는 권한을 가리키며, 천자가 올리는 제사는 원칙적으로 천신(天神)이 아니라 천신(天神)의 대리(代理)이자 화신(化身) 또는 인격신(人格神)인 천제(天帝), 상제(上帝)에게 보고하는 의식(儀式)이 되는 점에서, 천제, 천왕, 천군이 천신(天神, 三神)에게 올리는 제사와 천후(天侯)가 되는 천자(天子)가 상제(上帝) 또는 천제(天帝)에게 올리는 제사에는 차이가 있는 것이다.

단군조선 시대에 태백산(백두산)의 제천단(祭天壇)과 상춘(常春)의 구월산(九月山) 제천단에서는 단군 천왕(天王)이 직접 천제(天祭)를 지내고, 마한(馬韓)의 마리산(摩離山) 참성단(塹城壇)에서는 마한(馬韓)이 단군 천왕을 대리하여 천제를 지내며, 번한(番韓)의 태산(泰山)이나 번한의 다섯 수도인 오덕지(五德地)에 둔 제천단(祭天壇)에서는 번한(番韓)이 천왕을 대리하여 천제(天祭)를 지낸 것이 된다. 특히 서기전 1285년 3월 16일에는 색불루 천왕이 마한(馬韓) 여원흥(黎元興)을 시켜 삼한대백두산(三韓大白頭山)인 지금의 백두산(白頭山)에서 천신(天神)에게 제를 올리게 하였다.

서기전 2267년 도산회의(塗山會議) 개최 시에 태자 부루가 번한(番韓) 낭야(琅耶)로 하여금 산동지역의 대종(岱宗)인 태산(泰山)에서 제천(祭天)을 행하게 한 이후 태산에서는 줄곧 제천행사가 벌어져왔던 것이며, 서기전 1122년 이후 태산이 주(周) 나라 땅이 된 후에는 주나라 왕인 천자(天子)가 태산의 제천행사의 유습을 이어 봉선(封禪)이라는 제도로서 천제(天祭)를 지냈던 것이 된다.

봉선(封禪)은 천국(天國)의 제후인 천하왕(天下王) 천자(天子)가 상제(上帝)인 천제(天帝)에게 보고(報告)하는 제사의식(祭祀儀式)이다. 즉 봉선(封禪)이라는 글자는 선양(禪讓)에 의하여 천자(天子)로 봉(封)해지는 것을 나타내는데, 특히 왕조가 바뀌어 시조가 된 왕이 봉선이라는 의식을 행함으로써 천제(天帝)로부터 사후윤허(事後允許)를 받는 식으로 정식으로 천자로 봉해지는 것으로 여기는 절차인 것이다.

원래 천자(天子)는 상국(上國) 즉 천국(天國)의 임금인 천제(天帝)나 천왕(天王)으로부터 봉함을 받는 작위인데, 세습되는 작위이므로 대를 이을 때마다 봉해지는 절차가 필요치 아니하나, 특히 왕조가 바뀔 때는 사후윤허를 받는다는 뜻으로 봉선(封禪)이라는 절차로서 행한 것이 된다. 봉선을 한번 치른 천자(天子)가 다시 봉선을 행하는 때는 천자자리에 올랐다는 봉선이 아니라 천제(天帝)에게 국정(國政)을 보고하고 은혜(恩惠)에 감사를 올리는 의식에 해당하는 것이 된다.

하늘은 원래 경계가 없으므로 하늘나라 즉 천국(天國)이 되는 단군조선은 경계가 없으며, 군후국(君侯國)들은 지방의 왕으로서 서로 간에 각 영역이 있는 것이 된다. 즉, 지방의 왕인 군후(君侯)들의 나라는 경계가 있는 국(國)이라 하는 것이며, 군후국들이 있는 곳이 천하(天下)이고, 천하(天下) 전체를 다스리는 나라가 천상(天上)의 나라로서 천국(天國) 즉 중앙조정(中央朝廷)이 있는 상국(上國)이 된다.

아래에서는 대표적인 삼한관경 내 20여 제후국을 살펴본다.

(1) 구려(句麗)

1) 시조 및 연혁

구려국(句麗國)의 시조는 부소(扶蘇)이다. 즉, 단군왕검 천제(天帝)의 둘째 아들 부소(扶蘇)가 봉해진 나라로서 천군국(天君國)에 해당한다.

부소는 구가(狗加)에 해당하는 응가(鷹加)를 수행한 것으로 기록되기도 하는데, 단군조선의 제후국 중에서 응(鷹)이라는 제후국이 있었을 법하다. 실제로 응국(鷹國)이 고대중국의 역사적 유물에 등장하기도 하며, 특히 역사적 유물에 매의 일종인 솔개처럼 다듬은 옥돌에 솔개를 나타내는 상형-표음식 글자와 역사적 사실을 상형문자로 새긴 것이 발견되기도 하였다. 구가(狗加) 또는 응가는 형벌담당으로서 치안을 담당한 관청으로서 지금의 내무부와 법무부에 해당하게 된다.

구려는 단군조선 초기인 서기전 2330년경에 봉해진 것으로 추정되며, 서기전 1285년경부터는 고씨(高氏) 천왕(天王)의 종실(宗室)이 봉해진 것이 되고, 서기전

240년경 해모수(解慕漱) 이전까지 존속한 것으로 약 2,000년의 역사를 가지는 것이 된다. 고두막한이 서기전 108년 의병을 일으켜 구려하(九黎河)를 건너 서안평(西安平)에 이르렀는데 서안평이 옛 고리국(藁離國) 땅이라 하는 바, 서기전 108년경 고두막한 시대에는 구려라는 나라는 없어진 것이 된다.

구려(句麗)는 단군조선과 고대중국과 그 외 땅을 놓고 볼 때 단군조선의 동서(東西)를 기준으로 중간쯤에 위치하는 나라로서 가운데 땅 즉 중국(中國)이라는 뜻을 가진다. 즉 구려(句麗)는 거우리 또는 가우리라고 읽히는 글자로서 가우는 가운데, 중(中)이라는 뜻이고, 리는 땅, 나라라는 뜻으로서 구려(句麗)가 가운데 땅, 즉 중국(中國)이라는 뜻이 되는 것이다. 실제로 서기전 37년에 세워진 고주몽의 고구려(高句麗)라는 국명에서 구려(句麗)라는 말이 세계의 중심이라는 중국(中國)이란 뜻으로 사용되었다.

2) 강역

구려(句麗)는 소요수(小遼水)와 패수(浿水)의 상류지역과 지금의 적봉시(赤峰市) 등 구려하(九黎河) 지역을 중심으로 하여, 서남단에 대동(大同)이 위치하며, 동쪽으로는 진번(眞番)에 접하고, 서쪽으로는 선비(鮮卑)와 흉노(匈奴)에 접하며, 북쪽으로는 몽고리(몽골)에 접하고, 남쪽으로는 낙랑(樂浪)과 발해만 유역의 번한(番韓) 직할지와 고죽국(孤竹國)에 접한다. 즉 구려는 주로 지금의 내몽골 남부지역이 된다.

소유수(小遼水)는 지금의 청수하(淸水河)로서 대요수(大遼水)인 영정하(永定河)의 중류 유역에 북동쪽에서 남서쪽으로 흐르며 합류하는 강이다.

패수(浿水)는 지금의 난하(灤河)이며, 구려하(九黎河)는 지금의 서요하(西遼河)의 최상류 지역에 있는 여러 갈래의 강이 된다. 구려하 지역에 지금의 적봉시(赤峰市)가 있다. 옛 구려하 지역은 소위 요하문명(遼河文明)의 중심지이기도 하다.

선비(鮮卑)는 흉노(匈奴)의 북쪽에 위치하며 지금의 내몽골 지역에 해당하고, 흉노는 오르도스 지역이 그 원래의 근거지가 된다. 오르도스 지역에 흉노의 근거지인 약수(弱水)라는 강이 있으며 이 부근에 소금(鹵)이나는 지역도 있는 것이 된다. 소위 흉노도(匈奴刀)라는 첨수도(尖首刀) 화폐에 소금밭을 나타낸 글자 로(鹵)가 새겨져 있기도 하다.

낙랑(樂浪)은 패수 즉 지금의 난하 중류 지역의 동서에 걸치는 단군조선의 군국(君國)에 해당한다. 후대의 소위 한사군에 속하는 낙랑군은 이 난하의 중류지역에서 강의 동쪽보다는 서쪽으로 땅이 훨씬 더 많이 편입되어 있는 것이 된다. 즉 낙랑군의 땅은 난하의 서쪽이 더 많이 차지하고 있는 것이다.

고죽국(孤竹國)은 번한(番韓)의 서쪽에 위치하고 구려(句麗)의 남쪽에 위치하며 낙랑의 남서쪽에 위치하는 것이 되는데, 지금의 북경(北京)과 천진(天津)을 중심으로 한 군국(君國)이 된다. 서기전 2267년경 이전에 고죽국의 땅은, 단군조선 번한(番韓)이 요중(遼中)이라 불리는 패수인 난하와 대요수인 영정하 사이의 지역에 축조하였던 12성 중의 하나인 영지성(永支城)의 남쪽 일대에, 요임금이 설치하였던 기주(冀州)에서 분리하여 순(舜)임금이 임의로 설치하였던 유주(幽州)가 되며, 서기전 2267년에 도산회의에서 단군조선이 이 유주를 폐지하고 단군조선의 직할영역에 편입시키면서 고죽국(孤竹國)을 봉했던 것으로 된다.

3) 활동

서기전 1236년에 구려국은 남국(藍國), 청구국(靑邱國), 몽고리국(蒙古里國)의 군사와 합공(合攻)으로 은(殷)나라를 정벌하여 회대(淮岱)지역에 단군조선의 제후국인 엄(淹), 서(徐), 회(淮)를 세우는 데 공을 세웠다.

고대중국의 기록에서 춘추시대인 서기전 651년에 제(齊)나라가 정벌하였다는 산융(山戎)은 위치상으로 고죽국의 북쪽에 위치한 나라로서 단군조선 조정이 있는 백악산아사달의 북부여 지역이 아니라 군국(君國)인 구려국(句麗國)을 가리키는 것이 된다. 이때 제나라 환공(桓公)과 관중(管仲)은 산융의 벌목(伐木)작전과 모래

바람 때문에 더 이상 진격하지 못하고 후퇴하였던 것이 된다. 모래바람이 있었다는 기록을 보면 산융(山戎)은 지금의 내몽골지역에 있었음이 타당한 것으로 된다.

4) 구려는 일명 고리국(高離國)

구려는 고리국(高離國)이라고도 불리는데, 해모수(解慕漱)의 선조가 살던 나라라고 하며, 해모수가 북부여 시조가 되니 또한 고구려(高句麗)라 불렸다고 기록된다. 이는 해모수의 원래 성씨가 고씨(高氏)로서 고모수(高慕漱)이며, 구려 출신이므로 고씨의 구려 즉 고구려가 되는 것이다. 고주몽의 고구려와 국명(國名)에서 일치하게 된다. 그래서 고구려의 역사는 해모수가 북부여 시조가 된 서기전 239년부터 서기 668년까지 907년간이 된다는 것이다. 물론 해모수가 단군조선을 접수한 서기전 232년을 기준으로 하면 고구려의 역사는 900년이 된다.

해모수의 둘째 아들 고진(高辰)은 서기전 120년에 고리군왕(高離郡王) 즉 고구려후(高句麗侯)가 되었다. 제후는 지방의 왕이므로, 고구려후를 고리군왕이라 하는 것이 된다. 군(郡)이라는 말 또한 군(君)이 다스리는 땅을 나타내는 글자가 된다.

고주몽이 고구려(高句麗)라 한 것은 해모수의 고구려를 그대로 이은 것이며, 구려(句麗)라는 나라 이름에 높을 고(高)를 붙인 이름이다. 고(高)는 해(解)를 의미하며, 고구려는 곧 하늘의 태양이 높이 비치는 가운데 나라 즉 "태양의 나라 중국(中國)"이라는 뜻이다. 태양이 태양계의 중심으로서 주위에 수많은 행성을 거느린 중심별인 것과 같다. 고구려는 수(隋)나라나 당(唐)나라를 서토(西土)의 나라라 불렀으니 스스로 중국(中國)이라 칭한 것이 된다.

(2) 진번(眞番)

1) 시조 및 연혁

진번국(眞番國)의 시조는 부우(扶虞)이다. 즉, 진번은 단군왕검 천제(天帝)의 세째 아들 부우(扶虞)가 봉해진 나라로서 천군국(天君國)에 해당한다. 부우는 저가

(豬加)에 해당하는 노가(鷺加) 또는 녹가(鹿加)를 수행한 것으로 기록되기도 한다.

진번(眞番)이라는 말은 진한(眞韓)과 번한(番韓)이 겹치는 땅이라는 뜻을 가지는 글자가 되는데, 실제로 진번의 땅은 진한의 관할에 속하는 서쪽의 구려(句麗)와 접하고, 북쪽 및 동쪽으로는 서압록 즉 지금의 요하를 경계로 부여(扶餘)와 접하며, 서남쪽으로는 번한(番韓)에 접하여, 진한과 번한 사이의 땅이 된다.

진번(眞番)도 구려처럼 서기전 2330년경에 봉해진 것으로 추정되는데, 서기전 118년에 위씨조선(衛氏朝鮮)의 우거(右渠)가 침략하여 해성(海城) 이북의 50리를 잃었을 때에 진번국도 잃은 것이라 보이며, 약 2,210년간의 역사를 가지는 것이 된다.

진번 땅은 소위 한사군(漢四郡)의 하나가 되는데, 북부여 고두막한(高豆莫韓)의 의병활동으로 한사군 설치는 거의 유명무실한 것이 되었다고 보이는 바, 이는 소위 한사군이 되는 위씨조선 땅이 원래 단군조선의 진조선(眞朝鮮)과 번조선(番朝鮮)의 땅으로서, 그 백성들은 단군조선의 유민(遺民)들인 것이며 고두막한의 의병활동에 적극 호응하였던 것으로 연유한 것이 된다.

2) 강역

진번국(眞番國)은 서압록(西鴨綠)인 지금의 요하(遼河)의 서편에 위치하여, 서쪽으로는 구려(句麗)와 접하고, 동쪽으로는 서압록을 경계로 장당경(藏唐京)을 중심으로 하는 중부여(中夫餘)와 접하고, 남쪽으로는 발해만 유역의 임둔(臨屯)과 번한(番韓) 직할지에 접하고, 북쪽으로는 상춘(常春)과 부여(夫餘, 송화강 서쪽)를 중심으로 하는 북부여(北夫餘)에 접한다. 임둔(臨屯)은 원래 진번(眞番)에 속한 땅으로서 뒤에 나뉘어진 땅이 되는 것으로 보인다. 이리하여 진번국은 대체적으로 지금의 요하(遼河) 서편으로 대릉하 사이에 위치한 나라가 되는 것이다.

서압록(西鴨綠)은 지금의 요동반도 서쪽에 붙어 있는 요하(遼河)를 가리키며, 장당경은 지금의 심양(瀋陽, 선양)이며, 임둔은 대릉하 동쪽으로 지금의 요동반도 서쪽의 요하 서편에 걸치는 발해만 유역으로서 진번국의 남쪽에 위치한 것이 된다. 한편, 지금의 압록강은 단군조선 시대에는 동압록(東鴨綠)이 된다.

3) 진번백제(眞番百濟)

진번백제는 진번(眞番) 땅이 위치한 패대지역(浿帶地域)에 있었던 백제를 가리키는 말인데, 패대지역은 패수(浿水)와 대수(帶水)사이의 땅으로서 번조선과 진번국에 걸치는 지역이 된다. 패수는 지금의 난하(灤河)이며, 대수는 지금의 요하(遼河) 중류에 동쪽에서 서쪽으로 흘러 합류하는 강이 될 것이다.

진번 땅은 패대지역 중 동쪽 지역에 위치한 것이 되는데, 진번백제는 진번 땅과 대수지역이 되는 지금의 요동반도 지역의 서부지역에 걸치는 땅이 되며 수도는 대수(帶水)의 남쪽인 지금의 안산(鞍山)이나 그 부근에 위치하였던 것이 된다. 즉 진번백제의 백성들이 서쪽으로 패수가 되는 난하의 하류지역에서 동쪽으로 지금의 요동반도에 걸쳐 퍼져 살며 활동한 것이 된다.

진번 땅은 주로 지금의 요하(遼河) 중하류 서쪽 지역이며, 대수(帶水)는 요동반도의 북쪽의 요하 중류 또는 하류지역에 합류하는 강이 될 것인데, 서기전 42년에 소서노(召西弩)가 비류(沸流)와 온조(溫祚)를 데리고 북부여 땅인 졸본(卒本)을 떠나 이곳 패대지역에 이르러 땅을 개척하여 500리(里)의 나라로 만들었던 것이 된다.[387]

소서노의 나라를 어하라(於瑕羅)라 하는데, 요동반도에 있는 지금의 안산(案山) 남쪽으로 500리가 될 것이다. 서기전 31년에 소서노가 고주몽 성제(聖帝)로부터 어하라에 책봉(冊封)되어 제후(諸侯, 지방의 王)가 되었다. 어하라(於瑕羅)라는 말은 백제의 왕(王)을 가리키는 어륙(於陸), 어라하(於羅瑕)라는 말과 같은 것으로 "어르, 어른(長)"의 뜻이 될 것이다.

서기전 19년에 소서노가 훙(薨)하고 비류(沸流)가 뒤를 이었으나, 곧 서기전 18

---

387) 전계 한단고기 〈태백일사/고구려국본기〉, 290~291쪽 참조

년에 마한(馬韓) 땅인 한반도의 한강(漢江) 남쪽 위지성(慰支城)을 수도로 삼아 건국된 온조의 십제(十濟)에 합쳐져 백제(百濟)가 되었다. 패대지역의 비류의 나라인 어하라국(於瑕羅國)에 살던 백성들이 후대에 백제가 발해만유역에 설치하였던 진평군(晋平郡)과 요서군(遼西郡)을 설치하는 데 결정적인 역할을 한 것이 될 것이다.

온조(溫祚)는 서기전 19년에 패대지역의 대수지역인 지금의 요동반도 땅 진번백제를 떠나 배를 타고 동쪽으로 남하하여 마한(馬韓) 땅인 한반도의 인천(仁川) 미추홀(彌鄒忽)에 도착하였고, 계속 한강을 거슬러 올라가 위지성(慰支城)에 터를 잡고 마한왕(馬韓王)으로부터 땅을 떼어 받아 서기전 18년에 십제를 세웠던 것이다. 당시 패대지역에서 한반도로 이동한 것은 발해만 유역에는 소위 한(漢) 나라의 낙랑군(樂浪郡)이 있어 나라를 세우기에 적합하지 않았기 때문이다.

미추홀은 밑고을(下忽)이란 말이며, 위지성은 웃재 즉 윗재(上城)라는 말이 된다. 위지를 가리키는 위례(慰禮)라는 말은 위지(尉支)와 같은 소리를 나타내는 표기가 된다. 즉 "위지"는 원래 "위디"라는 발음으로 "윝" 즉 "윗"을 표기한 것이 되고, 위례는 옛 발음이 "위뎨"로서 "윝" 즉 "윗"을 표기한 것으로 되는 것이다.

온조는 배를 타고 밑고을인 미추홀에서 강을 거슬러 올라가 한산(漢山) 즉 지금의 남한산(南漢山) 아래에 위치한 하남(河南) 즉 강의 남쪽 지역에 위지성(慰支城)을 축조하였던 것이다.

온조[388]가 백제(십제)를 세울 때 땅을 떼어준 마한왕(馬韓王)은 중마한(中馬韓)의 제9대왕인 계왕(稽王)이며, 백제가 마한을 멸망시킨 때는 서기 9년으로 제10대 학왕(學王)이 된다.

제1대 마한왕은 서기전 194년에 위만에게 나라를 뺏긴 번조선왕 기준(箕準)으로 1년만에 훙(薨)하고 중마한을 세웠던 탁(卓)[389]이 서기전 193년에 제2대 마한

---

388) 온조와 비류의 백제 초기의 역사에 비밀스런 내용이 많이 있는 바, 다방면에 걸친 철저한 연구로 실체적인 역사를 밝히는 것이 필요하다.

왕이 되었으며, 이후 마한은 서기 9년까지 이어졌는데, 번조선 출신의 기씨(箕氏) 나라가 된다. 기씨(箕氏)의 마한(馬韓)이 백제에게 망할 당시에 우성(友誠), 우평(友平), 우량(友諒)이 각 기씨(奇氏), 선우씨(鮮于氏), 한씨(韓氏)로 나뉘어졌다라고 전해지기도 한다. 반면, 서기전 296년에 번조선의 기후족(箕侯族, 須臾族)에는 기자(箕子)의 후손인 한개(韓介)라는 인물이 이미 있었던 것이 되는데, 이 한개(韓介)는 단군조선의 수도였던 장당경을 침범하였다가 상장(上將) 고열가(古列加)에게 패퇴되었다고 기록되고 있다.

(3) 부여(扶餘)

1) 시조 및 연혁

부여국(扶餘國)의 시조는 부여(扶餘)이다. 즉, 단군왕검 천제(天帝)의 네째 아들 부여가 봉해진 나라로서 천군국(天君國)이 된다.

부여(扶餘)라는 말은 벌, 벌판(原)이라는 뜻을 가지는데, 실제로 부여는 대흥안령 산맥의 남동쪽에 위치한 소위 동북평원(東北平原) 지역이 되는데, 지금까지도 부여라는 지명이 남아 있는 것이 되, 심양~장춘~하얼빈~부여의 사이 땅은 만주지역에서도 특히 평원(平原)으로서 벌판 지대이기도 하다.

부여(扶餘)는 서기전 2330년경에 봉해진 것으로 추정되며, 서기전 1285년에 시작된 후기 단군조선의 수도인 백악산아사달이 소재한 땅이다. 즉 부여는 상춘(常春) 즉 지금의 장춘(長春)을 중심으로 한 나라가 된다.

부여(扶餘)에 후기 단군조선의 수도가 있었던 까닭으로 서기전 925년에 상형문

---

389) 탁은 번조선 출신의 상장군으로 서기전 194년에 번조선 기준왕이 위만에게 속아 나라를 빼앗겨 마한 땅이던 한반도로 도피할 때, 무리를 이끌고 한반도로 이동하여 중마한이 되는 지금의 직산에 정착하여 목지국 또는 월지국의 왕이 되었는데, 금마(익산)에 자리잡아 마한왕이 되었다가 서기전 193년에 사망한 기준왕의 뒤를 이어 마한왕의 대를 이은 것으로 되는 바, 기준왕과 탁왕의 혈친관계에 관하여 명확한 기록이 없어 밝혀야 할 연구대상이다.

자를 간략히 처리한 부예(符隷)와 상형문자의 뜻과 소리로서 우리말을 표기하는 이두법(吏讀法)을 개발한 왕문(王文)을 부여(夫餘) 사람이라고 하는 것과 같이, 부여가 단군조선의 대칭(代稱)이 되기도 하였다.

구려(고리) 출신이던 해모수(解慕漱)가 서기전 239년 5월 5일을 시작으로 북부여의 웅심산(熊心山)을 거점으로 삼아 북부여를 일으켰으며, 서기전 86년에는 졸본 출신의 고두막한(高豆莫汗)이 북부여 천왕이 되고, 해부루는 강등되어 제후인 동부여왕이 되었다.

동부여가 서기 22년에 망한 후 대소왕(帶素王)의 종제(從弟) 즉 사촌 아우가 고구려의 서부(西部)가 되는 연나부(椽那部)에 낙씨(絡氏)로 봉해졌는데, 이후 독립하여 연나라 땅 가까운 백랑곡(白狼谷) 부근으로 들어가 부여(夫餘)라는 국명으로 서기 494년까지 존속하다가 고구려 문자열제(文咨烈帝)에 망하였던 것이 된다.

2) 강역

부여(扶餘)는 동쪽으로는 속말(粟末) 즉 지금의 송화강 건너 숙신(肅愼)과 접하고 북쪽으로는 흑수(黑水) 즉 지금의 흑룡강 유역의 현이(玄夷)와 접하며, 남쪽으로는 옥저(沃沮)와 접하고, 서쪽으로는 서압록(지금의 요하)에 이르러 진번(眞番)과 접한다. 대체적으로 송화강 서쪽, 요하 동쪽, 요동반도 북쪽이 된다.

숙신(肅愼)은 송화강(松花江) 동쪽으로 전기 단군조선의 수도이던 아사달(阿斯達)을 포함하여 우수리강(牛首里江) 유역에 걸치는 나라가 된다. 송화강과 우수리강은 속말(粟末:소말, 소멸, 소머리)이라는 강이 되는데, 우수리(牛首里)라는 말이 소머리(牛頭, 牛首)를 나타낸 이두식 표기로 속말(粟末)과 같은 형식의 표기가 된다.

현이(玄夷)는 구이(九夷)의 하나이며, 흑룡강 유역에 사는 피부색이 검은 흑인종 계통이다. 환경에 의하여 체질이 변한 것인지 아니면 서기전 7197년경 파미르고원의 마고성에서 사방 분거할 때 남방의 인도지역으로 간 흑소씨(黑巢氏)의 일파인지 불명인데, 흑소씨의 일파가 황궁씨(黃穹氏)를 따라 동으로 이동한 것으로 추정된다.

한편, 서기전 2267년경 도산회의가 열리기 이전에 사공 우(禹)가 목욕재계(沐浴齋戒)하며 백일기도하던 중에 꿈에서 보았다는 "현이(玄夷)의 창수사자(蒼水使者) 부루(扶婁)"라고 할 때의 현이(玄夷)는, 현(玄)이라는 글자가 북(北)을 나타내므로 북이가 되고 이는 단군조선의 진한(眞韓)관경을 가리키는 것이 된다.

옥저(沃沮)는 압록강 이북 지역으로서, 부여(夫餘)와 숙신(肅愼)의 남쪽에, 진번(眞番)의 동쪽에, 예국(濊國)의 서쪽, 마한(馬韓)과 개마(蓋馬)의 북쪽으로 동압록(東鴨綠)이 되는 지금의 압록강 건너 북쪽에 위치한 땅이 된다. 후대에 옥저는 큰 땅으로서 북옥저, 서옥저, 동옥저, 남옥저 등으로 나뉘어 불리기도 한다.

3) 대부여(말기 단군조선), 북부여, 중부여, 새부여(東明), 동부여, 졸본부여(고구려), 서라부여(신라), 남부여(백제)

대부여(大夫餘)는 서기전 425년 구물(丘勿) 천왕이 중부여(中夫餘) 땅인 장당경(藏唐京)을 수도로 삼고 불렀던 국호이다.[390]

북부여(北夫餘)는 서기전 239년 해모수가 부여의 북부가 되는 상춘(常春)의 백악산아사달 지역의 난빈(蘭濱)을 수도로 삼았으므로 부른 명칭이 된다.

중부여(中夫餘)는 장당경을 중심으로 부르는 명칭이 된다.

새부여는 서기전 108년에 졸본(卒本)의 고두막한(高豆莫汗)이 위씨조선(衛氏朝鮮)이 망하는 것을 보고 북부여를 부흥시키기 위하여 의병을 일으키면서 칭한 동명(東明)이 곧 "새밝", "새발", "새벌"로서 "새부여"를 나타낸 말인 바, 부여의 부흥을 뜻하는 새로운 부여, 새부여인 것이다. 서기전 57년에 진한에서 건국된 신라(新羅)는 처음 사로(斯盧 : 설), 서라벌(徐羅伐)이라 하여 "설벌", "새벌"과 같은 말로서 결국 새부여가 되는 바, 고두막한의 동명(東明)을 신라의 옛 땅이라고도 하는 것이 된다.

---

390) 전계 한단고기 〈단군세기〉, 114쪽 참조

동부여(東夫餘)는 방향으로 따져 동쪽의 부여라는 뜻으로서 서기전 86년 고두막(高豆莫) 천왕(天王)이 해부루(解夫婁) 단군을 낮추어 상춘의 동쪽에 있는 분릉(坌陵, 가섭원, 吉林)에 제후(왕)로 봉한 나라이다.

졸본부여(卒本夫餘)는 고두막 천왕의 고향인 졸본(卒本)에다 서기전 59년에 고무서(高無胥) 천왕이 수도로 삼은 후, 고주몽이 사위로서 대통을 이어 졸본에서 즉위 하였으므로 부르는 국명이 된다.

서라부여 또는 설부여는 서라벌(徐羅伐)과 같은 말로서 고두막 천왕의 북부여 제실녀인 파소(婆蘇)의 아들 박혁거세(朴赫居世)가 서기전 57년 후삼한의 진한(辰韓)에서 세운 나라인 신라(新羅)의 원래 이름인데, 서라벌, 설벌, 새벌(東明:新原:新羅)이 되며, 서기전 108년 고두막 천왕이 처음 칭하였던 동명(東明)을 이두식으로 표기한 글자이기도 하다. 그리하여 고두막한의 동명(東明)을 신라(新羅)의 옛 땅이라고도 하는 것이다.

즉, 신라는 고두막한이 칭하였던 동명(東明, 새벌, 설벌)이라는 국명을 이두식으로 변형하여 사로(斯盧), 서라벌(徐羅伐) 등으로 쓴 것이 된다. 후대에 쓰게 된 신라(新羅)라는 말도 "새벌"이라는 말의 이두식 표기이기도 하다. 고두막한의 동명(東明)은 "새부여"라는 말로 북부여 천왕의 제후국으로서 한(漢) 나라와 전쟁을 수행함으로써 북부여를 부흥시키기 위하여 왕(王)을 칭한 나라가 된다.

남부여(南夫餘)는 백제가 서기 538년에 제26대 성왕(成王)이 사비 즉 지금의 부여(夫餘)로 수도를 옮기고 부른 국명이다.

(4) 청구(靑邱)

1) 시조 및 연혁

청구국(靑邱國)의 시조는 고시씨(高矢氏)의 후손이다. 즉, 단군왕검 천제(天帝)가 고시씨의 후손을 산동(山東)지역에 봉한 나라로서 천군국(天君國)이 된다. 고시씨는 웅족(熊族) 출신이 된다.

청구(靑邱)라는 말은 푸른 땅, 푸른 언덕이라는 뜻이 되는데, 배달나라 전기의 수도가 소재하였던 태백산(太白山)은 소위 중원(中原)의 서편에 있었던 반면에, 배달나라 후기에는 치우천왕이 천하(天下)를 평정(平定)하기 위하여 수도를 동쪽으로 옮긴 것이 되며, 이리하여 옮긴 수도가 중원의 동쪽에 위치한 지금의 산동지역에 있었던 것이고, 수도를 두었던 산동지역을 청구(靑邱)라 부른 것이 된다. 산동지역은 태산(泰山)지역을 빼면 거의 산이 없고 평원이나 언덕으로 된 지역이다.

그리하여 본래 청구(靑邱)라는 땅은 서기전 2706년경 이후 배달나라 치우천왕(蚩尤天王, 자오지 한웅)이 수도를 삼은 곳으로서 지금의 산동지역이며, 배달나라의 지역을 오방위로 나눈다면, 동방(東方), 동부(東部)에 속하는 것이 되고, 조족문(鳥足文)과 과두문(蝌蚪文)을 창안하였다는 창힐(蒼詰)의 관할 지역에 속하는 것이 되는데, 배달나라 동부에는 염제신농국의 후계국인 단웅국(檀熊國)이 소재하였고, 후대에 단군왕검이 단웅국과 배달나라의 정통성을 이어 조선(朝鮮)을 개국하였던 것인 바, 단군조선이 상형문자와 표음문자가 함께 발전된 문자대국인 이유가 청제(靑帝) 창힐(蒼詰)과 관련이 있는 것이 된다.

배달나라의 수도였던 태백산(太白山)을 중앙으로 보면, 그 서쪽에 있었던 소호국(少昊國)이 백제국(白帝國)이 되고, 동부(東部)에 있었던 창힐국(蒼詰國)이 청제국(靑帝國)이 되며, 북부(北部)에 있었던 대요국(大撓國)이 흑제국(黑帝國)이 되고, 남부(南部)에 있었던 축융국(祝融國)이 적제국(赤帝國)이 되며, 중부(中部)에 있었던 (유)웅국((有)熊國)이 황제국(黃帝國)이 되는 바, 제14대 치우천왕이 수도를 삼은 청구(靑邱)는 동부(東部) 지역으로서 동경(東京)에 해당하는 것이 된다.

고시씨(高矢氏)는 배달나라와 단군조선 시대에 농사를 담당하였다. 즉 농사담당관인 우가(牛加)의 직을 수행한 것이 된다. 우가는 지금의 농산부장관에 해당한다.

청구는 단군조선 초기인 서기전 2333년경 봉해진 것이 되는데, 서기전 1122년경 주나라의 재상이던 동이(東夷) 출신의 강태공(姜太公)이 제(齊)나라에 봉해지면서 청구국이 축소되었던 것이 되고, 제30대 내휴(奈休) 천왕이 산동지역에 있던 청구국(靑邱國)을 순수(巡狩)한 서기전 909년 이후 언젠가 제(齊)나라에 흡수된 것이 되는데 최소한 1,430년 이상 존속한 것이 된다.

2) 강역

청구(靑邱)는 발해만 남쪽 해안가를 포함한 산동 지역으로서, 북쪽으로는 고죽국(孤竹國)에 접하고, 서쪽으로는 은(殷)나라에 접하며, 동쪽으로는 바다에 접하고, 남서쪽으로는 남국(藍國)과 접하는 것이 된다.

청구국(靑邱國)이 주(周) 나라의 제후국이던 제(齊)나라와의 관계 속에서 소위 래이(萊夷), 개이(介夷), 양이(陽夷), 우이(隅夷) 등으로 나뉘어진 것이라 보인다. 특히 래이는 고죽국과도 관련된 나라가 되는데, 청구의 땅에 고죽국 사람들이 정착하여 후대에 래이(萊夷)가 된 것으로 보이는 바, 시기적으로 서기전 650년경 이전부터 산동지역에 래이가 존재하였다라면 고죽국이 자발적으로 세운 나라가 되며, 서기전 650년 이후에 래이라는 나라가 생겼다면 서기전 651년 연나라와 제나라의 합공으로 고죽국, 영지국, 산융을 침공한 때 고죽국이 망하면서 제나라로 이주한 것으로 보인다.

3) 활동

서기전 1236년에 남국(藍國), 구려(句麗), 몽고리(蒙古里)의 군사와 함께 은(殷)나라를 정벌하여 단군조선의 제후국인 엄(淹), 서(徐), 회(淮)를 세우는 데 일조를 하였다.

남국(藍國)은 소위 남이(藍夷)라고 부르며, 엄, 서, 회는 모두 남이(藍夷)의 분파가 된다. 구려와 몽고리는 황족(黃族)으로서 황이(黃夷)가 되고, 여기 청구(靑邱)는 고시씨의 후손들이 되는 바 웅족(熊族)의 후손이 되며, 웅족은 황족(黃族)의 분파이므로 청구는 황이(黃夷)가 되는 것이다.

4) 내륙8이(夷)와의 관계

중국내륙의 동쪽에 8이(夷)가 있는데, 이는 단군조선 구이(九夷)와는 다르며, 내륙8이에 청구(靑邱)라는 명칭은 특별히 포함되지 아니하는 것으로 되는데, 산동반도 지역에 소재하였던 개이(介夷), 래이(萊夷), 양이(陽夷), 우이(隅夷) 등이 청구(靑邱)의 후예가 되는 것이다.

여기서 특히 래이(萊夷)는 즉묵(卽墨) 즉 절묵(節墨)의 선대가 되는 고죽국(孤竹國)의 후예로 전해진다. 절묵의 절(節)이라는 글자가 죽즉(竹卽)이며, 묵(墨)은 고죽국의 임금이던 묵태씨(墨胎氏)를 가리키는 것이 되어, 즉묵과 절묵은 곧 고죽국의 후예임을 나타내는 글자가 되는 것이다.

산동지역에 있었던 래이(萊夷) 또는 절묵(節墨)이라는 나라는 고죽국이 성할 때 봉해진 나라인지, 아니면 고죽국이 연제(燕齊)에게 망한 때 생긴 나라인지는 불명이다. 고죽국의 고죽(孤竹)은 "곧대" 즉 "곧은 대"를 이두식으로 표기한 말로서 곧은 대와 같은 절개(節槪)를 나타내는 것이 된다.

그외 남이(藍夷)는 남국(藍國)을 가리키며, 남이의 서쪽 부근에 엄이(淹夷), 남이의 남쪽에 서이(徐夷)와 회이(淮夷)가 있었다. 엄이, 서이, 회이는 남이의 분파가 된다.

(5) 남국(藍國)

1) 시조 및 연혁

남국(藍國)의 시조는 치우천왕(蚩尤天王)의 후손이다. 즉, 단군왕검 천제(天帝)가 서기전 2333년경 치우천왕의 후손을 봉한 나라로서 천군국(天君國)이 된다.

남국(藍國)이라는 말은 글자대로 보면 남색(藍色)과 관련된 땅의 나라가 되는데, 남(藍)은 색(色)의 위치로는 청색(靑色)과 보라색(紫色)의 중간에 해당되고 오행(五行) 상의 방향은 남동동(南東東)에 해당되어 청색이 되는 동쪽의 바로 남쪽에 위치하는 것이 된다.

즉 남(藍)이라고 이름을 붙인 것은 동쪽에 위치한 청구(靑邱)의 바로 남쪽이라는 의미를 가진 것이 되어, 산동지역 중 산동반도의 서쪽으로 태산을 포함하는 남(南)과 남서(南西)지역이 된다. 남국은 남이(藍夷)라고도 불리는데, 태산에서 양자강 하류지역에 이르는 지역이 바로 남이들의 거주지, 활동지역이 된다.

남이의 남쪽이 되는 양자강 유역과 그 남쪽 지역은 붉은 색을 뜻하는 적족(赤族, 적이)의 땅이다. 9족 중에서 기본 5족이 되는 황족(黃族), 백족(白族), 현족(玄族), 남족(藍族), 적족(赤族)의 명칭은 색에 따른 방향과도 관련되어 있다. 즉 황족은 동서북중(東西北中), 백족은 서쪽, 현족은 북쪽, 남족은 남동동쪽, 적족은 남쪽의 방향과 각각 관련되어 있는 것이다.

치우(蚩尤)는 치우(治尤)를 다르게 표기한 글자이며, 배달나라와 단군조선 시대에 병력(兵力) 즉 군사(軍事)를 담당한 관청이다. 치우는 형벌담당인 구가(狗加) 및 명령담당인 마가(馬加)와 밀접하게 관련된 직책으로서 웅가(熊加)라고도 하는데, 지금의 국방부에 해당한다.

남국은 단군조선 초기인 서기전 2333년경 봉해진 것이 되는데, 서기전 1122년경 주나라의 재상이던 동이(東夷) 출신의 강태공(姜太公)이 제(齊)나라에 봉해지면서 청구국(靑邱國)처럼 축소되었던 것이 되고, 제30대 내휴(奈休) 천왕이 산동지역에 있던 청구국(靑邱國)을 순수(巡狩)한 서기전 909년 이후 언젠가 제(齊)나라에 흡수된 것이 되는데 최소한 1,430년 이상 존속한 것이 된다.

2) 강역

남국(藍國)은 산동 지역으로서, 북동쪽으로는 청구(靑邱)에 접하고, 서쪽으로는 은(殷)나라에 접하며, 남쪽으로는 서국(徐國=徐夷)과 접한다. 청구와 남국 사이의 태산(泰山) 부근에 엄이(淹夷=엄독홀)가 있었던 것이 된다.

3) 내륙8이(夷)와의 관계

남이(藍夷)는 남국(藍國)을 가리키며, 남이의 북서쪽 부근에 엄이(淹夷), 남이의 남쪽에 서이(徐夷)와 회이(淮夷)가 있었고 그외 산동반도에 개이(介夷), 래이(萊夷), 우이(隅夷), 양이(陽夷) 등이 있어 8이라고 한다.

남이(藍夷), 서이(徐夷), 회이(淮夷)는 남이(藍夷) 계통이 되며, 산동반도에 있었던 나머지 개이, 래이, 우이, 양이는 청구(靑邱)의 후예로서 황이(黃夷)가 된다.

(6) 숙신(肅愼)

1) 시조 및 연혁

숙신국(肅愼國)의 시조는 신지씨(神誌氏)이다. 즉, 단군왕검 천왕(天王)이 서기전 2333년경 송화강 아사달을 포함하는 방족(方族) 즉 방이(方夷)의 땅이 되는 송화강 아사달의 동쪽에 신지씨(神誌氏)를 봉한 나라로서 천후국(天侯國)이 된다.

글자는 동쪽이라는 말과 관련되어 있는데, 이는 단군조선의 수도로 보아 동쪽에 위치한 나라가 되며, 글자대로 보면 엄숙하고 삼간다는 의미로서 설(元旦, 새, 新) 명절을 지내는 자세와 통하는 말이 된다.

숙신(肅愼)을 식신(息愼), 직신(稷愼)이라고도 적는데, 식신(息愼)은 숙신(肅愼)을 비슷한 소리로 적은 글자가 되고 직신(稷愼)은 식신(息愼)을 비슷한 소리로 적은 글자가 된다. 한편, 숙신을 쥬신이라고 읽어 조선(朝鮮)을 읽는 소리와 같다라고 보아 쥬신을 주신(授)라는 뜻으로서 단군조선의 국명으로 해석하는 경우가 있는데, 숙신과 조선은 엄연히 다르며, 숙신(肅愼)은 상국(上國)이자 중앙조정(中央朝廷)의 나라 즉 경계가 없는 천제(天帝), 천왕(天王)의 나라인 조선(朝鮮) 천국(天國) 내 일반 제후국의 하나에 해당하는 천후국(天侯國)의 국명이 된다.

신지(神誌)는 배달나라와 단군조선 시대에 문자(文字)와 명령(命令)을 담당한 관청으로서 명령담당이던 마가(馬加)의 직을 수행한 것이 되고, 문자를 정리하고 역사서(歷史書)와 지도(地圖)와 책력(冊曆)을 편찬하며, 제천문(祭天文)을 지은 것으로 기록되고 있다. 신지는 후대에 문서를 담당하였던 한림원(翰林阮)과 왕의 명령을 관장하는 승지원(承旨阮)에 해당된다. 배달나라 시대에는 마가(馬加)가 사람의 목숨과 직결되는 국방과 명령을 담당한 것이 된다.

숙신은 이후 읍루(挹婁), 말갈(靺鞨), 여진(女眞), 만주(滿洲) 등의 이름으로 불리는데, 모두 숙신의 후예가 된다.

숙신은 부여 동쪽의 송화강 너머에 위치하며 단군조선의 수도이던 송화강 아사달을 포함하는 나라이므로 단군조선의 대칭(代稱)이 될 수도 있는데, 실제로도 고대중국의 기록에서 단군조선을 숙신(肅愼)이라 대신 기록한 것으로 된다. 즉 서기전 1122년경 주나라가 건국된 후 숙신이 궁시(弓矢) 등을 바쳤다는 기록에서, 숙신은 단군조선의 제후국이며 단군조선 조정에서 숙신에 명하여 주나라 조정으로 축하사절로 보낸 것으로 해석되는 것이다.

한편, 서기전 1286년에는 단군조선의 수도가 북부여의 상춘으로 옮겨져 후기 단군조선이라 불리며, 서기전 425년에는 중부여(中夫餘)의 장당경(藏唐京, 심양)으로 옮겨 국호를 대부여(大扶餘)라 칭하기도 하였는데, 부여라는 말이 단군조선의 대칭이 되는 국호가 될 수 있는 것이다. 실제로 왕문(王文)은 서기전 925년경 사람으로서 부여 사람이라고 기록되고 있다.

2) 강역

동쪽으로는 우수리강(牛首里江)을 넘어 동해(東海)에 이르며, 남쪽으로는 지금의 두만강을 중심으로 우수리강을 포함하는 지역이 되는 예국(濊國)과 접하며, 서쪽으로는 부여(夫餘)에 접하고 남서쪽으로는 옥저(沃沮)에 접하고, 북쪽으로는 현이(玄夷)와 접한다.

3) 말갈, 여진, 만주

말갈(靺鞨)은 숙신(肅愼)의 후예이며, 흑수말갈은 흑룡강의 현이(玄夷)를 가리키는 것이 된다. 여진(女眞)은 말갈의 후예로서 신라왕족 출신의 김아버지(金阿骨打)[391]에 의하여 금(金)나라가 세워졌고, 만주(滿洲)는 여진의 후예로서 금나라 왕족의 후손인 누루하치392)가 청나라를 세운 것이다.

경주김씨 시조 김알지(金閼知)는 김수로왕(金首露王)의 아들이라고도 하고, 혈족이라고도 하는데, 알지는 누루하치의 하치와 같은 말로서 김알지와 누루하치는 다 같이 김(金, 금)의 후손이라는 뜻을 가지는 말로서 이두식 표기가 된다.

(7) 예국(濊國)

1) 시조 및 연혁

예국(濊國)의 시조는 여수기(余守己)이다. 즉 단군왕검 천왕(天王)이 서기전 2333년경 백두산의 동쪽에 우수리강을 포함하는 우이(于夷)지역에 여수기(余守己)를 봉한 나라로 천후국(天侯國)이 된다.

예국(濊國)이라는 말은 물과 관련된 나라로서, 동해(東海)에 접하는 나라임을 알 수 있는데, 실제로 예국은 지금의 백두산 동쪽으로 두만강 유역을 포함하여 단군조선의 대륙과 일본 본주(본주, 혼슈)와의 사이에 있는 동해에 접하는 나라가 된다. 예(濊)라는 말은 깊은 바다라는 말이며, 경우에 따라 예(穢)라고 적는 것은 예(濊)와 같은 소리로 적은 것이 된다.

여수기(余守己)는 지방행정 담당인 구가(狗加)의 직을 수행하였다. 구가(狗加)는 치안과 형벌을 담당하여 지금의 내무부와 법무부에 해당한다.

예국은 단군조선의 동보(東堡)의 역할을 한 나라인데, 동쪽은 서쪽처럼 전쟁이 빈발하는 지역이 아니므로 일반 제후로써 봉하고 특별히 한(韓)을 봉하지 아니한 것이 된다.

예국은 후대에 두만강 남쪽으로 한반도 중북부의 동쪽 해안지역까지 팽창하였는데, 특히 이를 동예(東濊)라고도 불렀던 것이 된다.

---

391) 阿骨打(아골타, 아쿠타)는 아뼈치라는 이두식 표기로서 아버지를 가리킨다.
392) 누루하치는 金아지라는 말로서 金의 후손이라는 뜻이 된다.

신라의 석탈해왕은 동보(東堡) 유배인(流配人)의 후예라 하는 바, 동보는 바로 예국이 담당하였던 것이며, 지금의 일본 땅이 되는 삼도(三島) 중에서 북해도(北海島, 홋카이도)와 본주(本州, 혼슈) 중 북동지역이 동보의 관할에 속하였던 것이 되고, 구주(九州, 큐슈)와 본주의 남서지역은 마한(馬韓)의 관할에 속하였던 것이 된다.

2) 강역

동쪽으로는 동해(東海) 바다에 접하고, 서쪽으로는 옥저(沃沮)에 접하고, 남쪽으로는 한반도의 동쪽 해안가가 되며, 북쪽으로는 숙신(肅愼)에 접한다.

즉 예국의 영역은 대체적으로 백두산에서 동쪽으로 두만강 유역을 포함하여 우수리강을 넘어서 연해주를 거쳐 동해(東海)에 이르는 지역이 된다.

3) 역사

예국은 서기전 2333년경부터 단군조선의 제후국으로 내려 왔으며, 북부여 시대를 거쳐 고구려 초기인 서기 55년경 고구려 제6대 태조무열제(太祖武烈帝) 때 동예(東濊)가 고구려에 복속하기까지 약 2,400년간 존속한 것이 된다.

(8) 개마(蓋馬)

1) 시조 및 연혁

개마국(蓋馬國)의 시조는 주인씨(朱因氏)이다. 즉 단군왕검 천왕(天王)이 서기전 2333년경 백두산의 남쪽의 양이(陽夷) 지역에 주인씨(朱因氏)를 봉한 나라로 천후국(天侯國)이 된다.

개마(蓋馬)라는 말은 "개말, 개멀" 또는 "해말, 해멀"의 표기가 되는데, 원래 해마루 또는 해머리(白頭)라는 말을 이두식으로 적은 글자가 되며, 해마루는 흰마루와 같은 말이고, 흰머리산이 되는 백두산(白頭山) 지역은 개마지역이 되는 것이다. 해마리의 해(解)가 음운변화로 변음이 되어 개(蓋)로 적힌 것이 된다.

주인씨는 배달나라와 단군조선 시대에 선악(善惡)담당인 양가(羊加)의 직을 수행하였으며, 양가는 학가(鶴加)라고도 하였고 계가(鷄加)라고도 하였던 것이 되는데, 선악 즉 교육(敎育)과 교정(矯正)을 담당하였다. 양가(羊加)는 지금으로 말하면 교육을 담당하는 교육부 와 악행을 교정하고 처벌하는 법무부 또는 사법(司法)기관에 해당한다.

2) 강역

백두산 남쪽에 개마고원이 있는데 이 지역을 중심으로 한 나라가 된다. 개마의 남쪽은 마한(馬韓)의 직할지이며, 마한의 수도는 한반도의 평양(平壤)인 백아강(白牙岡)이다. 개마국이 백두산의 남쪽에 있어 마한의 관할에 속하였는지 명백한 기록이 없어 불명이나, 위치상으로 볼 때 압록강의 남쪽에 위치한 것이 되어 마한(馬韓)의 관할에 속하였던 것으로 보인다.

3) 역사

고구려 초기인 서기 55년경에 옥저(沃沮)와 동예(東濊)가 고구려에 복속하였는데, 아마도 이 이전에 지금의 백두산 지역에 단군조선의 제후국이던 개마국(蓋馬國)이 또한 고구려에 복속하였던 것으로 보인다. 즉 옥저와 동예처럼 서기전 2333년경부터 서기 55년경까지 약 2,400년간 존속한 것이 된다.

(9) 옥저(沃沮)

1) 시조 및 연혁

옥저국(沃沮國)의 시조는 선라(仙羅)인데, 제2대 단군부루 천왕(天王)이 서기전 2240년경 지금의 압록강 북쪽 지역에 걸쳐 봉한 나라로서 천후국(天侯國)이 된다.

옥저(沃沮)라는 말은 물과 관련되는데, 지리적으로 보아 압록강과 관련되어 붙여진 명칭이 된다. 옥저를 와지 또는 가시 등으로 읽어 가섭원(迦葉原)과 같은 말로 풀이하기도 하나, 가섭원은 갓벌이라는 말로서 수풀이 우거진 벌판이라는 말이 되어 지금의 길림(吉林)을 중심으로 한 지역이 되고, 옥저는 압록강 유역을 가리키는 것이 된다. 즉 옥저의 저(沮)라는 말은 물이 있는 비옥한 땅이면서 압록이라는 큰 강이 막고 있는 지역이라는 뜻을 가진 글자가 된다.

2) 강역

옥저는 동압록(東鴨綠) 즉 지금의 압록강의 북쪽 지역으로서, 북쪽과 서쪽으로는 부여(夫餘)에 접하고, 북동쪽으로는 숙신(肅愼)에 접하고, 동쪽으로는 예국(濊國)에 접하며, 남쪽으로는 압록강 건너 마한(馬韓)과 접하는 것이 된다.

3) 옥저후 불리지

고주몽의 아버지 불리지(弗離支)는 본명이 고모수(高慕漱)로서 일명 해모수(解慕漱)이며 황손(皇孫)이라고도 하는데, 황손이라 함은 북부여 시조인 원래의 해모수(解慕漱) 즉 대해모수(大解慕漱)의 증손자인 것을 가리키며, 북부여의 제후인 옥저후(沃沮侯)로서 고두막 천왕 시절에 한(漢) 나라 도적을 물리친 공으로 옥저 땅에 봉해졌던 것이 되고, 서기전 80년경 지금의 요하가 되는 서압록강변을 지나다가 하백(河伯)의 딸이던 유화(柳花)를 만나 부모의 허락 없이 관계를 맺었다가 사후에 혼인허락을 받았던 것이 된다. 옥저후 불리지의 아들인 고주몽은 서기전 79년생이다.

4) 북옥저, 서옥저, 동옥저, 남옥저

옥저(沃沮)의 땅은 넓어서 동서남북의 옥저로도 불리는데, 북옥저(北沃沮)는 부여(夫餘) 땅인 상춘(常春)과 동부여(東夫餘) 땅인 길림(吉林)과 숙신(肅愼)의 바로 남쪽에 위치한 땅이 되고, 서옥저(西沃沮)는 압록강 하류의 북서 지역으로서 지금의 요동반도 지역에 접하는 것이 되며, 동옥저(東沃沮)는 동쪽으로 예국(濊國)에 접하는 것이 되고, 남옥저(南沃沮)는 압록강 유역에 해당하는 땅이 된다.

북옥저라는 나라는 서기전 27년에 고구려에 망한 것으로 기록되며, 동옥저(東沃沮)는 후대에 동예(東濊)처럼 한반도 북부지역으로 팽창하였다가 서기 55년경 고구려 제6대 태조무열제(太祖武烈帝) 때 동예와 함께 고구려에 복속한 옥저가 될 것인 바, 서기전 2240년경부터 서기 55년경까지 약 2,300년간 존속한 것이 된다.

(10) 비류(沸流)

1) 시조 및 연혁

비류국(沸流國)의 시조는 도라(道羅)인데, 제2대 단군부루 천왕(天王)이 서기전 2240년경 부여 땅인 상춘(常春, 長春)과 졸본(卒本) 사이에 봉한 나라로서 천후국(天侯國)이 된다.

비류(沸流)라는 말은 물과 관련되는데, 물이 흐르는 소리가 펄펄 끓는 물소리와 같다고 하여 생긴 것이 되며, 아마도 경사가 많이 져 물살이 센 지역이 된다.

2) 강역

비류는 북부여와 북옥저 및 동옥저 사이에 위치한 나라가 되는데, 북쪽으로는 북부여 땅인 상춘(常春)과 동부여 땅인 길림(吉林)이 위치하고, 남쪽으로는 옥저(沃沮)에 접하고, 서쪽으로는 북옥저(北沃沮)에 접하고, 동쪽으로는 동옥저(東沃沮)에 접하는 것이 된다.

3) 후대의 역사

서기전 28년에 비류왕 송양(松壤)이 고주몽 성제(聖帝)에게 굴복하였는데, 이때 고주몽 성제는 비류 땅을 다물도(多勿都)라 하고 송양을 다물후(多勿侯)라 봉하여 본격적인 다물정책을 펼치기 시작하였던 것이 된다. 곧이어 고주몽 성제는 서기전 27년 10월에 비류의 서쪽에 위치한 북옥저(北沃沮)를 멸망시키고, 서기전 26년에 수도를 졸본(卒本)에서 북서쪽의 상춘(常春: 늘봄, 訥見)으로 옮겼다.

비류국은 서기전 2240년경부터 서기전 28년까지 약 2,210년간 존속한 것이 된다.

(11) 졸본(卒本)

1) 시조 및 연혁

졸본국(卒本國)의 시조는 동무(東武)로 추정되는데, 제2대 단군부루 천왕(天王)이 서기전 2240년경 옥저(沃沮)와 예국(濊國) 사이에 봉하였던 나라로서 천후국(天侯國)이 된다.

졸본(卒本)이라는 말은 홀본(忽本)과 같으며, 홀본의 변음(變音)이 된다. 홀본은 "고을 불" 즉 "고을 벌"이라는 말을 이두식으로 표기한 것이며, 고을이 있는 벌판이라는 뜻을 가진다. 고을은 골짜기를 가리키는데, 이리하여 졸본, 홀본은 골짜기가 있는 벌판의 땅이라는 뜻을 가진다.

2) 강역

졸본은 북부여 땅인 상춘(常春)과 동부여 땅인 길림(吉林)의 남동쪽에 위치하며, 동쪽으로는 예국(濊國)에 접하고, 북쪽으로는 부여(夫餘)와 비류(沸流)와 숙신(肅愼)에 접하며, 남쪽과 서쪽으로는 옥저(沃沮)에 접하는 것이 된다.

3) 북부여 시대의 졸본 역사

서기전 108년에 의병을 일으켜 북부여를 부흥(復興)시킨 고두막한(高豆莫汗)은 단군조선 47대 단군 고열가(古列加) 천왕(天王)의 현손(玄孫)으로서 원래 졸본의 한(汗)이며, 서기전 108년에 위씨조선(衛氏朝鮮)이 한(漢) 나라에 망하자 땅을 지키고 수복하기 위하여 자칭 동명(東明)이라 칭하고 의병을 일으켰고, 위만조선의 각 지방 백성들이 함께 들고 일어나 한(漢) 나라 군사를 물리쳐 소위 한사군 설치를 유명무실하게 만들었던 것이 된다.

동명(東明)이라 칭하였다라는 것은 동명국왕 또는 동명왕이라 칭한 것이며, 군사를 움직여 전쟁을 수행한 것이 된다. 동명(東明)이라는 말은 새발, 새벌이라는 뜻을 가지는데 새부여라는 말과 같아, 고두막한이 북부여를 새로이 부흥시킨다는 의미로서 국호를 새부여라 한 것이 된다. 물론 동쪽의 부여인 동부여도 새부여가 되지만, 방향으로 본 지명이나 국명이 되므로 새로운 부여라는 새부여와는 의미상 차이가 있는 것이 된다.

이후 고두막한은 서기전 86년에 북부여 해부루(解夫婁) 천왕을 동부여후(東夫餘侯)로 삼고 천왕이 되었다. 해부루를 동부여왕(東夫餘王)이라고도 하는데, 고두막 단군은 천왕(天王)이 된다. 고두막한은 해부루 단군에게 "내가 천제자이니 나라를 비키시오"라고 하였는데, 천제자(天帝子)는 천제(天帝)의 아들로서 곧 천왕(天王)이라는 말과 같은 것이 된다. 즉 천제자(天帝子)는 임금이 되면 천왕(天王)이 되는바, 따로 작위가 없으면 천제자인 것인데, 천왕의 자격을 가진 신분(身分)이 된다.

북부여를 이은 고구려의 시조 고주몽을 동명성제(東明聖帝)라 하는 바, 여기 동명(東明)이라는 칭호는, 북부여 후기인 서기전 108년 위씨조선(衛氏朝鮮)이 망하자 동명(東明) 즉 새부여라 칭하며, 한(漢) 나라가 병탄하려 하던 단군조선 땅이었던 번조선(番朝鮮) 땅과 낙랑(樂浪), 구려(句麗), 진번(眞番), 임둔(臨屯) 등의 고토를 회복하고자 북부여의 부흥을 꾀하고, 단군조선의 고토를 회복하려 다물업(多勿業)을 펼쳤던 졸본 출신의 고두막한(高豆莫汗)의 칭호인 동명(東明)에서 나온 것이 된다.

즉, 고구려 시조 고주몽[393]은 북부여 고두막 단군 계통을 이어 졸본(卒本)에서 북부여 대통(大統)을 이었으며, 북부여 동명왕(東明王) 고두막한의 업(業)을 계승하여, 단군조선의 고토를 수복함으로써 고구려(高句麗)라는 나라로 하나로 통일하기 위하여 서기전 28년부터 본격적으로 다물정책(多勿政策)을 펼쳤던 것이다.

---

393) 고주몽이 고구려를 세우기까지 북부여와 동부여의 역사 및 고주몽의 가족사 등을 명확하게 밝히는 연구가 필요하다. 즉 신화식으로 된 기록을 실제적인 역사로 정확하게 재해석하는 것이 요청된다.

(12) 흉노(匈奴)

1) 시조 및 연혁

흉노국(匈奴國)의 시조는 열양(列陽) 욕살(褥薩)이던 색정(索靖)인데, 죄를 지어 서기전 2177년 약수(弱水)에 종신금치(終身禁置)를 당하였던 색정(索靖)을 서기전 2160년경에 사면(赦免)하여 그 약수지역에 봉한 나라로서[394] 천후국(天侯國)이 된다.

흉노(匈奴)라는 말은 훈나 또는 하늬라는 말을 이두식으로 표기한 글자가 되는데, 이는 서쪽에 있는 땅이라는 말이며, 단군조선의 영역으로 보면 단군조선의 군국(君國)으로서 중간지역에 해당하던 구려(句麗)의 서쪽에 위치한 나라가 된다

2) 강역

흉노는 단군조선의 부족의 하나로서 약수(弱水)지역이 되는 지금의 오르도스 지역을 근거지로 하였는데, 북쪽으로는 선비(鮮卑)에 접하고, 남쪽으로는 고대중국에 접하며, 동쪽으로는 구려(句麗)와 태항산 서쪽에 소재한 기후국(箕侯國)에 접하고, 서쪽으로는 견이(畎夷)와 백이(白夷)에 접한 것이 된다.

3) 후대의 흉노 역사

흉노족의 역사는 서기전 8세기경부터 팽창활동기가 되는데, 흉노의 활동은 기록상 서기전 90년경까지 이어진다. 그리하여 단군조선 영역에서의 흉노의 역사는 서기전 2160년경부터 서기전 90년경까지 약 2,070년이 될 것이다.

흉노의 활동지역은 주로 만리장성의 북쪽 지역으로서 동과 서를 오가는데, 서쪽의 견이(畎夷)나 서이(徐夷)와 교류가 많았던 것이 되고, 특히 철기문화의 주인공으로 알려진 스키타이족으로도 알려져 있다.

---

394) 전계 한단고기 〈단군세기〉, 68쪽 참조

서기전 7세기경부터 본격 활동하던 흉노족의 일부는 서방으로 이동하여 지금의 헝가리와 핀란드라는 나라를 세워 흉노의 역사는 이어진 것이 되며, 서기전 121년에 한무제(漢武帝)에 사로잡힌 흉노의 휴도왕(休屠王)의 아들 김일제(金日磾)는 산동지역의 투후(秺侯)로 봉해졌으며, 그 후손들과 무리들은 서기 23년에 인척이 되는 왕망(王莽)의 신(新)나라가 망하자 대거 한반도의 남쪽으로 이동하여 6가야[395]를 이루었다.

후대에 흉노족의 왕이 된 김씨는 소호금천씨의 후손으로서 경주(慶州)와 가야(伽倻) 김씨의 선조가 되며, 한국 김씨의 시조가 흉노족이라는 이유가 여기에 있다.

(가) 흉노를 막기 위한 만리장성

서기전 216년 진시황은 북쪽 국경을 시찰하였는데, 몽염(蒙恬)을 대장으로 삼아 30만 대군을 내어 북쪽 흉노를 치게 하고 만리장성을 쌓게 했다. 이 장성은 서쪽 감숙성의 임조(臨洮)에서 시작하여 요양군의 요동에 이르는 길이가 1만여 리가 된다.

여기서 진나라의 요동의 경계는 서기전 281년 연나라의 진개가 북부여와 국경을 삼았던 만번한(滿番汗)이 될 것인데, 이 만번한은 지금의 난하 서쪽으로 고하(沽河) 바로 동쪽에 위치한 것이 된다. 서기전 202년에 한나라 때 연왕 노관이 번조선과 국경을 삼은 곳이 만번한의 동쪽으로서 지금의 난하(灤河)가 되는 패수(浿水)이다.

(나) 흉노의 한나라 공격

서기전 201년경 흉노의 모돈왕이 한나라의 북쪽 변경을 침공하여 대(代)를 치니 한왕(漢王) 한신(韓信)이 흉노에게 항복하였다. 이에 흉노는 여세를 몰아 태원(太原)까지 공격하였다.

---

395) 6가야는 서기 42년에 건국되어 그 중 금관가야는 서기 532년에, 대가야는 서기 562년에 각각 신라에 망하였는바, 정치적으로 군사적으로 강력한 지배체제를 갖지 아니한 이유 등을 심도 있게 연구할 필요가 있다.

(다) 한고조 유방의 흉노 정벌

서기전 200년 한(漢) 나라 고조(高祖) 유방(劉邦)이 북쪽 흉노가 한나라 국경을 공격하므로 몸소 대장이 되어 토벌에 나섰다. 유방은 군사 30만을 이끌고 모돈선우(冒頓單于)가 이끄는 흉노의 군사를 쫓아 평성(平城 : 大同)까지 이르렀다. 이에 모돈의 정예 40만 기(騎)가 유방의 군사를 백등(白登)에 포위하여 7일이 되었다.

이에 진평(陳平)이 비밀 계책을 써서 밀사를 보내어 모돈왕의 아내인 알씨(關氏)에게 많은 뇌물을 주어 모돈을 타이르게 하였는데, 마침내 모돈은 고조의 포위를 풀고 돌아갔다.

여기서 선우는 왕(王)이라 뜻이다. 기자 자서여의 작은 아들이 선우(鮮于)씨로 성씨를 삼았는데, 이 선우씨의 후손들이 전국시대에 선우중산국(鮮于中山國)을 세웠는바, 선우씨가 흉노의 왕이 되어 왕호로서 선우라 한 것이 아닌가 한다. 김씨인 흉노왕도 있었다.

서기전 198년 한나라는 유경(劉敬)을 사신으로 흉노에 파견하여 화의를 맺었으며, 그 결과 가인(家人)의 딸을 공주로 삼아 모돈선우에게 시집을 보냈다.396)

서기전 185년에 흉노가 섬서성(陝西省)의 상군(上郡)과 산서성(山西省)의 운중(雲中) 방면에 침입하였다.397)

서기전 133년에 한무제는 왕회(王恢) 등을 부장(部將)으로 삼아 흉노를 치게 하였는데, 이에 선우는 왕회의 계략을 알아채고 후퇴해 버렸으며, 이후 화친을 끊고 자주 국경 지방을 침략했다.398)

서기전 129년에 흉노가 상곡(上谷)을 쳤고, 이에 한나라는 장군 위청(衛靑) 등을 보내어 물리쳤다.399)

---

396) 증선지 저/윤재영 역, 십팔사략(상), 박영사, 1987, 223쪽 참조
397) 증선지 저/윤재영 역, 십팔사략(상), 박영사, 1987, 238쪽 참조
398) 증선지 저/윤재영 역, 십팔사략(상), 박영사, 1987, 249쪽 참조
399) 전게 십팔사략(상), 251쪽 참조

서기전 124년에 흉노가 대(代)를 침공하였다.[400]

서기전 123년 봄에 한나라는 위청 대장군에게 6명의 장군을 주어 흉노를 치게 하고, 여름에 또 그들을 보내어 치게 하였다.

서기전 121년에 한나라는 곽거병(霍去病)을 표기장군(驃騎將軍)에 임명하여 흉노를 치게 하였는데, 곽거병은 감숙성(甘肅省)의 언지(焉支)와 기련산(祁連山)을 점령하고 돌아왔다.

이해에 흉노의 혼사왕(渾邪王)이 한(漢) 나라에 항복하였는데, 이때 한나라는 농서(隴西), 북지(北地), 상군(上郡), 삭방(朔方, 운중(雲中)의 다섯 군(郡)의 속국을 두었다.[401]

처음에는 혼사왕과 휴도왕(休屠王)이 흉노의 서쪽 변경을 지켰는데 한(漢) 나라의 표기장군(驃騎將軍) 곽거병(霍去病)에게 대패하자, 선우(禪于)가 대노하여 두 왕을 죽이고자 하니 이에 두려워하여 한나라에 항복하기로 하였다. 이에 곽거병이 명을 받고 항복을 환영하려 갔는데, 이때 두 흉노왕은 선우를 배반한 것에 후회하고 중단하려다가 혼사왕이 휴도왕을 죽이게 되었다. 이때 혼사왕이 휴도왕의 태자인 김일제(金日磾)를 한나라에 항복하도록 하였고, 이후 김일제는 마노(馬奴)로 시작하여 마감(馬監), 시중(侍中), 부마도위(駙馬都尉), 광록대부(光祿大夫)에 올랐다.

이후 김일제의 아들이 궁녀와 사통하는 일이 발생하여 김일제가 아들을 죽이니 이에 한무제가 김일제를 다시 신임하게 되어 옆에 두게 되었는데, 서기전 88년에 시중이 한무제를 시해하려는 것을 발각하여 제거하였으며 서기전 87년에 거기장군(車騎將軍)에 올랐고, 서기전 86년에 소제(昭帝)가 무제(武帝)의 유지를 받들어 김일제를 산동지역의 투후로 봉하고 식읍 2,200호를 내렸다. 서기 42년에 한반도의 남부에 세워진 가야(伽倻)는 이 김일제의 아우인 김안상(金安上)의 직계 후예가

---

400) 전게 십팔사략(상), 252쪽 참조
401) 전게 십팔사략(상), 252~253쪽 참조

된다.

서기전 120년에 흉노가 감숙성의 우북평군(右北平郡)과 산서성의 정양군(定襄郡)을 침공하였다.[402]

서기전 119년에 한나라는 맹장(猛將) 위청과 곽거병을 보내어 흉노를 치게 하였고, 곽거병은 낭서서산(狼居胥山)에서 천신에게 제사지내고 돌아왔다.[403]

서기전 110년에 한무제는 만리장성을 넘어가 선우대(單于臺)에 올랐다. 이때 군사 18만의 기(騎)가 따랐는데, 사신을 보내어 흉노왕을 타이르고 위협하니, 이에 흉노왕이 항복하였다.[404] 이때 항복한 흉노왕이 누구인지는 불명이다.

서기전 108년에 흉노가 한나라 국경을 공격하였는데, 이에 한나라는 군사를 내어 삭방군(朔方郡)에 주둔시켰다.[405]

서기전 102년에 흉노가 크게 쳐들어 와서 새(塞) 밖에 있는 후성(侯城)을 격파하였다. 이해에 한나라의 장군 이광리가 대군을 이끌고 가서 대원을 쳐 항복받고 준나 수십마리를 얻었다.[406]

서기전 101년에 흉노가 사신을 보내어 보물을 바쳤다.[407]

서기전 100년에 한나라는 중랑장(中郞將) 소무(蘇武)를 흉노에 사신으로 보냈는데, 흉노는 소무의 항복을 받으려 하여 산 중의 골속에 가두고 음식을 주지 않았으나 죽지 않고 살아 있으므로, 이에 흉노는 소무를 북해(北海) 근방으로 보내어 숫양을 기르게 하고 숫양이 새끼를 배면 귀국시켜 주겠다 하였다.[408]

---

402) 전게 십팔사략(상), 253쪽 참조
403) 전게 십팔사략(상), 253쪽 참조
404) 전게 십팔사략(상), 254쪽 참조
405) 전게 십팔사략(상), 254쪽 참조
406) 전게 십팔사략(상), 255쪽 참조
407) 전게 십팔사략(상), 255쪽 참조
408) 전게 십팔사략(상), 255~256쪽 참조

서기전 99년에 한나라는 이광리를 보내어 흉노를 쳤는데, 이때 별장(別將) 이릉 (李陵)은 흉노에 항복하였다.[409]

서기전 97년에 한나라의 이광리가 흉노를 쳤으나 패했다.[410]

서기전 90년에 흉노가 한나라의 오원(五原), 주천(酒泉)으로 쳐들어가니, 이에 한나라가 이광리를 보내어 치게 하였으나 흉노에게 항복하였다.[411]

(13) 몽고리(蒙古里)

1) 시조 및 연혁

몽고리국(蒙古里國)의 시조는 천왕족 오사달(烏斯達)이다. 즉 서기전 2137년에 단군조선의 제4대 오사구(烏斯丘) 천왕이 아우 오사달을 한(汗)으로서 몽고리에 봉 하였는데[412], 몽고리는 천군국(天君國)에 해당한다.

2) 몽고리의 뜻

몽고리(蒙古里)라는 말은 글자대로 보면, "아득한 옛 땅"이라는 말이기도 하며, 이두식으로 풀어보면 "몸골" 즉 "몸 고을"로서 "몸체가 되는 고을 땅"이라는 말이 된다. 또 위치적으로 보면, 몽고리는 서기전 7197년경 사방분거 시기에 동북으로 이동한 황궁씨족(黃穹氏族)들이 동쪽으로 이동하던 대황원(大荒原)의 중심에 해당 하는 지역이 되고, 서기전 7197년경 황궁씨가 수도로 삼은 천산산맥의 천산(天山) 과, 단군조선의 수도이던 아사달(阿斯達)의 북서쪽에 위치하고 서기전 5000년경 한인씨(桓因氏)가 수도로 삼은 천산(天山)이 있었던 것으로 추정되는 대흥안령산

---

409) 전게 십팔사략(상), 256쪽 참조
410) 전게 십팔사략(상), 256쪽 참조
411) 전게 십팔사략(상), 256쪽 참조
412) 전게 한단고기 〈단군세기〉, 70쪽 참조

맥(大興安嶺산맥)과의, 중간 지역에 해당하여 몸골이라 불리는 것으로 된다.

이 몽고리 지역에 서기전 6200년경부터 서기전 5000년경 사이가 되는 유인씨(有因氏) 한국 (桓國)시대의 수도가 되는 천산(天山)이 있었던 것으로 되는데, 당시 천산은 알타이산맥413)에 있었던 것이 된다. 이 유인씨의 한국시대에 지금의 바이 칼호가 천해(天海)로서 북해(北海)414)라 불린 것이 된다.

세상이 혼란스러워진 유인씨의 한국말기인 서기전 5000년경에 한인씨(桓因氏)가 구부(九部)의 족장들을 이끌고 알타이산의 동쪽에서 출발하여 많은 강(江)과 대흥안령산맥을 넘어 대흥안령의 동쪽에 수도를 삼은 것이 되는데, 대흥안령산맥의 북쪽에 있던 흰머리산인 천산(天山)을 가리켜 백두산(白頭山)이라 한 것이 되고 이를 다시 개마산(蓋馬山)이라고 전해온 것이 된다. 대흥안령산맥을 북개마대령(北蓋馬大嶺)이라 불렀으며, 이 북개마대령의 북쪽에 후대에 개마국(蓋馬國)인 웅심국(熊心國)이 있었던 것이다. 해모수는 서기전 239년에 군사를 일으킬 때 옛 웅심국의 땅에 있는 웅심산(熊心山)을 거점으로 삼은 것이 된다.

이처럼 북개마 또는 서개마, 동개마라고 불리는 산이 있는 것과 서압록, 동압록이라고 불리는 강이 있는 것은 시대에 따라 동으로 이동하면서 같은 이름을 붙인 역사를 나타내는 것이 된다. 이러한 것은 옛 제도나 습속(習俗)을 이은 것으로서 당연한 일이 된다.

3) 강역

몽고리는 지금의 몽골 땅이 중심이 되고, 여기에 내몽골 북부지역을 포함하는 거대한 지역이 된다.

---

413) 알타이라는 말이 金을 가리키는데 이 알타이산이 곧 금악, 삼위 ,태백이라 할 때의 금악(金岳)이 된다.

414) 北海를 읽는 '바이하이'라는 소리에서 바이할 다시 격음화 되어 바이칼로 변음된 것으로 보인 다.

몽고리의 서쪽과 북쪽에는 서기전 5000년경 이전부터 내려오는 12한국(桓國)의 하나로서, 서북쪽의 우랄산맥 부근에는 구막한국(寇莫汗國)이 있고, 바로 서북쪽으로 바이칼호 서쪽에는 양운국(養雲國)이 있으며, 동북쪽으로 바이칼호 동쪽에는 비리국(卑離國)이 있는 것이 된다. 또 남동쪽으로 내몽골서부에 해당하는 지역에 선비(鮮卑)와 접하고, 내몽골 남부에 해당하는 지역에 구려(句麗)와 접하며, 동쪽으로는 대흥안령산맥의 동쪽에 부여(夫餘)와 접한 것이 된다.

비리국은 바이칼호의 동쪽에 소재한 러시아 연방의 하나인 브리야트공화국 자리가 되며, 선비의 남쪽으로는 고대중국과의 사이에 흉노(匈奴)가 위치하고 있었던 것이 된다.

4) 활동 및 역사

몽고리는 서기전 1236년에 남국(藍國)과 청구(靑邱)와 구려(句麗)의 군사와 함께 은(殷)나라를 정벌하여 회대(淮岱)의 땅에 엄(淹), 서(徐), 회(淮)라는 제후국을 세우는 데 일조하였다.[415]

몽고리 지역은 북막(北漠)을 포함하는 지역이 되는데, 서기전 248년까지 단군조선에 조공(朝貢)을 바치던 제후국이었으나, 서기전 248년에 북막이 함께 연나라를 정벌하자는 청을 단군조선이 거절하자 이후 독립적으로 활동하였던 것이 되고, 당시 팽창하던 흉노(匈奴)에 속하였다가 다시 서기 7세기경에는 돌궐과 고구려에 일부씩 속하였던 것이 되며, 고구려가 망한 이후에는 금(金)나라에 속하였다가 원(元)이라는 대제국을 세웠던 것이 된다.

몽고리(몽고, 몽골)는 단군조선 본국에서 멀리 떨어져 있었으나 제후국으로서 예를 지켰던 것이 되고, 단군조선의 고유한 풍습을 많이 간직하고 있어 우리의 문화와 유사한 점이 많고, 특히 얼굴모양 등 형체가 우리와 같으며, 신체어인 눈, 코, 귀, 입

---

415) 전계 한단고기 〈단군세기〉, 101쪽 참조

이라는 말은 아직도 같은 말로 남아 있다고 한다.

몽골의 역사는 서기전 2137년부터 지금까지 4,149년의 역사를 가지는 것이 된다.

(14) 남선비(南鮮卑)

1) 시조 및 연혁

남선비국(南鮮卑國)의 시조는 단군조선 천왕족인 대심(代心)이다. 즉 서기전 1622년에 단군조선 제15대 대음(代音) 천왕이 아우 대심을 대인(大人)으로 봉한 나라로서[416], 천국(天國)의 대부(大夫)[417]가 되는 천부국(天夫國)에 해당한다.

여기서 국(國)이라 한 것은 일반 제후국(諸侯國)은 아니나 대인(大人)이 파견되어 다스리는 땅을 가리키는 것이 된다. 낙랑홀(樂浪忽)이나 엄독홀(奄瀆忽) 등 군(郡) 에 해당하는 곳에 봉해지는 경우와 같다. 한편, 서기전 3897년 배달나라를 개국한 한웅천왕(桓雄天王)은 한국의 서자부 대인(庶子部 大人)이었다라고 기록된다.

선비(鮮卑)라는 말은 공자(孔子)의 7세손 공빈이 그가 지은 홍사(鴻史) 서문에서 선백(鮮白)이라 적은 것으로 미루어 보면, "날빛" 즉 "새롭고 신선한 빛"을 뜻하는 말로서 이두식으로 표기한 것이 되는데, 시위국(豺韋國)이라고도 하고 통고사국 (通古斯國, Tungus)이라고도 적는다. 여기서 시위국은 새나라(新國, 東國)를 표기 한 것이 되며, 통고사국은 후대에 불려진 동호국(東胡國)을 중국어식 발음인 "둥후 스(Tung-hus)"를 음차(音借)하여 적은 것이 되는데, 새(新, 東), 동(東)을 포함하는 명칭이 된다.

선비는 옛 한국(桓國)의 12한국 중의 하나로서 배달나라와 조선(朝鮮)을 거치면

---

416) 전계 한단고기 〈단군세기〉, 92쪽 참조

417) 대부는 공후백자남 등의 제후 아래에 해당하는 작위이다. 방 20리에 봉해지는 남작(男爵)과 지방봉작 중 최하 봉작인, 방 10리의 영역을 가지는 읍차(邑借) 사이에 해당하는 것으로 가늠 된 다. 공장(公爵)은 방 100리 즉 지름 40km의 영역을 가지는 제후로서 땅의 넓이로 보면 지금의 군수(郡守)격에 해당한다.

서 별도로 봉해지지 않고 세습자치(世襲自治)로 나라를 이어왔으며, 단군조선 때 선비의 남쪽 땅에 제후의 아래인 대부(大夫)에 해당하는 대인(大人)을 봉하였던 것이 된다.

2) 강역

선비(鮮卑)는 북쪽으로는 몽골(몽고리)과 접하고, 동쪽으로는 구려(句麗)와 접하며, 남쪽으로는 흉노(匈奴)와 접하고 서쪽으로는 돌궐(突厥, Turk)의 선대인 견이(畎夷)와 접한 것이 된다.

이리하여 선비는 내몽골의 서부에 해당하고 고비사막의 동북쪽, 몽골고원의 남동쪽에 위치한 것이 되는데, 남선비는 이 선비의 남부지역이 되는 것이다.

3) 후대의 역사

서기전 7세경부터 흉노가 세력을 떨치던 때는 흉노에 속하기도 한 것이 되고, 이후 구려(句麗)와 번조선 땅으로 이동하는 등 하여 선비족(鮮卑族)의 나라를 세운 것이 되며, 서기 7세기경부터는 돌궐에 속한 것이 된다.

선비족의 왕이던 단석괴(檀石槐)는 성씨가 단씨(檀氏)로서 단군조선의 후예임을 나타내는 것이 되는데, 아마도 서기전 1622년에 남선비(南鮮卑)에 대인(大人)으로 봉해졌던 대심(代心)의 후예이거나 스스로 단군조선의 후예임을 내세운 성씨가 될 것이다.

단군조선의 제후국에 해당하는 남선비의 후예의 역사는 통칭 선비의 역사로 포함될 것인 바, 고구려 중기인 서기 400년경까지 선비족의 역사가 존속된 것으로 보면 서기전 1622년부터 약 2,000년의 역사를 가지는 것이 되며, 남선비 이전에 존속하던 선비의 역사와 통합하면 서기전 5000년경부터 약 5,400년의 역사를 가지는 것이 된다.

(15) 낙랑(樂浪)-낙랑홀(樂浪忽)

1) 시조 및 연혁

낙랑국(樂浪國)의 시조는 단군조선 천왕족인 고불가(固弗加)이다. 즉 서기전 1237년에 제23대 아홀(阿忽) 천왕이 숙부(叔父) 고불가를 봉한 나라로서[418] 천군국(天君國)에 해당한다.

낙랑(樂浪)이라는 말은 물결치는 강이 있는 땅으로 풍족한 곳임을 나타내는 것이 되는데, 실제 위치상으로 패수(浿水)가 되는 지금의 난하(灤河)의 동서지역에 걸친 군(郡) 단위 크기의 나라가 된다.

낙랑홀(樂浪忽)의 홀(忽)은 고을을 뜻하는 말이 되는데, 지금의 군(郡) 단위 크기에 해당하는 땅이 되고, 단군조선 시대에는 군(君)에 해당하는 임금이 다스린 것이 된다. 군(郡)이라는 글자가 군(君)이 다스리는 땅을 나타내는 것이 된다.

2) 강역

낙랑국은 발해만 북쪽 지역에 소재하였는데, 구려(句麗)와 번한(番韓) 사이에 위치한 것이 되는 바, 즉 북쪽으로는 구려(句麗)에 접하고, 남쪽으로는 번한(番韓) 직할지에 접한 것이 된다.

낙랑의 중심지는 패수(浿水, 난하) 중류 지역으로서, 서쪽에 소재한 고하(沽河)의 동쪽에 위치하고, 동쪽으로는 패수(浿水) 건너에 있는 상하운장(上下雲障)의 서쪽에 위치한 것이 된다.

한편, 서기전 281년경에 연나라 진개가 번조선과 경계를 삼은 곳이 되는 만번한(滿番汗)은 고하(沽河)와 패수(浿水) 사이에 위치한 것이 되는데, 낙랑에서 보면 남서쪽에 있는 것이 된다.

여기 낙랑(홀)이 서기전 108년에 소위 한사군(漢四郡)의 낙랑군(樂浪郡)이 되었

---

418) 전게 한단고기 〈단군세기〉, 101쪽 참조

는데, 낙랑이라는 명칭은 원래 있었던 단군조선의 지명에서 나온 것이 된다. 또, 한사군에 속하는 임둔군(臨屯郡)은 낙랑군의 동쪽으로 진번군의 남쪽에 위치하는데, 지금의 요하 서편으로 발해만 유역에 위치한 것이 된다. 진번군(眞番郡)은 원래 단군조선의 진번국(眞番國) 자리가 되며, 이

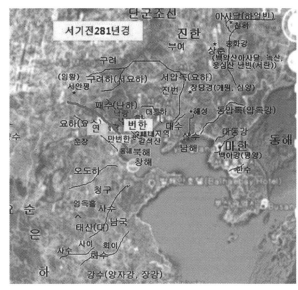

서기전281년경 국경

진번군의 남쪽 발해만 유역에 임둔군이 위치한 것이 된다. 현토군(玄兎郡)은 낙랑군의 서북쪽에 위치한 것이 되고, 구려국 땅의 중남부지역이 된다.

소위 한사군은 요동반도 서쪽에 모두 있었던 것이 되고, 그 군(郡)의 명칭도 원래 있었던 단군조선의 지명, 국명에서 나온 것이 된다.

3) 후대의 역사

낙랑국(樂浪國)은 단군조선 후기의 초기가 되는 서기전 1237년에 시작되어 내려왔으며, 번조선(番朝鮮) 말기인 서기전 195년에 낙랑 출신의 최숭(崔崇)이 배에 보물을 가득 싣고 떠나 마한(馬韓)의 수도인 대동강의 왕검성에 도착하여 나라를 열어 낙랑이라 하였던 것이 되는데, 이 최씨의 평양 낙랑국은 서기 37년에 고구려 제3대 대무신열제(大武神烈帝)에게 망하였다. 단군조선의 낙랑국은 서기전 1237년부터 서기전 195년까지 약 1,040년간 존속한 것이 된다.

서기전 194년에 번조선(番朝鮮)을 차지한 위만(衛滿)의 위씨조선(衛氏朝鮮)은 이후 낙랑, 진번, 임둔, 현도 등을 침공하였으며, 심지어 서기전 118년에는 서압록

인 지금의 서요하를 건너 해성(海城)의 이북 50리까지 차지하기도 하였다가 서기 전 115년에 패퇴되어 물러갔던 것이다.

서기전 108년에 위씨조선이 한(漢) 나라에 망할 때, 번조선(番朝鮮)과 진번(眞番), 임둔(臨屯), 낙랑(樂浪), 현토(玄兎)의 땅이 함께 한(漢) 나라가 차지하는 바 되어 소위 한사군이 설치된 것으로 되는데, 이때 북부여 졸본의 고두막한(高豆莫汗)이 동명(東明)이라 칭하며 의병을 일으켜 북부여의 부흥(復興)을 꾀하여 한(漢) 나라 도적들과 전쟁을 벌이니, 소위 한사군 땅의 백성들이 호응하여 들고 일어나, 이에 한사군은 유명무실하게 토착인 자치제로 시행되었던 것이 된다.

고대중국의 기록에서는 서기전 108년에 낙랑군이 설치되고 서기전 107년에 현토군이 설치되었다 하면서 진번군과 임둔군에 관하여는 설치연도에 관한 명백한 기록이 없는데, 낙랑군과 같은 해에 설치된 것으로 간주하고 있는 것이 된다. 이후 서기전 82년에 진번군과 임둔군을 낙랑군에 합쳤다고 기록하고 있으나, 이는 진번군과 임둔군이 고두막한(高豆莫汗)의 북부여에 접수된 것을 윤색날조한 것이 된다.

이후 소위 사군(四郡)은 고구려와의 격전지(激戰地)가 되어 북중국(北中國)의 영역과 고구려(高句麗)의 서쪽 영역으로서, 상호간 동서로 밀고 밀리는 상황을 겪으면서, 서기 313년 고구려의 제15대 미천제(美川帝)가, 북중국의 낙랑군(樂浪郡)과 서기 204년에 공손강이 낙랑군을 나누어 그 남방에 설치하였던 대방군(帶方郡)을 완전치 축출하고 현도군을 정벌함으로써, 사군(四郡)의 역사는 이후 발해만 유역에서 완전히 사라지게 되었던 것이다.

(16) 고죽(孤竹)

1) 시조 및 연혁

고죽국(孤竹國)의 시조는 기록이 없어 불명이나, 후대에 나타나는 기록을 보건대 묵태씨(墨胎氏) 또는 묵씨(墨氏)가 확실하다.

고죽국은 서기전 2267년경에 봉해진 것으로 추정되는데, 도산회의(塗山會議)에서 순(舜)이 서기전 2284년경에 천자(天子)로 즉위하면서 임의로 설치하였던 유주(幽州)를 폐하고 단군조선의 직할영역에 편입시키면서 고죽국을 봉한 것으로 된다.

고죽국은 최소한 서기전 1766년 이전에 이미 단군조선의 제후국이었던 것으로 기록되고 있으며, 고죽국의 임금이 군(君)으로 기록되는 것으로 보아, 일반 제후가 아닌 군(君)이 봉해진 것이 확실한 바, 아마도 단군천왕의 아우나 아들 아니면 공(功)을 세운 인물이 봉해진 것이 될 것이다.

또는, 고국죽의 왕족의 성씨에 검을 흑(黑)이라는 글자를 가지는 묵(墨)이 들어 있는 것으로 보아, 서기전 7197년경 남방의 인도지역으로 분거하였던 흑소씨(黑巢氏)의 일파로 보이는 현족(玄族), 즉 흑수(黑水)가 되는 흑룡강 유역에 정착하였던 현이(玄夷)의 출신이 봉해진 것으로 보이기도 한다. 아니면, 글씨를 쓰는 용구인 먹(墨)을 제조하던 전문가 집안의 출신일 가능성도 배제할 수 없다.

서기전 1766년에 번한(番韓) 소전(少佺)이 묵태(墨胎)를 보내어 은탕(殷湯)의 즉위를 축하하였다고 기록되는데, 이 묵태가 곧 고죽국의 임금인 고죽군(孤竹君)이 되는 것이며, 후대에 백가(百家)의 한 사람인 묵자(墨子)는 고죽국의 후예가 되는 셈이다.

2) 고죽(孤竹)의 뜻

고죽(孤竹)이라는 말은 외로운 대나무가 아니라, "곧대" 즉 "곧은 대나무"라는 말을 이두식으로 표기한 것이 되며, 곧은 "대나무와 같은 곧은 절개"를 나타내는 글자가 된다. 고대중국 역사에서 나타나는 고죽군(孤竹君)의 아들 백이(伯夷)와 숙제(叔弟)가 주무왕(周武王)에게 효충(孝忠)에 관하여 설파한 것은 곧은 절개(節槪), 의(義)와 무관하지 않다.

산동지역에 있었던 래이(萊夷)가 즉묵(卽墨)의 후예라고 하는데, 이 즉묵은 곧 절묵(節墨)이고, 절묵은 죽즉묵(竹卽墨)이며 이는 절개, 묵씨를 나타낸 글자가 되어, 고죽(孤竹)의 묵씨(墨氏)임을 나타낸 것이 된다. 즉 래이(萊夷)는 고죽국의 후예가 되는데, 고죽국의 위치로 보아 전성기 때 산동지역에 진출한 것인지 아니면 연(燕)나라와 제(齊)나라에 망한 고죽국의 후예들이 산동지역에 이동한 것인지가 분명치는 않다. 다만, 절묵이 고죽국의 유민(遺民)들의 나라라면 서기전 650년경 제(齊)나라 환공(桓公) 시대에 망한 고죽국의 백성들이 제나라에 의하여 이주하였을 가능성이 농후한 것이 된다.

3) 강역

고죽국(孤竹國)은 대요수(大遼水)인 지금의 영정하(永定河) 중하류와 유수(濡水)가 되는 지금의 탁수(涿水)지역을 중심으로 한 나라가 되는데, 동쪽의 바다는 발해만으로서 동해(東海)라 하며, 동쪽으로는 번한(番韓)과 접하고, 멀리 북동쪽에는 낙랑이 위치하며, 서쪽으로는 은(殷) 왕족 기자(箕子)가 망명하여 정착한 태항산(太行山) 서쪽의 서화(西華)에 접하고, 남쪽으로는 연(燕)나라에 접하며, 북쪽으로는 구려(句麗)와 접하는 것이 된다.

한편, 서기전 665년에 제환공(齊桓公)[419]이 정벌하였다는 영지(令支)와 서기전 651년에 제환공이 산융의 침공을 받은 후 정벌하였다는 이지(離支)는, 단군조선의 번한(番韓) 요중(遼中) 12성(城)의 하나인 영지성(永支城)을 가리키는 것이 되며, 고죽국의 수도에서 보면 북서쪽에 위치하였던 것이 되는데, 영지성(永支城)이 유수(濡水)가 되는 지금의 탁수(涿水)의 최상류에 위치한 것이 되고, 고죽국의 수도는 영지성의 남동쪽에 있는 것이 되어 탁수의 중하류 지역에 소재하였던 것이 된다.

4) 후대의 역사

고죽국은 서기전 665년경에 제(齊)나라와 연(燕)나라의 침공을 받은 적이 있고,

---

419) 주나라 춘추시대 첫 패자였던 제나라 환공과 관련된 단군조선의 제후국인 구려, 고죽, 기후국 역사를 심도 있게 고찰하여 정립하는 것이 필요하다.

서기전 651년에도 제나라와 연나라의 침공을 받은 바 있는데, 아마도 서기전 650년경에 연나라와 제나라의 침공으로 연나라에 병합된 것으로 추정된다. 이로써 고죽국은 서기전 2267년경부터 서기전 650년경까지 최소한 1,600년 이상의 역사를 가지는 나라가 된다.

고죽국이 망한 후에는 고죽국의 백성들이 동쪽으로 이주하여 번조선(番朝鮮)이나 진조선(眞朝鮮) 또는 마조선(馬朝鮮)까지 들어가 산 것이 된다. 특히 번조선 땅에 출토되는 고죽방정(孤竹方鼎)은 고죽국의 왕족 등 지배층이 나라가 망한 때 동쪽으로 이주하면서 가져온 것이 될 것이다.

또, 고죽국의 유민(遺民)으로서 남방으로 이주한 사람들은 중국내륙의 동이(東夷)로서 내륙8이에 속하는 산동지역의 래이(萊夷)가 된 것으로도 추정된다. 래이(萊夷)가 역사에 등장하는 시기를 연구하면 고죽국의 유민(遺民)의 나라인지, 아니면 고죽국의 분국(分國)인지 또는 청구국(靑邱國)의 분국인지 알 수 있을 것이다. 고대중국의 기록으로 보면 고죽국의 유민이 세운 나라가 아니라, 강성할 때 본국의 인접지역에 세워진 분국일 가능성이 많다고 보인다.

(17) 여(黎)

1) 시조 및 연혁

단군조선 시대에 세워진 여국(黎國)의 시조는 여파달(黎巴達)이다. 즉 서기전 1266년에 남국(藍國)이 강성하여 고죽국(孤竹國)과 함께 은(殷)나라를 정벌할 때, 진조선(眞朝鮮)에서 한편으로 여파달로 하여금 병사를 나누어 진격하도록 하여 빈(邠), 기(岐)의 땅에 웅거하도록 하였던 것이며, 그곳에서 유민(遺民)들과 단결하여 나라를 세우게 하여 서융(西戎)과 함께 은나라 제후들 사이를 차지하도록 하였던 제후국으로서[420], 천후국(天侯國)이 된다.

---

420) 전게 한단고기 〈단군세기〉, 100쪽 참조

원래 여(黎)라는 성씨의 시조는 웅녀군(熊女君)의 후손인데, 서기전 2800년경 단허(檀墟)에 봉함을 받아 왕검(王儉, 임금)의 직을 지냈다고 기록되고 있다. 단허(檀墟)는 배달나라의 마을(里), 부락(部落), 고을(邑郡), 벌(原) 등을 가리킨다. 단군왕검도 처음에는 배달나라의 단허(檀墟)를 다스리던 단군(檀君)으로서 천군(天君)이었는데, 크게 신망을 얻어 14세 때 웅씨국(熊氏國)인 단웅국(檀熊國, 후기 염제 신농국)의 비왕(裨王)이 되었다가, 외조부가 되는 단웅국의 제5대 홍제(洪帝)가 요(堯)임금과의 전쟁 중에 붕하므로, 단군왕검이 단웅국과 배달나라를 계승하여 구한을 통일하고 조선을 개국하였던 것이다.

2) 강역

여국(黎國)이 차지하였던 빈(邠), 기(岐)의 땅은 소위 서이(西夷)의 땅이며, 후대 은(殷)나라 제후국으로서 서백(西伯)의 나라였던 주(周) 나라의 중요 발상지이기도 하다.

빈, 기의 땅은 견이(畎夷) 즉 견융(犬戎) 지역이기도 한데, 주나라 춘추시대 이후 백이(白夷=西夷)와 견이(畎夷)를 싸잡아 서융(西戎)이라고도 적기도 하는 것이 된다.

원래 주(周) 나라가 서이(徐夷)의 땅이며, 주문왕과 주무왕이 곧 서이(西夷) 출신이 된다. 이후 주나라가 은나라를 멸하고 춘추시대 이후 중화(中華), 중국(中國)이라 자처하면서 단군조선의 본국이 있는 동쪽지역과 중국내륙의 동쪽의 단군조선 제후국을 동이(東夷)라 하고 ,서쪽의 서이(西夷)를 서융(西戎), 북쪽의 황이(黃夷, 北夷, 北戎)를 북적(北狄), 남쪽의 적이(赤夷)을 남만(南蠻)이라 나누어 불렀던 것이다.

3) 여씨(黎氏)의 나라

서기전 2800년경 배달나라 시대에 웅녀군의 후손 중 여(黎)라는 사람이 단허(檀墟)에 봉해져 여씨는 웅족(熊族)이 되는 것이며, 서기전 1285년에 여원흥이 마한

(馬韓)에 봉해진 이후 여씨가 줄곧 마한(馬韓), 마조선왕(馬朝鮮王)이 되었던 것이다. 또 서기전 1266년에 여파달(黎巴達)이 빈기(邠岐)의 땅에 세워진 여국(黎國)의 시조가 된 것이다.

(18) 엄(淹, 엄독홀)

1) 시조 및 연혁

단군조선 시대의 엄국(淹國) 또는 엄독홀(奄瀆忽)의 시조는 불명이나, 후기 단군조선 시대의 엄국의 시조는 포고씨(蒲古氏)이다. 즉 서기전 1236년에 남국(藍國), 청구(靑邱), 구려(句麗), 몽고리(蒙古里)의 연합군이 은(殷)나라를 정벌하면서 회대(淮岱)의 땅을 평정하고서 서국(徐國)과 회국(淮國)을 봉할 때 포고씨를 엄국에 봉하였던 것인데[421], 단군조선의 천후국(天侯國)이 된다. 이때 은나라의 왕은 제23대 조경(祖庚:서기전 1266년~서기전 1260년)이다.

엄(淹)은 엄독(奄瀆)을 가리키는 말이 되는데, 서기전 1236년에 엄국이 봉해지기 전에 이미 엄독홀(奄瀆忽)이라는 지명 또는 국명이 있는 것으로 보아 단군조선 전기에 엄독홀이라는 나라가 있어 낙랑홀처럼 천왕족이 특별히 다스렸던 것이 분명하다.

2) 강역 및 역사

엄국(淹國)은 엄독홀(奄瀆忽) 자리이자 중국내륙 동쪽에 위치한 태산(泰山)의 서쪽지역에 봉해졌던 것이 되며, 남국(藍國)의 북쪽이자 청구(靑邱)의 서쪽에 위치한 것이 되고, 서쪽으로는 은나라와 접한 것이 된다. 태산은 서기전 2267년 이래로 천제(天祭)가 행해지던 곳이며, 고대중국 주나라 이후 진(秦)나라와 한(漢)나라에 이르기까지 봉선(封禪)이 행해지던 곳이다.

---

421) 전게 한단고기 〈단군세기〉, 101쪽 참조

은나라가 망하고 주나라가 된 후 서기전 909년 이후에 언젠가 태산을 포함한 엄국의 땅이 주나라의 제후국인 노(魯)나라 또는 제(齊)나라에 속한 땅이 되었던 것이 된다. 엄국(淹國)은 중국내륙 8이의 하나인 엄이(奄夷, 淹夷)라고 불리기도 한다.

(19) 서(徐)

1) 시조 및 연혁

서국(徐國)의 시조는 영고씨(寧古氏)이다. 즉 서기전 1236년에 엄국(淹國)과 회국(淮國)을 봉할 때 영고씨(寧古氏)로써 봉한 나라이며, 천후국(天侯國)이 된다.

2) 강역

서국(徐國)은 지금의 산동지역의 남부에 위치한 서주(徐州) 부근을 중심으로 하는 지역이 될 것인데, 북쪽으로는 남국(藍國)에 접하고, 남쪽으로는 회국(淮國)에 접하며, 서쪽으로는 은(殷)나라에 접하였던 것이 된다.

서국의 전성기였던 서기전 980년경 서언왕(徐偃王) 때는 주(周) 나라를 압박하여 황하까지 이르러 영역을 축소시키고 36국(國)을 거느린, 동방(東方), 동이(東夷)의 맹주(盟主)로서 500리(里)의 대국이었으며, 서기전 680년경 초(楚)나라의 문왕(文王)에게 정벌을 당한 때 서산(徐山)으로 수도를 옮기고 영역이 축소되었던 것이 된다.

3) 역사

서국(徐國)은 서기전 1236년에 봉해지고, 서기전 980년경에 전성기를 누렸으며, 서기전 680년경에 초(楚)나라 문왕(文王)에게 정벌을 당하여 수도를 함락 당하였고, 서기전 668년에는 제(齊)나라에 병합되었다가 독립을 하였으며, 서기전 530년에 초나라에 정벌을 당하였다가 다시 서기전 526년에는 제나라에게 정벌을 당하였으며, 서기전 512년에 오나라에 결국 망함으로써 725년의 역사를 가진다.

서국은 중국내륙 8이의 하나로서 서이(徐夷)라고 불린다. 고대중국의 주나라 역사에서, 종주(宗周)와 종주(宗主)를 다투었던 그 유명한 서언왕(徐偃王) 나라인 서국(徐國)에 대하여는 뒤에서 군후국(君侯國)의 편을 나누어 좀더 상세하게 살펴보기로 한다.

(20) 회(淮)

1) 시조 및 연혁

회국(淮國)의 시조는 방고씨(邦古氏)이다. 즉 단군조선 제23대 아홀(阿忽) 천왕 때인 서기전 1236년에 엄국(淹國)과 서국(徐國)을 봉할 때 방고씨(邦古氏)를 회수(淮水)지역에 봉한 나라로서[422] 천후국(天侯國)이 된다.

회(淮)는 회수(淮水)라는 강(江)을 가리키는데, 회국은 즉 회수지역에 위치한 나라이고, 고대중국의 역사에서는 내륙8이(夷)의 하나인 회이(淮夷)라고도 불렀다.

2) 강역

회국(淮國)의 영역은 대체적으로 회수(淮水)의 중하류 지역이 된다.

회수(淮水)는 산동지역의 남쪽에 위치하며 양자강의 북쪽과 한수(漢水)의 동쪽에 위치하며 서쪽에서 회남(淮南)을 거쳐 동쪽으로 흐르는 큰 강이다. 이 회수와 산동의 태산 사이에 있는 땅을 회대(淮岱)지역이라고 한다.

회국(淮國)의 북쪽에는 서국(徐國)이 위치하였고, 남쪽으로 양자강 유역에는 주나라 시대에 남만(南蠻)이라 불렸던 적족(赤族) 즉 적이(赤夷)가 자치를 행하고 있었던 것이며, 서쪽으로는 은나라가 위치하였다.

단군조선 초기에 회수(淮水)의 하류지역에 도산(塗山)이라는 곳이 있었으며, 이곳에서 서기전 2267년에 치수(治水)와 관련하여 도산회의(塗山會議)가 열렸는데,

---

422) 전게 한단고기 〈단군세기〉, 101쪽 참조

이때 단군조선의 사자(使者)였던 태자 부루(太子扶婁)가 회의를 주관(主管)하여 치수법(治水法)을 우순(虞舜)의 신하였던 사공(司空) 우(禹)에게 전수(傳授)하여 주고, 치수와 관련한 전권(專權)을 부여하였는바, 이에 우는 아버지 곤이 9년, 자신이 13년으로 합22년이나 마무리하지 못하였던 치수에 성공하게 되었던 것이다.

3) 역사

회국(淮國)은 서기전 1236년에 봉해지고 서기전 221년경에 진시황의 진(秦)나라에 망함으로써 약 1,016년의 역사를 가지며, 중국내륙의 동쪽 지역에 서국(徐國)과 더불어 내륙8이(夷)의 하나로 불리면서, 대표적인 동이국(東夷國)으로 존속하였던 것이 된다.

(21) 신도(神島)-제주(濟州)

1) 시조 및 연혁

신도(제주)의 시조는 단군조선 제23대 아홀천왕의 아들로 서기전 1237년경에 봉해진 을나(乙那)이다. 제주고씨 족보에서 시조로 나오는 고을나(高乙那)인 것이며, 천왕의 아들이므로 천군(天君)이 된다.

신도(神島)란 신성(神聖)한 섬이란 뜻이다. 고을나를 신도후로 봉하였다는 말은 신도의 제후로 봉했다는 것이고, 제후는 지방의 왕이란 뜻이다.

고을나가 신도후로 봉해지기 이전에 이미 단군조선의 제후로서 봉해진 인물이 있었다고 보아야 한다. 왜냐하면 서기전 1286년에 색불루단군이 고씨 단군조선을 시작하여 여러 제후국에 종실인 고씨 인물을 봉한 것으로 보아야 하기 때문이다. 즉, 신도(제주)에도 고씨 인물로 다시 제후로 봉해진 것으로 된다.

2) 강역

신도후의 관할지역은 지금의 제주도(濟州道) 지역이다.

---

3) 후대의 역사

제주에는 고량부(高良夫)의 삼성혈(三姓穴) 전설이 있는바, 고을나는 위와 같이 서기전 1237년경에 봉해진 단군조선의 종실이 되고, 량을나는 고을나가 거느리고 온 신하로 추정되며, 부을나는 이때 따라온 일반 백성으로 추정된다.

물론 후대에 고구려 사람들이 이곳에 건너와 정착하였을 가능성도 있고 그 후에는 백제가 점령하여 관할하였으며, 신라가 백제를 병합한 후에는 신라가 다스린 것이 되고 이때 량(良)을 양(梁)으로 사성(賜姓)한 것이 된다.

특히 부씨는 고구려에 망한 동부여의 후예일 가능성도 있다. 원래 동부여왕 해부루는 북부여 단군천왕이었는데 서기전 86년에 졸본의 한(汗)이었던 동명왕(東明王) 고두막(高豆莫)에게 북부여 수도(常春)를 내어주고 지금의 길림지역인 분릉(동부여)으로 쫓겨나 동부여왕(동부여후)으로 불렸으며, 이후 서기 22년에 고구려 대무신열제에게 망하여 흩어졌던 것이 된다. 일부는 갈사(葛思)를 차지하여 서기 68년까지 3대 47년간 다스리다 고구려에 병합되어 혼춘(琿春)에 동부여후로 봉해지고, 일부는 고구려의 서부인 연나부(椽那部) 낙씨(絡氏)로 안치(安置)[423]되었다가 부여(夫餘)로 불리면서 서기 494년 문자열제 때 고구려 연나부에 완전히 편입되어 망하였다.

(22) 기후국(箕侯國)

1) 시조 및 연혁

기후국(箕侯國)의 시조는 은(殷) 왕족 출신으로서 망명자인 기자(箕子)[424]이다.

---

423) 이 연나부 낙씨 동부여는 역사서에 그냥 부여(夫餘)로 기록되며 고구려 서쪽지역으로부터 연(燕)에 가까운 백랑곡(白狼谷)으로 옮겨가 고구려와 한(漢) 나라 사이에 나라를 차지하고서 양국을 저울질하여 한(漢)과는 친밀하게 지내고 고구려와는 대치하기도 하였으며 모용씨의 침략을 받아 절멸할 지경에 이르기도 하였는데 서기 22년부터 서기 494년까지 약 473년간 존속하였다. 한(漢) 나라는 이 부여왕의 사후에 시체에 입힐 황금옥갑(黃金玉甲)을 만들었다라고 기록된다.

즉, 서기전 1122년에 은나라가 주(周) 나라에 망하자 은나라의 마지막 왕이던 주왕(紂王)의 숙부인 기자가 서기전 1120년에 패잔병 5,000명을 이끌고 단군조선 땅이던 태항산(太行山) 서쪽의 서화(西華)지역으로 피하여 단군조선의 제후국인 기후국(箕侯國)의 시조가 되었던 것이다. 이 기후국 시조 기자(箕子)의 후손인 기자족(箕子族)을 수유족(須臾族)이라고도 부른다. 수유라는 말은 소리가 유사한 기자의 이름인 서여(胥餘)에서 나온 것이 될 것이다.[425]

기자(箕子)라는 말은 기(箕) 땅의 자작(子爵)이라는 말이며, 원래 은나라의 제후국으로서 하남성 지역의 황하 유역에 있었다가, 은나라가 망하자 기자가 주나라의 신하가 되지 않고 단군조선 영역으로 피하여 단군조선의 신하가 되었던 것이며, 이 기자(箕子)의 나라가 곧 기후국(箕侯國)이 되는 것이다.

기후(箕侯)라는 명칭은 기자(箕子)라는 제후를 가리키는 일반칭이거나, 자작에서 승격된 후작(侯爵)이 될 것인데, 아마도 단군조선에 망명함으로서 기후(箕侯)로 승격된 것으로 보인다.

은나라는 단군조선의 천하 제후국이 되는 천자국(天子國)이므로, 은나라의 제후의 하나인 기자(箕子)는 일반 제후인 자작(子爵)이 되며, 서기전 1120년경 단군조선 본국에 망명을 함으로 인하여 단군조선의 제후가 되어 천후국(天侯國)에 해당하는 것이 되는데, 상국(上國)인 단군조선에 망명하여 제후가 되어 사실상 한 단계 위의 천후국(天侯國)이 된 은 기자(箕子)를 천자국(天子國)인 주(周) 나라가 조선(朝鮮)에 봉하였다라는 고대중국의 기록은 모두 위계질서에도 반하여 어불성설이며 망발에 불과한 것이 된다.

---

424) 소위 기자동래의 역사가 과연 주나라와 어떠한 관련이 있는지, 특히 기자를 조선에 봉하였다라는 기록이 역사적으로 정확한 것인지 또는 무엇을 의미하는지 등 고대중국이 은기자와 관련하여 기록한 내용을 역사 사실적으로 연구하여 명확히 그 진실을 밝힐 필요가 있다.

425) 오주연문장전산고(五洲衍文長箋散稿)에 의하면 《유주집》주(注)에 기자의 이름이 수유(須臾)라고 적고 있다. 즉 수유는 곧 서여(胥餘)인 것이다.

통칭 천후(天侯)의 위계(位階)는 천공(天公), 천후(天侯), 천백(天伯), 천자(天子), 천남(天男)의 순이 된다. 즉 천자(天子)의 나라인 주(周) 나라가 천후(天侯)의 나라가 되는 기후국(箕侯國)을 봉한다는 것은 위계질서에도 맞지 아니한 것이며, 천왕(天王)의 나라인 단군조선(檀君朝鮮)이 기후국(箕侯國)을 봉(封)하거나 인정(認定)한 것이 된다.

은(殷) 기자는 단군조선에 망명한 이후 사사(士師)이던 일토산(一土山) 사람 왕수긍(王受兢)으로 하여금 단군조선의 삼일신고(三一神誥)를 박달나무판에 새겨 달라 하여 읽었다라고 전하는 바, 서기전 2333년경에 새긴 청석본(靑石本) 삼일신고는 북부여로 전승(傳承)되었고, 단목본(檀木本) 삼일신고는 기후국(箕侯國)에서 번조선(番朝鮮)으로 전승되었다가 서기전 194년 이후 위씨조선(衛氏朝鮮)에 전승되었으나, 모두 병란 중에 잃었다라고 한다.

2) 강역

단군조선의 제후국인 기후국(箕侯國)은 태항산(太行山) 서쪽 지역에 위치하여, 동쪽으로는 태항산 동쪽에 고죽국(孤竹國)이 소재하고, 서쪽으로는 오르도스 지역에 흉노(匈奴)가 소재하며, 남쪽으로는 태원(太原) 이남에 주(周) 나라가 위치하고, 북쪽으로는 대동(大同) 이북에 구려(句麗)가 위치하고 있었던 것이 된다.

3) 역사

서기전 1120년에 단군조선 영역에 망명하여 단군조선의 제후국으로 존속하다가, 서기전 650년경에 연(燕)나라와 제(齊)나라의 연합군에 망한 것으로 추정되는데, 약 470년의 역사를 가지는 것이 된다.

단군조선 제36대 매륵(買勒) 천왕 때인 서기전 665년에 제나라가 고죽국(孤竹國)과 영지국(永支國)을 침공하였던 사실이 있는데, 이에 대하여 서기전 653년에 단군조선이 기후국(箕侯國, 수유국)과 함께 연(燕)나라를 정벌하였던 것이 되고, 이에 연(燕)나라가 제(齊)나라에 위급함을 알려 제나라가 군사를 크게 일으켜 고죽(孤竹)에 쳐들어 왔던 것이며, 이때 연제(燕齊)의 군사가 우리의 복병(伏兵)에 걸려 이기지 못하고 화해를 구하고 물러갔는바, 이후 서기전 651년에 제나라가 군사를 일으켜 고죽국(孤竹國)과 영지국(永支國, 단군조선의 永支城)과 산융(山戎)을 침공하였던 것이고, 이때 고죽국과 기후국이 망하였던 것으로 보인다.

고죽국, 영지국, 산융이라는 국명 또는 지명 외에 수만(郪瞞)이라는 명칭이 보이는데, 이 수만이 수유와 관련된 용어가 아닌지 연구해 볼 여지가 있다고 본다.

서기전 651년경 기후국이 연나라와 제나라의 침공으로 망하자 기후(箕侯) 자서여(子胥餘)의 장손족은 동쪽의 번조선(番朝鮮) 땅으로 이동한 것이 되는데 서기전 323년에 기후의 먼 후손인 읍차(邑借) 기후(箕詡)가 번조선왕이 되어 이후 대를 이어 서기전 194년까지 존속하였던 것이며, 기후(箕侯) 자서여(子胥餘)의 차손족은 후대에 선우중산국(鮮于中山國)을 세웠던 것이 되고, 선우중산국은 서기전 415년에 무공이 즉위하였는데 위치는 서기전 403년에 시작되었다고 기록된 전국(戰國)시대에 조(趙)나라와 연(燕)나라 사이에 소재한 나라였으며 서기전 296년 조(趙)나라의 무령왕(武寧王)에게 망하였던 것이다.

흉노(匈奴)의 왕을 선우(禪于, 禪虞, 鮮于)라 하는 경우가 있는데, 이는 아마도 기후족의 후손인 선우씨(鮮于氏)가 흉노에 들어가 왕이 된 것과 관련이 있는 것으로 보인다. 흉노의 왕에는 김씨(金氏)도 있었는데, 서기전 121년에 한무제(漢武帝)에게 항복하였던 휴도왕(休屠王)의 아들인 김일제(金日磾)가 바로 김씨였다.

4) 기씨(箕氏)의 나라 후삼한의 마한(馬韓)

서기전 194년 발해만 유역에 있던 번조선(番朝鮮)의 왕 기준(箕準)이 위만(衛滿)에게 속아 나라를 빼앗기고[426], 배를 타고 마한(馬韓) 땅이던 한반도의 평양에 도

---

426) 전계 한단고기 〈북부여기 상〉, 129~130쪽 참조

착하였다가, 토착인들의 저항에 부딪혀 다시 남하하여 금마(金馬)에 이르러 정착하여 마한왕(馬韓王)이라 칭하였다.

원래 단군조선의 마한 땅인 지금의 한반도는 서기전 323년 이후에 마한(마조선)이 망하고, 서기전 195년에 발해만 유역의 낙랑홀(樂浪忽)에서 이동해온 최숭(崔崇)이 대동강 평양(백아강)을 중심으로 낙랑국(樂浪國)을 열었고, 서기전 209년에는 단군조선의 진조선(眞朝鮮)과 번조선(番朝鮮) 땅에서 동으로 남으로 이동하여 온 단군조선의 유민(遺民)들이 한반도 남부의 동쪽과 남쪽에 자리 잡고서 진한(辰韓)과 변한(弁韓)을 세웠는데, 소백손(蘇伯孫, 일명 蘇伯琳이라고도 함)이라는 사람이 서라벌(경주)에 진한을 세웠던 것이고, 변한의 건국자는 불명이다.

마한의 기준왕은 서기전 193년에 붕하고, 번조선의 상장(上將)이던 기탁(箕卓)이 기준왕을 이어 제2대 마한왕이 되었으며, 이후 후삼한의 진왕(辰王)이 되어 진한(辰韓)과 변한(弁韓)을 통솔하였던 것이 된다. 제2대 탁왕은 번조선의 상장(上將)으로서 기씨(箕氏)가 되며 기준왕(箕準王)의 아들로 추정되는데, 번조선이 망하자 무리를 이끌고 한반도 월지(月支)로 이동하여 소위 중마한(中馬韓)을 세웠다가, 금마(金馬)에 세워진 마한왕 기준(箕準)이 붕하자 마한의 대를 이은 것이 된다.

후삼한 마한의 제9대왕인 계왕(稽王)이 서기전 18년에 온조(溫祚)에게 한강(漢江) 유역을 떼어 주어 나라를 세우게 하였던 것이나, 서기 9년 제10대 학왕(學王) 때 오히려 백제(百濟)에게 망하였는데, 마한이 망할 당시에 마한왕 기씨(箕氏)의 아들들이 각 기(奇)씨, 선우(鮮于)씨, 한(韓)씨의 시조가 되었다 한다. 원래의 성씨인 기씨(箕氏)도 지금까지 내려오는 것은 물론이다.

즉, 후삼한의 마한을 세운 기준왕(箕準王)의 7세손이라 하는 기훈(箕勳)은 실제 제8대왕으로서 원왕(元王)이라 하는데, 기훈의 세 아들 중 우성(友誠)은 덕양기씨(德陽奇氏) 즉 행주기씨(幸州奇氏)의 시조가 되고, 우량(友諒)은 상당한씨(上黨韓氏) 즉 청주한씨(淸州韓氏)의 시조가 되고, 우평(友平)은 북원선우씨(北原鮮于氏)의 시조가 되었다 한다. 또는 원왕(元王)의 아들 량(諒)이 선우씨(鮮于氏)의 시조가 되었다라고도 한다.

한편, 기후국(箕侯國)의 땅이던 태원(太原)을 본관으로 하는 태원 선우씨가 있는데, 시조가 되는 중(仲)은 단군조선 기후국(箕侯國)국 시조 자서여(子胥餘)의 둘째 아들이 되며, 우(于)라는 땅에 봉해져 조선(朝鮮)의 선(鮮)을 합하여 선우씨라고 하였다 한다. 이 태원 선우씨의 선대가 춘추전국시대에 조나라와 연나라 사이에 위치하였던 선우중산국(鮮于中山國)을 세운 것이 된다.

일부기록에서 마한이 제8대 계왕(稽王) 때 백제에게 망하였다라고 하나, 실제 서기 9년에 백제에게 망한 마한왕은 제10대 학왕(學王)이며, 서기전 16년부터 서기 9년 사이에 재위하였는바, 그 이전의 왕은 제9대 계왕(稽王)으로서 기훈의 세 아들 우성, 우량, 우평은 서기 9년 백제에게 망할 당시의 인물들로서 계왕의 아들로 추정되는 것이다.

기준왕의 마한 세계(世系)는 제1대 무강왕(武康王, 箕準 : 서기전 194년~서기전 193년), 제2대 강왕(康王, 卓 :서기전 193년~서기전 189년), 제3대 안왕(安王), 제4대 혜왕(惠王), 제5대 명왕(明王), 제6대 효왕(孝王), 제7대 양왕(襄王), 제8대 원왕(元王:서기전 58년~서기전 32년), 제9대 계왕(稽王:서기전 32년~서기전 16년), 제10대 학왕(學王:서기전 16년~서기 9년)이 된다.

한편, 기준왕을 이은 제2대 강왕인 탁(卓)이 기준왕의 아들이 아니라면, 이후의 마한왕(馬韓王)들은 탁왕의 후손이라 할 수 있는 바, 그 후손 중에서 기씨(奇氏), 한씨(韓氏), 선우씨(鮮于氏)가 나온 것으로 기록되므로, 탁(卓)의 성씨가 원래 기씨(箕氏)인 것이 되므로, 기준왕의 종실(宗室)이 되는 셈이다. 이는 북부여기에서 상장 탁(卓)이라고 이름만 적은 것은 원래 성씨인 기씨(箕氏)를 생략하여 적은 것이 될 것이다.

5) 기후국 역대기

아래 은기자 기후국의 역대기에서 왕의 시호와 재위연수와 출처로 기재된 진단

통기(震旦通紀), 위략(魏略), 운서(韻書), 동사강목(東史綱目), 숭인전비문(崇仁殿碑文), 문헌통고(文獻通考) 등의 인용문은 오주연문장전산고(五洲衍文長箋散稿)의 기자(箕子)의 사실(事實)과 분묘(墳墓)에 대한 변증에 관한 글에 설시된 것이며, 왕의 시호, 이름, 재위연수는 기씨족보(奇氏族譜)에 의한 것이 된다.

다만, 유의할 부분은 기후국(箕侯國)은 기자조선(箕子朝鮮)이라는 독립왕국이 아니라 (단군)조선의 한 제후국으로서 서기전 650년경 제환공(齊桓公)의 침략으로 고죽국(孤竹國)과 동시에 망한 것이 거의 확실한바, 각 시호 왕명은 후대에 추존한 것으로 이해하면 될 것이다.

은기자 36세손 기후(箕詡)는 번조선(番朝鮮=番韓)의 읍차(邑借) 출신으로 서기전 323년에 번한(번조선왕)이 되었고, 그 후 기준왕까지는 번한세가(番韓世家)[427]에서와 같이 실존인물로 확실하다.

마한왕 기준왕과 탁(卓)[428] 이후는 모두 마한의 왕이므로 시호가 타당한 것이 된다.

① 태조(太祖) 문성왕(文聖王) 기자(箕子) 40년(서기전 1122년 기묘년~서기전 1083년 무오년)

기씨족보의 기록에 따라 재위연수를 계산할 경우, 기자로부터 시작하는 서기전 1122년과 기준왕으로부터 시작하여 재위연수를 합산하여 나온 기자의 시작연대인 서기전 1269년(서기전 1269년~서기전 1230년)은 147년의 차이를 보이고 있어 재위연수에 오기가 있는 것이 된다.

은태사 기자는 93세(서기전 1176년 병술년~서기전 1083년 무오년)를 살았으며, 40년(서기전 1122년~서기전 1083년) 재위하였다고 한다〈震旦通紀〉. 여기서

---

427) 전게 한단고기 태백일사 삼한관경본기 번한세가 참조
428) 제2대 마한왕인 강왕(康王)이며, 기씨족보로는 42세손이다.

은기자의 재위연수는 은나라가 망하고 주나라가 시작된 서기전 1122년 기묘년을 기준으로 한 것이 된다.

실제 자서여가 기(箕)에 봉해진 연도를 기준으로 한다면 즉위한 시기에 가감이 있을 수 있는데, 자서여가 조선으로 망명한 해는 서기전 1120년 신사년(辛巳年)으로 기록된다[429].

② 장혜왕(莊惠王) 송(松) 25년[430]

장자 송이 대를 잇고, 기자의 지자(支子) 중(仲)이 우(于)에 봉해져 선우씨(鮮于氏)가 되었다고 하며〈韻書〉, 역사상 선우중산국(鮮于中山國)은 서기전 415년에 무공(武公)이 즉위하였고 서기전 296년 조(趙)나라 무령왕에게 망하였다.

③ 경효왕(敬孝王) 순(詢) 27년[431]
④ 공정왕(共貞王) 백(伯) 30년[432]
⑤ 문무왕(文武王) 춘(椿) 28년[433]
⑥ 태원왕(太原王) 찰(札) 44년[434]
⑦ 경창왕(景昌王) 장(莊) 11년[435]

---

429) 전계 한단고기 태백일사 삼한관경본기 번한세가 참조
430) 은기자로부터는 재위기간이 서기전 1082년~서기전 1058년이며, 기준왕으로부터는 서기전 1229년~서기전 1205년이 되어 147년의 차이가 있다.
431) 은기자로부터 재위기간 서기전 1057년~서기전 1031년, 기준왕으로부터 서기전 1204년~서기전 1178년.
432) 은기자로부터 재위기간 서기전 1030년~서기전 1001년, 기준왕으로부터 서기전 1177년~서기전 1148년임.
433) 은기자로부터 재위기간 서기전 1000년~서기전 973년, 기준왕으로부터 서기전 1147년~서기전 1120년임.
434) 은기자로부터 재위기간 서기전 972년~서기전 929년, 기준왕으로부터 서기전 1119년~서기전 1076년임.

⑧ 흥평왕(興平王) 제(提) 14년[436)

⑨ 철위왕(哲威王) 조(調) 18년[437)

⑩ 선혜왕(宣惠王) 영(縈) 59년[438)

이때까지는 나라가 편안하였다고 한다.

⑪ 의양왕(誼襄王) 사(師) 53년[439)

⑫ 문혜왕(文惠王) 염(炎) 50년[440)

⑬ 성덕왕(盛德王) 월(越) 15년[441)

⑭ 도회왕(悼懷왕) 직(職) 65년[442)

⑮ 문열왕(文烈王) 우(優) 15년[443)

---

435) 은기자로부터 재위기간 서기전 928년~서기전 918년, 기준왕으로부터 서기전 1075년~서기전 1065년임.

436) 은기자로부터 재위기간 서기전 917년~서기전 904년, 기준왕으로부터 서기전 1064년~서기전 1051년임.

437) 은기자로부터 재위기간 서기전 903년~서기전 886년, 기준왕으로부터 서기전 1050년~서기전 1033년임.

438) 은기자로부터 재위기간 서기전 885년~서기전 827년, 기준왕으로부터 서기전 1032년~서기전 974년임.

439) 은기자로부터 재위기간 서기전 826년~서기전 774년, 기준왕으로부터 서기전 973년~서기전 921년임.

440) 은기자로부터 재위기간 서기전 773년~서기전 724년, 기준왕으로부터 서기전 920년~서기전 871년임.

441) 은기자로부터 재위기간 서기전 723년~서기전 709년, 기준왕으로부터 서기전 870년~서기전 856년임.

442) 은기자로부터 재위기간 서기전 708년~서기전 644년, 기준왕으로부터 서기전 855년~서기전 791년임.

443) 은기자로부터 재위기간 서기전 643년~서기전 629년, 기준왕으로부터 서기전 790년~서기전 776년임.

⑯ 창국왕(昌國王) 목(睦) 13년[444]

⑰ 무성왕(武成王) 평(平) 26년[445]

⑱ 정경왕(貞敬王)　　　19년[446]

정경왕의 이름은 미상이다.

이 시기가 서기전 650년경이 되는데, 서기전 653년에 단군조선 제36세 매륵 천왕이 군사를 보내어 수유의 군대와 함께 연나라를 정벌케 하였는바, 이에 연나라 사람이 제나라에 위급함을 알려서 제나라 사람들이 크게 일어나 고죽(孤竹)에 쳐들어 왔다가 복병에 걸려 이기지 못하고 화해를 구걸하고 물러갔다라고 기록하고 있다.[447]

춘추시대 오패 중 첫 패자는 제환공(齊桓公)[448]이었는데, 관중(管仲)이 보필함으로써 이룰 수 있었던 것이며, 서기전 665년에 제(齊)나라 환공(桓公)이 단군조선의 영지국(永支國), 고죽국(孤竹國)을 정벌하였다.

서기전 660년에는 위(衛)나라 의공이 북적(北狄:북융)의 수만족(鄋瞞族)에게 망하였다가 제나라 환공에 의하여 위(衛)나라가 부활되었는바, 여기서 수만족은 수유족(須臾族) 즉 은나라 왕족으로서 단군조선에 망명한 기자(箕子)의 후손을 가리키는 것이 될 것이며, 수유족을 비하한 명칭이 된다.

---

444) 은기자로부터 재위기간 서기전 628년~서기전 616년), 기준왕으로부터 서기전 775년~서기전 763년임.

445) 은기자로부터 재위기간 서기전 615년~서기전 590년), 기준왕으로부터 서기전 762년~서기전 737년임.

446) 은기자로부터 재위기간 서기전 589년~서기전 571년), 기준왕으로부터 서기전 736년~서기전 718년임.

447) 전계 한단고기 단군세기, 제36세 단군 매륵(買勒) 무진 52년(서기전 653년) 참조

448) 제환공(齊桓公:서기전 685년~서기전 643년)은 서기전 679년부터 패업을 이루어 종주(宗周)를 대신하여 실권을 잡은 것이 된다.

서기전 653년 단군조선과 수유국(기후국)과 전쟁한 이후 서기전 651년에 제나라 환공(桓公)이 산융(山戎), 이지(離支), 고죽(孤竹)을 정벌하였다. 여기서 산융은 지금의 내몽골지역에 있던 단군조선의 군국(君國)인 구려(句麗)를 가리키며, 이지(離支)는 단군조선의 번한(番韓) 요중(遼中) 12성(城)의 하나인 영지성(永支城)를 가리킨다. 이해에 고죽국이 제(齊)나라에게 망하여 연(燕)나라에 병합된 것이 된다. 이후 서기전 323년에 기후국(箕侯國) 기자(箕子)의 후손인 읍차(邑借) 기후(箕詡)가 동쪽의 발해만 난하(灤河)449) 하류 인근의 험독(險瀆)을 수도로 한 번조선(番朝鮮)에 등장함으로써, 기후국과 고죽국이 서기전 651년경에 연제(燕齊)와의 전쟁으로 거의 같은 시기에 망한 것으로 추정되기도 한다.

서기전 651년 제나라 환공이 산융, 이지, 고죽을 칠 때, 기후국이 등장하지 않고 있는데, 서기전 653년에 해당하는 단군세기의 기록을 고려하면, 서기전 651년의 전쟁은 그 연장선에 있는 것이 되고, 이때 기후국, 고죽국, 영지성, 구려국이 연나라와 제나라의 연합군에 대적한 것이 되며, 서기전 415년에 기후국의 한 갈래인 선우중산국(鮮于中山國)450)의 무공(武公)이 즉위한 것으로 보아 아마도 서기전 650년경부터 서기전 450년경까지 사이에 기후국과 고죽국이 망한 것이 될 것이다.

⑲ 낙성왕(樂成王) 회(懷) 28년451)
⑳ 효종왕(孝宗王) 존(存) 17년452)

---

449) 원래 번한의 패수(浿水)로서 우리기록에 의하면 서기전 365년경부터 요동과 요서의 구분선으로 등장하고, 중국측 기록으로는 여전히 지금의 영정허(永定河)인 원래의 대요수(大遼水)가 요동과 요서의 구분선이 된다.
450) 은기자의 지자(支子) 중(仲)이 우국(于國)에 봉해져 선우(鮮于)를 성씨로 삼았다라고 한다. 선우중산국은 연나라와 조나라 사이에 존속하다가 서기전 296년 조(趙)나라 무령왕에게 망한다.
451) 은기자로부터 재위기간 서기전 570년~서기전 543년), 기준왕으로부터 서기전 717년~서기전 690년임.
452) 은기자로부터 재위기간 서기전 542년~서기전 526년), 기준왕으로부터 서기전 689년~서기

㉑ 천로왕(天老王) 효(孝) 24년[453]

㉒ 수도왕(修道王) 양(襄) 19년[454]

㉓ 휘양왕(徽襄王) 이(邇) 21년[455]

㉔ 봉일왕(奉日王) 삼(參) 16년[456]

㉕ 덕창왕(德昌王) 근(僅) 18년[457]

㉖ 수성왕(壽聖王) 삭(朔) 42년[458]

㉗ 영걸왕(英傑王) 려(藜) 16년[459]

㉘ 일민왕(逸民王) 강(岡) 17년[460]

㉙ 제세왕(濟世王) 곤(鯤) 22년[461]

㉚ 청국왕(淸國王) 벽(璧) 35년[462]

전 673년임.

453) 은기자로부터 재위기간 서기전 525년~서기전 502년), 기준왕으로부터 서기전 672년~서기
전 649년임.

454) 은기자로부터 재위기간 서기전 501년~서기전 483년), 기준왕으로부터 서기전 648년~서기
전 630년임.

455) 은기자로부터 재위기간 서기전 482년~서기전 462년), 기준왕으로부터 서기전 629년~서기
전 609년임.

456) 은기자로부터 재위기간 서기전 461년~서기전 446년, 기준왕으로부터 서기전 608년~서기
전 593년임.

457) 은기자로부터 재위기간 서기전 445년~서기전 428년, 기준왕으로부터 서기전 592년~서기
전 575년임.

458) 은기자로부터 재위기간 서기전 427년~서기전 386년, 기준왕으로부터 서기전 574년~서기
전 533년임.

459) 은기자로부터 재위기간 서기전 385년~서기전 370년, 기준왕으로부터 서기전 532년~서기
전 517년임.

460) 은기자로부터 재위기간 서기전 369년~서기전 353년, 기준왕으로부터 서기전 516년~서기
전 500년임.

461) 은기자로부터 재위기간 서기전 352년~서기전 331년, 기준왕으로부터 서기전 499년~서기
전 478년임.

㉛ 도국왕(導國王) 징(澄) 19년[463]

㉜ 혁성왕(赫聖王) 즐(騭) 28년[464]

㉝ 화라왕(和羅王) 요(耀) 16년[465]

㉞ 설문왕(說文王) 하(賀) 8년[466]

㉟ 경순왕(慶順王) 화(華) 19년[467]

㊱ 가덕왕(佳德王) 후(詡) 27년[468]

번한(번조선) 70대 기후(箕詡. 서기전 323년~서기전 316년)와 동명(同名)으로 재위연수가 8년[469]과는 19년의 차이가 있는데, 아마도 이 19년은 기후가 읍차(邑借)로 지낸 기간일 수 있다.

㊲ 삼로왕(三老王) 욱(煜) 25년[470]

---

462) 은기자로부터 재위기간 서기전 330년~서기전 296년, 기준왕으로부터 서기전 477년~서기전 443년임.

463) 은기자로부터 재위기간 서기전 295년~서기전 277년, 기준왕으로부터 서기전 442년~서기전 424년임.

464) 은기자로부터 재위기간 서기전 276년~서기전 249년, 기준왕으로부터 서기전 423년~서기전 396년임.

465) 은기자로부터 재위기간 서기전 248년~서기전 233년, 기준왕으로부터 서기전 395년~서기전 380년임.

466) 은기자로부터 재위기간 서기전 232년~서기전 225년, 기준왕으로부터 서기전 379년~서기전 372년임.

467) 은기자로부터 재위기간 서기전 224년~서기전 206년, 기준왕으로부터 서기전 371년~서기전 353년임.

468) 은기자로부터 재위기간 서기전 205년~서기전 179년, 기준왕으로부터 서기전 352년~서기전 326년임. 은기자로부터 계산해 내려온 재위연대와 기준왕으로부터 계산해 올라온 재위연대가 147년의 차이가 나는 것으로 보아 재위연수에 오기가 있는 것이 된다.

469) 전게 한단고기 태백일사 삼한관경본기 번한세가 참조

470) 은기자로부터 재위기간 서기전 178년~서기전 154년, 기준왕으로부터 서기전 325년~서기

번한(번조선) 71대 기욱(箕煜. 서기전 315년~서기전 291년)과 동명(同名)이며 재위연수가 일치한다.[471]

㊳ 현문왕(顯文王) 석(釋) 39년[472]

번한(번조선) 72대 기석(箕釋. 서기전 290년~서기전 252년)과 동명(同名)이며 재위연수 일치한다.[473]

㊴ 장평왕(章平王) 윤(潤) 28년[474]

번한(번조선) 73대 기윤(箕潤. 서기전 251년~서기전 233년)과 동명(同名)으로 재위연수 19년[475]과는 9년의 차이가 난다.

㊵ 종통왕(宗統王) 휼(恤) 12년[476]

번한(번조선) 74대 기비(箕조 또는 箕否:서기전 232년~서기전 222년)와 동일 인물로 보이며 재위 연수 11년[477]과는 1년의 차이를 보인다.

㊶ 애왕(哀王) 준(準) 28년 (서기전 221년 ~서기전 194년)[478] 〈제1대 마한왕〉

전 301년임.

471) 전게 한단고기 태백일사 삼한관경본기 번한세가 참조
472) 은기자로부터 재위기간 서기전 153년~서기전 115년, 기준왕으로부터 서기전 300년~서기전 262년임.
473) 전게 한단고기 태백일사 삼한관경본기 번한세가 참조
474) 은기자로부터 재위기간 서기전 114년~서기전 87년, 기준왕으로부터 서기전 261년~서기전 234년임.
475) 전게 한단고기 태백일사 삼한관경본기 번한세가 참조
476) 은기자로부터 재위기간 서기전 86년~서기전 75년, 기준왕으로부터 서기전 233년~서기전 222년임.
477) 전게 한단고기 태백일사 삼한관경본기 번한세가 참조

기씨족보에는 애왕 준의 마한왕으로서의 재위연수는 기록되어 있지 않다. 기씨족보의 기록으로 보면 은기자로부터 애왕 준까지 1076년간이 되는데, 실제로는 929년이므로 147년의 오차가 있어 각 왕들의 재위연수에 오기가 있다는 것이 분명하게 드러난다.

애왕 준은 번한(번조선) 75대 기준(箕準)과 동명(同名)이고 재위연수가 일치한다.479)

기준왕이 금마에 자리잡고 제1대 마한왕(馬韓王)으로 재위한 기간은 1년(서기전 194년 정미년~서기전 193년)이다.

은기자 자서여(수유) 이후 41세 기준왕까지 역년은 929년(서기전 1122년~서기전 194년)이며, 이후 마한의 역년은 203년(서기전 194년~서기 9년)이다.480)

기준왕은 마한(馬韓)의 시조 호강왕(虎康王)이라 하며 이후의 세계(世系)는 없는 것으로 되어있고481), 무강왕(武康王)482)이라고도 한다.

기준왕의 아들 우친(友親)은 기준이 조선왕으로 있던 곳483)에서 도망하지 않고 그대로 남아서 한(韓)씨가 되었다484)고 하고, 또는 기준의 아들과 친척이 그대로 남아서 한씨로 모칭(冒稱)하였다485)고도 한다.

---

478) 은기자로부터 재위기간 서기전 74년~서기전 47년이나, 기준왕의 실제 번한(번조선왕) 재위기간은 서기전 221년~서기전 194년이며, 마한왕으로서의 재위기간은 서기전 194년~서기전 193년의 1년이다. 이로써 기씨족보 상의 왕들의 재위기간에 오기가 있는 것이 드러난다.

479) 전게 한단고기 태백일사 삼한관경본기 번한세가 참조

480) 오주연문장전산고(五洲衍文長箋散稿)에서 진단통기(震旦通紀)를 들어 적고 있다.

481) 오주연문장전산고(五洲衍文長箋散稿)에서는 동사(東史)를 언급하고 있는데 아마도 동사강목(東史綱目)일 것이다.

482) 마한세가보(馬韓世家譜)일 것이다.

483) 조선왕 기준이 수도로 한 곳은 험독(險瀆)으로 지금의 발해만 유역의 산해관 자리일 것이다.

484) 오주연문장전산고(五洲衍文長箋散稿)에서 문헌통고(文獻通考)를 들고 있다.

485) 오주연문장전산고(五洲衍文長箋散稿)에서 위략(魏略)을 들고 있다.

㊷ 강왕(康王) 탁(卓) 3년 (서기전 193년 무신년~서기 190년)[486]

기씨족보(奇氏族譜)에서는 마한왕(馬韓王)으로 기준왕을 시작으로 하지 않고 마지막왕의 뜻을 지닌 애왕(哀王)이라 하고서, 탁(卓)을 마한왕의 시작으로 세우고 있다.

㊸ 안왕(安王) 감(龕) 32년 (서기전 190년~서기전 158년)[487]

㊹ 혜왕(惠王) 식(寔) 13년 (서기전 158년~서기전 145년)[488]

㊺ 명왕(明王) 무(武) 31년 (서기전 145년~서기전 114년)[489]

㊻ 효왕(孝王) 향(享) 40년 (서기전 114년~서기전 74년)[490]

㊼ 양왕(襄王) 섭(燮) 15년 (서기전 74년~서기전 59년)[491]

㊽ 원왕(元王) 훈(勳) 26년 (서기전 59년~서기전 33년)[492]

원왕의 아들 우평(友平), 우량(友諒), 우성(友誠)이 각 북원 선우씨(北原鮮于氏), 상당 한씨(上堂韓氏), 덕양 기씨(德陽奇氏)가 되었다[493]고도 하며, 친(親)은 한씨, 평(平)은 기씨, 양(諒)은 용강 오석산으로 가 선우씨가 되었다[494]고도 한다.

---

486) 탁은 제2대 마한왕(馬韓王)이다.

487) 제3대 마한왕이다.

488) 제4대 마한왕이다.

489) 제5대 마한왕이다.

490) 제6대 마한왕이다.

491) 제7대 마한왕이다.

492) 제8대 마한왕이다.

493) 오주연문장전산고(五洲衍文長箋散稿)에서 동사강목(東史綱目)을 들고 있다.

494) 오주연문장전산고(五洲衍文長箋散稿)에서 월사(月沙) 이정귀(李廷龜)의 숭인전비문(崇仁殿碑文)을 들고 있다.

㊾ 계왕(稽王) 정(貞) 16년 (서기전 32년~서기전 16년)

기씨족보에 의하면 계왕의 이름은 미상이며, 재위기간은 16년(서기전 33년~서기전 18년)으로 서기전 18년 계묘년(癸卯年)에 마한이 백제에게 병합되어 멸망하였다고 한다.

그러나, 실제로는 서기전 18년에 망한 것이 아니라 계왕이 이때 온조에게 한강 유역의 땅을 할양하여 백제건국을 도운 것이며, 서기전 16년까지 재위한 것으로 되며, 마한의 말왕인 제10대 학왕 때인 서기 9년에 백제에게 병합되어 망한 것이 된다. 계왕의 이름은 정(貞)으로 기록되고 있다495).

㊿ 학왕(學王) (서기전 16년~서기 9년)

마한의 말왕인 학왕의 이름은 불명이다. 기씨족보에서는 마한의 마지막 말왕이 계왕이라 하고 학왕은 기록되어 있지 않다.

서기 9년에 온조백제에게 병합되어 망한다. 그러나, 진왕(辰王)을 지낸 마한왕의 세계(世系)는 끝나지만 마한 땅에 잔존하던 마한의 군소세력은 백제의 최전성기라 할 수 있는 근초고왕 때까지 존속하다가 완전히 망하게 된다.

(23) 협야(陜野)

1) 시조와 연혁

협야국(陜野國)의 시조는 배반명(裵槃命)의 아버지가 되는 언파불합(彦波弗哈)으로 추정된다. 즉 단군조선 제35대 사벌(沙伐) 천왕 때인 서기전 723년에 삼도(三島)의 웅습(熊襲, 熊本, 구마모또)에 반란이 일어나자, 단군조선 조정에서 장수(將帥) 언파불합을 파견하여 진압하게 하였던 것이며, 언파불합이 지금의 일본 땅인 구주(九州, 큐슈)에 위치한 웅습(熊襲)을 토벌하여 평정함으로써 공을 인정받아 마

---

495) 마한세가보(馬韓世家譜)일 것이다.

한(馬韓)의 관할에 속하는 땅인 구주 지역 남쪽의 협야(陜野)라는 땅에 제후로 봉해진 것이 될 것이다.

서기전 667년에 협야후(陜野侯)로 불려지는 배반명(裵槃命)은 처음 협야후로 봉해진 언파불합의 장자(長子)가 되는 것이며, 다른 형제들은 협야후의 족속이 되는 것이다. 배반명(裵槃命)은 일명 일본서기에서 적고 있는 도반명(稻磐命, 벼반명=베반명)이다.

2) 영역

협야국은 구주(九州, 큐슈) 지역의 남쪽에 위치한 제후국으로서 웅습(熊襲, 熊本, 구마모또) 이남에 지름 100리 정도의 군(郡) 단위 크기의 나라가 될 것이다.

3) 역사

단군조선의 제후국으로서의 협야국(陜野國)은 서기전 723년경 언파불합(彦波弗哈) 장군이 봉해진 제후국이며, 협야후의 무리로서 협야후 배반명(裵槃命, 稻磐命)의 막내 아우였던 반여언(盤余彦)인 신무(神武)가 단군조선을 반역하여 천황(天皇)이라 참칭한 해인 서기전 660년까지 약 63년의 역사를 가지는 것이 된다.

4. 삼한관경 외 제후국(天侯國)

단군조선의 삼한관경(三韓管境) 밖의 땅은 천상(天上)이 아닌 천하(天下)로서 그 임금, 왕(王)은 천자(天子) 등 단군조선의 천후(天侯)에 해당한다.

단군조선의 삼한관경 외의 제후국으로는, 삼한의 관경 외에 있으면서 한국(桓國)과 배달나라(檀國) 시대부터 자치세습국(自治世襲國)으로 내려온 나라들로서 단군조선 건국 후에 자발적 신하국이 되어 조공(朝貢)을 한 천후국(天侯國)이 있으며, 단군조선 건국시에 단군조선의 세력하에 놓인 구족(九族) 즉 구이(九夷) 중의 일부로서 자치세습국(自治世襲國)으로 인정된 천후국(天侯國)이 있고, 그 외 구이의 극히 일부의 족속으로 구성되며 자체적으로 나라 안의 작은 지방에 일반제후(一般諸侯:공후백자남)를 둔 당(唐), 우(虞), 하(夏), 은(殷), 주(周) 등 특히 천자국(天子國)이라 불리는 고대중국이 있다.

(1) 일반 조공국(朝貢國)인 천후국

한국(桓國)시대 이후로 내려온 조공국이 되는 천후국으로는, 12한국에 속하는 양운국, 수밀이국, 우루국, 일군국, 구다천국, 매구여국, 구모액국, 객현한국, 구막한국, 우루국, 사납아국, 선비국이 있다.

나라 중에서 우루국은 파미르고원의 서쪽이 되는 수메르 지역에 있어 백족(白族)의 나라가 되고, 일군국은 파미르고원의 북서쪽이 되는 북유럽 지역에 있고 황족(黃族, 黃夷)의 나라가 되며, 사납아국은 파미르고원의 남쪽이 되는 인도지역에 있어 흑족(黑族) 즉 현족(玄族)의 나라가 되는 것이 된다

1) 양운국(養雲國), 수밀이국(須密爾國)

한국(桓國) 시대부터 전해온 나라로서 단군조선에 조공을 바친 나라로, 제15대 대음(代音) 천왕 때인 서기전 1660년 가을 10월에 조공을 바친 양운국(養雲國)과 수밀이국(須密爾國)이 있다.[496]

양운국은 지금의 바이칼호 서쪽으로 알타이산맥 북동지역에 위치한 나라가 되며, 수밀이국은 지금의 송화강 북쪽이자 흑룡강(아무르강)[497] 동쪽에 위치한 나라가 된다.

양운국(養雲國)의 양운(養雲)이 글자대로 본다면 아마도 알타이산맥 동쪽으로

---

496) 전계 한단고기 〈단군세기〉, 92쪽 참조
497) 黑水는 '검므르'라는 말로서 흐므르, 으므르, 지금의 '아무르'로 변음된 것으로 보인다.

구름이 잘 끼는 곳이라는 의미를 가지는 것으로 인하여 생긴 국명으로 보이고, 수밀이국의 수밀이(須密爾)는 스므로 즉 속말(粟末) 또는 우수리(牛首里)와 같은 말로서 지금의 아무르강(흑룡강), 송화강, 우수리강과 관련되어 있는 것이 되고, 이들 강의 동쪽이나 북쪽에 위치한 나라가 되는 것이다.

양운국은 서기전 1289년에도 단군조선에 조공을 하였는바, 우리 기록상 서기전 5000년경부터 최소한 4,000년 이상의 역사를 가지는 것이 된다. 양운국 사람은 황이(黃夷)에 속한다.

수밀이국은 연해주의 북서쪽에 위치한 나라가 되며, 서기 734년 대진국(大震國) 제2대 무황제(武皇帝) 때 대진국에 항복하여 통합된 것이 되는데, 약 5,700년의 역사를 가지는 것이 된다. 수밀이국 사람은 황이(黃夷)의 파생족인 방이(方夷)가 된다.

2) 우루국(虞婁國), 일군국(一群國)

단군조선 제15대 대음(代音) 천왕 때인 서기전 1652년 가을 7월에 단군조선에 20가(家)가 투항한 우루국(虞婁國)이 있으며, 제21대 소태(蘇台) 천왕 때인 서기전 1289년 양운국과 같은 시기에 조공을 바친 일군국(一群國)이 있는데 특히 일군국은 서기전 121년 북부여에도 조공을 한 나라가 된다.[498]

우루국(虞婁國)은 서방에 위치한 나라가 되는데, 서기전 1652년에 단군조선에 투항 할 당시의 우루국은 단군조선의 서쪽에 있던 나라가 되며, 시대적 상황을 고려하면 서기전 2000년경에 바빌론에게 망한 나라로서 서기전 5000년경부터 수메르 지역에 존속한 것이 되는 우르크 또는 그 후예가 되는 갈데아우르 등의 나라를 가리키는 것이 될 것이고, 약 3,000년의 역사를 가지는 것이 된다.

우루국 사람은 백소씨(白巢氏)의 후예로서 아시아의 백인종(白人種) 계통이 되

---

498) 전게 한단고기 〈단군세기〉, 92, 97쪽 및 〈북부여기 상〉, 131쪽 참조

고, 유적발굴의 결과에 따르면 황이(黃夷) 계통의 사람이나 흑소씨(黑巢氏) 계통의 사람도 함께 살았던 것이 된다.

한편, 후대의 대진국(大震國) 시대에 나타나는 우루국(虞婁國)은 북대개마(北大蓋馬)인 지금의 대흥안령산맥(大興安嶺山脈)의 남북에 있어 서기전 1652년에 단군조선에 투항하였던 20가(家) 즉 약 2,000명의 우루국(虞婁國) 사람들이 정착하여 이어진 것으로 염수(鹽水) 부근에 있었던 것이 된다. 고구려 광개토태황 비문에 나타나는 구다천국(句茶川國), 매구여국(賣句餘國), 객현한국(客賢汗國), 고모액국(句牟額國) 등이 정벌당할 때 나타나지 아니하는 것이 되는 바, 우루국은 아마도 후대의 대진국 시대에 접어들어 인구가 늘어나 나라 형태를 이루었던 것이 된다.

일군국(一群國)은 양운국의 북서쪽의 우랄산맥 동쪽에 위치한 구막한국(寇莫汗國)의 서쪽에 있으며, 거리상으로 계산을 하면 숙신(肅愼)에서 서쪽 또는 서북으로 5만리 떨어진 곳에 있어 서쪽으로 우랄산맥을 넘어 북유럽에 소재한 나라가 되는데, 그 후손들이 지금의 영국 땅에 스톤헨지 유적을 남긴 것으로 추정된다. 일군국 사람은 서시베리아를 무대로 하였던 족속으로 황이(黃夷) 계통이 된다.

로마제국은 서기 1세기경에 북유럽과 영국으로 진출하기 시작한 것이 되는데, 스톤헨지는 서기전 2000년경에 축조된 것으로, 이 스톤헨지 유적이 일군국의 문화유산이라면 일군국의 역사는 약 5,000년이 되는 셈이다.

3) 구다천국(句茶川國)

단군조선 제27대 두밀(豆密) 천왕 때인 서기전 997년에 수밀이국(須密爾國)과 양운국(養雲國)과 같은 시기에 단군조선에 조공을 한 구다천국(句茶川國)이 있다.[499]

구다천국은 구다국(勾茶國)이라고도 하며 독로국(瀆盧國)이라 불렸는데, 북개

---

499) 전계 한단고기 〈단군세기〉, 104쪽 참조

마대령(北蓋馬大嶺)인 지금의 대흥안령산맥(大興安嶺山脈)의 서쪽에 있는 나라로 서, 쑥과 마늘을 산출하던 나라이다. 즉 구다천국은 지금의 바이칼호 남동쪽으로 대 흥안령산맥의 서쪽 중간지역에 위치하였던 것이 된다. 구다천(句茶川)이라는 글자 에서 다(茶)는 쑥과 마늘과 관련된 명칭이 되고, 천(川)은 강과 관련된 명칭이 되는 데, 위치상으로 아무르강(黑龍江)에 합류하는 아르군강과 호륜호(呼倫湖)를 중심 으로 한 나라로 추정된다.

구다천국은 서기 400년경 고구려 광개토황 때 고구려에 복속되었다가 다시 서기 734년 대진국(大震國)에 항복하여 복속한 것이 되는데, 최소한 5,400년의 역사를 가지는 것이 된다. 구다천국 사람은 황이(黃夷, 北夷)가 된다.

4) 매구여국, 구모액국, 객현한국, 구막한국

고구려 광개토황비문500)에도 나타나는 구다천(勾茶川), 매구여민국(賣勾餘民 國), 구모액두(勾牟額頭), 객현한(客賢韓), 구막한(寇莫韓)은 각 한국시대의 구다천 국(句茶川國), 매구여국(賣句餘國), 구모액국(句牟額國), 객현한국(客賢汗國), 구 막한국(寇莫汗國)이 될 것인데, 대를 이어 단군조선 시대에도 존속하던 나라로서 단군조선에 반역하지 않고 세습자치국으로 인정받은 것이 된다.

매구여국(賣句餘國)은 직구다국(稷臼多國)이라고도 하며 오난하(五難河)에 있 었다가 독로국인 구다천국에 패하여 금산(金山)으로 옮긴 것으로 기록되고 있다. 여기서 오난하는 바이칼호 남동쪽이자 지금의 몽골 수도인 울란바토르(Ulan Bator)의 북동쪽에 위치한 지금의 오논(Onon)강이 될 것이고, 매구여국과의 전쟁 으로 옮겨간 금산(金山)은 알타이산 아니면 바이칼호의 동쪽에 있던 비리국(卑離 國)의 동쪽이자 오논강의 하류가 되는 실카(Shirka)강 유역으로 금이 많이 나는 곳

---

500) 광개토황비문의 소위 해독불능자나 소실된 글자들을 역사적 사실에 부합되도록 찾아 내어 보 완함으로써, 완전한 비문으로 복원하는 것이 필요하다 할 것이다. 또한 모두루지석에 새겨진 글 내용에 대하여 정확한 역사적 해석이 필요하다.

이 될 것이다. 매구여국 사람은 황이(黃夷)에 속한다.

구막한국은 구만한국(寇滿汗國)이라고도 하는데, 거리상으로 보면 양운국의 서쪽 또는 북서쪽이 되는 우랄산맥 동쪽의 서시베리아평원에 위치한 것으로 된다. 구막한 또는 구만한의 구막(寇莫), 구만(寇滿)은 구마, 고마의 음역으로서 곰(熊)과 관련된 글자가 될 것이다. 즉 구막한 또는 구만한은 시베리아 땅의 곰한으로서 곰의 왕(王)이란 뜻이 된다. 서기전 3898년경에 호족과 전쟁을 벌인 웅족(熊族)과 관련되어 있는지는 불명이나, 위치상으로 보아 호족과 전쟁한 웅족은 황하유역에 살던 황이(黃夷)의 일파가 되므로 관련없는 것이 된다. 구막한국의 백성은 황이(黃夷)가 된다.

구모액국(句牟額國)도 곰(熊)과 관련된 국명으로 보이는데, 아마도 곰의 얼굴모양과 같이 생긴 산이나 들에 위치한 나라가 될 것이다. 위치상으로는 광개토태황이 정벌활동한 지역을 고려하면 대흥안령산맥의 서쪽으로 몽골지역에 소재한 것으로 보인다.

객현한국(客賢汗國)은 객현(客賢)이 무슨 뜻인지 불명인데, 위치상으로 구다천국과 매구여국의 남쪽으로 구모액국의 부근에 위치한 것으로 보이며, 지금의 내몽골 북쪽에 위치하였던 것으로 추정된다.

위 매구여국, 구모액국, 객현한국, 구막한국은 한인씨(桓因氏)의 한국(桓國) 시대가 시작된 서기전 5000년경부터 고구려(高句麗) 광개토태황(廣開土太皇)의 전성기가 되는 서기 400년경까지 약 5,400년의 역사를 가지는 것이 된다.

5) 비리국, 사납아국, 선비국

그 외에 단군조선 시대에 조공을 한 기록으로 발견되지 아니하는 한국시대 12한 국의 하나인 비리국(卑離國)과 사납아국(斯納阿國)과 선비국(鮮卑國)도 배달나라를 거쳐 단군조선 시대에 이르기까지 자치세습국으로 인정된 것이 된다.

비리국(卑離國)은 지금의 바이칼호 동쪽에 위치한 나라로서 지금의 러시아연방의 하나인 브리야트공화국 자리가 되며, 고구려 광개토태황이 정벌하였다는 비려 또는 패려가 이 비리국이 아닌가 한다. 이러하면 비리국은 서기전 5000년경부터 서기 400년경까지 약 5,400년의 역사를 가지는 것이 된다. 비리국 사람은 황이(黃夷) 또는 흑수(黑水) 즉 흑룡강(아무르강) 유역에 정착하였던 현이(玄夷)에 속하는 것이 된다.

사납아국(斯納阿國)은 그 위치가 불명인데, 추정컨대 사바세계라는 말이 있는 지금의 인도지역에 위치한 나라로 추정해 본다. 사납아국이 인도지역에 소재한 나라라면 흑소씨족(黑巢氏族)의 나라가 될 것이다. 이리하여 사납아국은 서기전 2000년경 인도아리안족이 인도지역으로 이동한 때 남쪽과 동쪽으로 쫓겨난 아시아 흑인종에 해당하는 드라비다족의 나라가 될 것이다.

선비국(鮮卑國)은 단군조선에서 서기전 1662년에 그 일부인 남쪽 지역에 남선비(南鮮卑)를 봉한 나라인데, 몽골의 남쪽으로서 오르도스 지역에 근거지를 둔 흉노(匈奴)의 북쪽에 위치하고, 구려국의 서쪽이 되며 견이의 동쪽에 위치한 것이 되는 바, 지금의 내몽골지역의 서부지역에 해당된다. 선비족은 황이(黃夷, 北夷)에 속한다.

선비국을 시위국(豕韋國), 통고사국(通古斯國)이라고도 하는데, 시위국의 시위는 새(新), 동(東)의 뜻이 될 것이며, 통고사국의 통고사는 동호(東胡)에 대한 중국어식 발음을 음차한 이두식 표기가 된다.

6) 빙해(氷海)의 한국(汗國)들

단군조선 제28대 해모(奚牟) 천왕 때인 서기전 954년에는 빙해(氷海)의 뭇 한(汗)들이 조공을 바쳤는데[501], 이들 빙해의 나라들은 단군조선 개국 이전부터 존재한 나라들이 될 것이다. 빙해는 지금의 북극해로서 시베리아 북쪽으로 북극해 주변에 이르는 지역의 나라들이 될 것이다. 모두 황이(黃夷)에 속한다고 보인다.

---

501) 전계 한단고기 〈단군세기〉, 105쪽 참조

(2) 구이(九夷) 중 자치국(自治國)으로 인정(認定)된 천후국

단군조선 건국시에 단군조선의 세력하에 놓인 구족(九族) 즉 구이(九夷) 중의 일부로서 자치세습국(自治世襲국)으로 인정된 천후국(天侯國)으로는 현이(玄夷), 백이(白夷), 견이(畎夷), 적이(赤夷)가 있다.

또 남선비를 봉함으로써 상대적으로 황이(黃夷, 北夷)에 속하면서 서기전 5000년경 한국(桓國) 시대부터 이어져 온 선비국(鮮卑國)은 자치세습국으로 인정한 경우가 된다.

그 외 백이(白夷), 견이(畎夷), 황이(黃夷)가 혼잡하여 산 것이 되는 지백특(티벳)이 있으며, 특히 적이(赤夷)에 속하는 남상(南裳)이라는 이름이 보인다.

1) 현이, 백이, 견이, 적이

구이(九夷) 중 양이(陽夷), 우이(于夷), 방이(方夷), 황이(黃夷), 남이(藍夷) 외의 현이(玄夷), 백이(白夷), 견이(畎夷), 적이(赤夷) 지역은 백이와 견이 지역에 여(黎)를 봉한 것 외는 특별히 따로 봉후국을 두지 아니하고 배달나라 시대부터 세습되어 온 대로 인정되었던 것이 된다. 즉 현이, 백이, 견이, 적이는 그 자체로 제후국으로 인정된 것이 된다. 천후국(天侯國)에 해당한다.

특히 견이(畎夷)는 서기전 3897년경 한웅천왕이 배달나라를 개천할 당시에 견족(畎族)의 땅인 삼위산(三危山)으로 가서 제견(諸畎)의 가한(可汗)이 됨으로써 배달나라의 천자(天子)가 되었고, 이후 단군조선 구족, 구이에 속하였으며, 먼 후대에는 돌궐족이 되어 고구려와 대진국과 동맹을 맺어 형제국이 되었던 나라로서 지금의 터키(Turkey)라는 나라의 선대(先代)가 된다.

대대로 고대중국이 전쟁을 도발하거나 도(道)를 잃을 때, 주변에 있던 구이(九夷)가 정벌하거나 간섭이나 통제를 하였다. 주나라 춘추시대 이후 서쪽의 백이(白夷=西夷)와 견이(畎夷)를 서융(西戎)이라 부르고, 북쪽의 황이(黃夷)를 북적(北狄)이라 부르며, 남쪽의 적이(赤夷)를 남만(南蠻)이라 부르고, 동쪽의 남이(藍夷)를 동이

(東夷)라 불렀다.

2) 남선비와 선비국

서기전 1622년에 제15대 대음(代音) 천왕이 아우 대심(代心)을 남선비(南鮮卑) 대인(大人)를 봉하였는데[502], 그냥 선비(鮮卑)에 봉하지 않고 남선비에 봉하였으며 더욱이 한(汗)이 아닌 대인(大人)을 봉하였다는 것은 한국(桓國) 시대인 서기전 5000년경부터 전해 내려온 선비국(鮮卑國)의 존재를 인정하였던 것이 된다. 즉 선비국을 자치세습국으로 인정한 것이다.

3) 지백특(티베트)

서기전 1465년에 조공을 바친 것으로 기록되는 지백특(티벳)은 서기전 2175년에 강거(康居)가 반란을 일으키자 단군조선이 정벌을 하였던 나라로서, 지백특은 단군조선에 복속한 나라이면서 단군조선 이전의 배달나라 시대에 존재한 나라로서 내려온 것이 된다.

지백특은 지리적 특성으로 백이(白夷)와 견이(畎夷)와 황이(黃夷)의 혼잡지역이 된다. 백이는 백인종 계통이며, 견이와 황이는 황인종 계통이다. 후대에 티벳지역으로 활동하였던 흉노(匈奴), 돌궐(突厥), 거란(契丹)은 각 황이, 견이, 황이이며 그 속에 백족인 백이(白夷)들도 있었던 것이 된다.

4) 남상(南裳, 南掌)

서기전 1412년에 남상인(南裳人)이 벼슬을 얻어 조정에 들어왔다라고 기록되는데[503], 이 남상(南裳)은 남장(南掌)으로서 양자강 이남의 적족(赤族) 즉 적이(赤夷)

---

502) 전게 한단고기 〈단군세기〉, 92쪽 참조
503) 전게 한단고기 〈단군세기〉, 95쪽 참조

의 나라로서 단군조선의 천하 제후국인 천후국(天侯國)이 된다.

(3) 일반 제후(諸侯)를 둔 천자국(天子國) – 고대중국(唐虞夏殷周)

요임금의 당(唐), 순임금의 우(虞), 하(夏), 은(殷), 주(周) 등의 나라는 배달나라 시대의 황제헌원(黃帝軒轅) 이후 천자국(天子國)에 해당한다. 요와 순은 진정한 천자로 인정되었으며, 하우(夏禹)는 반역자로서 진정한 천자로 인정받지 못하였고, 은탕(殷湯)과 주무왕(周武王)은 단군조선으로부터 즉위 축하를 받는 등 진정한 천자로 인정받았던 것이 된다.

고대중국이 봉한 제후국은 그냥 제후국으로서 공(公,) 후(侯), 백(伯), 자(子), 남(男)의 나라가 되고, 단군조선에서 봉한 제후국은 천공(天公), 천후(天侯), 천백(天伯), 천자(天子), 천남(天男)의 나라가 된다. 그리하여 고대중국은 단군조선의 삼한 관경 외 제후국에 해당하며 단군조선 조정(朝廷)의 자작(子爵)에 해당하는 천자국(天子국)이 된다.

서기전 2267년 태자 부루(太子扶婁)가 태산(泰山, 岱宗)에서 제천(祭天)을 행한 이후 제천행사를 벌여 왔던 것이며, 서기전 1122년경 태산이 주(周) 나라 땅이 된 후에는 주나라 왕인 천자(天子)가 태산의 제천행사를 이어 천제(天祭)를 지낸 것이 된다. 이때 천자는 상제(上帝) 즉 천제(天帝)에게 제사를 지낸 것이다. 상제는 곧 천제(天帝)로서 천신(天神)의 대리(代理)자이며, 인간의 몸을 빌은 화신(化身) 또는 인격신(人格神)이 된다. 다시 말하면, 천자(天子)는 인격신인 천제(天帝), 상제(上帝)에게 지내는 천제(天祭)를 지내는 것이 되고, 천제(天帝), 천왕(天王)과 천군(天君)으로서의 소위 단군(檀君)은 스스로 인격신이므로 자연신인 천신(天神)에게 천제(天祭)를 올리는 것이 된다.

1) 시조 및 연혁

고대중국의 역사서에서는 반고(盤固), 천황 지황 인황의 삼황(三皇), 유소씨(有

巢氏), 수인씨(燧人氏), 태호복희씨(太昊伏羲氏), 염제신농씨(炎帝神農氏), 황제헌원씨(黃帝軒轅氏)를 거치는 역사를 기록하고 있으나, 황제헌원이 고대중국의 실질적인 시조가 된다.

반고(盤固)는 실제로는 서기전 3897년 배달나라 초기에 삼위산(三危山)으로 가서 모든 견족(畎族, 견이) 즉 제견(諸畎)의 가한(可汗)이 된 인물로서 배달나라의 천자인 것이며, 이 견족의 후예는 돌궐로서 고대중국의 역사에서 벗어나는 것이 된다.

천황, 지황, 인황의 삼황은 곧 한국(桓國)시대의 황궁씨(黃穹氏), 유인씨(有因氏), 한인씨(桓因氏)를 가리키는 것이 되어, 역사종주국인 우리 한국(韓國)의 정통 역사를 그들의 역사로 억지로 갖다 붙여 놓은 것이 된다.

유소씨, 수인씨는 배달나라 시대의 천자(天子)에 해당된다.

태호복희씨는 배달나라 한웅 천왕(天王)의 아들로서 천군(天君)이며 우사(雨師)를 지낸 인물로서 서기전 3528년에 산동지역의 진(陳) 땅에 진제국(震帝國)이라는 나라의 시조가 된 인물이다.

염제신농씨는 웅족(熊族) 출신으로서 유웅국(有熊國)의 천자가 된 소전씨(少典氏)의 아들이며, 배달나라의 우가(牛加)를 지낸 인물로서 서기전 3218년에 태호복희씨의 나라를 접수하여 산동지역에 염제국(炎帝國)의 시조가 된 인물이다.

황제헌원은 유웅국의 왕이던 공손씨(公孫氏)의 아들 또는 후손으로서 배달나라의 운사(雲師)를 지낸 인물로 추정되는데, 서기전 2698년에 공손씨의 대를 이어 유웅국의 왕이 되어 염제신농국이 쇠퇴하는 기회를 틈타 염제국을 병합하려 치우천왕에게 100여회의 전쟁을 도발한 전쟁광이었다.

헌원이 운사(雲師) 출신이라는 것은 서기전 2697년경 이후 100여회의 전쟁을 치르는 중에, 치우가 풍백과 우사에게 청하여 헌원을 폭풍우로써 혼쭐이 나게 하였다는 산해경의 기록과 뒤에 황제헌원이 그가 둔 벼슬 이름에 운(雲)자를 붙였다라는 기록을 종합하여 추론한 것이다.

[황제헌원(黃帝軒轅)과 역대 천자(天子)]

후대의 역사를 고려하면 고대중국의 시조는 실질적으로 황제헌원(黃帝軒轅)이며, 독립된 세습왕조(世襲王朝)로는 하(夏)나라가 최초가 된다.

황제헌원은 서기전 2698년 계해년(癸亥年)에 유웅국(有熊國)의 왕이던 공손씨(公孫氏)의 대를 이어 천자(天子)가 되었는데, 처음 왕이 되어서는 염제신농국(炎帝神農國)을 먼저 평정한 배달나라 치우천왕(蚩尤天王)에게 10여년간 73회를 도전하고 합100여회의 전쟁을 도발하였다고 기록되고 있다.504)

유웅국(有熊國)은 웅씨국(熊氏國)의 하나로서 서기전 3242년에 배달나라 종실(宗室)이던 소전씨(少典氏)가 강수(姜水)에 봉해진 나라이다. 소전씨는 소호국(少昊國)의 왕이된 소호씨(少昊氏)와 더불어 고시씨(高矢氏)의 후손이며 웅족(熊族) 출신이 된다.

강수(姜水)는 처음 염제신농씨의 태어난 고향으로서 서안(西安) 서쪽에서 동쪽으로 흘러 황하에 합류하는 지금의 천수(天水) 지역이 되고 소전씨의 나라가 있던 곳이 된다. 서방에 있던 소호국의 나라를 백제국(白帝國)이라고도 하는데, 중앙에 소재한 헌원의 나라는 황제국(黃帝國)이라 한다.

공손씨(公孫氏)는 소전씨의 후손으로서 소전씨의 아들인 염제신농씨와는 방계(傍系)가 되며, 성씨의 글자에서 보더라도 공손(公孫)은 곰손 즉 곰의 후손이라는 말이며 웅족(熊族)임을 나타내고 있다. 황제헌원의 원래 성씨는 부계(父系) 성씨로서 공손씨이며 나중에 모계(母系) 성씨가 되는 희성(姬姓)으로 바꾼 것이 된다.

염제신농국은 서기전 3218년 신농씨(神農氏)가 태호복희의 나라를 이어 산동지역의 진(陳)에 세웠다가 곡부(曲阜)로 옮긴 나라인데, 제8대 제유(帝楡) 즉 유망(楡罔)에 이르러 서기전 2697년에 치우천왕에게 평정되어 유망의 아들 괴(魁)가 다시

---

504) 전게 한단고기 〈삼성기 전 하편〉, 41쪽 및 〈태백일사/신시본기〉, 180~182쪽 및 〈태백일사/삼한관경본기〉, 202쪽 및 사마천, 사기 〈오제본기〉 등 참조

공상(空桑)에 봉해져 단웅국(檀熊國)의 왕이 되었다. 즉 단웅국은 치우천왕이 봉한 나라로서 염제신농국의 후계가 된다.

뒤에 단웅국은 제5대 홍제(洪帝)에 이르러 서기전 2334년 요임금의 침략으로 왕성을 잃고 홍제(洪帝)가 붕하므로, 당시 단웅국의 섭정이던 38세의 단군왕검(檀君王儉)이 무리 800을 이끌고 동북의 아사달로 이동하여 구족(九族)의 추대에 응하여 임금이 되어 조선을 개국함으로써 배달나라의 정통성을 계승하고 단웅국을 계승하였던 것이다.

서기전 2706년에 배달나라 제14대 천왕이 된 치우천왕(蚩尤天王)은 자오지(慈烏支) 한웅(桓雄)이라고도 하는데, 배달나라의 수도를 태백산(太白山)의 동쪽이 되는 산동지역의 청구(靑邱)로 옮기고 회대(淮岱)지역을 평정하였으며, 이어 탁록(涿鹿)에 수도를 두었던 헌원과 전쟁을 벌여 결국 100여회의 전쟁 후에 헌원이 굴복하여 신하로 삼았다.

치우(蚩尤)라는 말은 치우(治尤)라고도 하며, 원래 치우(治尤)는 배달나라 시대의 군사담당으로서 국방과 관련하여 마가(馬加)의 병마권에 해당하는 일부 직책과 치안을 담당하던 구가(狗加)의 직책을 겸하는 것이 되는데, 아마도 치우(蚩尤)천왕은 치우(治尤)의 직을 담당하다가 천왕이 된 것으로 보이고, 우리말 "치우"는 갈아 치우다는 말과 같이 개벽(開闢)을 의미하기도 한다.

헌원이 치우천왕에게 굴복한 과정은 100여회의 전쟁도발 끝에 자부선인(紫府仙人)으로부터 삼황내문경(三皇內文經)을 전수받아 도(道)를 닦아 깨달음으로써 배달나라의 진정한 신하가 되었던 것이다.

이리하여 헌원은 유웅국(有熊國, 熊國이라고도 함)의 왕으로서 오방위 중 중부(中部)의 최고책임자인 태상천자(太上天子)가 되어 황제(黃帝)로 불리는 것이다. 천자가 천자로서 가장 높은 자리 또는 높임말은 상왕(上王)이라는 말인 상천자(上天子), 태상왕(太上王)이라는 말인 태상천자(太上天子)가 된다. 소호금천씨(少昊金天氏)를 후대에 태상천자(太上天子)라 부르기도 하였다.

황제헌원 이후에는, 소호국(少昊國) 백제(白帝)의 아들인 소호금천씨(少昊金天氏), 황제헌원의 손자인 전욱고양씨(顓頊高陽氏), 황제헌원의 증손자인 제곡고신씨(帝嚳高辛氏), 제곡고신씨의 아들인 제지(帝摯), 제곡고신씨의 아들인 제요(帝堯)의 당(唐)나라, 단군조선의 환부(鰥夫)로서 직속신하였던 제순(帝舜)의 우(虞)나라로 이어지며, 이후 우(禹)의 하왕조(夏王朝), 탕(湯)의 은왕조(殷王朝), 희발(姬發, 주무왕)의 주왕조(周王朝)로 이어진다.

황제헌원과 그 후손인 전욱고양, 제곡고신, 제지, 제요 등은 성씨가 황제헌원의 모계성(母系姓)인 희성(姬姓)이고, 소호금천씨의 성씨는 기(己,또는 巳라고도 함)씨라고 하는데 기(己)는 곧 태호복희 후손의 성씨로서 소호금천씨의 모계가 태호복희의후손이 되는 셈이며, 요임금은 성씨를 희(姬)에서 이기(伊祁)로 바꾼 것이 되는데 요임금 또한 풍이(風夷)라는 태호복희 후손이라고 하는 점에서 모계성을 따른 것으로 보이며, 순임금의 성씨는 원래 아버지 유호씨의 유호(有戶, 또는 고(高)라고도 함)에서 모계성인 요(姚)로 바꾼 것이 된다.

하우(夏禹)는 원래 황제헌원의 후손이라 하므로 원래 희(姬)성이 될 것이나 또한 모계성으로 바꾼 것이 되는데, 그 모계성은 곧 태호복희씨의 후손의 성이 되는 사(姒)성인 것이다. 우임금을 남이(藍夷) 출신이라고도 하고 풍이(風夷) 출신이라고도 하는데, 남이는 원래 남족(藍族)으로서 산동지역에서 치우천왕의 중심 백성이 된 족속이며, 풍이는 풍족의 시조인 태호복희의 후손이 되는데, 사(姒)는 곧 풍족에서 나온 성씨인 것이다. 남이를 풍이라고도 한다. 이는 산동지역에 있는 풍족(風族, 풍이)인 태호복희 후손들이 치우천왕 때 남이(藍夷, 藍族)들과 함께 중심백성이 되었기 때문이 된다.

은탕(殷湯)은 자씨(子氏)인데, 제곡고신씨의 아들인 설(契)의 후손으로서 설(契)이 자(子)에 봉해져 자씨가 되었던 것이다.

주무왕은 제곡고신씨의 아들인 후직(后稷)의 후손으로서 황제헌원의 성인 희(姬)성이다.

2) 강역

황제헌원의 나라인 황제국(黃帝國)은 유웅국(有熊國) 또는 웅국(熊國)을 가리키는 것이 되는데, 유웅국은 태백산 부근의 강수(姜水) 지역이 되어 서안(西安)을 중심으로 하는 나라가 되고, 웅국은 탁록(涿鹿)을 수도로 하여 서안과 탁록 사이의 황토고원(黃土高原) 땅이 될 것이다.

탁록은 탁수(涿水)와 관련된 지역이라고 보이는데, 탁수는 지금의 천진(天津) 부근을 흐르는 강이 될 것이며, 그리하여 탁록은 북경의 남서쪽에 위치한 것이 되어 웅국의 중심은 서안(西安)과 북경(北京) 사이에 황토고원)黃土高原)이 되는 지역으로서 태원(太原) 부근이 될 것이다. 즉 황제헌원의 나라인 웅국은 소위 황토고원으로서 중원 땅의 북쪽이 되는 황하 건너 북부 지역이 된다. 천진(天津) 부근을 흐르는 강으로 유수(濡水)가 있었는데 지금의 탁수(涿水)가 된다.

황제헌원의 나라 웅국은 태원(太原)을 중심으로 하여 배달나라의 동서남북중 중에서 중부(中部)로서 황부(黃部)가 되고, 서안(西安)을 중심으로 하는 서쪽 지역은 서부(西部)로서 백부(白部)가 되며, 산동지역은 동부(東部)로서 청부(靑部)가 되고, 웅국의 북쪽은 북부(北部)로서 현부(玄部) 또는 흑부(黑部)가 되며, 한수(漢水) 이남으로 양자강 이남은 남부(南部)로서 적부(赤部)가 된다.

황부는 황제(黃帝)인 헌원(軒轅), 백부는 소호(少昊), 청부(靑部)는 창힐(蒼詰), 현부(玄部)는 대요(大撓), 적부(赤部)는 축융(祝融)이 각각 다스렸으며, 이들 오부(五部)를 통할한 임금이 당시의 한웅(桓雄)인 제14대 자오지(慈烏支) 한웅으로서 치우천왕(蚩尤天王)인 것이다.

제곡고신씨(帝嚳高辛氏)는 수도를 박(亳)으로 옮겼는데, 박은 은(殷)나라의 수도였던 곳이기도 하며 지금의 안양(安陽)에 해당한다.

요(堯)임금은 수도를 평양(平陽)으로 삼아 나라 이름을 당(唐)이라 하였는데, 이 평양은 안양의 서쪽으로 태원의 남쪽으로 하여 거의 만나는 분수(汾水) 지역에 있었던 것이 된다. 요임금은 서기전 2357년에 제지(帝摯)를 멸하고 천자(天子) 자리를 찬탈하였으며, 마음대로 구주(九州)를 설치하였는데, 그 땅은 서쪽으로 화산(華山), 북쪽으로 항산(恒山), 동쪽으로 태산(泰山), 남쪽으로 형산(衡山)에 걸치는 지역이 된다.

즉, 요임금은 구주(九州)로서, 북쪽에 기주(冀州), 북동쪽에 연주(兗州), 동쪽에 청주(靑州), 남동쪽에 서주(徐州), 남쪽에 양주(揚州), 남서쪽에 형주(荊州), 서쪽에 양주(梁州), 북서쪽에 옹주(雍州), 중앙에 예주(豫州)를 두었다.

순(舜)임금은 요임금의 구주(九州)에 다시 기주(冀州)에서 분리하여 병주(幷州)와 유주(幽州)를 설치하고, 청주(靑州)에서 분리하여 영주(營州)를 설치하여 12주를 두었는 바, 서기전 2267년 도산회의 때 단군조선이 병주는 그대로 두고 유주와 영주를 단군조선 직할영역에 편입시켰던 것이다. 여기서 단군조선은 유주(幽州)의 땅에 고죽국(孤竹國)을 봉한 것이 되고, 영주(營州)는 남국(藍國)에 편입시킨 것이 된다.

하(夏)나라는 초기에 우(禹)임금이 수도를 처음 도산(塗山)에 두었다가 모산(茅山, 회계산)으로 옮겼고, 단군조선의 사자 유호씨(有戶氏)가 하나라와의 토벌전쟁을 포기하고 감(甘)에서 군사를 물리자 우의 아들 계(啓)가 수도를 안읍(安邑)으로 옮긴 것이 된다. 안읍은 황하 동류의 남쪽에 위치한 하남성에 소재한 것이 된다.

3) 역사

(가) 황제헌원(黃帝軒轅)

황제헌원(黃帝軒轅)은 서기전 2698년 계해년(癸亥年)에 유웅국(有熊國)의 왕이 되어 치우천왕에게 10여년간 100여회를 도전(挑戰)하였다가[505], 결국 서기전 2685년경에 자부선인(紫府仙人)이 전수한 삼황내문경(三皇內文經)을 읽고 도(道)

---

505) 중국 측 기록으로 보면 헌원이 치우에게 10년간 73회를 도전하고 합 100여회를 도전하였던 것이 된다.

를 얻어 굴복하여 진정한 신하가 됨으로써, 배달나라 황부(黃部) 즉 중부(中部)의 최고 천자인 황제(黃帝)로 인정되었던 것이며, 서기전 2599년까지 100년을 다스렸다.

(나) 소호금천씨(少昊金天氏)

이에 치우천왕의 장수로 황제헌원을 쳤던 소호금천씨(少昊金天氏)의 아들이 또한 소호금천씨로서 서기전 2598년에 황제헌원의 뒤를 이어 천자(天子)가 되었다.

소호금천씨는 황제헌원의 친아들이 아니며 치우천왕이 염제신농국을 칠 때 염제국의 장수로서 사로잡혔다가 염제국을 평정할 때 선두에 섰던 치우천왕의 장수였던 것이고, 이후 천자 황제헌원이 흥하자 소호금천씨의 아들이 또한 소호금천씨로서 선양 받아 대를 이었던 것이며, 이후 서기전 2514년에 황제헌원의 손자 전욱고양에게 선양하여 자리를 물려주고 서쪽의 백제국(白帝國)의 고향으로 되돌아 갔던 인물이다. 소호금천씨는 서기전 2598년부터 서기전 2514년까지 85년을 다스렸다.

(다) 전욱고양씨(顓頊高陽氏)

전욱고양씨(顓頊高陽氏)는 창의(昌意)의 아들로서 황제헌원의 손자가 되며, 서기전 2514년에 소호금천씨의 뒤를 이어 천자(天子)에 올랐는데, 전욱고양씨가 도를 어겨 배달나라 조정에서 한번 토벌한 적이 있었다. 전욱고양씨는 서기전 2436년까지 79년을 다스렸다.

(라) 제곡고신씨(帝嚳高辛氏)

제곡고신씨(帝嚳高辛氏)는 청양(靑陽)이라 불리는 현효(玄囂)의 손자이자 교극(蟜極)의 아들로서 황제헌원의 증손자가 되며, 서기전 2436년부터 서기전 2366년까지 71년을 다스렸다. 제곡고신씨는 수도를 박(亳)으로 옮겼는데, 박은 은나라의 수도이던 안양(安陽)이 된다.

(마) 제지(帝摯)

제지(帝摯)는 제곡고신씨의 아들이며 서기전 2366년부터 서기전 2357년 이복 동생인 요(堯)의 침공으로 망할 때까지 9년을 다스렸다.

(바) 당(唐) - 제요(帝堯)

제요(帝堯)는 서기전 2401년생으로 20세이던 서기전 2382년경에 제곡고신씨에 의하여 도(陶)에 봉해졌으며, 45세이던 서기전 2357년에 이복형이던 제지(帝摯)를 멸하여 천자(天子) 자리를 찬탈하였고, 수도를 당(唐)의 평양(平陽)으로 옮기고 잘못된 오행(五行)사상으로 제왕(帝王)을 참칭하였으며, 배달나라의 태양태음력(太陽太陰曆)을 폐지하여 명협(蓂莢)이라는 풀의 잎이 피고 지는 모습에 따른 태음력(太陰曆)을 사용하였고, 줄곧 전쟁을 하여 이웃 나라를 침공하고 마음대로 구주(九州)를 설치하는 등 배달나라의 법질서를 위반하는 반역자가 되었다.

서기전 2349년에 당(唐)의 제요(帝堯)가 단군왕검(檀君王儉)이 거불단(居弗檀) 한웅(桓雄)의 아들인 천군(天君)이자 단웅국의 비왕(裨王)인 성제(聖帝)로서 섭정하던 단웅국(檀熊國:염제신농씨 후계국)을 1차 침공하였다가 패퇴되었고, 서기전 2335년에 2차 침입을 하였으며, 서기전 2334년에 3차 기습침공을 하였는바, 이때 단군왕검은 왕성(王城)을 나가 순방정치를 펼치던 중이었으며, 이에 단웅국은 왕성을 잃었고 결국 단웅국의 천자이던 홍제(洪帝)가 요(堯)의 군사들에게 시해당하였던 것이다.

이리하여 왕성을 잃은 단군왕검은 측근의 무리 800을 이끌고 이전에 배달나라 방방곡곡을 순방하면서 도읍지로 보아 두었던, 동북으로 3,000리 떨어진 송화강 아사달로 향하여 서둘러 떠나 요(堯)의 전란을 피하였던 것이며, 이때 수많은 백성들이 함께 가고자 하였으나 너무나 서둘러 떠나는 바람에 뒤따라가지 못하였던 백성들도 많았다.

당시 큰 고개(嶺)와 큰 강(江, 水, 河) 등을 넘으며 뒤따라 가다가 결국 따라 가지 못하여 뒤에 쳐졌던 백성들 중 누군가가 큰 고개를 넘던 중 단군왕검(檀君王儉)을 그리며 불렀던 노래가 지금의 아리랑(阿里嶺)이라는 노래의 시원(始原)이 되는 것이며, 지금까지 오랜 세월 동안 전해지면서 시원을 알 수 없는 것으로 인식되고 있는 것이 된다.

약 1년 후인 서기전 2333년 10월 3일에 단군왕검은 요임금의 나라를 뺀 배달나라의 구족(九族)의 추대에 응하여, 천왕(天王)의 아들인 천군(天君)으로서 배달나라 정통성(正統性)을 계승하고, 단웅국(檀熊國) 성제(聖帝)로서 단웅국을 계승함으로써, 구족의 나라인 조선(朝鮮)을 개국하였던 것이다.

서기전 2324년에 제요(帝堯)는 단군조선의 사자(使者) 유호씨(有戶氏)가 환부(鰥夫), 권사(權士) 등 간부 100여명과 수천의 군사를 이끌고 토벌하러 오자, 나라를 보존하기 위하여 토벌 직전에 하빈(河濱) 즉 황하 물가에서 영접하여 굴복하였던 것이다.

이리하여 요임금은 자칭 제왕이 아닌 단군조선의 정식 천자(天子)로 인정되었던 것이다. 단군조선은 요임금으로 하여금 정기적으로 단군왕검 천제(天帝)께 조공하도록 장당경(藏唐京)에 안치(安置)하였다. 이에 따라 요임금은 단군조선의 제후인 천자(天子)로서 장당경에 정기적으로 들러서 단군왕검 천제(天帝)께 예(禮)를 갖추었던 것이다.

이후 평화시대가 지속되었는데, 요임금은 다른 뜻이 있어 유호씨의 장자로서 환부(鰥夫)의 직을 수행하던 순(舜)의 됨됨이를 살피다가 접근하여 유혹하기 시작하였다. 이때 순은 서기전 2343년생으로 20세였다. 유호씨는 순(舜)에게 요(堯)를 경계하라고 경고를 하였으나, 순은 이후 듣지 않아 부자(父子) 사이가 나빠져 이로 인하여 순은 중국역사에서 불효자(不孝子)로 기록되게 된다.

이후 10년간을 순에게 접근하던 요임금은 두 딸을 순에게 시집보내었고 이에 서기전 2314년 순의 나이 30세에 등용하였다.

서기전 2294년에 순의 나이 50세에 요임금은 순에게 섭정을 맡겼다.

서기전 2288년에 대홍수가 발발하였다. 이에 요임금의 섭정이던 순은 곤(鯤)에게 치수를 맡겼다.

(사) 우(虞) - 제순(帝舜)

서기전 2284년에 순(舜)은 요(堯)임금을 유폐시키고 강압적으로 선양(禪讓)받아 천자(天子) 자리에 올랐다. 서기전 2357년에 요가 제지(帝摯)를 죽이고 천자 자리를 찬탈한 것과 마찬가지였다.

서기전 2280년에 제순(帝舜) 즉 순임금은 9년간 시간을 주었으나 치수(治水)에 성공하지 못한 곤(鯤)에게 그 책임을 물어 우산(羽山)에서 처형하였고, 곤의 아들 우(禹)에게 아비의 직을 승계하여 사공(司空)으로서 치수를 담당하게 하였다.

이후 사공(司空) 우(禹)는 치수에 모든 힘을 기울이며 서기전 2268년까지 13년을 노력하였으나 성공하지 못하였다. 이에 우는 자허선인(紫虛仙人)을 찾아 방법을 물어 태자 부루(太子扶婁)를 뵙는 방법을 알게 되었다. 이리하여 우는 순임금에게 단군왕검 천제(天帝)께 상소를 올려 치수에 관한 도움을 요청하도록 간청하였던 것이 된다.

이때까지 단군조선의 신하로서 요를 토벌하는 데 파견되었다가 자신의 권력욕으로 불충과 불효를 저지른 순임금은 정식 천자(天子)로서 인정받지 못하고 있던 차에, 소원하던 관계를 회복하기 위하여 우의 간청을 받아들이고, 단군왕검 천제께 치수에 도움을 요청하는 상소를 올렸던 것이 된다.

이에 단군왕검 천제께서는, 신하로서 아비인 유호씨(有戶氏)의 훈계를 듣지 않고 불효와 불충을 저지른 순(舜)의 상소문을 읽고서, 자신만의 권력욕이 아니라 백성을 자식처럼 보살피기 위하여 천자(天子) 자리에 앉고 싶었다며 실토를 하고 용서를 구하는 글귀와, 치수(治水)에 관한 도움을 절절히 간청하는 글귀에서, 순의 진정성을 알게 되었던 것이며, 이에 순을 진정한 천자(天子)로 인정하시고, 진한(眞韓)으로서 섭정을 하던 태자 부루(太子扶婁)에게 천하(天下)의 백성들이 물의 피해에서 벗어나도록 도산(塗山)으로 가서 치수법(治水法)을 전수(傳授)하고 오라 명하였던 것이다.

이리하여 서기전 2267년에 태자 부루는 측근을 데리고 도산(塗山)으로 행차하여 가면서 번한(番韓)에 들러 반달 간 민정(民情)을 청문(聽聞)하였으며, 그 후 번한 낭야(琅耶)를 대동하여 도산으로 향하여 가던 중 낭야로 하여금 태산(泰山)에 올라 천제(天祭)를 올리게 하였다. 이후 태산에서 올리는 천제(天祭)가 고대중국의 역사에서 대대로 이어졌던 것이 된다.

순임금에게 치수에 관한 상소를 올렸던 사공 우는 그때부터 태자 부루를 뵙기 위한 절차로서 100일간 목욕재계(沐浴齋戒)하였고 회계산(會稽山)에 올라 백마(白馬)의 피로 제(祭)를 올리기도 하였다.

이리하여 서기전 2267년에 도산(塗山)에 도착한 태자 부루 일행은 미리 마련하게 한 회의장에 들러 착석하고, 태자 부루가 회의를 주관하며 번한 낭야가 사회를 맡아 회의를 진행하였던 것이다.

이때 도산회의(塗山會議)에서 태자 부루는 사공(司空) 우(禹)에게 치수법이 담긴 홍범구주(洪範九疇)를 전수하여 주었고, 치수에 관한 전권(專權)을 상징하는 천부왕인(天符王印)과 물의 깊이를 재는 자(尺)인 신침(神針)을 전수하였다. 또한, 순이 새로이 설치한 병주(幷州), 유주(幽州), 영주(營州) 중 병주는 그대로 두고 유주와 영주는 폐지하여 단군조선 영역에 편입시켰던 것이다.

도산회의 이후에 사공 우는 구주(九州)를 돌아다니며 산과 물을 다스려 치수에 성공하게 되었던 것이다. 치수에 필요한 인적 물적 재원을, 사람과 물자를 부릴 수 있는 권한을 부여한 왕권 또는 전권(專權)의 상징물인 천부왕인(天符王印)으로써 조달하였던 것이며, 물의 깊이와 둑의 넓이 등을 신침(神針)으로 측정하여 물을 빠지게 하고 둑을 축조하였던 것이고, 이러한 치수의 원리는 황구종(皇矩宗)이라는 황제(皇帝)의 큰 가르침인 홍범구주(洪範九州)라는 책에 있었던 것이다. 이 황구종 또는 홍범구주를 금간옥첩(金簡玉牒), 신서(神書)라고 부른다.

여기서 금간옥첩(金簡玉牒)은 금판(金版)과 옥(玉)을 다듬어 만든 책에 글자를 새긴 것을 가리키는데, 이때 단군조선은 가림토38자를 정립하기 이전이므로 상형문자인 신전(神篆: 眞書, 참글)을 새긴 것이 분명하다. 신서(神書)는 신령(神靈)스런 책이라는 의미이다.

이리하여 서기전 2288년에 발생하여 서기전 2280년까지 물바다에 빠졌던 소위 요순시대 9년 대홍수는, 사공 우의 노력으로 서기전 2267년 도산회의를 계기로 태자 부루의 가르침을 받들어 치수를 마무리 하였던 것으로서, 22년 이상 걸린 것이 된다.

아마도 서기전 2267년부터 본격적으로 치수에 돌입하여 최소한 1년 이상 몇 년을 걸려 완수한 것이 될 것이다.

이때 우(禹)가 백익(伯益)과 함께 돌아다니며 산천지리(山川地理)와 문물(文物) 등을 기록하는 임무를 이행하였던 것인데, 이때 만든 기록이 소위 산해경(山海經)으로서 서기전 2267년의 도산회의에서 태자 부루의 명을 받아 치수와 관련한 보고서 차원에서 실행한 것이며, 시기적으로 보면 서기전 2247년까지 사이에 작성되었던 것이 된다. 서기전

해 코끼리 = 高象 = 舜의 아우 象

2267년 이후 서기전 2247년까지 태자 부루는 5년마다 한 번씩 순임금을 감독하던 감우(監虞)라는 관청을 둔 산동반도의 현 청도 지역인 낭야성(琅耶城, 가한성)에 순시(巡視)하여 순임금으로부터 치수 등의 국정보고를 받았다. 이를 우공(虞貢)이라 하며, 사공 우가 그 임금인 순에게 보고하는 것은 우공(禹貢)이 된다.

치수에 성공한 사공 우(禹)는 서기전 2267년과 서기전 2247년 사이에 남악(南嶽)인 형산(衡山)에 올라 그 봉우리에 치수기념비(治水記念碑)를 세우면서, 태자 부루의 공덕(功德)을 새겼다. 우(禹)가 세운 치수기념비는 그 취지대로 부른다면 우치수기념 부루공덕 비(禹治水記念扶婁功德碑)가 되는데, 비문의 내용에는 신(神)

에게 정성으로 제(祭)를 올리니 홍수가 물러가고 입을 것과 먹을 것이 풍족하게 되어 평화가 찾아왔다라고 적고 있는 바, 여기서 태자 부루는 삼신(三神) 상제(上帝)의 사자(使者)로서 천사(天使)이므로 또한 신격(神格)을 지니는데, 우가 제(祭)를 올린 신(神)에 해당하는 것이 된다.

서기전 2247년 이후에 순임금은 태도를 바꾸어 반역(叛逆)을 행하였는데, 태자 부루가 단군왕검 천제께서 노쇠하여 순시를 하지 않던 틈을 악용하여, 서기전 2267년에 단군조선에 의하여 폐지되었던 유주(幽州)와 영주(營州)를 단군조선의 남국(藍國)의 인근에 다시 설치하였던 것이다.

서기전 2240년에 단군조선의 제2대 천왕이 된 부루 천왕은 천자(天子) 순(舜)의 소행을 보고받고, 군사를 내어 유주와 영주를 정벌하여 각 제후를 봉하였으며, 이후 순을 제거토록 명하였던 것이다. 이에 따라 천사(天使) 유호씨는 작은 아들 유상(有象)과 치수에 공이 큰 우(禹)에게 명하여 순(舜)을 협공(協攻)하도록 명하였고, 결국 순은 남쪽으로 창오(蒼梧)의 들로 피하던 중, 서기전 2224년에 우(禹)의 군사들에게 추격당하여 살해당하였던 것이며, 이때 순의 두 아내도 강물에 투신 자결하였던 것이다.

(아) 하(夏)

서기전 2224년에 순을 제거한 우(禹)는 처음에는 유호씨의 명을 대기하다가, 공백이 된 천자 자리를 탐하여, 몰래 군사를 모으고 무기를 보수하면서, 명(命)을 받지 않고 도산(塗山)을 수도로 정하여 스스로 하왕(夏王)이라 칭함으로써, 요(堯)임금의 제왕참칭(帝王僭稱)의 전철을 밟았던 것이다.

하우(夏禹)는 단군조선의 봉국제도(封國制度)를 흉내 내어 마음대로 제후(諸侯)를 봉하여 조공(朝貢)을 받는 등 폭돌한 정치를 펼치자 수많은 백성들이 도망쳐 단군조선의 영역으로 피하니, 이에 우가 국경을 봉쇄하여 더 이상 도망가지 못하게 하였다.

우의 소행을 지켜보던 유호씨(有戶氏)는 우(禹)에게 권사(權士)를 보내어 가르침을 주었으나, 우는 오히려 위협이고 모욕이라 하며 전쟁을 불사하였고, 이에 유호씨는 수천의 군사로써 우를 치니, 서기전 2198년경에 우는 모산(茅山:회계산)의 진중(陣中)에서 죽고, 서기전 2197년에 우의 아들 계(啓)가 왕이 되었는데, 계도 우매하여 가르침을 알지 못하므로, 유호씨는 하(夏)나라를 가르치는 것을 포기하고 서남(西南)의 제족들을 가르치기 위하여 약 30년간의 전쟁을 마감하고 군사를 물렸던 것이다. 서남의 제족은 서방 즉 수메르506) 등지의 백소씨족(白巢氏族)과 남방 즉 인도지역의 흑소씨족(黑巢氏族)을 가리킨다.

이후 하나라는 주변의 단군조선 자치제후국들의 간섭과 통제를 받았고 하나라 왕은 묵시적인 천자(天子)로서 예를 갖추어 단군조선에 조공(朝貢)을 하는 등, 서기전 1767년까지 18대 458년간 이어졌다.

서기전 1766년에 원래 하(夏)나라의 제후국이던 은(殷)나라의 제후 탕(湯)은 이윤(伊尹)을 재상으로 삼고, 단군조선의 군사적 원조를 받아 하나라 걸왕(桀王)을 쳐서 멸하고 은(殷)나라를 세웠다. 이해에 단군조선의 번한 사전(沙佺)이 고죽국(孤竹國)의 임금인 묵태씨(墨胎氏)를 파견하여 은탕의 천자(天子) 즉위를 축하하여 주었다.

이후 은나라는 간혹 전쟁광의 왕이 나와 단군조선의 영역을 침공하기도 하였으나, 단군조선의 천자국으로서 조공을 바치고 천제(天祭)를 도왔으며, 주왕(紂王)의 폭정으로 서기전 1122년에 주(周) 나라 무왕(武王)에게 망하기까지 30대 645년간 이어졌다.

(자) 주(周)

서기전 1122년에 원래 은(殷)나라의 제후국이던 주(周) 나라의 무왕(武王)이 은나

---

506) 우리 역사상 가지에 해당하는 수메르의 상고대사와 관련한 역사 정립이 필요하다

라를 멸망시키고 주나라를 세웠다. 단군조선에서
는 숙신(肅愼)을 사자로 보내어 주무왕의 천자 즉
위를 축하해 주었다. 이후 주나라 천자는 단군조
선에 조공(朝貢)을 하고 천제(天祭)를 도왔다.

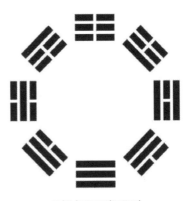

은(殷)귀장역(歸藏易)

　주(周) 나라는 단군조선의 봉국제도를 본떠 제
후를 각각 봉하여 서주(西周)시대에는 대체적으
로 안정적으로 다스렸으나, 제13대 평왕(平王)
때인 서기전 770년에 이르러 각 제후들이 패권
을 다투기 시작함으로써 주(周) 나라 천자(天子)
가 유명무실하게 된 춘추(春秋)시대가 되었고, 제32대 위열왕(威烈王) 때인 서기전
403년 이후에는 제후국들이 전쟁을 일삼게 되어 전국(戰國) 시대가 되었으며, 서기
전 334년 이후에는 제(齊), 진(秦), 연(燕), 한(韓), 위(魏), 조(趙) 등 6국의 각 제후들
이 왕(王) 즉 천자(天子)라고 모두 칭하게 됨으로써 사실상 주나라 천자(天子)는 무
시당하였다.

　결국 서기전 256년에 주나라 난왕(赧王)이 진(秦)나라 소왕(昭王)에게 항복함으
로써 주나라는 사실상 망하였으며, 서기전 249년에 군반(君班)을 마지막으로 대가
끊기어, 주나라는 서기전 1122년부터 서기전 249년까지 합38대 874년간의 역사
를 가진다.

　소위 중화(中華) 또는 중국(中國)이라는 명칭은 주(周) 나라 춘추시대 이후에 생
긴 용어이며, 이는 동서남북에 주(周) 나라를 둘러싸고 있던 단군조선의 자치제후국
들을 동이(東夷), 서융(西戎), 남만(南蠻), 북적(北狄)이라고 뭉뚱그려 격하(格下)시
키면서 스스로 높인 용어가 되는데, 다만, 동이(東夷)는 원래 구이(九夷)를 통할하는
단군조선 삼한(三韓) 본국을 가리키는 것이므로, 중국내륙의 동이(東夷) 또한 번한
관경(番韓管境)에 속하므로 구이(九夷)의 중추(中樞)인 동이(東夷)에 해당한다.

　중국의 기록에서 이(夷)를 본격적으로 야만족으로 취급한 것은 진한(秦漢)시대 이후가 된다. 그리하여 중국 스스로 그들의 뿌리(父)이자 하늘(君)이자 스승(師)의 나라인 이(夷)를 부정(否定)하고 멸시하고 야만시하고 심지어 진정한 역사(歷史)를 은닉(隱匿), 날조(捏造) 또는 왜곡(歪曲)함으로써, 조상과 하늘을 향해 침을 뱉는 꼴이며, 신(神)을 능멸하고 있는 것이 된다.

단군조선의 천자국(天子國)이 되는 당우하은주(唐虞夏殷周)의 단군조선(檀君朝鮮)과의 관계역사(關係歷史)는 뒤편에서 좀더 상세히 살펴보기로 한다.

5. 서언왕의 나라 서국(徐國)의 흥망

주(周) 나라(서기전 1122년~서기전 249년) 시대에 중국내륙의 동쪽에 "서(徐)"라는 나라의 왕이었던 서언왕(徐偃王)이 동이족(東夷族)이었다는 사실은 상식일 것이다. 아마도 막연히 동이족의 나라였다고 알고 있을 수도 있다.

그러나, 역사적으로 기록을 자세히 보면 서(徐)라는 나라 즉 서국(徐國)은 단군조선이 중국내륙의 동쪽인 산동지역에 서기전 1236년에 봉하였던 제후국이며, 주(周) 나라와 전쟁을 하고 한때 중국내륙의 동이(東夷) 세력의 중심이었다는 것을 알 수 있게 된다. 서국은 중국기록에 의하여 서이(徐夷)라고도 불리는데, 서기전 1236년부터 오(吳)나라 합려왕에게 망한 때인 서기전 512년까지 725년간 존속한 나라가 된다.

서언왕(徐偃王)의 나라가 단군조선의 제후국이었다는 것은 단군세기(檀君世紀)에 보면 그대로 나타난다. 그리고 중국역사책인 후한서(後漢書) 동이열전(東夷列傳)에도 동이족의 나라였음을 분명히 하고 있다.

물론, 서언왕의 상국(上國)이나 본국(本國)이 어디였는지는 적고 있지는 않다. 그것은 주(周) 나라도 마찬가지로 그 상국(上國)이 따로 있었기 때문이다. 바로 단군조선이 그들의 상국(上國)으로서 천국(天國), 천왕국(天王國)이었던 것이다.

서언왕의 "서(徐)"라는 나라는 중국내륙의 주나라를 견제하고 동이세력을 규합하는 역할을 하였으며, 이에 주나라는 서기전 1236년경부터 존속한 소위 서언왕의 나라인 서국(庶國, 徐夷)과 서기전 1122년부터 서기전 512년까지 약 610년간 병존하였고, 그외 동이족의 나라인 회국(淮國)과는 서기전 221년경까지 약 900년간 병존하였으며, 그 외에도 여러 지역에 자리잡았던 수 많은 동이족(東夷族)의 나라와 병존하였던 것이 된다.

주(周) 나라가 사실상 제후국들의 패권주의 정책과 정복전쟁으로 말미암아 천자국(天子國)의 자리를 무시당하는 전국시대(戰國時代, 서기전 404~서기전 249년)에도 중국내륙의 동쪽인 회대(淮岱)지역에는 동이(東夷)의 세력들이 여전히 활동하고 있었다.

진시황(秦始皇)이 중국을 통일하면서 중국내륙의 동이들이 진(秦)나라에 흡수되면서 비로소 단군조선 자치제후국들이 자취를 감추게 되고, 진(秦)나라와 한(漢) 나라와 대립하던 단군조선 후예들의 세력은 주로 만리장성(萬里長城) 밖에서 펼치게 되었다. 진한시대 만리장성 바로 밖에는 흉노(匈奴), 선비(鮮卑), 동호(東胡) 등 여러 명칭으로 불리는 단군조선의 후예(後裔) 세력들이 있었던 것이다.

흉노(匈奴)는 서기전 2177년 열양(列陽)의 욕살(褥薩)이던 색정(索靖)이 죄를 지어 약수(弱水)에 유배당한 후, 뒤에 사면되어 그곳에 봉해져 흉노족(匈奴族)의 시조가 되었다고 기록되고 있다.

열양(列陽)은 열수(列水)의 남쪽이라는 말이 될 것인데, 열수는 큰 지류가 여럿인 지금의 고하(沽河)가 되고, 이에 열양은 고하의 남쪽 지역으로서 포괄적으로는 대요수(大遼水)이던 지금의 영정하 동쪽에 위치하여 요동(遼東)지역에 속하게 된다. 욕살은 성주(城主)나 원(原)의 책임자로서 지방장관이 되며, 제후(諸侯)가 되는 한(汗)의 아래 직위가 된다. 때에 따라 욕살(褥薩)이 승진하여 한(汗)으로 봉해지기도 하였다.

또, 선비(鮮卑)는 서기전 5000년경 한국(桓國) 시대에 12한국(桓國) 중의 하나로서 배달나라(檀國)와 단군조선(檀君朝鮮) 시대를 거치면서 명맥을 유지하여 왔으며, 서기전 1622년에 그 선비국의 남쪽의 일부지역에 단군조선에서 단군의 아우를 남선비(南鮮卑)의 대인(大人)으로 봉한 사실이 있다.

동호(東胡)는 단군조선(檀君朝鮮)의 번한(番韓, 번조선)을 가리키는 다른 명칭이 되기도 한다. 경우에 따라 동호에는 선비(鮮卑)와 흉노(匈奴)와 구려(句麗)가 포함된다고 할 것이다. 이 동호(東胡)라는 말이 중국어로 퉁후에 유사한 소리로서 퉁구스족(通古斯族)을 가리키는 것이며 곧 선비(鮮卑)를 가리키는 것도 된다. 즉, 흉노, 선비, 구려, 동호는 모두 구족(九族) 중의 황족(黃族)으로서 곧 황이(黃夷)이며, 북이(北夷)이고, 북융(北戎)이며, 북적(北狄), 산융(山戎)으로 불리기도 하는 것이다.

고대중국에서는 주로 만리장성 밖의 동쪽에 있는 번한(番韓), 번조선(番朝鮮) 사람들을 동호(東胡)라고 불렀던 것이 된다. 번한은 고죽국(孤竹國), 남국(藍國), 청구(靑邱國) 등의 제후국을 관할하였는데, 단군조선 전기에는 번한이라는 나라의 관경은 요수(遼水)가 되는 지금의 북경 부근을 흐르는 영정하(永定河)를 포함하여 동쪽의 발해만유역과 서쪽의 요서(遼西)지역과 남쪽의 산동(山東) 지역과 회수(淮水) 지역까지였다.

그러다가, 단군조선 후기인 서기전 909년 이후에는 차츰 산동지역의 청구(靑邱), 남국(藍國), 엄국(淹國), 서국(徐國), 회국(淮國) 등이 주나라의 제후국이던 제(齊), 노(魯) 등의 침공으로 축소되거나 래이(萊夷), 개이(介夷), 양이(陽夷), 우이(隅夷), 엄이(淹夷), 남이(藍夷), 서이(徐夷), 회이(淮夷) 등 소위 내륙8이(夷)로 불리면서 병존해 왔던 것이 되고, 서기전 650년경에 고죽국(孤竹國)을 잃음으로써, 번한(번조선)은 지금의 영정하(永定河)인 대요수(大遼水)의 동쪽 즉 요동(遼東) 지역과 진번(眞番)의 남쪽이 되는 지금의 요하(遼河) 즉 요동반도 서쪽으로 발해만 유역에 해당하는 지역을 관할하게 되었던 것이고, 회대지역의 소국(小國)의 제후국들은 거의 독립자치제로 내려온 것이 된다.

단군조선에는 삼한(三韓)을 두어 진한(眞韓), 마한(馬韓), 번한(番韓)이라 하였는데, 진한은 북보(北堡)로서 북쪽 지역을 관할하고, 마한은 남보(南堡)로서 남쪽 지역을 관할하며, 번한은 서보(西堡)로서 서쪽 지역을 관할하였다.

이중 번한의 관할에 지금의 북경 남쪽에 있었던 고죽국(孤竹國), 발해만 남쪽인 산동지역에 있었던 청구국(靑邱國), 청구국의 남쪽에 있었던 남국(藍國:藍夷), 그 후 청구(靑邱)의 서쪽이자 남국(藍國)의 북쪽 지역에 봉해졌던 엄국(淹國:淹夷), 남국(藍國)의 남쪽 지역에 봉해졌던 서국(徐國:徐夷), 회수(淮水) 지역에 봉해졌던 회국(淮國:淮夷), 그 외 내륙8이(夷)에 속하는 래이(萊夷), 개이(介夷), 양이(陽夷), 우이(隅夷) 등의 단군조선 제후국들이 속하였던 것이다.

여기서는 단군조선 번한관경 내 중국내륙의 동이세력 중 서국(徐國)을 중심으로 흥망(興亡)을 살펴보고, 회국(淮國) 등 동이세력의 존망을 간략히 알아보기로 한다.

(1) 서국(徐國)의 출현

단군조선 제23대 아홀(阿忽) 천왕 때인 서기전 1236년 을유년(乙酉年)에 남국군(藍國君) 금달(今達)이 청구군(靑邱君)과 구려군(句麗君)과 주개(周愷)라는 곳에서 모여서 몽고리(蒙古里)의 군사와 함께, 은(殷)나라를 정벌하며 깊숙이 들어가 회대(淮岱)의 땅을 평정하고, 포고씨(蒲古氏)를 엄(淹), 영고씨(盈古氏)를 서(徐), 방고씨(邦古氏)를 회(淮) 땅에 각각 봉하였다.[507]

서기전 1236년은 단군조선 23대 아홀 천왕(서기전 1237년~서기전 1162년)의 2년이 되는 해이며, 은(殷)나라의 제24대왕 조갑(祖甲:서기전 1259년~서기전 1226년))의 24년이 되는 해가 된다.

남국(藍國)은 산동지역의 남중부지역에, 청구(靑邱)는 산동반도를 포함한 산동지역의 중북부지역에 위치하였고, 구려(句麗)는 번조선(番朝鮮)의 북쪽 지역에 소재하였으며, 구려의 서남쪽에는 고죽국(孤竹國)이 위치하고 구려의 서북쪽에는 몽고리(蒙古里)가 있었다. 구려의 서쪽, 몽고리의 남쪽, 고죽국의 북서쪽에는 선비(鮮

---

507) 전게 한단고기 〈단군세기〉, 101쪽 참조

卑)가 있었다. 선비의 남쪽에는 흉노(匈奴)가 있었다.

단군왕검은 서기전 2333년경 남국(藍國)에 치우천왕의 후손이 되는 치두남(蚩頭男)을 봉하였고, 청구(靑邱)에 고시씨(高矢氏)의 후손을 봉하였으며, 구려(句麗)에는 둘째 아들인 부소(扶蘇)를 봉하였다. 이들 모두 천군국(天君國)에 해당하며, 천후국(天侯國)의 하나인 천자국(天子國)보다 훨씬 윗 단계의 봉작(封爵)이 된다. 즉 일반제후의 순으로 보면 군(君), 공(公), 후(侯), 백(伯), 자(子), 남(男)의 순서가 되고 여기에 각 천(天)자를 붙이면, 천군(天君), 천공(天公), 천후(天侯), 천백(天伯), 천자(天子), 천남(天男)의 순서가 되는 것이다.

몽고리(蒙古里)는 단군조선 제4대 오사구(烏斯丘) 천왕이 서기전 2137년 아우 오사달(烏斯達)을 한(汗)으로 봉한 나라이다. 천군국(天君國)이 된다.

서국(徐國)의 시조는 영고씨(盈古氏)가 된다. 서국(徐國)의 위치는 대체적으로 지금의 산동반도 내륙의 남쪽에 있는 서주(徐州) 지역이 될 것인데, 회대(淮岱)지역의 남북으로 보아 중간에 해당하는 땅, 즉 중토(中土)가 된다.

회대(淮岱)의 땅은 동이(東夷)의 근거지로서 동이(東夷)에 속하는 남이(藍夷. 엄이, 서이, 회이를 포함)가 주로 차지하였다. 회대지역은 산동지역의 대산(岱山=泰山=岱宗)에서 회수(淮水)까지 이르는 지역이다. 회수의 남쪽에는 양자강이 있고 양자강 유역에서 남해안에 이르기까지 적이(赤夷=南蠻)의 땅이 된다. 물론 청구(靑邱) 지역은 황이(黃夷)지역이 된다. 그리하여 회대(淮岱) 지역에는 통틀어 동이(東夷)라고 불리는 남이(藍夷)와 황이(黃夷)가 있었고, 여기에 양자강 유역의 적이(赤夷)도 일부 혼합되어 있었다고 보인다.

엄국, 서국, 회국은 고대중국의 역사기록에서 엄이(淹夷), 서이(徐夷), 회이(淮夷)로 불리기도 하였다. 모두 천후국(天侯國)에 해당하는 나라로서 족속으로는 주로 남이(藍夷)의 무리가 된다.

고대중국의 기록에서는, 서기전 1199년부터 서기전 1195년 사이에 "무을(武乙)이 쇠하고 동이(東夷)가 번성하였는데, 드디어 회대(淮岱)의 땅으로 나누어 옮겨가

서 중토(中土. 가운데 땅)를 점거하였다"라고 적고 있다.〈後漢書 東夷列傳 참조〉

역사기록으로 보면, 서기전 1199년경에 해당하는 시기에 동이(東夷)라는 명칭이 처음 등장하는 것이 된다. 즉, 이때는 서이(西夷) 세력이 서서히 등장하는 시기로서 주(周) 나라를 염두에 두고 은(殷)나라의 동쪽을 동이(東夷)라고 부르기 시작한 것이 된다. 서이(西夷)의 나라인 주(周) 나라가 중화(中華), 중국(中國)으로 스스로 부르면서 단군조선의 본국을 동이(東夷)로 부르게 되는 것이다. 즉, 서기전 1199년경부터 단군조선을 동이(東夷)라고 기록하면서 서이(西夷)의 나라인 주(周) 나라는 중화(中華), 중국(中國)으로 기록된다.

춘추전국시대 중화주의(中華主義) 학자들이 주(周) 나라를 찬양하면서, 서이(西夷) 세력을 주축으로 한 사이(四夷)의 나라인 중화(中華)와, 구이(九夷)의 나라인 단군조선을 사방으로 나누어 그 본국이 되는 삼한(三韓) 즉 진한(眞韓), 마한(馬韓), 번한(番韓)을 동이(東夷)라 부르게 된 것이다. 동이(東夷) 외 구이(九夷)에 속하는 이족(夷族)으로서 주(周) 나라 서쪽은 서융(西戎), 남쪽은 남만(南蠻), 북쪽은 북적(北狄)으로 나누어 불렀다. 서융은 주(周) 나라에 복속하지 아니한 서이(西夷=白夷)의 무리이고, 남만은 적이(赤夷), 북적은 황이(黃夷)이다.

무을(武乙)은 은(殷)나라 제27대 왕으로서 무도(無道)한 자였으며 서기전 1199년부터 서기전 1195년 사이에 재위하였는데, 이때 동이에 속하는 엄(淹), 서(徐), 회(淮) 등이 회대(淮岱) 사이의 땅을 차지하였다는 것이다. 즉, 서기전 1236년에 단군조선의 제후국으로 봉해졌던 엄국(淹國), 서국(徐國), 회국(淮國)이 은나라 말기가 되는 서기전 1197년경에 에 산동의 태산지역에서 남쪽으로 회수지역에 걸쳐 땅을 확고히 차지하였다는 것이 된다.

또, 고대중국 기록에, "무을(武乙) 3년(서기전 1197)경에 무을이 쇠하게 되자, 동이(東夷)의 침범이 잦아지고, 드디어 회대(淮岱)의 땅으로 나누어 옮겨가서 중토(中土. 가운데 땅)에 머무니 소위 서이(徐夷)가 이들이다."〈博物志〉

여기서는 서이(徐夷)가 회대(淮岱)의 땅 중에서 중간에 해당하는 곳을 차지하였다고 기록한 것이 된다. 서국 즉 서이의 땅은 태산과 회수 사이의 중간에 해당하는 것이 되는데, 이를 두고 중토(中土)라고 적은 것이 된다. 또, 서이(徐夷)가 곧 동이(東夷)임을 나타내고 있는데, 동이(東夷) 중에서 특히 서이(徐夷)가 회대지역에서 번성하였다는 것을 알려주고 있다.

고대중국의 기록에서 구이(九夷)의 일부 명칭으로 풍이(風夷), 황이(黃夷), 우이(于夷), 견이(畎夷), 방이(方夷), 남이(藍夷), 서이(徐夷) 등이 나타나는데, 모두 단군조선의 백성들로서, 황이, 우이, 견이, 방이는 황이(黃夷)에 속하는 동이(東夷)이며, 풍이, 남이, 서이(徐夷)는 황이(黃夷) 또는 남이(藍夷)에 속하는 동이(東夷)가 된다.

단군조선은 서기전 2333년 10월 3일 단군왕검이 구이(九夷)의 추대로 임금이 되어 건국되었고, 특히 고대중국 내륙의 동쪽에 있던 남이(藍夷. 일명 風夷), 서이(徐夷)는 주(周) 나라와 밀접한 관련이 있는 동이(東夷)이며, 서쪽에 있던 이족(夷族)들은 서이(西夷)이고, 황이(黃夷)의 일파인 견이(畎夷)가 서이(西夷) 근처에 분포되어 있었다.

단군조선의 중앙조정의 나라인 진한(眞韓, 眞朝鮮)은 특히 현이(玄夷. 玄은 북쪽을 의미)라고 오월춘추(吳越春秋)에 적고 있기도 한데, 이때의 현이는 단군조선 9족에 해당하는, 흑수(黑水) 즉 흑룡강 유역에 거주하던 현족(玄族)이 아니라, 단군조선 본국조정(本國朝廷)의 진한(眞韓)을 가리키는 것이 된다.

구이(九夷)는 곧 구한(九桓)으로 구족(九族)이며, 옛 한국(桓國) 및 배달나라(檀國)의 구성 부족으로서, 실질적인 중국의 시조가 되는 황제헌원(黃帝軒轅) 때인 서기전 2698년경부터 요(堯), 순(舜), 하(夏), 은(殷)나라 시대에 이르기까지 줄곧 고대중국의 주위는 물론 파미르고원의 동쪽으로 동해(東海)까지 퍼져 살고 있던 단군조선의 아홉 부족인 것이다.

다만, 단군왕검이 구려분정(九黎分政)을 실시하였다라고 할 때의 구려(九黎)는 산동지역에서 회수지역에 걸치는 회대(淮岱)지역의 내륙동이(內陸東夷)인 내륙8이(夷) 또는 내륙9이(夷)를 가리키는 것으로서, 단군조선 전체의 9족(族), 구이(九

夷)를 가리키는 것이 아니다.

회대(淮岱)지역의 구려분정(九黎分政) 실시는 순(舜)임금 때인 서기전 2267년 경이 되는데, 이때 순(舜)임금의 나라인 우(虞)의 동쪽에 있던 회대(淮岱) 지역의 단군조선 제후국들을 천자(天子) 순(舜)으로 하여금 감독하게 하였던 것이며, 서기전 2247년 이후인 순임금의 말기에 이르러 순임금 스스로 이들 제후국들을 침범하여 단군조선의 군국(君國)인 남국(藍國)의 인근에 유주(幽州)와 영주(營州)를 함부로 설치함으로써 단군조선을 반역하였다가, 결국 단군조선의 군사와 순(舜)의 직속 신하인 우(禹)의 군사의 합공(合攻)으로 망하게 되었던 것이다.

단군조선의 가르침으로 치수(治水)에 성공하고 순(舜)임금을 제거하는 데 공(功)을 세운, 하(夏)나라 시조가 된 우(禹)는 처음에는 단군조선(檀君朝鮮)의 명령을 따랐으나, 권력욕에 눈이 멀어 순을 죽인 후 천자자리가 탐이나 결국 단군조선을 반역하여 스스로 하왕이라 칭하고 독단을 차렸던 것이며, 단군조선의 봉국(封國)제도를 흉내 내어 마음대로 제후를 봉하여 조공을 받는 등 폭돌한 정치를 펼쳤던 것이다.

서기전 1236년에 세워진 단군조선의 제후국인 서국(徐國, 徐夷)의 땅은 요순시대와 하나라 및 은나라 시대에는 단군조선의 군국(君國)이던 남국(藍國)의 땅에 속하였다가, 중도에 남국(藍國)의 세력이 쇠퇴하여 그 영역이 축소되었던 것이 되는데, 서기전 1236년에 다시 남국(藍國)이 부흥(復興)하여 은(殷)나라를 정벌하고 회대지역을 평정하였던 것이며, 이에 단군조선이 그 땅에 회대지역의 북쪽인 태산(泰山)지역으로부터 회수(淮水)지역에 이르기까지 차례로 엄국(淹國), 서국(徐國), 회국(淮國)을 봉했던 것이 된다. 서국(徐國)은 회대(淮岱)지역의 남북으로 나누어 보면 중부(中部)에 해당되어 그 중간 지역으로서 중토(中土)가 되는 것이다.

(2) 서국(徐國)의 전성시대

주(周) 나라는 원래 은나라의 서쪽에 있던 제후국으로서 서이(西夷)이고, 견이(畎夷), 서융(西戎), 여(黎) 등의 근처에 있었다. 서융은 서이 중에서 나중에 주(周) 나라에 복속하지 아니한 무리를 가리키는 것이다. 견이를 견융(畎戎)이라고도 한다.

중국기록에서 서이(西夷)에는 지용(之踊), 촉(蜀), 강(羌), 미(微), 노(盧), 팽(彭) 등을 들고 있는데〈竹書紀年 참조〉, 이들 나라는 중원(中原)의 서편에 있었고 주(周) 나라를 도운 서이의 주축세력이 된다.

견이(畎夷)는 황이(黃夷) 중의 일파로서 주로 삼위산(三危山)에서 서안(西安)에 걸쳐 살던 한배달조선의 백성으로서, 배달나라 때인 서기전 3897년경에 반고(盤固)가 가한(可汗)이 되어 다스렸다. 견이의 후예가 돌궐이며 지금의 터키가 된다.

서융(西戎)은 주(周) 나라가 스스로 중화(中華)라고 자칭할 때 서이(西夷)를 격하시킨 말이며, 역사적으로는 한배달조선의 구족(九族)의 하나에 속하는 백족(白族) 즉 백이(白夷)를 다르게 부르는 명칭이 된다.

여(黎)라는 나라는 서기전 1266년에 여파달(黎巴達)이 서이(西夷)의 땅인 빈기(邠岐)의 땅에 봉해진 나라이다.

중국기록에서는, 서기전 1116년 "무왕(武王)이 붕하니 삼감(三監)과 회이(淮夷)가 배반하였고 주공(周公)이 정벌하였다"라고 기록하고 있다.[508]

여기서 서기전 1116년은 주나라 무왕(서기전 1134년 서백~서기전 1122년 무왕~서기전 1116년)의 7년이 되는 해인데, 무왕이 죽자 주무왕의 아우이던 관숙(管叔), 채숙(蔡叔), 곽숙(霍叔)의 삼감(三監)이 회이(淮夷)와 모의하여 난을 일으킨 것이며, 이를 주공이 진압하였다는 것이다.

삼감(三監)은 은나라를 멸망시킨 주무왕(周武王)이 은(殷)나라 주왕(紂王)의 아들인 왕자 무경(武庚)을 녹보(綠父)로 봉하고 은(殷)이라는 땅에 봉하여 은나라 유민을 다스리도록 하였는데, 이때 은나라 수도지역의 땅을 세 지역으로 나누어 아우인 관숙, 채숙, 곽숙을 봉하여 통치하면서 은의 왕 무경을 감시하도록 하였는 바, 이들 삼인을 삼감이라고 부르는 것이 된다.

---

508) 이재훈 역해, 서경 〈대고〉, 175쪽 및 범엽, 후한서 〈동이열전〉 참조

여기서 삼감과 함께 난을 일으킨 회이(淮夷)는 당시 서이(徐夷), 엄이(奄夷), 회이(淮夷) 등의 동이세력의 대표적인 예로 기록한 것이 된다.

주무왕이 죽고 성왕(成王)이 서기전 1116년에 즉위하였으나, 나이가 어려 주공(周公)이 섭정을 하게 되었고 이에 주공의 형제들이 불만을 가지게 되었는데, 여기 반란을 일으킨 형제들이 곧 관숙, 채숙, 곽숙인 삼감(三監)을 가리키는 것이며, 이틈에 은(殷)나라의 무경(武庚)이 동이(東夷) 세력인 서(徐), 엄(奄), 영(盈), 웅(熊), 박고(薄姑) 등과 연합하여 대규모 무장반란을 일으켜 신생국가인 주(周) 나라를 전복시키려 하였던 것이다.

회이(淮夷)는 곧 서기전 1236년에 회대지역의 남쪽이 되는 회수지역에 봉해진 단군조선의 회국(淮國)을 가리키는 것이며, 서(徐)는 회국과 함께 서기전 1236년에 회대지역의 중간지역에 봉해진 서국(徐國)으로서 서이(徐夷)인 것이고, 엄(奄)도 회국과 서국과 함께 서기전 1236년에 회대지역의 북쪽이 되는 태산지역에 봉해진 단군조선의 제후국인 엄국(淹國)으로서 엄이(奄夷)인 것이다.

그 외 영(盈), 웅(熊), 박고(薄姑) 등의 나라는 엄, 서, 회 외의 동이족의 나라로 은나라의 무경(武庚)에게 동조한 세력이 된다.

주공(周公)은 무왕의 아우인 주공 단(旦)을 가리키며, 은(殷)의 무경(武庚)과 삼감(三監)과 동이세력의 반란을 진압하여, 무경(武庚)과 관숙(管叔)을 죽이고, 채숙(蔡叔)은 귀양 보낸 뒤, 무경이 다스리던 땅은 주무왕의 아우인 강숙(康叔)에게 주어 위(衛)나라 제후로 봉하여 은나라 유민을 통치하게 하였던 것이다.

주나라 무왕이 사망하니 동이세력이 들고 일어났다는 것에서 고대중국의 하은주(夏殷周) 나라의 주변에 있었던 단군조선의 제후국이 되는 구이의 무리들이 항상 하은주를 견제하고 간섭하고 정벌하곤 하였던 것을 단적으로 알 수 있다.

특히 폭군이나 정치를 잘 못하거나 왕도에 어긋나는 경우에 동이세력은 반드시 군사를 일으켜 간섭하였다. 이를 중국입장에서는 배반이니 반란이니 도적질을 하였느니 하면서 와전하여 기록한 것이다. 여기서 주공이 성왕을 대리하는 섭정을 하게 도(道)에 어긋나는 것이라 여기고 동이세력이 삼감과 은의 무경에게 힘을 실어 준 것이 된다.

중국의 기록은 "중국이 예의를 잃으면 사이(四夷)에서 예의를 구했다 하거나, 천자(天子)가 자리를 잃으면 사이(四夷)에서 배웠다" 하는 등509) 하면서 사이(四夷)를 칭송하다가, 돌변하여 서융(西戎), 남만(南蠻), 북적(北狄) 등으로 격하시키거나, 배반이니 반란이니 도적질이니 하는 등 하면서 도덕군자를 하루아침에 도둑으로 모는 이율배반적인 기록을 하고 있는 경우가 많은 것이다.

또 중국기록에서, 주나라 제2대 성왕(成王, 서기전 1115년~서기전 1079년) 시대에, "관(管)과 채(蔡)가 주나라를 배반하여 이적(夷狄)을 불러들이니 주공(周公)이 정벌하고 드디어 동이(東夷)를 평정하였다"라고 기록하고 있다.510)

여기서 이적(夷狄)은 동이(東夷)와 북적(北狄)을 가리키는 말이다. 여기 동이는 중국내륙의 동이로서, 회이(淮夷), 서이(徐夷), 엄이(奄夷), 영(盈), 웅(熊), 박고(薄姑) 등의 단군조선 자치제후국을 가리키는 것이 된다. 주(周) 나라 북쪽의 고죽국 넘어 동북에 있는 동이는 단군조선 본국(진한, 마한, 번한)이다. 또 여기서 북적(北狄)은 주(周) 나라의 북쪽에 위치한 동이세력으로서 대표적으로 은나라 무경(武庚) 등의 무리를 가리키는 것이 된다.

또 중국기록에서 "성왕(成王)이 관숙과 채숙을 정벌하고 회이(淮夷)를 멸하였다"라고 기록하고 있다.511)

여기서 관숙과 채숙을 정벌하고 회이를 멸하였다는 것은 사실적 역사에는 어긋나는 부정확한 기록이 되는데, 성왕의 명을 받은 주공(周公) 단(旦)이 군사를 이끌고 가서 반란을 진압하였던 것이며, 무경과 관숙은 죽이고 채숙은 귀양을 보냈으며,

---

509) 범엽, 후한서 〈동이전 서문〉 및 전게 조선전 〈후한서 동이전 서문〉, 46쪽 참조
510) 범엽, 후한서 〈동이열전〉 참조
511) 상서 〈주서〉 및 범엽, 후한서 〈동이열전〉 참조

회이는 멸(滅)한 것이 아니라 패퇴시킨 것이 된다.

회이(淮夷)는 이후에도 서기전 221년까지 존속한 나라이다. 중국기록에서 서기전 878년과 서기전 828년 사이에 여왕(厲王)이 무도(無道)하여 회이(淮夷)가 들어와 도적질을 하였고 소공(召公)이 이를 정벌하였다고 하고, 서기전 221년 진(秦)나라가 육국을 멸하자 회이(淮夷)와 사이(泗夷)가 모두 흩어져 백성이 되었다라고 기록되는 바, 주나라 성왕 시대에 회이(淮夷)가 완전히 망한 것이 아니라 이후 계속 존속하고 있었던 것이 된다.

또 중국기록에서, "강왕(康王:서기전 1078년~1053년) 때에 숙신(肅愼)이 다시 왔고, 뒤에 서이(徐夷)가 왕을 참칭하고 구이(九夷)를 이끌고 종주(宗周)를 정벌하여 서쪽으로 하상(河上)에 이르렀다〈후한서 동이열전〉"라고 기록하고 있다.

여기서 강왕의 뒤에 서이(徐夷)가 왕을 참칭하고 구이(九夷)를 이끌고서 종주(宗周)를 정벌하여 서쪽으로 하상(河上)에 이르렀다라고 하는 기록이, 곧 서이(徐夷) 즉 서국(徐國)의 전성기를 가리키는 것이 된다.

강왕은 주나라 제3대왕이며, 강왕의 뒤는 제4대 소왕(昭王:서기전 1053년~서기전 1002년)과 제5대 목왕(穆王:서기전 1002년~서기전 947년) 등을 가리키는 것이 되는데, 이 기록은 특히 목왕 때 서국의 언왕(偃王)이, 종주(宗周) 즉 주(周) 나라 천자국(天子國)을 쳐서 36국(國)을 거느린 동방(東方)의 맹주가 되어 대국(大國)이 되었던 것을 가리키는 것이 된다.

서이(徐夷)는 서기전 1236년에 세워진 단군조선의 제후국으로서 천후국(天侯國)이 되는데, 왕(王)이라 칭하였다는 것은 군사를 일으켜 정벌활동을 하였다는 것을 가리키며, 주(周) 나라의 제후가 아니라 천자국 주(周) 나라와 대등한 왕국(王國)임을 나타낸 것이 된다.

이리하여 중국기록에서 주(周) 나라 시대에 종주(宗周)의 천자(天子) 외에 천자(天子) 즉 왕(王)이라고 칭한 나라로서 가장 이른 시기에 기록되는 나라가 서기전 990년경에 전성기를 누렸던 나라로서, 곧 산동지역에 있던 단군조선의 제후국인 서이(徐夷) 즉 서국(徐國)인 것이다. 이후 약 100년이 지나 서기전 890년경에 초나라가 왕을 칭한 것으로 기록되기도 하며 서기전 741년에 초나라 웅거(熊渠)가 왕을 칭하였다고 기록된다.

여기서 하상(河上)은 황하를 가리키는 것이 되는데, 서이(徐夷)는 산동지역의 중남부에 있던 나라로서 북쪽 또는 북서쪽으로 진격하여 황하에 이르렀다는 것이 되고, 그 영토가 500리에 달하였다라고 적히는 것이 되는데, 반경500리에 해당되고 직경으로는 1,000리에 달하는 나라로서 군국(君國) 이상의 일반 왕국(王國)에 버금가는 나라로서 주(周) 나라와 종주(宗主)를 다투었던 것이 된다.

종주(宗周)는 주나라의 제후국이 아닌 주나라 본국(本國)을 가리킨다. 종주(宗周)라고 적은 이유가 단순히 주(周) 나라가 천자국(天子國)으로서 제후국을 거느린 나라임을 나타낸 것일 수도 있으나, 서이(徐夷)의 상국(上國)임을 은연중에 과장하여 나타낸 것일 수도 있다. 어디까지나 서국(徐國) 즉 서이(徐夷)는 단군조선이 봉한 제후국이다. 서이의 나라와 주나라는 대등한 천하 왕국으로서 천후국(天侯國) 또는 천자국(天子國)이므로, 종주(宗周)라는 말은 주(周) 나라가 봉한 제후국의 주(主)인 주나라 자체를 나타내는 것이라 보면 될 것이다.

여기서 구이(九夷)는 단군조선의 구족(九族)이 되는 구이(九夷)를 가리키는 것이 아니라, 서국(徐國)의 주변에 있던 구이(九夷)로서 내륙의 동이(東夷)를 가리키는 말이 된다. 원래 단군조선의 구이(九夷)는 황이(黃夷), 백이(白夷), 남이(藍夷), 적이(赤夷), 현이(玄夷), 양이(陽夷), 우이(于夷), 방이(方夷), 견이(畎夷) 등의 단군조선의 구족(九族)을 가리킨다. 서이(徐夷)가 구이의 군사를 이끌고서 주나라를 쳤다는 그 구이(九夷)는 내륙의 동이(東夷)로서 회대지역에 산재한 수많은 단군조선의 제후국을 가리키는 것이며, 여기에는 엄이(淹夷), 남이(藍夷), 서이(徐夷), 회이(淮夷), 래이(萊夷), 개이(介夷), 양이(陽夷), 우이(隅夷), 사이(沙夷) 등의 동이세력을 가리키는 것이 된다.

또, 중국기록에서, "목왕(穆王:서기전 1001년~서기전 947년)이 두려워하여 동방의 제후를 나누어 서언왕(徐偃王)을 주인으로 섬기도록 명하였으며, 서언왕은 인의를 행하니 육지의 나라로서 알현한 곳이 36국이다"라고 기록하고 있다.512)

여기서 주나라 목왕은 제5대왕이며, 서이(徐夷)가 두려워 서언왕(徐偃王)을 동방세력의 맹주(盟主)로 인정하여 주나라 제후국들까지 서국에 속하도록 하였던 것이 되며, 이때 서국(徐國)의 제후국이 36개국이나 되었던 것이 된다. 즉 목왕이 동방의 제후국들을 빼앗기는 등으로 36국이 서언왕에게 복속한 것을, 마치 주나라가 종주(宗主)로서 서국(徐國)에게 허락한 것처럼 윤색하여 기록한 것이 된다.

이 36국 안에는 동이세력도 있었지만, 주(周) 나라의 제후국이 되는 산동지역의 제(齊), 산동지역의 태산 서쪽의 노(魯), 하남성의 송(宋), 하남성의 채(蔡), 상동지역의 조(曹), 하남성의 정(鄭), 하남성의 위(衛), 하남성의 진(陳) 등 주나라 서울의 동쪽에 있던 동방(東方)의 나라들을 포함한 36국(國)이 서국(徐國)에 조공을 바친 것이 된다.

주나라 목왕(穆王) 시절은 서국(徐國)이 봉해진 지 약 230년 이상 지난 때로서 1대를 약 30년으로 계산하면, 시조 영고씨(寧古氏)로부터 약 8대를 지나 서언왕(徐偃王)이 출현한 것이 된다. 이후 약 10대가 지나는 시기로 약 300년이 흐른 서기전 680년경 서언왕의 약 10대 후의 왕이 초(楚)나라 문왕(文王)에게 패하여 수도를 함락당하면서 서산(徐山)으로 수도를 옮기고 축소되었던 것이 된다.

또, 중국기록에서, "여왕(厲王:서기전 878년~서기전 828년)이 무도(無道)하여 회이(淮夷)가 들어와 도적질을 하였으며, 소공(召公)이 이를 정벌하였다"라고 기록하고 있다.513)

여기서 이 기록은 회이(淮夷)가 주(周) 나라 성왕(成王) 때 멸망한 것이 아니라, 존속하고 있었음을 단적으로 보여준다. 대체적으로 고대중국의 구이(九夷)나 동이

---

512) 범엽, 후한서 〈동이열전〉 및 전게 조선전 〈동이전 서문, 후한서〉, 44쪽 참조
513) 범엽, 후한서 〈동이열전〉 참조

(東夷)에 관한 기록은 곧이곧대로 믿을 바가 못되며, 구체적으로 살펴 분석해 보아야 알 수 있는 것이 된다.

주나라 제10대왕인 여왕(厲王)이 도(道)에 어긋나는 짓을 하므로 회이(淮夷)가 군사력으로 간섭한 것이 된다. 즉 기록을 보면 하(夏)나라 이후 계속적으로 주변의 이족(夷族, 단군조선의 제후국)들이 하은주(夏殷周) 나라를 견제(牽制)하고 통제(統制)하거나, 정치에 간섭하거나 정벌(征伐)하기도 하였던 것을 단적으로 알 수 있는 것이다.

또, 중국기록에, 유왕(幽王:서기전 781년~서기전 771년)이 음란하자 사이(四夷)가 번갈아 가며 침범하였으며, 제환공(齊桓公)에 이르러 패업을 이루어 이를 물리쳤고, 초나라 영왕(靈王)이 신(申)에서 회합하니 역시 회맹에 동참하였으니 초영왕(楚靈王), 채후(蔡侯), 진후(陳侯), 정백(鄭伯), 허남(許男), 회이(淮夷)이라고 기록하고 있다.514)

서주(西周)시대의 마지막 제12대왕인 유왕(幽王)이 음란하여 도에 어긋나는 짓을 하는 등 정치를 잘못 하자, 주나라 주변에 있던 사이(四夷)가 정치에 간섭한 것이 되며, 단순히 땅을 욕심낸 침범이 아니라고 보인다.

여기서 사이(四夷)는 주나라 주변의 동서남북에 둘러싼 사이가 아니라, 주나라 동쪽 중국내륙의 회대(淮岱)지역에 있던 4이(夷)로 보인다. 기록으로 보아 회이(淮夷), 사이(泗夷), 서이(徐夷), 사이(沙夷)로 추정된다. 사이(沙夷)는 사수(沙水) 지역의 나라가 되고, 사수(沙水)는 회수(淮水)의 지류로서 하류 쪽에 있으며 북에서 남으로 회수에 합류하는 강이다.

한편, 양자강 유역의 섬 지역에 살던 이족을 도이(島夷)라고 하는데, 도이는 남이(藍夷)나 적이(赤夷)의 무리가 된다. 남이(藍夷)는 대체적으로 동이(東夷)로 불리며, 적이(赤夷)는 양자강 남쪽에 사는 족속으로서 주나라 춘추전국 시대 이후로 남

---

514) 범엽, 후한서 〈동이열전〉 참조

만(南蠻)이라 불린다.

서기전 690년에 제(齊)나라 양공(襄公)이 기(紀)국을 멸망시켰는데, 이 기국(紀國)은 산동지역의 동이족 국가로서 단군조선의 제후국이 되는 것이다.

제환공(齊桓公:서기전 685년~서기전 643년)이 서기전 679년부터 패업을 이루어 주(周) 나라를 대신하여 종주(宗周)를 침공하였던 사이(四夷)를 물리쳤던 것이라 적은 것이며, 초나라 영왕(靈王:서기전 541년~서기전 530년)은 제환공보다 약 130년 후의 인물인 바, 초영왕이 개최한 신(申) 땅의 회합(會合)에 초영왕(楚靈王), 채후(蔡侯), 진후(陳侯), 정백(鄭伯), 허남(許男), 회이(淮夷)가 참석하였다라고 하여, 특히 사이(四夷) 중의 회이(淮夷)가 주나라의 제후국인 초(楚)나라에 복종한 것으로 강조한 것이 된다.

여기서, 채후(蔡侯)와 진후(陳侯)는 후작(侯爵)인 제후이며, 정백(鄭伯)은 백작(伯爵)인 제후이고, 허남(許男)은 남작(男爵)인 제후로서 모두 천자국(天子國)인 주(周) 나라의 제후국이 되며, 회이(淮夷)는 동이(東夷)의 나라로서 단군조선 천왕국(天王國)의 제후국인 천후국(天侯國)이 된다.

한편, 서기전 632년에 거(莒)나라와 주(邾)나라가 존재하고 있었는데, 산동지역에 있던 동이족 국가가 된다. 거나라는 서기전 551년까지도 존속한 것으로 기록된다. 또, 서기전 567년에 제(齊)나라가 래이(萊夷)를 멸망시켰다 하는 바, 래이(萊夷)는 산동지역에 존재하던 동이족 국가이며, 고죽국(孤竹國)의 후신(後身)이 된다.

(3) 서국의 쇠퇴와 멸망

중국기록에, "목왕(穆王)이 조보(造父)에게 초(楚)나라로 하여금 서(徐)국을 멸하게 명하라 하여 하루만에 초나라에 이르렀는데, 이에 초나라 문왕(文王)이 크게 군사를 일으켜 서국(徐國)을 멸하였는바, 언왕은 인자하나 권세가 없어 차마 싸우지 못하니 패전하게 되었으며, 이에 언왕이 북으로 팽성(彭城) 무원현(武原縣) 동산(東山) 아래로 달아나니 백성들이 그를 따른 자가 수만이었고, 이로 인하여 그 산이름을 서산(徐山)이라 하였다〈후한서 동이열전〉"라고 기록하고 있다.

이 기록은 연대가 맞지 않다. 즉 약 300년의 시차가 있는 기록인데, 주(周) 나라 목왕(穆王)은 서기전 1001년에 즉위하였으며, 초(楚)나라 문왕(文王)은 서기전 689년에 즉위하였던 것이다.

즉, 주나라 목왕이 조보(造父)를 초나라에 보내어 서국을 멸망시키라고 명하였던 때는 늦어도 서기전 980년경이 될 것이며, 실제 초나라의 문왕이 서국을 정벌한 때는 서기전 680년경이 되어 약 300년의 시차가 있는 것이다.

이러한 기록은 주나라의 입장에서, 약 300년이 지난 후대에 초(楚)나라가 팽창하면서 서국(徐國)을 정벌한 것을 두고, 이미 300년 이전에 주(周) 나라가 제후국이 되는 초(楚)나라에 명령(命令)한 것을 후대에 수행한 것처럼 기록한 것이 되는 바, 이는 역사날조에 버금가는 것이라 할 것이다. 다만, 한편으로는 300년의 역사를 몇 줄로 압축하여 적었다고 이해하면 될 것이다.

초(楚)나라 문왕(文王:서기전 689년~서기전 677년)은 서주(西周)시대의 제5대 목왕(穆王) 시대가 아닌, 서기전 770년부터 시작된 춘추(春秋)시대가 되는 동주(東周)시대의 제16대 이왕(釐王:서기전 682년~서기전 677년) 때가 된다.

조보(造父)라는 인물은 주나라 목왕(穆王)을 섬겨 공을 세워 조성(趙城)에 봉해져 조씨(趙氏)의 시조가 되었는데, 조보(造父)의 조부(祖父)가 비렴(蜚廉)이며, 비렴의 아들에 여방(女防)이라는 자가 있고, 여방의 후대에 비자(非子)가 있었는데, 이 비자가 진(秦)나라에 봉해졌다. 비렴의 성씨는 영(嬴)이므로 조보(造父)의 원래 성씨가 영(嬴)인 것이다. 즉 조(趙)나라와 진(秦)나라의 공동 조상은 비렴(蜚廉)이 된다.515)

서기전 680년경 초나라 문왕(文王)이 크게 군사를 일으켜 서국(徐國)을 정벌하였으나 실제로는 완전히 멸망시킨 것이 아니며, 서국이 수도를 서산(徐山)으로 수

---

515) 전게 십팔사략(상), 106쪽 및 147쪽 참조

도를 옮긴 것이 된다.

여기서, 왕은 인자하나 권세가 없어 차마 싸우지 못하니 패전하게 되었으며, 이에 언왕이 북으로 팽성(彭城) 무원현(武原縣) 동산(東山) 아래로 달아나니 백성들이 그를 따른 자가 수만이었고 이로 인하여 그 산 이름을 서산(徐山)이라 하였다라고 하는 데서, 소위 서국의 왕이 초나라와의 전쟁에서 싸우지 못하고 패전하여 서산이라 불리는 곳으로 피한 것이 되는데, 수만의 백성들이 따라갔던 것으로 보아 폭군이 아니라 왕도(王道)를 실천하던 인자한 왕이었던 것이다.

서국은 서기전 680년경에 초나라에 패하여 팽성(彭城) 무원현(武原縣) 동산(東山)으로 수도를 옮겼으며, 이후 이곳이 서국(徐國)의 산(山)으로서 소위 서산(徐山)으로 불리는 것이다.

이후 서국(徐國)은 서기전 668년에 제(齊)나라 환공(桓公) 때 제나라에 병합되었다라고 기록되고 있다. 이때는 주나라 제17대 혜왕(惠王:서기전 677년~서기전 652년) 시대이며, 제(齊)나라 환공(桓公:서기전 685년~643년) 시대이고, 초(楚)나라 성왕(성왕: 서기전 672년~서기전 590년) 시대로서, 관중(管仲)이 제나라의 재상으로 있었고 제(齊)나라가 주(周) 나라를 이끌던 때로서, 제환공의 패자 12년째가 되는 해가 된다.

그런데, 다시 서기전 530년에 초(楚)나라 영왕(靈王) 때 초나라가 서국(徐國)을 정벌하였으며, 서기전 526년에도 제(齊)나라 경공(頃公) 때 제나라가 서국(徐國)을 정벌하였다라고 기록되는 바, 이는 서국이 제나라에 복속하였던 서기전 668년 이후에 망하지 않고 독립을 쟁취한 것이 되며, 서기전 512년에 오(吳)나라의 합려왕(闔閭王)에게 완전히 망할 때까지 존속한 것이 된다.

즉, 서국(徐國)은 서기전 680년경 초나라에 의하여 완전히 망한 것도 아니며, 서산(徐山)으로 옮겨가 존속한 것이 되고, 서기전 668년에 제나라 환공에게 정벌당하여 제나라에 병합되었으나 완전히 멸망한 것이 아니라 복속하던 제후국에 해당하는 나라로 존속한 것이 된다.

여기서 언왕(偃王)은 서국(徐國)의 왕을 가리키는 명칭이 되는데, 실제 역사상 서 언왕(徐偃王)은 주나라 목왕(穆王) 시절인 서기전 990년경 인물이나, 서기전 680 년경의 사건에 관한 기록에서 언왕(偃王)이라 한 사실에서, 서언왕의 후손인 왕을 통칭 언왕이라 부른 것이 된다.

서기전 512년 오(吳)나라가 서국(徐國)을 정벌하여 멸망시켰다. 이때부터 비로 소 서국(徐國), 서이(徐夷), 서(徐)라는 명칭이 역사기록에서 사라지게 된다.

이리하여 서국(徐國) 즉 서이(徐夷)는 서기전 1236년부터 서기전 512년까지 725년간 존속한 나라가 된다.

(4) 중국내륙 동이 세력의 소멸

서국(徐國)의 전성기가 되는 서기전 990년경 서언왕 (徐偃王) 시대에 서국(徐國) 에게 복속하였던 36국이 거의 동이족 국가라고 보아도 무방하다고 보이는데, 황하 남쪽으로 하남성에서 산동지역과 회수지역에 걸치는 것이 된다.

이때는 황하 남동쪽으로 산동지역에 걸쳐 소재하였던 것으로 보이는 기(杞), 허 (許), 등(滕), 설(薛), 주(邾), 거(莒), 강(江), 황(黃), 추(鄒), 양(梁) 등의 제후국 말고 도, 주(周) 나라의 제후국이 확실한 산동지역의 제(齊), 산동지역의 태산 서쪽의 노 (魯), 하남성의 송(宋), 하남성의 채(蔡), 산동지역의 조(曹), 하남성의 정(鄭), 하남 성의 위(衛), 하남성의 진(陳) 등, 주나라 서울의 동쪽에 있던 동방(東方)의 여러 제 후국들이 36국(國)에 속하였던 것이 된다.

중국기록에서, "서기전 221년 진(秦)나라가 육국(六國)을 병합하자 회이(淮夷) 와 사이(泗夷)가 모두 흩어져 백성이 되었다"라고 기록하고 있다.[516]

진시황(서기전 247년~서기전 210년)은 서기전 221년에 제(齊), 초(楚), 진(秦), 연(燕), 한(韓), 위(魏), 조(趙)의 전국칠웅(戰國七雄), 즉 칠국(七國)의 전국(戰國)시

---

516) 범엽, 후한서 〈동이열전〉 및 전게 조선전 〈동이전 서문, 후한서〉, 45쪽 참조

대를 마감하고 주(周) 나라 땅이던 중국내륙을 통일하였다.

즉, 진시황(秦始皇) 이전의 진왕(秦王) 정(政)은 서기전 247년에 즉위하여, 서기전 240년에 소국이던 위(衛)나라를 멸망시켰고, 서기전 230년에는 전국칠웅의 하나인 한(韓)나라를 멸망시켰으며, 서기전 225년에는 위(魏)나라를 멸망시켰고, 서기전 223년에는 초(楚)나라를 멸망시켰으며, 서기전 222년에 조(趙)나라와 연(燕)나라를 멸망시켰고, 마지막으로 서기전 221년에 제(齊)나라를 멸망시킴으로써 통일을 이루어, 진시황(秦始皇)이라 자칭하였던 것이다.

회이(淮夷)는 회수(淮水) 지역에, 사이(泗夷)는 사수(泗水) 지역에 자리잡고 있던 동이족의 나라이며, 진(秦)나라가 육국 중에서 마지막으로 제나라를 평정할 때인 서기전 221년에 진시황에 의하여 완전히 중국에 흡수된 것이 된다.

회이(淮夷) 즉 회국(淮國)은 서기전 1236년에 단군조선의 제후국으로 시작하여 서기전 221년에 진나라에 망하니 1,016년의 역사를 가지는 나라가 된다.

사이(泗夷)는 언제부터 시작되었는지 불명인데, 아마도 남이(藍夷) 계통에 속하는 동이족이 세운 나라가 될 것이다. 산동지역의 청구(靑邱) 외 회대(淮岱)지역의 동이족(東夷族)이 곧 남이(藍夷) 계통이 된다. 즉 이 남이계통에 엄이(淹夷), 남이(藍夷), 서이(徐夷), 회이(淮夷), 사이(泗夷), 사이(沙夷) 등이 속하는 것이다.

회이(淮夷)와 같은 시기인 서기전 1236년에 세워졌던 서국(徐國) 즉 서이(徐夷)는 서기전 512년에 오(吳)나라에 이미 망하였으며, 회이는 이후에도 약 300년간 더 존속한 것이다.

한편, 서기전 221년에 제(齊)나라가 망한 후, 회사(淮泗) 즉 회이(淮夷) 또는 사이(泗夷) 출신이던 서복(徐福, 徐巿)은 진(秦)나라를 배반하려 계획하고서 서기전 217년 진시황에게 신선불로초(神仙不老草)를 찾는다고 핑계를 대고서, 동남동녀, 기술농업 전문가 등 500여명과 함께 배를 타고 바다로 들어가 도망쳤으며, 이에 지금의 일본 땅에 도착하였고 서기전 208년에 죽으니, 이세(伊勢) 땅에 서복의 무덤이 있다. 이세는 일본의 국조신(國祖神)이라 불리는 천조대신(天照大神)517) 요하

유(大日靈:오~하이류)의 신궁이 있는 곳이기도 하다.

서복(徐福)의 88대 조상은 황제헌원(黃帝軒轅)이며, 후대의 직계조상은 하(夏)나라에 벼슬을 하였고, 은(殷)나라 때는 조선(朝鮮)에 벼슬을 하였으며, 주(周) 나라 때 초(楚)나라에 벼슬을 하였다가, 윗대 조상이 동이지역인 회사(淮泗)지역에 살았던 것이 되고, 서복은 한(韓)나라의 백성이 되었던 것이 된다.

여기서 서복의 조상이 벼슬하였던 조선(朝鮮)은 회대지역의 단군조선 관할 제후국 땅을 가리키는 것이 되는데, 은나라 시대인 서기전 1766년부터 서기전 1122년 사이에 회대지역에는 이미 남국(藍國)이 존속하고 있었고, 서기전 1236년에 엄국(淹國), 서국(徐國), 회국(淮國)이 봉해졌는바, 서복의 직계조상은 이미 존재하고 있던 남국(藍國)에 벼슬을 하였던 것이 된다.

다만, 은(殷)나라가 단군조선의 직접적인 후원으로 건국되어 제후국(諸侯國)인 천자국(天子國)으로 단군조선에서 공식적으로 인정한 사실로 보면, 서복이 자신의 조상이 은나라에 벼슬을 하였던 것을 조선(朝鮮)에 벼슬을 하였다라고 기록하였을 가능성도 전혀 배제할 수는 없는 것이 된다. 더 연구가 필요한 부분이다.

6. 구족(九族), 구한(九桓), 구려(九黎), 구이(九夷)

가. 의미와 연혁

(1) 구족(九族)

구족(九族)은 한국(桓國)의 구족에서 출발한다. 한국(桓國)은 서기전 7197년 갑자년에 천산(天山)을 수도로 하여 시작된 나라로서 3,301년의 역사를 가진다. 여기의 구족은 한국시대를 각 1,100년씩 3개의 시대로 나누어 전기, 중기, 후기로 나눌

---

517) 천조대신은 단군조선의 역사와 일본의 역사를 연결하는 실질적인 인물인 바, 그 정체의 역사를 명확하게 밝히는 것이 필요하다.

때 중기에 해당하는 유인씨(有因氏)의 한국시대에 이미 형성되었던 것이 되는 바, 최소한 서기전 5000년경 이전에 이미 구족이 형성되어 있었던 것이 된다.

한국(桓國)시대 이전을 전한국(前桓國) 시대라 할 수 있는데, 전한국시대는 곧 지금의 파미르고원에 있었던 성곽(城郭)의 나라인 마고성(麻姑城) 시대가 된다. 서기전 70378년경부터 서기전 7197년경 사이에 파미르고원에 소재하였던 마고성(麻姑城)은 단순한 성곽의 나라가 아니라, 당시 수도(首都)로서 12개의 성문(城門)을 통하여 내외부(內外部)를 오고가면서 동서남북의 주변 땅을 다스렸던 것으로 된다.

파미르고원의 마고성 시대에 이미 12족이 형성되어 있었다. 즉 황궁씨족(黃穹氏族)이 3파(派), 청궁씨족(靑穹氏族)이 3파(派), 백소씨족(白巢氏族)이 3파(派), 흑소씨족(黑巢氏族)이 3파(派)로, 모두 12파족(派族)이 된다.

서기전 7197년경의 사방분거(四方分居)의 때에 황궁씨족의 3파족(派族)과 청궁씨족의 3파족과 백소씨족의 일파인 지소씨족(支巢氏族)과 흑소씨족의 일파로 추정되면서 후대에 구족(九族) 중 하나라 되는 현족(玄族) 등 8파족(派族)이 파미르고원의 동북쪽과 동쪽으로 분거하였다.

이후 약 1,000년에 걸쳐 정착하는 과정에서 천산산맥을 따라 동북으로 분거한 황궁씨족의 3파족이 황족(黃族)이 되었고, 이 황족에서 다시 분파되어 양족(陽族), 우족(于族), 방족(方族), 견족(畎族)이 생겨나 모두 5족(族)이 되었다.

또, 청궁씨족의 3파족은 동쪽으로 향하여 갔으며 황하(黃河) 이남, 양자강 유역을 따라 분거하였고, 양자강의 북쪽에는 남족(藍族), 양자강의 남쪽에는 적족(赤族)을 이루어 모두 2족(族)이 되었다. 그리고, 백소씨의 일파인 지소씨족은 서기전 7197년 이전에 이미 먼저 동쪽으로 나가서 정착을 하였는데, 주로 서쪽 사막지대에 살아 백족(白族)이 되었다. 또, 동북으로 멀리 흑수(黑水:흑룡강)지역으로 가서 정착한 족속이 현족(玄族)이 되었다.

이리하여 사방분거 후 약 1,000년에 걸쳐 정착하였고, 정착 이후로 황족(黃族), 양족(陽族), 우족(于族), 방족(方族), 견족(畎族), 남족(藍族), 적족(赤族), 백족(白

族), 현족(玄族)이 되어 모두 구족(九族)이 형성되었던 것이다. 이때가 유인씨(有因氏) 한국(桓國) 시대가 되며 연대기적으로 서기전 6100년경이 된다. 이때의 구족(九族)은 씨족을 넘어서서 아홉 부족 즉 9 부족(部族)을 가리키게 된다.

역사적으로 한인씨(桓因氏) 이전의 한국(桓國)의 임금은 유인씨(有因氏)로서 통상 인류의 조상이라는 나반(那般)으로 불리는데, 유인씨가 곧 사방분거할 때 지상에 나타난 최초의 조상이 되는 것이다. 즉, 서기전 7197년경 파미르고원에서 사방으로 분거 할 때에 이미 유인씨가 황궁씨의 한 파족으로서 존재하였으며, 모두 12파족이 파미르고원을 떠나 사방에 정착하였던 것이므로, 황궁씨의 장자족이 되는 유인씨가 곧 대표적인 인류 조상으로서 우리가 나반이라 부르는 것이 된다.

나반(那般)은 불가(佛家)에서는 나반존자(那般尊者)로서 독성자(獨聖者)라 불리는데, 나반이라는 말은 우리말로 아버지이며 가부장제(家父長制)에서 곧 장(長: 어른)으로서 왕(王) 즉 임금이 되는 것이다. 나반이 되는 유인씨는 서기전 6100년경부터 서기전 5000년경까지 한국시대의 임금이었으며, 천지인 삼신(三神)의 삼권(三權)을 상징하는 천부삼인(天符三印)을 장자가 아닌 한인씨(桓因氏)에게 전수하였다.

(2) 구한(九桓)

구한(九桓)은 한국(桓國)의 구족(九族)을 가리키는 명칭이며, 앞에서 보았듯이 이미 서기전 61000년경이 되는 유인씨 시대에 9족이 형성되었던 것이며, 서기전 5000년경에 시작된 한인씨(桓因氏)의 한국(桓國) 시대에 한인(桓因)의 9형제가 나누어 다스렸던 것으로 기록되고 있기도 하다.

한국(桓國)의 구한(九桓)은 9족이면서 세습자치국(世襲自治國)이 된다. 여기에 다시 3한(桓)이 더하여 모두 12한국(桓國)이라 불리는 것이 된다.

실제로 12한국(桓國)은 구족(九族)의 분포 즉 구한(九桓)과는 정확히 일치하는 것이 아닐 것이며, 이는 한인씨(桓因氏)가 중앙과 팔방에 각 나라를 봉한 구한(桓)

에 다시 삼사(三師)의 직에 있었던 인물을 나라에 봉한 것으로도 보인다. 이미 한국 시대에 삼사오가(三師五加)의 제도가 있었던 것이 되는데, 이는 서기전 3897년에 한웅(桓雄)이 삼사와 오가와 무리 3,000을 이끌고 한국(桓國:하늘나라)에서 박달(檀)의 태백산(太白山)으로 가서 개천(開天)한 역사에서 드러나는 것이다.

이리하여, 한국(桓國) 시대에 본 임금인 한인천제(桓因天帝)는 중앙조정의 임금이 되고, 12 지방(地方)에 연방국을 둔 것이 된다. 이는 윷놀이판의 모습과도 같으며, 사방 12성문(城門)의 마고성 제도를 본 받은 것이 된다.

즉, 한국(桓國)은 영역이 동서 2만리 남북 5만리가 되고, 나누면 12한국이 되는데, 비리국(卑離國), 양운국(養雲國), 구막한국(寇莫汗國), 구다천국(句茶川國), 일군국(一群國), 우루국(虞婁國:畢那國), 객현한국(客賢汗國), 구모액국(句牟額國), 매구여국(賣句餘國:稷臼多國), 사납아국(斯納阿國), 선비국(鮮卑國:豕韋國,通古斯國), 수밀이국(須密爾國)이다.

여기서 위치상으로 양운국, 구막한국, 구다천국, 일군국, 객현한국, 구모액국, 매구여국, 선비국 등은 통틀어 황족(黃族)의 나라가 되고, 비리국은 현족(玄族)의 나라가 되며, 수밀이국은 방족(方族)의 나라가 된다.

위 12한국 중에서 일군국은 북유럽, 우루국은 서방의 수메르지역, 사납아국은 남방의 인도지역에 위치한 것으로 추정된다. 그리하여 우루국은 백소씨족의 나라, 사납아국은 흑소씨족의 나라가 되는 것이다.

(3) 구려(九黎)

구려(九黎)는 아홉 여족(黎族)을 의미하는데, 주로 배달나라 시대 치우천왕(蚩尤天王)의 백성을 가리키는 용어가 된다.

서기전 2706년에 즉위한 치우천왕은 수도를 지금의 산동지역이 되는 청구(靑邱)에 정하였는데, 사실상 청구가 수도일 뿐이지 배달나라 전체 영역이 아닌 것이며, 배달나라의 영역은 곧 한국(桓國) 시대의 구족(九族)의 땅이 되는 것이다. 그래서, 치우천왕의 백성을 구려(九黎)라 할 때의 구려는 곧 배달나라 전체의 구족(九族), 구한(九桓)을 가리키는 것이 된다.

한편 단군조선의 군후국(君侯國)의 하나인 구려(句麗:구리,가우리)는 단군조선의 영역으로 보아 거의 중간에 위치한 나라가 되어 가운데 땅 즉 중국(中國)이라는 의미를 가진다.

(4) 구이(九夷)

구이(九夷)라는 용어는 아홉 이족(夷族)이라는 말이며, 우리 스스로 부른 명칭이 아니라 고대중국에서 그들의 조상이자, 스승이자, 임금의 나라인 단군조선 더 나아가 배달나라를 부른 명칭이 된다.

단군조선은 구족(九族)의 나라 즉 구한(九桓)의 나라이며, 타칭으로 구이(九夷)의 나라가 되는 것이다.

즉, 고대중국은 한배달조선의 구족(九族)인 황족(黃族), 양족(陽族), 우족(于族), 방족(方族), 견족(畎族), 남족(藍族), 적족(赤族), 백족(白族), 현족(玄族)의 족을 이(夷)라는 글자를 써서 각 황이, 양이, 우이, 방이, 견이, 남이, 적이, 백이, 현이라 부른 것이 된다. 여기서 남이(藍夷)를 풍이(風夷)라고 부르기도 한다.

남이(藍夷)는 후대에 산동지역의 청구를 수도로 삼은 치우천왕의 중심백성으로서 치우천왕의 후손이라 불리는 것이 되고, 풍이(風夷)는 태호복희의 후손으로서 또한 산동지역에 분포하였던 까닭으로 치우천왕의 중심백성이었던 것인 바, 남이와 풍이는 포괄적으로 같은 족속이 되는 것이다.

고대중국의 기록에서 경우에 따라 북쪽의 황이(黃夷)를 북이(北夷), 북융(北戎), 북적(北狄)으로, 서북쪽의 견이(畎夷:犬夷)를 견융(犬戎)으로, 남쪽의 적이(赤夷)를 남만(南蠻)으로, 바꾸어 부르거나 비하한 명칭인 비칭(卑稱)을 사용하였던 것이 된다.

또, 서쪽의 백이(白夷)는 후대에 서이(西夷)의 중심이 되었는데, 견이와 더불어 포괄적으로 서융(西戎)이라 불리기도 하였던 것이 된다. 북쪽 멀리에 떨어진 현이(玄夷)를 포함하여 단군조선의 중앙조정이 있던 진조선(眞朝鮮)을 오월춘추(吳越春秋)에서는 북쪽의 이(夷)라는 말로서 현이(玄夷)라고 부르고 있다.

　고대중국에서 적고 있는 이(夷)라는 말은 족속(族屬)을 가리키기도 하고 나라(國)를 가리키기도 한다. 특히 은(殷)나라와 주(周) 나라 시대에 중국내륙 동쪽의 산동지역과 회수(淮水) 지역에 걸쳐 있던 남이(藍夷), 엄이(淹夷), 서이(徐夷), 회이(淮夷), 래이(萊夷), 개이(介夷), 양이(陽夷), 우이(隅夷) 등의 이(夷)는 원래 단군조선의 제후국의 국(國)을 달리 부른 명칭이 된다.

　주(周) 나라 춘추전국시대 이후에는 주나라 사람들이 중화주의(中華主義)에 빠져 스스로 중화(中華), 중국(中國)이라 하고, 그들의 조상이자 스승이자 임금의 나라인 단군조선의 백성이던 9족을 사방으로 나누어, 동서남북의 동이, 서융, 남만, 북적으로 비하(卑下)하여 불렀다. 다만, 처음에는 동이(東夷)의 이(夷)가 오랑캐의 뜻이 아니며, 대궁(大弓)을 찬 대인(大人)으로서 그들의 뿌리조상이라는 의미를 가지고 있었다.

　이(夷)라는 글자는 인인궁궁(人人弓弓)으로서 원래 궁(穹)에서 나온 글자이며, 이 궁(穹)은 곧 구족의 종주이던 황궁씨(黃穹氏)와 중국내륙의 동쪽으로 분거정착한 청궁씨(靑穹氏)의 궁(穹)인 것이며, 글자모양은 바로 피라미드형 제단(祭壇)을 나타내고 있는 것이 된다.

나. 분포지역

　구족(九族), 구한(九桓), 구려(九黎), 구이(九夷)의 분포지역은 파미르고원의 동쪽 전체에 걸친다.[518]

---

518) 전계 부도지 및 을파소 전수, 참전계경 총론 및 전계 한단고기 〈삼성기 전 하편〉, 〈태백일사/한국본기〉 등 참조

(1) 황족(황이)

황족(황이)은 파미르고원의 동 북쪽으로 천산(天山)을 거쳐 북 으로 동으로 시베리아, 몽골, 만 주, 한반도, 연해주에 걸쳐 살았 는데, 마고할미의 장손족으로서 이후 역사의 종주(宗主)인 황궁 씨(黃穹氏)의 후예이다.

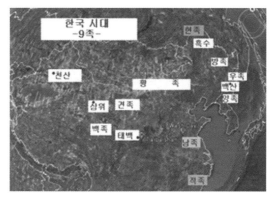

한배달조선 구족 분포도

(2) 양족(양이), 우족(우이), 방족(방이), 견족(견이)

황족(황이)에서 분파된 양족(양이)은 주로 개마(蓋馬) 즉 지금의 백두산 남쪽으로 한반도에 걸쳐 살았고, 우족(우이)은 개마 즉 백두산의 동쪽으로 연해주에 걸쳐 살았 고, 방족(방이)은 속말(粟末) 즉 송화강의 북쪽에 살았으며, 견족(견이)는 서쪽으로 삼 위산(三危山)에 걸쳐 살았다. 이들 4족을 포함하여 황족(黃族:黃夷)은 주로 황하(黃 河) 이북으로 몽골, 만주, 한반도, 연해주, 동서 시베리아 전역에 걸쳐 산 것이 된다.

(3) 현족(현이)

현족(현이)은 흑수(黑水) 즉 흑룡강 유역에 걸쳐 살았는데, 황족(황이)과는 달라, 아마도 서기전 7197년경 사방분거 시에 흑소씨의 일파가 황궁씨를 따라 나섰던 것 으로 추정된다. 소위 흑수말갈이 이 현족에 속하는 것이 될 것이다.

(4) 백족(백이)

백족(백이)은 서안 서쪽으로 황하상류지역의 사막지대에 걸쳐 살았다. 아시아 백 인종에 해당하는데, 서기전 7197년경 사방분거 시에 서방으로 간 백소씨(白巢氏)

의 일파로서, 서기전 8000년경에 먼저 파미르고원의 동쪽으로 나가서 황하상류, 사막지대 등에 정착한 것이 된다.

후대에 황족(黃族)의 일파인 웅족(熊族)과 서안(西安)이 위치한 태백산(太白山) 부근의 황하유역에서 전쟁을 한 호족(虎族)이 이 백족의 일파가 된다.

주나라 시대에는 주나라 서쪽의 백이(白夷)가 서이(西夷)로 불려지게 된다.

(5) 남족(남이)

남족(남이)은 중국내륙의 동쪽으로 황하하류, 산동지역, 회수지역, 양자강 북쪽에 걸쳐 살았으며, 청궁씨(靑穹氏)의 후예가 된다. 남족(藍族)의 남(藍)이라는 글자가 파랑색과 보라색의 중간 색인 쪽이라고 불리는 푸른색 계통이 되는데, 소위 몽골족의 푸른반점과 무관하지 않는다고 보이는데, 황궁씨족은 푸른 반점을 주로 엉덩이쪽에 가지고, 청궁씨족은 몸 전체에 있었던 것이 아니었는가 한다.

(6) 적족(적이)

적족(저이)은 남족처럼 중국내륙의 동쪽으로 분거한 청궁씨(靑穹氏(의 후예로서 주로 양자강 남쪽에 살았다. 후대에 남만(南蠻)이라 불리기도 하였다. 시대가 흐르면서 원래 남족(藍族)이었으나 사는 땅의 기후와 음식에 따라 피부색이 붉은 색으로 변한 것이 된다. 소위 아메리카 인디안은 원래는 황인종이었으나 아메리카대륙에서 살면서 피부색이 변하여 홍인종(紅人種)이라 불리는 것과 같은 이치가 된다.

다. 역사

(1) 황족(황이)

황족(黃族)은 마고할미의 장손(長孫)인 황궁씨(黃穹氏)의 후예로서, 한국(桓國), 배달(倍達, 檀國), 조선(朝鮮), 북부여-후삼한, 고구려-신라-백제-가야, 고려(高

麗)-요(遼)-금(金)-원(元), 조선(朝鮮)-청(淸)을 이어온 종주족(宗主族)이 된다.

황하(黃河) 이북에 존재한 거의 모든 이족(夷族)이 황족(黃族)이 되며, 여기에는 역사상 등장하는 맥족(貊族), 예족(濊族), 한족(韓族), 흉노족(匈奴族:훈족), 선비족(鮮卑族), 돌궐족(突厥族), 거란족(契丹族), 여진족(女眞族:숙신:말갈:읍루), 몽고족(蒙古族), 만주족(滿洲族) 등이 모두 포함된다.

여기서, 특히 맥족(貊族)은 원래 단군조선 시대에 주로 육지에 살던 사람들을 가리키는 것이 되고, 예족(濊族)은 물가에 사는 사람들을 가리키는 것이 되며, 한족(韓族)은 후삼한 땅이 되는 한반도에 사는 사람들을 가리키는 것이 된다. 고대중국에서 보면, 그들의 북쪽에 위치한 구려(句麗)를 중심으로 맥(貊)이라 기록한 것이 되며, 발해만 유역을 예(濊)라 기록하는 것이 된다. 원래 단군조선의 예(濊)는 동해(東海)에 해당하는 백두산의 동쪽 지역의 땅을 가리킨다.

한편, 고대중국의 역사상에 나타나는 중국의 실질적인 시조인 황제헌원(黃帝軒轅)을 비롯한 후대의 왕들이 거의 모두 황족(黃族)의 일파인 웅족(熊族)의 후예들이 된다. 그리하여 황족(黃族)은 고대중국의 뿌리가 되는 사이(四夷) 중의 북이(北夷)에 해당하는 것이다.

중국내륙의 동쪽이 되는 산동지역에 살았던 황족(黃族)으로서, 특히 산동반도 지역에 래이(萊夷), 개이(介夷), 우이(隅夷), 양이(陽夷)가 내륙 8이(夷)의 동이(東夷)에 속하였는데, 이중에서 래이(萊夷)는 고죽국(孤竹國)의 후예로 추정되고, 양이(陽夷)는 한반도의 양이로서 바다를 건너 이주해 온 일파로 추정된다.

산동반도에 소재하였던 래이, 개이, 우이, 양이는 주나라 춘추전국 시대에 제나(齊)나라에 복속되면서 서서히 흡수되었던 것이 된다.

(2) 양족(양이)

양족(陽族)은 황족(黃族)의 분파로서 주로 한반도에 자리잡아 살아 왔으며, 일부는 산동반도로 건너가 중국내륙의 동이(東夷) 8이(夷)의 하나인 양이(陽夷)라고 불리기도 한 것이 된다.

서기전 2333년 이후 단군조선 시대에 백두산 남쪽에 양족(陽族)의 개마국(蓋馬國)이 고구려 초기까지 이어졌다. 물론 지금의 대흥안령산맥 지역에 개마국이 따로 있었는데 여기 개마국은 대진국(大震國) 시대까지 이어졌던 것이 된다.

중국내륙의 동이에 속하는 양이(陽夷)는 산동반도 지역에 있었으며, 고대중국의 기록으로 보면 단군조선 시대 초기인 요임금시대부터 존재한 것이 되고, 주나라 시대에 제(齊)나라 부근에 있었던 것이 되며, 서기전 221년 진시황(秦始皇) 때 완전히 중국에 흡수된 것으로 된다.

양족(陽族)은 고대중국의 뿌리가 되는 사이(四夷) 중에서 동이(東夷)에 해당한다.

(3) 우족(우이)

우족(于族)은 황족(黃族)의 분파로서 주로 백두산의 동쪽 지역에 자리잡아 살았다. 서기전 2333년경 이후 단군조선 시대에 백두산 동쪽에 우족(于族)의 예국(濊國)이 봉해졌으며, 북부여 후삼한 시대에는 동해안 남쪽으로 팽창하여 동예(東濊)라고도 불리기도 하였다.

서기전 2173년에 두지주(豆只州) 예읍(濊邑)의 추장이던 소시모리(素尸牟犁)가 반란을 일으키다 여수기(余守己)에게 진압당하여 참수당하였는데, 후대에 소시모리의 후예인 언파불합이 단군조선의 장군(將軍)이 되어 서기전 772년에 지금의 일본 땅 구주(九州)에 있던 웅습(熊襲:구마모또)의 반란을 진압하여 협야(陜野)의 제후가 되었고, 서기전 667년에 언파불합의 아들인 배반명(도반명)이 다시 일본 땅 삼도(三島:九州, 本州, 四國)의 반란을 진압하였는데, 이때 협야후 배반명의 아우인 신무(神武)가 단군조선을 반역하여 왜(倭)를 세웠던 것이다.519)

---

519) 전계 한단고기 〈단군세기〉, 68, 109, 110쪽 및 성은구 역주, 일본서기, 고려원, 1993, 101~102족 참조 및 일본서기, 〈권제2 신대 하〉 참조

(4) 방족(방이)

방족(方族)은 황족의 분파로서 주로 속말(粟末) 즉 지금의 송화강 북쪽에 살았으며, 서기전 6000년경에는 한국시대 12한국(桓國) 중 수밀이국(須密爾國)이 있었던 것이 되고, 수밀이국은 단군조선 시대까지 존속하면서 단군조선에 조공을 바쳤다.

단군조선 시대에 수밀이국의 남서방향으로 송화강 유역의 방족(方族)의 땅에 숙신국(肅愼國)이 봉해졌던 것이다.

방족의 땅은 후대에 숙신(肅愼)의 뒤를 이어 말갈(靺鞨), 읍루(挹婁), 여진(女眞), 만주(滿洲) 등으로 불려졌다. 숙신(肅愼)이라는 말은 글자에서 나타나듯이, 단군조선의 수도이던 아사달(阿斯達)의 동쪽에 위치하여 해가 처음 떠오르는 지역으로서 근신(謹愼)하는 의미가 담겨져 있는 것이 된다. 말갈은 복장모습을 본뜬 말이 되고, 읍루는 우수리강 유역을 중심으로 한 명칭이 되며, 여진(女眞)은 고구려의 려(麗)와 대진의 진(震)을 조합한 여진(麗震)을 소리가 같은 다른 글자로 바꾼 즉 음차(音借)한 명칭이 되며, 만주는 지명을 딴 것이 된다.

(5) 견족(견이)

견족(畎族)은 황족(黃族)의 분파로서 주로 삼위산(三危山)을 중심으로 서방에 살았는데, 서기전 3897년경 한웅천왕의 개천(開天) 때에 반고(盤固)라는 인물이 삼위산(三危山)으로 10간(干) 12지(支)의 신장(神將:道術을 부리는 將帥)들을 이끌고 가서 제견(諸畎)의 가한(可汗)이 되었는바, 이때의 제견이 곧 모든 견족(畎族)을 가리키는 것이 된다.

후대에 견족은 단군조선 말기에 세력이 팽창하여 흉노족과 선비족 등과 더불어 역사상에 등장하는 돌궐족(突厥族)이 된다. 즉 돌궐족이 곧 견족의 후예인 것이다. 지금의 터키가 돌궐족의 후예이며 결국 견이의 후예가 되는 것이다.

견족은 고대중국의 뿌리가 되는 사이(四夷) 중에서 서쪽에 위치하여 백이(白夷)의 일파인 서이(西夷)와 더불어 일부 서이(西夷)에 속하는 것이 된다.

(6) 현족(현이)

현족(玄族)은 서기전 7197년경 사방분거시에 남방의 인도지역으로 이주한 흑소씨(黑巢氏)의 일파로 추정되는데, 황궁씨를 따라 동북으로 이동하여 멀리 흑수지역까지 가서 정착한 것이 된다.

현족은 주로 흑수(黑水) 즉 지금의 흑룡강 유역에 자리잡고 살았으며, 서기전 6000년경에 12한국의 하나로서 바이칼호 동쪽에 있었던 비리국(卑離國)의 주인공이 된다.

비리국은 고구려 광개토호태황(廣開土好太皇) 비문에 나오는 비려(裨麗) 또는 패려(稗麗)로 보이기도 한다. 광개토태황은 한국시대의 12한국(桓國)에 해당하는 구다천국(句茶川國), 매구여국(賣句餘國), 구모액국(句牟額國), 객현한국(客賢韓國), 구막한국(寇莫韓國) 등을 정벌하였다라고 광개토태황 비문에 기록되고 있다.[520]

여기서, 구다천국, 매구여국, 구모액국, 객현한국, 구만한국 등은 지금의 대흥안령산맥(大興安嶺山脈)에 걸쳐 주로 그 서쪽에 존재한 나라가 되는데, 비리국은 대흥안령산맥의 북서쪽 멀리에 지금의 바이칼호 동쪽에 위치한 나라가 된다. 한편, 구막한국은 단순히 거리상으로만 계산하면 바이칼호의 북서쪽으로 우랄산맥 가까운 곳에 위치하였던 것이 되는데, 광개토태황이 대흥안령산맥을 넘어서서 지금의 몽골 땅과 서시베리아 평원까지 휘젓고 다녔을 가능성도 있는 것이 된다.

---

520) 단단학회(檀檀學會) 발행의 광개토황비 비문 참조. 기존의 해독본에서는 구막한국은 보이지 않는데, 정확하게 연구해 볼 일이다. 구막한국은 위치상으로 바이탈호 서편으로 알타이산 부근에 있었던 것이 된다.

비리국 자리는 지금은 러시아 연방의 하나인 브리야트공화국 자리가 되는데, 지금의 브리야트공화국 국민들이 흑룡강 유역에 살았던 현족(玄族)과 후대의 말갈족(靺鞨族)의 후예가 될 것이다.

(7) 백족(백이)

백족(白族)은 서기전 8000년경 백소씨(白巢氏)의 일족인 지소씨(支巢氏)가 마고성(麻姑城)에서의 오미(五味)의 난(亂)에 대한 책임을 느끼고 부끄러워하여 먼저 동쪽으로 일족을 이끌고 나가 선착하여 형성된 족속으로서, 즉 지소씨의 후예가 되며 주로 사막지대에 살아 아시아 백인종이 된다.

서기전 7197년경에 사방분거 시에 황궁씨(黃穹氏)의 일파가 천산몽골 지역에서 남쪽으로 백족(白族)의 땅인 황하유역으로 이주하게 되었고, 이때 선착민(先着民)이 되는 지소씨족인 백족의 텃세로 인하여 충돌이 일어나 서로 죽이는 일이 발생하기도 하였는데, 이는 약 3,000년 후대가 되는 서기전 3900년경에 발생한 소위 호족(虎族)과 웅족(熊族)의 난(亂)의 시발점이기도 하다.

즉, 서기전 3897년경 이전에 황하 상중류 지역에 살던 황족(黃族)의 일파인 웅족(熊族)이, 부근에 살던 백족(白族)의 땅에 들어가 살려고 이주를 하다가, 백족이 텃세를 부리면서 웅족을 해하고 심지어 쫓아가서 죽이기도 하였는데, 이것이 곧 한국 말기에 벌어진 호족(虎族)과 웅족(熊族)의 전쟁인 것이다.

이때 한국(桓國)의 서자부(庶子部) 대인(大人)이었던 한웅(桓雄)이 홍익인간(弘益人間) 하려는 큰 뜻을 품고 있던 것을, 제7대 지위리(智爲利) 한인(桓因) 천제(天帝)께서 그 마음을 읽고서 천부삼인(天符三印)을 전수(傳授)하고 명을 내려 천하를 다스리라 하였던 것이며, 이에 한웅이 삼사오가(三師五加)와 무리 3,000을 이끌고 호족(虎族)과 웅족(熊族)의 전쟁이 벌어진 황하(黃河) 중상류(中上流) 지역으로 가서 태백산(太白山) 아래 신시(神市)라는 수도를 정하고 하늘나라의 도(道)를 실현하는 개천(開天)을 하였던 것이다. 이에 한웅천왕(桓雄天王)이 되어 호족과 웅족에게 하늘나라의 가르침을 주었는데, 웅족은 잘 따라 백성이 되었고, 호족은 끝내 따르지 않아 사방 밖으로 추방당하였던 것이다.

이때 추방당한 호족(虎族)은 뿔뿔이 흩어져 살았는데, 서기전 2698년에 헌원(軒轅)이 유웅국(有熊國)의 왕이 된 때, 황토고원(黃土高原)에 살던 토착민이 바로 호족(虎族)의 후손들이 되며, 이리하여 황제헌원이 다스린 나라의 백성이 곧 호전적(好戰的)인 족속으로서 백족(白族)의 일파인 호족(虎族)인 것이 된다.

후대에 은(殷)나라 제후국이던 서쪽의 주(周) 나라가 서이(西夷)의 영향하에서 세력을 키웠던 것인데, 이로써 주문왕과 주무왕을 서이(西夷) 출신이라 하는 것이며, 주(周) 나라의 주축세력이 바로 서이(西夷)였는데, 이 서이가 곧 백족(白族, 白夷)의 일파인 것이다. 그러나, 주나라는 나중에 스스로 중화(中華)라 높이고 서이(西夷)를 서융(西戎)이라 싸잡아 야만족으로 비하하여 버렸던 것이다.

서이(西夷)라는 말은 지역적으로 서쪽의 이족으로서 넓게는 백족(白族)을 가리키는 것이 되는데, 좁게는 하나라와 은나라의 서쪽에 있던 백족(白族), 주(周) 나라의 서쪽에 있던 서이(西夷)를 가리키는 것이 된다. 물론, 서이(西夷) 땅에 들어와 살던 견이(犬夷, 犬戎), 흉노(匈奴, 北戎) 등을 싸잡아 서융(西戎)이라고도 불렀던 것이라 할 수 있다.

(8) 남족(남이)

남족(藍族)은 서기전 7197년경 사방분거시에 동쪽으로 이주한 청궁씨(靑穹氏)의 후예로서 적족과는 같은 씨족에서 출발한 것이 되며, 주로 황하 하류의 남쪽으로 산동지역에서 양자강 하류의 북쪽에 걸쳐 살았다.

후대에 서기전 3528년경에는 태호복희가 산동지역의 진(陳) 땅에 세운 진제국(震帝國)의 백성이 되기도 하였고, 이후 서기전 3218년경에 염제신농씨가 태호복희의 나라를 접수하여 세운 염제국(炎帝國)의 백성이 되기도 하였으며, 이후 서기전 2706년경 배달나라 제14대 치우천왕이 수도를 산동지역의 청구(靑邱)로 옮기면서 중심백성이 되기도 하였다. 이리하여 남이(藍夷)를 치우천왕의 후손이라고도 부르며, 태호복희의 후손이 되는 풍이(風夷)를 남이(藍夷)라고도 하게 되는 것이다.

단군조선 시대에는 치우천왕의 후손인 치두남(蚩頭男)이 남국(藍國)에 봉해졌고, 서기전 1236년에는 남국(藍國)이 강성하여 청구(靑邱), 구려(句麗), 몽고리(蒙古里)의 연합군과 함께 은(殷)나라를 정벌하고서 엄국(淹國,淹夷), 서국(徐國,徐夷), 회국(淮國,淮夷)을 봉하였는데, 이들은 모두 남족(藍族) 즉 남이(藍夷) 계통에 속하는 것이 된다.

이후 남이와 엄이가 언제 소멸되었는지 분명한 기록이 없으며, 서이(徐夷)는 서기전 512년에 오(吳)나라에 망하였고, 회이(淮夷)와 사이(泗夷)가 서기전 221년에 진시황에 망함으로써 진나라에 흡수된 것으로 기록되고 있다.

(9) 적족(적이)

적족(赤族)은 남족(藍族)과 더불어 청궁씨(靑穹氏)의 분파인데, 주로 양자강 남쪽으로 해안가에 걸쳐 살았으며, 배달나라 시대에 축융(祝融)이 남방의 최고 임금인 적제(赤帝)로 봉해져 다스렸던 것이 되고, 단군조선 시대에는 특별히 봉해진 나라로서 기록에 보이지 않아 자치세습국으로 내려온 것이 되는데, 주(周) 나라 때 초(楚)나라, 월(越)나라, 오(吳)나라의 주된 백성이 된 것으로 된다.

적족은 고대중국의 뿌리가 되는 남이(南夷)로서, 주나라 춘추전국 시대에 이르러 주나라 주변의 동서남북에 존재하던 이족(夷族)들을 나누어 부를 때, 남만(南蠻)이라고 비하하여 불렀던 것이다.

특히 남만에 해당하는 춘추전국시대의 월(越)나라는 후대에 서남쪽으로 이동하여 남쪽의 월(越)나라라는 글자로서 지금의 베트남(越南)이 되었다. 베트남의 선대 역사는 염제신농씨 나라의 역사에 이르는데, 염제신농씨의 나라가 지금의 산동지역 남방에 자리하였으므로 그 백성들이 적족(赤族) 즉 적이(赤夷)와 혈연적으로 밀접한 관계가 있는 것이 되고, 이러한 역사로 인하여 베트남의 역사는 염제신농씨의 역사와 당연히 연관되는 것이다.

라. 고대중국을 형성한 족속과 한단조선(桓檀朝鮮:한배달조선)의 구이(九夷)

(1) 고대중국의 기본 줄기인 사이(四夷)

고대중국을 중심적으로 형성해 온 족속을 사이(四夷)라고도 하는데, 이는 고대중국의 둘레에 존재하면서 그들의 조상이 되는 이족(夷族)으로서, 동이(東夷), 남이(南夷), 서이(西夷) 북이(北夷)를 가리키는 것이 된다. 여기서 동이는 특히 중국내륙의 동이(東夷)가 되며, 남이는 양자강 남쪽의 적이(赤夷)가 되는 남만(南蠻)을, 서이는 황하중상류 지역의 백이(白夷)가 되는 서융(西戎)을, 북이는 황하 이북의 황이(黃夷)가 되는 북적(北狄, 北戎)을 각각 가리키는 것이 된다. 물론 중국내륙의 동이는 단군조선 삼한(三韓)을 가리키는 동이 중 번한관경에 속하는 동이의 일부가 된다.

즉, 고대중국의 뿌리가 되는 사이(四夷)는 구이(九夷)에 속하는 일부 족속이 되는 것이다. 그리하여 고대중국의 뿌리는 배달조선이며, 특히 실질적인 중국의 시조가 되는 황제헌원(黃帝軒轅)은 배달나라 시대에 웅족(熊族)의 후손으로서 역대 고대중국이라는 나라의 왕족, 지배층의 조상이 되는 것이다.

(2) 동이(東夷, 황이(黃夷)와 남이(藍夷))

동이(東夷)는 명칭상으로 보면 역사적으로 주(周) 나라 전국(戰國) 시대에 단군조선 본국과 중국내륙의 산동과 회수지역에 걸쳐 소재한 단군조선 제후국을 가리키는 말이 되는데, 이는 곧 단군조선 삼한관경(三韓管境)을 가리키는 말이 된다. 또한, 단군조선은 배달나라를 정통계승한 나라이므로 단군조선 이전의 나라인 배달나라(檀國)의 전체를 부르는 명칭인 구려(九黎)를 동이(東夷)라고도 부르게 되는 것이다.

동이(東夷)라는 말은 주(周) 나라가 서기전 403년 이후 전국 시대에 스스로 중화(中華), 중국(中國)이라고 높이면서 동서남북의 사방에 있던 단군조선의 제후국 땅을 동이(東夷), 남만(南蠻), 서융(西戎), 북적(北狄)으로 비하(卑下)하였던 데서 나오는 것이다.

　　원래 동이(東夷)는 구이(九夷)에서 나오는 용어가 된다. 즉 단군조선은 원래 구이(九夷)의 나라이며, 주나라 시대에 중국내륙의 동쪽에 있던 동이는 구이 중의 극히 일부분에 해당하는 것이다.

　　춘추(春秋) 시대인 서기전 551년생인 공자(孔子)도 단군조선을 구이(九夷)라고 불렀다. 즉, 공자는 단군조선이 당시 주나라를 둘러싼 땅을 모두 포괄하는 나라인 단군조선을 구이의 나라라고 불렀던 것이다. 서기전 403년 이후 전국시대에 이르러 구이의 나라인 단군조선을 나누어 단군조선 본국인 삼한(三韓)을 가리켜 동이(東夷)라고 부른 것이 된다. 중국내륙의 동이는 곧 단군조선 번한(番韓)의 관할에 속한다. 동이는 곧 그들의 조상이자 스승이자 임금의 나라였다.

　　고대중국의 역대 왕인 황제헌원(黃帝軒轅) 이하 거의 모든 왕들이 배달나라 웅족의 후손이 되고, 황제헌원은 배달나라 자부선인(紫府仙人)의 제자(弟子)이고, 요(堯)임금은 배달나라의 서보(西堡)이던 백제국(白帝國)에서 도(道)를 배웠고, 순(舜)임금은 포의자(蒲衣子)의 제자이면서, 단군조선 중앙조정의 중신이던 유호씨(有戶氏)의 아들이자 환부(鰥夫)의 직을 수행한 직속 신하(臣下)이며, 이들의 나라는 곧 배달나라와 단군조선의 제후국인 천자국(天子國)이었던 것이므로, 배달조선은 고대중국의 조상(父祖)의 나라, 스승(師傅)의 나라, 윗 임금 즉 상제(上帝)의 나라였던 것이다.

　　동이(東夷)라는 용어는 주나라 전국시대에 처음 나타나는 것이 되며, 죽서기년(竹書紀年)의 기록에는 서기전 1199년에 해당하는 은(殷)나라 제후국이던 주(周)나라에 관한 기록에서 주나라가 서서히 역사에 등장하는 시기에 처음 나타나는데, 이는 서기전 403년 이후 전국시대에 주나라를 중화(中華)라고 간주한 상태에서 역사를 기록할 때, 서기전 1199년경에 제후국이던 주(周) 나라의 동쪽에 위치한 당시 중원의 땅을 차지하고 있던 천자국(天子國) 은(殷)나라의 동쪽이자 중국내륙의 동쪽에 위치한, 단군조선을 가리켜 동이(東夷)라고 적은 것이 된다.

동이(東夷)에는 넓게는 단군조선의 중심이 되는 황이(黃夷), 남이(藍夷), 양이(陽夷), 우이(于夷), 방이(方夷), 현이(玄夷)가 포함되며, 여기서 고대중국의 직접적인 조상이 되는 중국내륙의 동이에는 일부의 황이(黃夷)와 남이(藍夷), 일부의 양이(陽夷)가 포함된다. 회대지역의 대표적인 황이(黃夷)에는 단군조선의 군국(君國)인 청구(靑邱)를 들 수 있고, 배달나라 시대에는 진제국(震帝國) 태호복희(太皞伏羲)의 후손, 염제국(炎帝國) 염제신농(炎帝神農)의 후손, 웅국(熊國) 황제헌원(黃帝軒轅)의 후손들이 모두 포함된다.

태호복희는 배달나라 한웅 천왕(天王)의 아들로서 천군(天君)이고 우사(雨師)를 지낸 인물로서 황이(黃夷) 출신이며, 염제신농(炎帝神農)은 황이의 일파인 웅족(熊族) 출신으로서 배달나라 우가(牛加)를 지낸 인물로 염제(炎帝)로서 천자(天子)이고, 황제헌원은 또한 웅족 출신으로서 유웅국(有熊國)을 계승하여 황토고원(黃土高原)의 웅국(熊國)을 다스린 인물로서 천자(天子)인 것이다.

남이(藍夷)는 서기전 5000년 이전부터 내려온 구족(九族, 九夷)의 하나로서 후대에 태호복희의 나라인 진제국(震帝國)의 백성이 되었고, 염제신농의 나라인 염제국(炎帝國)의 백성이 되었으며, 배달나라 후기인 치우천왕(蚩尤天王) 시대에 그 중심백성이 되었던 것이다. 이후 단군조선 시대에는 단군조선의 군국(君國)인 남국(藍國)이 있었고, 남이(藍夷)와 함께 남이(藍夷) 계통으로 내륙8이에 해당하는 엄이(淹夷), 서이(徐夷), 회이(淮夷)가 대표적이며 그 외 지역에 따른 명칭으로 사이(沙夷), 사이(泗夷) 등이 있었다.

양이(陽夷)는 한반도에 정착하였던 황이(黃夷)의 일파인 양이(陽夷)가 산동지역으로 진출한 것으로 되는데, 단군조선 시대에는 단군조선의 군국(君國)인 청구국(靑邱國)의 백성이 되었던 것으로 된다. 서기전 909년 이후 어느 시기에 청구국이

제(齊)나라에 흡수된 이후에는 청구국의 분국이 되는 개이(介夷), 우이(隅夷), 래이(萊夷)와 더불어 양이(陽夷)라는 국명으로 존재한 것이 된다.

중국내륙의 동이(東夷)는 서기전 221년에 진시황에게 회이(淮夷)가 마지막으로 망함으로써 진(秦)나라에 흡수된 것이 되어, 중국 내륙에서 독자적인 동이라는 나라는 사라지고 이후 고대중국의 백성으로 섞인 것이 된다.

(3) 서이(西夷, 백이(白夷), 서융(西戎))

고대중국을 형성한 서이(西夷)는 원래 단군조선의 구족의 하나인 백이(白夷)의 후손이면서 그 일파가 된다. 즉, 서쪽에 위치한 이유로 서이(西夷)라고 불리는 것이 되는데, 주(周) 나라가 서기전 403년 이후 전국(戰國)시대에 스스로 중화(中華)라고 높이면서 서이(西夷)를 서융(西戎)이라 비하하였던 것이 된다.

백이(白夷)의 조상은 서기전 7197년경 파미르고원에서 사방으로 분거하기 이전인 서기전 8000년경에 먼저 동쪽으로 마고성(麻姑城)을 나가 사막지대에 정착한 지소씨(支巢氏)가 되는데, 이 지소씨는 서방으로 분거한 백소씨(白巢氏)의 일파로서 아시아 백인종 계통의 시조가 되는 셈이다.

백이(白夷)는 서기전 5000년경부터 한인씨(桓因氏) 한국(桓國)시대의 9족에 속하는 나라가 되며, 서기전 7000년경부터 시작되는 것으로 나오는 배리강 문화의 주인공으로 추정되는데, 서기전 7197년부터 시작된 황궁씨(黃穹氏) 한국(桓國) 시대의 백성이 되는 것이다.

서기전 7197년경 사방분거 이후 서기전 6100년경까지 약 1,000년에 걸쳐 정착하면서, 천산(天山) 동북으로 이주한 황궁씨(黃穹氏)의 일파가 남쪽으로 내려와 황하(黃河) 중상류 지역에 정착하고 있던 지소씨족(支巢氏族)의 땅으로 들어가 정착하는 과정에서 서로 충돌이 있었는데, 이때 황궁씨가 무리를 다스리는 법질서를 확립하면서 악(惡)을 진압하는 사법적(司法的) 천권(天權) 즉 왕권(王權)을 상징하는 칼(劍)의 부인(符印)을 더하여 천부삼인(天符三印)을 정립하고서 통치지배권(統治

支配權)을 세운 것이다.

서기전 7197년경에서 서기전 6100년경 사이에 벌어졌던 황하 중상류 지역에서의 황궁씨족(黃穹氏族)의 일파인 이주민(移住民)과 선착민(先着民)인 지소씨족과의 전쟁은 후대인 서기전 3897년경 한국(桓國) 말기에 세상이 다시 어지러워지면서 재발되어 소위 웅족(熊族)과 호족(虎族)의 전쟁으로 나타난 것이 된다.

서기전 3897년에 배달나라 시조 한웅천왕에 의하여 사방으로 추방된 백족의 일파인 호족(虎族)은 후대인 서기전 2698년경의 황제헌원의 웅국(熊國)의 백성이 되었던 것이고, 서기전 1122년경에는 백이(白夷)의 일파인 서이(西夷)가 주(周) 나라 혁명의 주축세력이었다가, 주나라가 건국된 이후에는 주나라에 복속하지 않았던 서이(西夷)를 서기전 403년 이후 전국시대에 이르러 서융(西戎)이라 비하하였던 것이 되는 것이다.

서이(西夷)는 좁게는 백이(白夷)의 일파가 되나, 넓게는 당시 서쪽에 살던 황이(黃夷)의 일파인 견이(畎夷)와 또한 황이의 일파인 흉노(匈奴)를 혼칭한 것이 되기도 한다. 견이를 견융(畎戎, 犬戎)이라고도 부르며, 북이(北夷)인 흉노를 북적(北狄), 북융(北戎)이라고도 부르는 것이 된다.

서이(西夷) 지역에는 배달나라 시대에는 강수(姜水) 지역에 서기전 3242년에 시작된 소전씨(少典氏)의 유웅국(有熊國, 웅씨국의 하나)이 있었으며, 거의 같은 시기에 봉해진 소호씨(少皓氏)의 소호국(少皓國: 후대 白帝國) 등이 있었고, 서기전 1266년 단군조선 시대에는 빈기(邠岐)의 땅에 여파달(여파달)이 봉해진 여국(黎國)이 있었다.

(4) 남이(南夷, 적이(赤夷), 남만(南蠻))

고대중국을 형성한 남이(南夷)는 양자강 유역과 그 남쪽에 살던 적이(赤夷)를 가리키는 것이 되는데, 주(周) 나라 전국(戰國) 시대인 서기전 403년 이후에는 주나라 스스로 중화(中華)라 높이면서 적이를 낮추어 남만(南蠻)이라 부른 것이 된다.

특히 주(周) 나라 시대에는 초(楚)나라와 오(吳)나라 월(越)나라가 남만(南蠻)의 나라가 되는데, 오(吳)나라는 서기전 463년에 월(越)나라에 망하였고, 월나라는 서기전 334년에 초(楚)나라에 망하였으며, 초(楚)나라는 서기전 223년에 진(秦)나라에 망함으로써 남만(南蠻) 지역 전체가 진(秦)나라 흡수되었던 것이 된다.

(5) 북이(北夷, 북적(北狄), 북융(北戎), 황이(黃夷))

북이는 곧 황이(黃夷)이다. 주(周) 나라의 북쪽에 있던 황이를 북적(北狄) 또는 북융(北戎)이라 불렀던 것이다. 이 북이에는 황이에 속하는 서북쪽의 견이(畎夷)를 제외한 황이(黃夷)를 모두 가리키는 것이 된다. 즉 북이에는 주나라 가까이에 위치하여 북적, 북융이라 불리던 흉노(匈奴), 선비(鮮卑)는 물론 산융이라 불리던 구려(句麗)와, 기후국(箕侯國), 고죽국(孤竹國), 번한(番韓) 등을 포함하여 멀리 떨어진 몽고리(蒙古里), 부여(夫餘), 숙신(肅愼), 옥저(沃沮) 등의 진한(眞韓) 관경(管境)까지 해당된다.

다만, 산동지역에 위치하였던 청구(靑邱)는 황이(黃夷)에 속하지만, 주(周) 나라의 바로 동쪽에 위치하므로 남이(藍夷)와 함께 특히 동이(東夷)라고 부르는 것이 된다. 물론 동이(東夷)를 구이(九夷)의 종주(宗主)인 단군조선(檀君朝鮮)을 부르는 경우가 많은데, 이때는 북이(北夷)가 포함되는 것이 된다.

고대중국을 형성한 북이(北夷)는 황이(黃夷)의 일부가 되며, 넓게는 구이(九夷) 중에서 단군조선의 삼한관경(三韓管境)에 해당하는 동이(東夷)에 속하면서, 더 넓게는 동이(東夷)라 불리는 배달나라 구족(九族), 구려(九黎)에 속하는 황이(黃夷)가 된다. 즉 황이(黃夷)〉동이(東夷)〉북이(北夷)가 되며, 또는 경우에 따라 동이(東夷:九黎)〉황이(黃夷)〉북이(北夷)가 된다.

고대중국의 역사에 기록된 태호복희, 염제신농, 황제헌원 이하의 제왕들이 모두 황이(黃夷)의 일부인 북이(北夷) 출신이며, 배달나라를 동이(東夷)라 할 때는 모두 동이 사람이 된다.

중국의 실질적인 시조인 황제헌원은 황이(黃夷)의 일족인 웅족(熊族) 출신으로서 곧 북이(北夷) 출신이 되고, 특히 요(堯)임금을 북적(北狄) 출신이라고 하며 또한 태호복희의 후손인 풍이(風夷) 출신이라고도 하고, 순(舜)임금 또한 단군조선을 가리키는 동이(東夷) 출신으로서 북이(北夷) 출신이 되는 것이다.

하(夏)나라 시조 우(禹)는 단군조선 본국을 가리키는 동이(東夷) 출신인 순(舜)임금과는 대조적으로 요(堯)임금의 무리로서 중국 내륙의 동이(東夷)가 되는 남이(藍夷) 출신이라고 하는데, 이 남이는 곧 풍이(風夷)이므로 풍이 출신이라고도 하는 것이다. 실제로 우임금의 성씨는 사(姒)인데 이 사성(姒姓)은 태호복희 후손의 성씨이기도 하다. 즉, 우임금은 원래 부계(父系)는 황제헌원의 후손이면서 그 모계(母系)가 태호복희 후손이 되고, 성씨를 모계성(母系姓)으로 삼은 것이 된다.

하은주 시대에 북이(北夷) 즉 북적(北狄)의 나라로는, 그들의 북쪽에 위치하였던 흉노(匈奴), 선비(鮮卑), 돌궐의 선대인 견이(畎夷, 犬戎), 몽골(蒙古里), 고죽(孤竹), 구려(句麗), 기후국(箕侯國, 須臾國) 등이 있었다. 하(夏)나라와 은(殷)나라 시대에는 그냥 황이(黃夷)라 불렀던 것인데 이는 단군조선 구족(九族)의 하나가 되며, 서기전 403년 이후 주나라 전국(戰國)시대에 접어들어 북쪽의 황이(黃夷)를 특히 북적(北狄), 북융(北戎)이라 부른 것이 된다.

역사상 주(周) 나라 전국(戰國) 시대와 진한(秦漢) 시대 이후에는, 흉노(匈奴), 선비(鮮卑), 돌궐(突厥), 구려(句麗), 고죽국(孤竹國)과 기후국(箕侯國)이 망하면서 동쪽으로 이주한 땅이 되는 번조선(番朝鮮, 番韓) 땅에 살던 북이(北夷) 또는 동이(東夷)를, 북적(北狄), 흉노(匈奴), 동호(東胡)로 때로는 나누어 부르고 때로는 통칭하는 등 하였던 것이 된다.

흉노와 선비는 서기 500년경까지 북중국 지역에서 활동하였고, 이후 선비족 계통의 나라인 수(隋)나라와 당(唐)나라를 이으면서 중국화 하였던 것이 되며, 돌궐은 당나라 시대에 북쪽으로 몽골지역까지 통할하던 대제국으로서 고구려(高句麗)와 고구려의 후계국인 대진국(大震國)과는 동맹을 맺은 형제국이었다.

구려(句麗) 땅은 후대에 거란(契丹)[521]의 근거지가 되었는데, 서기 907년에 시작된 요(遼:거란)의 왕족인 야율씨(耶律氏)가 또한 원래 고구려 출신의 고씨(高氏)이기도 하다.

번조선(番朝鮮) 땅은 서기전 108년에 위씨조선(衛氏朝鮮)이 망하면서 북부여 이후 고구려 시대까지, 고대한국(古代韓國)과 한(漢) 나라, 단군조선의 후예인 북중국(北中國)의 선비, 흉노 등 여러 나라가 서로 밀고 밀리면서 영토(領土)를 다투던 격전지가 되었다가, 서기 313년 고구려의 미천제(美川帝)가 마지막으로 패수(浿水)라 불리던 난하(灤河) 유역에 걸쳐 있던 낙랑군(樂浪郡)과 서기 204년에 공손강이 낙랑군의 남쪽을 분할하여 설치한 대방군(帶方郡)을 완전히 축출하고 현도군(玄菟郡)을 정벌함으로써 소위 한사군(漢四郡)에서 시작된 군(郡)의 명칭이 사라지게 된다.

(6) 사이(四夷)와 고대중국의 도(道)의 뿌리

고대중국의 기록은 "중국이 예의를 잃으면 사이(四夷)에서 예의를 구했다" 하거나, "천자(天子)가 자리를 잃으면 사이(四夷)에서 배웠다" 하는 등[522] 하면서 사이(四夷)를 칭송하다가, 갑자기 서융(西戎), 남만(南蠻), 북적(北狄) 등으로 격하시키거나, 배반이니 반란이니 도적질이니 하는 등 하면서 도덕군자(道德君子)를 하루아침에 도적반역자(盜賊反逆者)로 모는 이율배반적인 기록을 하고 있다.

서기전 2698년에 배달나라 제후국인 유웅국(有熊國)의 왕이 되어 배달나라 치우천왕과 100여회의 전쟁 끝에 자부선인(紫府仙人)의 가르침으로 진정한 신하가 되었던 황제헌원은, 자부선인이 전수(傳授)한 삼황내문경(三皇內門經)의 가르침

---

521) 거란의 역사는 우리 역사와 관련하여 중요한 부분이 되는 바, 중국 측의 역사로 인식하지 말고 적극적으로 우리 역사임을 전제하여 연구하여야 할 것이다.

522) 전게 조선전 〈동이전 서문, 후한서〉, 46쪽 참조

으로 도(道)를 얻었던 것으로 기록되고 있다.523)

고대중국의 뿌리가 되는 사이(四夷)를 통합하였던 단군조선(檀君朝鮮)은, 반란이나 반역을 하지 아니하면 원칙적으로 자치를 인정해 주었는데, 하은주(夏殷周)의 고대중국은 수시로 전쟁(戰爭)을 일으키거나 폭정(暴政)을 하거나 음란(淫亂)을 일삼거나 하는 등 예의(禮義)와 도(道)를 잃고 천자(天子) 자리를 욕보이는 소행을 자주 저질렀던 것이 된다.

서기전 2698년경부터 100여회에 걸친 황제헌원의 치우천왕에 대한 도전(挑戰)은 약 10년 동안 잠시나마 예의(禮義)와 도(道)를 잃었던 소행이었고, 이후 서기전 2357년에 당(唐)을 세운 요(堯)의 제왕주창(帝王主唱)과 오행망설(五行妄說)과 타국침탈(他國侵奪)이 특히 그러하였으며, 서기전 2284년에 요임금을 유폐시키고 강압적으로 천자(天子) 자리를 찬탈한 순(舜)의 소행이 또한 그러하였고, 더욱이 서기전 2247년 이후 단군조선을 반역하여 산동지역의 내륙 동이(東夷)와 묘족(苗族)을 정벌하였던 소행이 그러하였다.

또, 서기전 2224년에 단군조선을 반역하여 왕(王)이라 참칭하며 하(夏)나라를 세워, 마음대로 제후를 봉하여 조공(朝貢)을 받으면서 피난하던 백성들이 피하지 못하도록 국경을 봉쇄하였던 우(禹)와, 그 아비 우(禹)의 잘못을 깨닫지 못하고 죽기로써 단군조선의 가르침을 외면하였던 계(啓), 그리고 주지육림(酒池肉林)에 빠졌던 하나라 말왕인 걸왕(桀王)이 특히 그러하였고, 은나라 시대 전쟁을 일삼은 몇몇 왕과 폭정을 일삼으며 또한 주지육림(酒池肉林)에 빠졌던 말왕인 주왕(紂王)이 특히 그러하였다.

또, 서기전 770년 이후 주나라 춘추전국(春秋戰國) 시대에 약 300년간 패권(覇權)을 다투면서 종주(宗周)의 천자(天子)를 무시하였던 제후들과, 서기전 403년 이후 약 200년간 무참히도 전쟁을 벌여 백성들을 전쟁의 소용돌이에 빠지게 하였던

---

523) 전게 한단고기 〈태백일사/소도경전본훈〉, 234~235쪽 참조

소위 전국시대 칠웅(七雄)인 왕(王)들이, 모두 진정한 왕도(王道)를 벗어난 폭군(暴君)과 다름없거나 폭군(暴君)으로서, 그 소행들이 특히 그러하였던 것이다.

또한, 서기전 221년 전국(戰國) 시대를 마감시키고 폭정(暴政)을 펼치면서 스스로는 불사신선(不死神仙)이 되고자 하였던 진시황(秦始皇)과 서기전 108년 정복전쟁으로 위씨조선(衛氏朝鮮)을 멸망시키고 그 땅을 후대에 전쟁의 불씨가 되도록 만들면서 스스로는 불사신선(不死神仙)이 되고자 하였던 한무제(漢武帝)가 또한 그러하였던 것이다.

역사상 폭군(暴君)은 왕(王)이라 하지 않고 한 단계 강등시켜 군(君)이라 부르는 이유가 있는데, 고대중국 역사상 전쟁을 일삼은 왕들은 진정한 왕도(王道)를 실천한 왕이 아니라 그냥 폭군(暴君)에 지나지 않았던 것이다. 특히 은(殷)나라 시대에 제(帝)라고 기록되는 경우 거의 폭압적인 정치를 펼치고 전쟁을 일삼은 자로서 폭군(暴君)에 해당한다. 즉 제(帝)의 진정한 의미로서 진정한 왕도(王道)를 펼치는 절대권력의 임금이 아닌, 전쟁이나 폭정을 펼친 폭군(暴君)의 의미로서 잘못 사용하고 있는 것이 된다.

이러한 고대중국 내의 폭정 등 정치상황이 벌어지는 시기에는, 그들 주변에 위치한 단군조선의 자치제후국인 구이(九夷)들이 견제하고 간섭하고 정벌하여 홍익인간 세상을 회복하려는 행위를 하였던 것인데, 이러한 구이들의 도(道)에 따른 역사적 행위를 후대의 중화주의자들이 배반이니 반란이니 도적질이니 하며 와전(訛傳)시키고 격하(格下)시키는 것을 서슴지 않았던 것이다.

이는 군사부(君師父)의 나라인 단군조선(檀君朝鮮) 즉 구이(九夷)의 나라를 야만(野蠻)의 오랑캐 나라, 도적(盜賊)의 나라로 몰아, 충의(忠義)와 신의(信義)를 배반하고 천륜(天倫)과 인륜(人倫)을 거역(拒逆)하는 패륜행위(悖倫行爲)로서, 우매(愚昧)하게도 진정한 조상과 진정한 스승과 진정한 임금을 알지 못하고, 무시(無視)하고, 부정(否定)하고, 심지어 환부역조(換父逆祖)까지 서슴지 않는 소행인 바, 인간역사상 존재할 가치가 없는 족속, 인간말종(人間末種)의 망령(妄靈)된 악행이라 하지 않을 수 없는 것이 된다.

중국역사상 역대 왕조들이 그들의 뿌리를 망각하고 전쟁에 몰입하여 정복욕을 실행함으로써 백성들을 혹사한 행위는 제족자치(諸族自治), 자유개물(自由開物), 평등평화(平等平和)를 실현하는 홍익인간(弘益人間) 사상에 역행하는 악행으로서, 이들의 침략전쟁과 정복욕을 진압하려 소진한 북부여(北夫餘), 고구려(高句麗), 대진국(大震國)의 정기(精氣)는 실로 아까운 것이며, 종주(宗主)인 한국(韓國)의 역사를 침탈하려는 그들의 행위자체가 역사적 오류인 것이다.

지금의 중국이, 신라와 고구려와 대진국의 역사적 산물인 금(金)의 후예인 후금(後金) 즉 청(淸)의 역사적 정통성을 부정하다가, 이제 와서 그들 자체의 역사로 윤색날조하고 그 영토내의 역사를 지방의 역사로 만드는 행태는 실로 역사의 앞뒤를 뒤집는 환부역조(換父逆祖)의 작태이며, 결론적으로 역사상 한(漢) 나라의 왕족, 지배층을 중심으로 하는 한족(漢族)이라는 족속의 정체성은 없는 것이 된다.

지금의 중국은 영토를 넓혀준 청나라의 역사에 감사하고 받드는 일을 하여야 하는 것이며, 역사도둑질에 눈독을 들이지 말고, 여기서 나아가 청나라의 뿌리인 한국(韓國)의 역사를 존중하고 감사하는 마음을 가져야 하는 것이다.

정통성의 역사와 영토상의 역사는 다를 수 있다. 즉 영토상 이동이나 축소의 역사를 가지는 경우에, 원래의 영토상의 역사도 당연히 역사인 것인 반면, 후대에 그 영토를 차지한 사람들의 입장에서는 결코 그들의 정통역사가 아니라 한때 이전에 있었던 다른 사람들의 역사가 되는 것이다.

역사는 역사 그대로 존재하여야 하는데, 후대에 땅을 차지한 자들이 과거의 역사를 그들의 정통역사로 꿰매는 작태는 역사를 탈취하는 것이며, 심지어 역사강탈인 것이다. 역사도둑질은 조상을 능멸하고 하늘을 부정하는 인간말종의 행태로서, 역사의 진실을 밝히는 연구가들에 의하여 반드시 역사적 심판을 받을 것이다.

단군조선과 고대중국의
관계역사

1. 홍사(鴻史) 서문(序文)

서기전 268년경 전국시대 위(魏)나라 사람인 공빈(孔斌)이 지었다는 홍사(鴻史) 서문(序文)이 있다. 공빈은 공자의 7세손으로서 공자순(孔子順)이라고도 한다. 홍사는 아마도 위나라와 관련된 역사서가 아닌가 하는데, 이 홍사 서문에 배달나라와 단군조선의 역사와 관련된 내용이 함축되어 있어 여기서 소개하기로 한다.

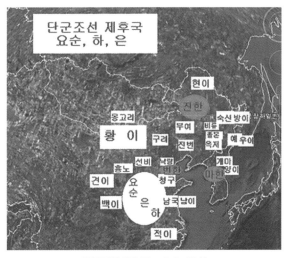

단군조선 제후국 – 요순, 하 은

(1) 원문 및 해석

東方有古國 名曰東夷
동방에 오래된 나라가 있어 이름하여 가로되 동이(東夷)라 한다.

星分箕尾 地接鮮白
별자리로는 기미(箕尾)에 해당하고 땅으로는 선백(鮮白)에 접한다.

始有神人 檀君 遂應九夷之推戴而爲君 與堯竝立
처음 신인(神人) 단군(檀君)이 계시어 드디어 구이(九夷)의 추대에 응하여 임금
(君)이 되시니 요(堯)와 병립하였다.

虞舜 生於東夷 而入中國 爲天子至治 卓冠百王
우순(虞舜)은 동이에서 태어나 중국으로 들어와서 천자가 되어 다스리게 되니 백
왕을 뛰어넘었다.

紫府仙人 有通之學 過人之智 黃帝受內皇文於門下 代炎帝而爲帝
자부선인은 도통의 학문이 있고 다른 사람의 지혜를 넘었으니 황제가 그 문하에서
내황문을 받아 염제를 대신하여 임금(帝)이 되었다.

小連大連 善居喪 三日不怠 三年憂 吾先夫子稱之
소련과 대련은 상(喪)을 잘 치러 삼일을 게으지 않고 삼년을 슬퍼하였으니, 우리
선부자께서 칭송하였다.

夏禹塗山會 夫婁親臨 而定國界
하우(夏禹)의 도산회(塗山會)에 부루(扶婁)께서 친림하시어 나라의 경계를 정하
셨다.

有爲子 以天生聖人 英名洋溢乎中國 伊尹受業於門 而爲殷湯之賢相
유위자(有爲子)는 하늘이 내신 성인(聖人)으로서 꽃다운 이름이 중국(中國)에 흘러 넘쳤으며, 이윤(伊尹)이 그 문하에서 수업하여 은탕(殷湯)의 현명한 신하가 되었다.

其國雖大 不自驕矜 其兵雖強 不侵人國
그 나라는 비록 크지만 스스로 교만하지 않고 그 군사는 비록 강하나 다른 나라를 침범하지 않았다.

風俗淳厚 行者讓路 食者推飯 男女異處 而不同席
풍속은 순박하고 두터워 길가는 사람은 서로 길을 양보하고 먹는 사람은 밥을 건네며 남녀는 자리를 달리하여 함께 앉지 않는다.

可謂東方禮儀之君子國也,
가히 동방 예의(禮儀)의 군자(君子) 나라라 할 것이다.

是故 殷太師箕子有不臣於周朝之心 而避居於東夷地
이러한 고로 은태사(殷太師) 기자(箕子)가 주(周) 나라 조정에 신하가 되지 않을 마음이 있어 동이(東夷)로 피하여 살았던 것이다.

吾先夫子 欲居東夷 而不以爲陋
우리 선부자(先夫子)께서도 동이(東夷)에 살고 싶다 하여 누추하다 생각하지 않으셨고

吾友魯仲連亦有欲踏東海之志
내 친구 노중련(魯仲連)도 역시 동해(東海)를 답사하고자 하는 뜻을 가지고 있으며.

余亦欲居東夷之意

나도 역시 동이에 살고 싶다.

往年賦觀東夷使節之入國其儀容有大國人之衿度也,
작년(서기전 269년)에 동이 사절의 입국을 부관(賦觀)할 때, 그 의식과 용태에 대
국(大國)의 금도(衿度)가 있었다.

東夷蓋自千有餘年以來 與吾中華 相有友邦之義
동이는 대개 천년을 넘게 지금까지 우리 중화(中華)와 서로 우방의 의리를 지녀
왔다.

人民互相來居往住者接踵不絶
백성들이 서로 오고가며 사는 것이 줄을 이었고 끊이지 않았다.

吾先夫子 印夷不以爲陋者 其意亦在乎此也
우리 선부자께서는 이(夷)가 누추하지 않다고 생각하셨으니 그 뜻이 역시 여기에
있는 까닭으로,

故余亦有感而記實情以示後人焉
나 역시 느낀 점이 있어, 실제의 정황을 기록하여 후세 사람들에게 보이는 것이다.

魏 安釐王 十年 曲阜 孔斌 記
위나라 안리왕 10년(서기전 268년) 곡부에서 공빈이 쓰다.

(2) 역사적 고찰

동방(東方)이란, 공빈이 위 홍사(鴻史)의 서문을 쓸 당시에 위(魏)나라 또는 위나
라가 속하였던 주(周) 나라의 동쪽에 있는 땅이라는 의미로서, 조선(朝鮮) 즉 단군
조선(檀君朝鮮) 지역을 가리키는 것이 된다. 배달나라는 중국의 실질적인 역사가

되는 황제헌원의 나라로 볼 때 단순히 그들의 동방이 아니라 동서남북 사방이 되며, 단지 수도가 산동지역인 동방에 있었던 것에 불과하다. 이후 주(周) 나라 전국(戰國) 시대에 사방의 이(夷)를 각각 동이(東夷), 서융(西戎), 남만(南蠻), 북적(北狄)으로 부른 것과도 연관이 있는 것이 된다.

고국(古國)이란, 옛날 나라 즉 옛날에 존재하였던 나라로 해석하기 보다는 역사가 오래된 나라로 해석하는 것이 더 타당하다. 즉 동이(東夷)는 그냥 옛날 나라가 아니라 그 옛날부터 지금까지 내려오는 오래된 역사를 가진 나라라는 의미가 된다. 이는 특히 다음에 나오는 자부선인(紫府仙人)을 동이(東夷) 사람으로 기록한 취지에서 보더라도 분명해진다.

동이(東夷)는 주나라 전국시대에 단군조선 본국을 가리키는 용어가 된다. 원래 단군조선은 구이(九夷)의 나라인데, 주(周) 나라가 원래 서이(西夷)의 나라로서 서기전 1122년에 중원에 있던 은(殷)나라를 쳐서 멸하고 차지한 후, 서기전 403년 이후 전국시대에 들어 주나라를 스스로 중화(中華), 중국(中國)이라 본격적으로 칭하면서 주나라의 사방에 있던 단군조선의 자치제후국이 되는 이(夷)를 나누어 각각 동이(東夷), 서융(西戎), 남만(南蠻), 북적(北狄)이라 비하하였던 것이 된다. 다만, 이때 동이는 오랑캐라는 의미가 아닌 점에서 그들이 동방의 단군조선 본국(삼한)을 더 이상 비하하지 못한 증거가 된다.

하늘에서의 기미(箕尾)라는 별자리는 북동동방(北東東方)에 있는 바, 동이(東夷) 지역이 곧 북동동방(北東東方)이라는 것이며, 당시 주나라의 수도를 기준으로 하면 북동쪽이 되는 연나라 땅 동쪽을 가리키는 것이 된다.

땅에서의 선백(鮮白)이라는 나라는 곧 선비(鮮卑)를 가리키는 바, 동이가 선비와 서쪽으로 접하고 있음을 나타낸 것이 된다. 그리하여 선비와 서쪽으로 접하고 있는 동이 즉 단군조선의 군후국은 구려국(句麗國)이 된다. 선비국의 북쪽에는 단군조선의 봉국(封國)인 몽고리(蒙古里)가 있으며, 그 남쪽에는 역시 단군조선의 봉국인 흉노(匈奴)가 있고, 그 서쪽에는 12한국(桓國)의 하나이며 배달나라의 제견의 천자국이면서 단군조선의 자치제후국이 되는 견이(畎夷: 畎族)가 있었다. 선백(鮮白), 선비(鮮卑)라는 글자와 그 소리로 볼 때 "새빛", "신선한 빛"이라는 뜻을 나타낸 것이 된다.

선비국은 역사적으로 한국(桓國)의 연방국이던 12한국의 하나로서 서기전 5000년 이전부터 존속해온 나라이며, 단군조선 시대에 이르기까지 한국의 정통성을 이은 배달나라와 단군조선을 배반하지 않고 종주국(宗主國)으로서 섬긴 것이 되는데, 서기전 1622년에 단군조선에서 선비국의 남쪽이 되는 남선비(南鮮卑)에 대인(大人)을 봉한 사실이 있으며, 선비족은 서기 500년경까지 중국의 북쪽 지역에서 나라를 세우기도 하였다.

신인(神人) 단군(檀君)은 단군조선 개국시조이신 단군왕검(檀君王儉)을 가리키는데, 신인(神人)은 신성(神性)을 지닌 인물이며, 단군(檀君)은 단국(檀國)의 작은 임금이라는 말로서, 곧 배달나라의 본왕(本王)인 천왕(天王)의 아들인 천군(天君)을 가리키는 것이 된다. 배달나라 임금인 한웅은 스스로는 왕(王)이나 제후들의 입장에서는 중앙조정의 임금으로서 상국(上國)의 임금이므로 천왕, 천제가 되는 것이 되며, 따라서 한웅의 아들인 단군은 곧 천군(天君)이 되는 것이다. 그리하여, 배달나라 한웅과 전혀 관련이 없는 다른 천자국의 임금은 스스로 제왕(帝王)이라 참칭하며 단군(壇君)은 될 수 있어도 절대 단군(檀君)이 될 수 없는 것이다. 즉, 요임금, 순임금, 하우 등은 절대 단군(檀君)이 아니며 배달조선을 반역하였을 때는 천제나 천왕의 허락 없이 하늘에 제사를 함부로 지내는 단군(壇君)을 흉내낸 것이 된다.

구이(九夷)는 단군조선 구족(九族)을 가리키는데, 고대중국에서는 이 구족을 가리켜 구이라고 불렀던 것이다. 즉, 서기전 5000년 이전에 형성된 한국(桓國) 시대의 구한(九桓)을 구이(九夷)라 하여 단군조선을 구성한 근본백성임을 나타낸 것이 된다. 구족, 구한, 구이는 곧 황족(黃族:황이), 양족(陽族:양이), 우족(于族:우이), 방족(方族:방이), 견족(畎族:견이), 현족(玄族:현이), 백족(白族:백이), 남족(藍族:남이), 적족(赤族:적이)이다.

여기서 군(君)이란 임금을 가리키는데, 요(堯)를 군(君) 등으로 밝히 아니한 것으로 보아 요(堯)는 군(君)아래 제후에 해당하는 지방의 왕이 되는 것을 은연중에 나타내는 것이 될 것이다. 신인 단군(단군왕검)이 임금(君)이 되어 요(堯)와 병립하였다는 것은, 당시 단군왕검과 요임금이 나라를 세워 함께 존재하였다는 것이며, 이는 서기전 2357년에 요임금이 당(唐)이라 칭하고 단군왕검은 서기전 2333년에 조선(朝鮮)이라 칭하고서 서기전 2324년에 요임금이 자신을 토벌하러 갔던 단군조선의 사자 유호씨에게 굴복하여 천자로 인정받음으로써 단군조선의 제후국이 될 때까지 약 10여 년간 거의 대등한 나라로 병립하였던 것을 가리키는 것이 된다. 이후에는 요임금의 나라는 단군조선의 정식 천자국에 불과한 것이 되어 제후국이 되는 것이다. 이는 단군조선의 신하이던 순(舜)이 요를 유폐시키고 천자자리를 찬탈한 데서도 쉽게 알 수 있는 것이 된다.

우순(虞舜)은 우(虞)나라 순(舜)임금을 가리킨다. 우순이 동이(東夷)에서 나서 중국(中國)에 들어가 천자(天子)가 되어 다스리니 백왕을 뛰어넘는 정치를 펼쳤다는 것은, 원래 순이 단군조선에서 환부(鰥夫)라는 직을 수행하며 서기전 2324년에 아버지인 유호씨(有戶氏)를 따라 당요(唐堯)를 토벌하러 갔던 것이고, 이후 서기전 2314년에 요임금에게 등용되고 다시 서기전 2294년에 요임금의 섭정이 되었으며, 다시 서기전 2284년에 아예 요임금을 유폐시키고 천자자리를 찬탈하였고, 서기 2280년에 사공(司空) 우(禹)에게 치수를 맡기어 서기전 2288년에 발생하였던 요순시대 대홍수를 결국 서기전 2267년에 마무리함으로써 백성들을 편안하게 하였던 것을 함축적으로 나타낸 것이 된다.

자부선인(紫府仙人)은 서기전 2700년경 배달나라의 선인(仙人)으로서 광성자(廣成子)라고 불리며 후대에는 광명왕(光明王)으로 봉해졌고, 서기전 3500년경의 발귀리(發貴理) 선인(仙人), 단군조선 초기의 대련(大連) 선인(仙人), 을보륵(乙普勒) 선인(仙人)과 더불어 소위 사선(四仙)의 한 분으로서 도학(道學)에 밝았던 분이다.

황제(黃帝)는 황제헌원(黃帝軒轅)을 가리키는데, 배달나라의 제후국이던 유웅국의 천자(天子)이던 공손씨(公孫氏)의 아들 또는 후손으로서 서기전 2698년에 공손씨를 이어 왕이 되었다.

당시 염제신농씨의 나라가 쇠퇴하여 많은 제후들이 욕심을 내고 있었는데, 배달나라 제14대 치우천왕(蚩尤天王)이 먼저 평정하여 서기전 2697년에 마지막 천자(天子, 왕)이던 유망(楡罔)의 아들 괴(魁)를 다시 단웅국(檀熊國)의 왕으로 봉하였는바, 이후 황제헌원이 10년간 73회를 도전(挑戰)하면서 합100여회를 도전하였다가, 결국 자부선인으로부터 내황문(內皇文) 즉 삼황내문경(三皇內文經)을 전수받아 도(道)를 깨달아 진정한 신하로 복귀하였던 것이다.

이러한 황제헌원의 도(道)는 이후 후대에까지 이어져, 한왕(漢王) 유방(劉邦)이 치우천왕릉에 제를 올리는 등 한(漢) 나라 시대까지 풍습으로 내려온 것이다.

배달나라 치우천왕이 이미 염제신농국을 평정하여 일반 천자국으로 봉하였으므로, 황제헌원이 염제신농의 대를 이어 제(帝) 즉 천자(天子)가 되었다는 기록은 정확한 기록이 아니며, 염제신농국의 후계국인 단웅국(檀熊國)과는 상관없이 별도로 최고의 천자국에 해당하는 오방(五方)의 천자국인 황제국(黃帝國)으로 인정받은 것이 된다.

즉, 황제헌원이 이전의 최고 천자국이던 염제신농씨국의 뒤를 이어 최고 천자 자리를 차지한 것을 강조한 측면이 되는 것이다. 헌원의 황제국은 동서남북중의 오제(五帝) 중의 하나로서 배달나라의 오방(五方)의 오부(五部)의 하나를 관장한 것이 된다.

천자(天子)를 높이면 참람되게 천군(天君)이나 천왕(天王)이 아니라[524) 그냥 상

---

524) 공자가 썼다는 예기(禮記)에서는 천자가 붕하면 천왕이라 부른다고 적고 있는데, 이는 단군조선이나 북부여의 천왕(天王)이 붕하면 천제(天帝)라 불리는 것을 악용한 것과 같은 사례인데, 천자는 천군이나 천공, 천후, 천백의 아래 봉작이 되므로, 만약 붕하게 되면 한단계 올려 천백, 천후, 천공까지는 몰라도 천군이라 부르는 것도 대역죄에 해당하는 것이 될 것이다. 천군이라 함은

천자(上天子) 또는 태상천자(太上天子)가 된다. 천군, 천왕, 천제는 최고 상국의 임금만이 될 수 있는 바, 제후국으로서는 함부로 칭하지 못하는 것이다.

소련(小連)과 대련(大連)은 서기전 2200년경의 단군조선 초기에 단군조선의 중신(重臣)이자 선인(仙人)이었으며, 효도(孝道)의 대명사로 이름난 분들인데, 특히 부모의 상을 잘 치렀다고 공자(孔子)도 칭송한 인물이다.

소련과 대련은 부모의 상을 당하여 사흘을 게을리 하지 않고 삼년을 슬퍼하였다고 기록되는데, 공자가 쓴 예기(禮記)의 상례에서 언급되고 있기도 하다. 특히 대련은 발귀리, 자부선인, 을보륵과 더불어 태백산(太白山) 사선각(四仙閣)에 거론되는 사선(四仙) 중의 한분이시기도 하다.

하우(夏禹)는 하(夏)나라 임금인 우(禹)를 가리키는데, 서기전 2224년에 하나라를 세웠다. 그러나, 이때 우(禹)는 단군조선의 법질서를 어기고 함부로 하왕(夏王)이라 참칭하여 정식 천자로 인정받지 못하였던 것이 되며, 이후 약 30년에 걸쳐 단군조선의 사자였던 유호씨(有戶氏)의 군사와 전쟁을 치르게 되고, 결국 우는 모산(茅山:회계산)의 진중(陣中)에서 서기전 2215년 또는 서기전 2198년경에 사망하게 된다.

도산회(塗山會)는 서기전 2267년에 도산(塗山)에서 개최된 치수와 관련한 회의를 가리키는데, 실제로는 하우(夏禹) 시대가 아니라 우(禹)가 순임금의 우(虞)나라 시대 에 사공(司空)의 벼슬에 있던 시기이며, 이 도산회의는 우가 개최한 것이 아니라 우(禹)가 순임금에게 간청하여 단군조선에 요청함으로써 시행된 것으로서 단군조선의 태자 부루가 주관(主管)한 것이다.

즉, 도산회의는 제후격의 나라인 순임금의 신하 우가 개최한 것이 아니라, 우순

천제(天帝)나 천왕(天王)의 명을 받거나 대리하여 천제(天祭)를 지낼 권한을 가지는 천상의 임금인 바, 엄격히 따지면 천하(天下)의 왕에 불과한 천자(天子)와는 하늘과 당 차이가 나는 것이 된다.

(虞舜)의 상국(上國) 즉 천국(天國)인 단군조선에서 주관한 것이다. 도산(塗山)은 산동지역의 남쪽으로 양자강 사이에 흐르는 회수(淮水)의 하류지역에 있는 산(山) 인데, 이곳까지 단군조선의 영향력이 미쳤던 것인데, 산동지역이 곧 단군조선의 삼한 중에서 번한관경(番韓管境)에 속한 것이 된다.

부루(夫婁)는 단군조선 천제(天帝)이던 단군왕검의 태자(太子)로서 섭정을 하던 진한(眞韓)이신 부루를 가리키며, 천제자(天帝子)로 기록된다. 친림(親臨)이란 친히 납시었다는 말로서 일반 제후의 행차가 아니라 상국의 사자나 임금이 임하였다는 뜻이 된다.

나라의 경계를 정하였다는 것은, 서기전 2267년 도산회의에서, 태자 부루께서 사공(司空) 우(禹)에게 치수법을 전수하는 것 외에도 다른 중대한 일을 처리하였다는 것이며, 그 중에서 나라의 경계를 따져 우순(虞舜)이 단군조선의 허락 없이 임의로 설치하였던 유주(幽州)와 영주(營州)를 단군조선 직할 영역에 편입시켰던 것을 가리킨다.

우순(虞舜)은 요임금이 설치하였던 9주에서 기주(冀州)를 분리하여 병주(幷州)와 유주(幽州)를 설치하고 연주(兗州)에서 분리하여 영주(營州)를 설치하였는데, 단군조선이 태원 이북의 땅이 되는 병주(幷州)는 그대로 두고, 발해만 서쪽이 되는 유주와 산동지역의 서쪽에 설치된 영주를 폐지하였던 것이다. 이때 단군조선은 유주 땅에는 고죽국(孤竹國)을 봉한 것이 되고, 영주 땅은 남국(藍國) 또는 청구(靑邱)에 붙인 것이 된다.

유위자(有爲子)는 단군조선 전기 시대인 서기전 1900년경 선인(仙人)으로서 국자랑(國子郞)의 사부(師傅)를 지낸 분이시며[525], 특히 이윤(伊尹)의 스승이기도 하다. 당시 유위자 선인은 중국 땅이던 하(夏)나라에까지 이름을 떨쳤는데, 이윤은 처음 하나라의 제후국이던 은(殷)나라의 탕(湯)에 의하여 하나라 걸왕(桀王)의 신하

---

525) 전계 한단고기 〈단군세기〉, 81~82쪽 참조

로 천거되었으나 걸왕이 받아들이지 않자, 탕이 이윤을 재상으로 삼았던 것이고, 결국 단군조선의 군사적 후원을 받아 함께 하나라를 멸망시키고 은나라를 세우게 되었던 것이다.

유위자 선인은 최소한 서기전 1950년에 탄생하여 서기전 1727년에 돌아가시니 약 230세를 사신 것이 된다. 한편, 단군왕검의 사부격이자 천사(天使)이며 우순(虞舜)의 아버지인 유호씨는 서기전 2470년경 출생으로 최소한 서기전 2195년까지 살아 약 270세를 산 것이 된다.

동이(東夷:단군조선)라는 나라는 비록 대국이지만, 함부로 명분 없이 다른 나라를 침략하지 않았다. 이는 예의(禮儀)와 의리(義理)를 중시하는 군자(君子)들이 사는 나라이므로 당연한 것이 된다. 예의(禮儀)의 나라라는 것은, 풍속은 순박하고 두터워 길가는 사람은 서로 길을 양보하고, 먹는 사람은 밥을 건네며, 남녀는 자리를 달리하여 함께 앉지 않는다는 데서 바로 알 수 있는 것이다.

그래서, 고대중국의 역사에서 단군조선을 동방 예의(禮儀)의 군자(君子) 나라라고 하는 것이 된다. 또한 단군조선은 신선불사국이므로, 통칭하면 동방 예의군자(禮儀君子) 불사신선(不死神仙)의 나라인 것이다. 진시황과 한무제가 신선이 되고자 하여 약물을 남용하여 중독사 한 것은 불사신선을 흉내 낸 것에 불과하다. 진정한 홍익인간(弘益人間) 사상을 몰랐기 때문이다.

은태사(殷太師)는 은나라의 태사(太師)를 가리키며 곧 서기전 1122년경 당시에 은나라의 왕족으로서 주왕(紂王)의 숙부이던 기자(箕子)를 가리킨다. 가자(箕子)는 은나라 시대에 기(箕) 땅에 봉해진 자작이라는 말인데, 이후 성씨를 원래 자씨(子氏)에서 기씨(箕氏)로 삼았던 것이다.

서기전 1122년에 은나라가 주나라의 무왕에게 망하자 은 기자는 주나라의 백성이 될 마음이 없어 단군조선 영역으로 피한 것이 되는데, 이를 두고, 은태사(殷太師) 기자(箕子)가 주(周) 나라 조정에 신하가 되지 않을 마음이 있어 동이(東夷)로 피하여 살았다고 한 것이 된다.

서기전 1120년에 기자(箕子)는 자신이 이끌던 5,000명의 패잔병과 함께 고죽국의 서쪽이 되는 태항산 서쪽으로 가서 태원 이북의 땅에 정착하여 단군조선의 제후가 되었던 것인데, 이후 단군조선의 명을 받아 연(燕)나라를 정벌하기도 하였으며, 서기전 650년경에 연나라와 제(齊)나라의 공격을 받아 고죽국과 거의 동시에 망함으로써 주류(主流)는 동쪽의 번한 땅으로 이동하고 일부는 남하하였던 것이 된다.

번한 땅으로 이동한 기씨는 서기전 323년에 읍차(邑借) 기후(箕詡)가 번조선왕(番朝鮮王)이 되었고, 남쪽으로 이동한 선우씨(鮮于氏)는 춘추전국시대에 선우중산국(鮮于中山國)을 세웠던 것이 된다.

선부자(先夫子)는 홍사 서문을 쓴 공빈의 6대 선조가 되는 공자(孔子)를 가리킨다. 즉 공빈은 공자의 7세손이 된다. 공자는 동이(東夷)에 살고 싶다 하였고 누추하다 생각하지 않았다고 하였는데, 공자는 서기전 551년생으로서 춘추시대에 활동한 사람인 데, 이때부터 주나라를 중화로 높이면서 주나라의 사방을 낮추어 부르기 시작하였으며, 다만 동방을 오랑캐가 아니라 서융이나 남만이나 북적처럼 더 이상 낮추지 못하고 예의의 나라로 부여하여 그들의 뿌리가 되는 조상의 나라라는 의미를 남겨놓아 동이(東夷)라고 하였던 것이 된다.

노중련(魯仲連)은 공빈(孔斌)의 친구가 된다. 노중련이 평상시에 동해(東海)를 답사하고자 하는 뜻을 가지고 있었던 것이며, 공빈도 역시 동이에 살고 싶다고 한 것이 되는데, 이는 동이가 예의(禮義) 군자(君子)의 나라로서 주나라 천하의 전국(戰國) 시대 백성으로 보면 불사신선(不死神仙)의 나라, 별천지(別天地)와 다름없는 곳이 된다.

공빈(孔斌)은 서기전 268년에 단군조선(동이)의 사절이 위(魏)나라에 입국하였을 때 참관하였던 것이 되는데, 이때 동이사절이 행하는 의식과 용태가 대국(大國)의 미(美)를 지녔으며, 누구도 범치 못할 늠름함이 보였던 것이다.

금도(衿度)란 옷깃에까지 넘쳐나는 절도(節度)와 법도(法度)를 의미하는데, 동이사절의 팔과 손의 움직임까지에도 절도가 넘치고 법도에 따른 것으로 된다. 공빈이 왕년(往年)이라 적은 것은 이 홍사(鴻史)의 서문을 기록할 때인 서기전 268년의 1년이 지난해가 되어, 동이사절이 입국한 때는 서기전 269년이 된다는 것이다. 이때는 단군조선의 마지막 제47대 고열가(古列加) 천왕(天王)의 27년이 되는 해이다.

공빈은 동이(東夷)와 중화(中華)가 천년을 넘게 우방국(友邦國)이었음을 강조하고 있는데, 이는 우방국이 아니라 종주국(宗主國)이던 단군조선(동이)이 주(周) 나라를 자치제후국 즉 천자국(天子國)으로 인정하여 자치(自治)를 하게 하였던 것이며, 백성들이 서로 오고감이 자유로웠던 것을 나타낸 것을 우회하여 적은 꼴이 된다.

실제로 단군조선 조정(朝廷)에는 주나라의 제후국 출신의 사람들이 많이 들어와 벼슬을 하거나 단군조선에 귀순(歸順)하여 많이 살기도 한 것으로 기록되고 있다.

즉 왕래가 자유로웠으며, 단지 서기전 365년경 이후로 연(燕)나라가 도(道)를 어기고 단군조선의 서쪽 변경지역을 침범하는 등 전쟁을 일삼고 서기전 323년에 주나라 천자를 무시하고 왕이라 칭한 등 도(道)를 어기게 되었는데, 이에 대하여 번조선(番朝鮮)의 대부례(大夫禮)가 연나라에 가서 도(道)를 설파한 역사가 있으며, 전쟁 때문에 국경을 경계(警戒)한 역사가 있기도 하다.

그러나, 연나라 장수 진개(秦開)가 서기전 281년에 만번한(滿番汗)을 경계로 삼기는 하였으나 대체적으로 번조선(番朝鮮)과 진조선(眞朝鮮)을 상국(上國)으로서 예의를 표하였던 것이 된다.

공빈이 이 홍사(鴻史)의 서문을 쓴 계기는, 그의 선대인 공자가 동이(東夷)를 찬양한 부분이 있기도 하며, 자신도 또한 느낀 바가 있어 실제 자신이 본 정황을 기록하여 후세 사람들에게 보이고자 한 것이 된다.

공빈이 이 홍사 서문을 쓴 때는, 서기전 268년인 위(魏)나라 안리왕(安釐王:서기전 277년~?)의 10년(十年)이 되는 해이며, 곡부(曲阜)에서 기록한 것이 된다. 이때 곡부는 위(魏)나라 땅이 되는 것이 된다. 원래 곡부는 노(魯)나라 땅이었는데, 서기전 403년에 진(晉)나라가 한위조(韓魏趙)로 삼분된 이후, 곡부가 위(魏)나라에 속하게 된 것이 된다.

서기전 268년은 주(周) 나라 난왕(赧王) 47년이 되는 해가 된다. 그래서 공빈이 동이사절을 본 것은 1년 전인 서기전 269년이 된다. 서기전 269년에 단군조선의 단군은 마지막 47대 고열가(古列加) 단군천왕 27년이며, 번조선왕 기석(箕釋) 20년이 된다. 다만, 이때 공빈이 본 동이사절이라 한 동이(東夷)가 단군조선을 가리키는 것이 되는데, 위나라에 사절을 보낸 임금이 고열가 천왕(天王)인지, 번조선왕 기석(箕釋)인지는 불명이나, 단군조선 삼한(三韓)에서 파견한 것은 분명한 사실일 것이다.

물론, 서기전 269년 당시의 상황을 보면, 진조선(眞朝鮮), 번조선(番朝鮮), 마조선(馬朝鮮)으로 3분되어 번조선왕, 마조선왕으로 칭하던 시기이므로 번조선왕이 사절을 보냈을 수도 있는 것이 된다. 당시 진조선의 수도는 지금의 심양(瀋陽:선양)인 장당경(藏唐京)이고, 번조선의 수도는 난하(灤河)의 동쪽으로서 지금의 산해관(山海關) 자리인 험독(險瀆)이 된다.

한편으로는, 고열가 천왕이 사절을 파견하였을 가능성이 많은데, 당시 연(燕)나라는 번조선과 경계를 하면서 전쟁을 수시로 벌였는 바, 진조선과 번조선과 마조선이 서로 유기적 관계를 가지면서 연나라의 침범을 막은 것으로 기록되고 있는 데서 미루어 짐작할 수 있다.

2. 단군조선(檀君朝鮮)과 당요(唐堯)

일부 기록에서는 단군왕검이 요임금과 병립(竝立)하였다고 적고 있는데526), 이는 단군왕검 시대의 역사를 일부만 본 것이 된다.

단군왕검은 서기전 2357년부터 배달나라의 제후국 즉 천자국(天子國)이던 단웅

---

526) 전게 한단고기 〈태백일사/삼한관경본기〉, 214~215쪽 참조

국(檀熊國:웅씨국)의 비왕(裨王)으로 섭정하였으며, 같은 해에 요(堯)임금은 배달나라 제후국 즉 천자국(天子國)이던 유웅국(有熊國:웅씨국)의 천자이자 이복형(異腹兄)이던 제지(帝摯)를 쳐서 멸하고 천자자리를 뺏었다.

그런데, 요임금은 서기전 2357년에 천자가 되어서는 분수(汾水) 근처의 평양(平陽)에 도읍하여 당(唐)을 세우고, 오행망설(五行妄說)을 주창하여 독단(獨壇)을 차려 제왕(帝王)이라 참칭하며, 마음대로 구주를 설치하고 이웃나라를 함부로 침략하는 전쟁을 일삼았다. 서기전 2334년에 당요(唐堯)가 단군왕검 성제(聖帝)께서 순방정치를 하던 중에 단웅국(檀熊國)을 기습 침략하여 왕성을 점령하니, 이때 단웅국 천자인 홍제(洪帝)께서 붕하시어, 단군왕검은 무리 800을 이끌고 동북의 아사달로 급히 이동하여 나라를 재정비하였던 것이다.

서기전 2333년 10월 3일에 단군왕검께서 구족(九族,九夷)의 추대에 응하여 임금이 되어 개국하여 조선(朝鮮)이라 하니, 요(堯)의 당(唐)나라와 병립(竝立)한 것이 된다. 그런데 10년이 되는 해인 서기전 2324년에 당요가 단군조선의 사자(使者) 유호씨(有戶氏)가 이끄는 토벌대(討伐隊)에 굴복하니 단군조선의 제후인 공식적 천자(天子)가 되었는바, 이에 단군조선과 당나라는 병립이 아닌 상국(上國)인 천제국(天帝國)과 지방 천하 제후국인 천자국(天子國)으로 질서가 잡혀졌던 것이 된다.

(1) 요(堯)의 출현

요(堯)는 서기전 2401년생으로서 황제헌원의 나라가 되는 (유)웅국의 천자(天子)이던 제곡고신씨(帝嚳高辛氏:서기전 2436년~서기전 2366년)의 아들이고, 이름을 방훈(放勳)이라고 하며, 성은 이기(伊祁)이다.[527]

요(堯)는 황제헌원의 후손이 되므로 원래 희(姬)성이 되지만, 스스로 성(姓)을 바

---

527) 전게 십팔사략(상), 24쪽 참조

꾸어 이기(伊祁)라 한 것이다. 요임금을 풍이(風夷)의 후손이라고도 하는데, 아마도 이기(伊祁)는 태호복희씨의 후손인 모계성(母系姓)을 가리키는 것이 될 것이다.

요는 서기전 2382년경 20세경에 제곡고신씨에 의하여 도(陶)에 봉해져 도요(陶堯)라고 불리는 것이며, 서기전 2357년에 군사를 일으켜 제지(帝摯)를 쳐서 멸하여 당(唐)을 세우니 당요(唐堯)라 하는 것이고, 통칭 제요도당씨(帝堯陶唐氏)라고 불리는 것이 된다.

(2) 도요(陶堯)가 천자(天子) 제지(帝摯)를 치다

요(堯)는 서기전 2357년에 당(唐)을 세우기 이전에는 도(陶)에 봉해졌던 것이며, 서기전 2357년에 이복형(異腹兄)이던 제지(帝摯)를 쳐서 멸하고 그 천자 자리를 뺏었다.

제지(帝摯)는 서기전 2366년에 제곡고신씨의 아들로서 대를 이어 천자가 되었는데, 이에 대하여 요(堯)가 불만 또는 권력욕을 가지고 있었던 것이 된다. 결국 천자에 있기를 9년 되는 해인 서기전 2357년에 요의 침공을 받고 천자자리를 내 준 것이다.

제지가 수도로 삼은 곳은 서기전 2436년에 천자가 되었던 제곡고신씨가 수도로 삼았던 박(亳)이라는 땅으로서 지금은 은허(殷墟)라고도 불리는 안양(安陽) 지역이 된다. 요가 수도로 삼은 곳은 박의 서쪽이 되는 분수(汾水) 지역의 평양(平陽)이라는 곳이다.

(3) 당요(唐堯)의 반역행위

요(堯)는 제지(帝摯)를 멸망시키고 당(唐)나라를 세워 제왕(帝王)을 참칭하고 구주(九州)를 마음대로 설치하고 전쟁을 일삼는 등 배달나라의 법질서를 어지럽혀 홍익인간 실천윤리에 어긋나는 반역행위를 저질렀다.528)

1) 제왕참칭(帝王僭稱) - 독단(獨壇)을 차리다

요(堯)는 천자로 봉해지거나 선양받지 않고 천자 자리를 찬탈하였다. 즉 제지(帝摯)를 공격하여 멸하고서 그 천자 자리를 뺏었던 것이다. 이리하여 요는 스스로 제왕(帝王)이라 참칭(僭稱)한 것이다. 참칭이란 허락 없이 함부로 칭한다는 의미이다.

독단(獨壇)이란 독립한 제단(祭壇)이라는 뜻으로서, 독단을 차린다는 것은 하늘에 제를 올리는 제단을 스스로 세우는 것을 가리킨다. 즉 요는 당(唐)나라를 세우고 스스로 하늘에 제를 올리는 의식을 치른 것이다. 이는 허락 없이 함부로 하늘에 제를 올리는 것이 되어 대역(大逆)의 죄에 해당한다.

여기서, 요임금은 제단에서 하늘에 제를 올리는 단군(壇君)이 될 수 있을지 모르지만, 배달나라 임금이라는 단군(檀君)은 될 수 없다. 왜냐하면, 단군(檀君)은 배달나라의 한웅천왕의 아들을 가리키는 말이기 때문이다. 즉, 단군왕검(檀君王儉)은 한웅천왕의 아들로서 천군(天君)이므로 당연히 배달나라의 작은 임금이 되는 단군(檀君)으로서 단군(壇君)이기도 하지만, 천자 자리를 빼앗은 천자(天子)에 불과한 요(堯)는 절대 단군(檀君)이 아닌 것이며, 단지 제단에서 하늘에 제를 올리는 단군(壇君)이라고는 불릴 수 있을 뿐이다.

2) 오행망설(五行妄說)

역사상 요(堯)임금은 오행(五行)을 자의적으로 해석하여 스스로 오중(五中)의 왕이라 칭하였다.

도요(陶堯)는 배달나라 시대 서보(西堡)의 간(干)에게서 도(道)를 배웠는데, 수(數)에 밝지 못하였다. 즉, 서기전 2382년경에 배달나라 서보(西堡)의 간(干)은 소호국(少皡國)의 천자(天子)이던 백제(白帝)가 되는데, 아마도 오행(五行)의 원리와 수리(數理)에 대하여 수학하였던 것이 된다.

---

528) 전계 부도지, 56~57쪽 참조

도요(陶堯)는 수리(數理)에 밝지 못하여, 9수5중(九數五中)의 이치를 잘 알지 못하여 오해하고서, 오행(五行)의 법을 임의로 만들어 제왕(帝王)의 도(道)를 주창(主唱)한 것이 된다. 즉 오행망설(五行妄說)을 만들었던 것이 되는데, 이에 대하여 허유(許由)와 소부(巢夫) 등이 요(堯)를 크게 꾸짖고 거절하였던 것이다.

요가 주창한 오행망설(五行妄說)의 요점은, 스스로 5중(五中)에 사는 제(帝)라 함부로 주창한 것이 된다. 즉, 동서남북중에서 중(中)의 수가 5(五)이며 황극(皇極)이 되지만, 중앙의 5(五)가 항상 고정된 것이 아니며, 5는 교차이기도 하고 또 5와 7의 고리(環)에 이르면 중앙이 5가 아니라 7이며, 천지인의 수로 배정하면 4가 중앙의 숫자가 되기도 하는 바, 요가 주창한 오행의 법은 원리에 맞지 아니한 것이 되어 스스로 정한 것에 불과한 망설(妄說)이 되는 것이다.

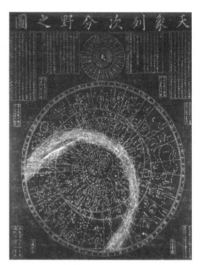

천상열차분야지도

중앙의 자리를 황극(皇極)이라 하는데, 상국(上國) 또는 천국(天國)에서는 천제(天帝), 천황(天皇)의 자리이며, 지방의 천하 제후국에서는 천후(天侯), 천자(天子)의 자리로서 진정한 왕도(王道)를 행하여야 하는 자리이므로, 스스로 제왕(帝王)을 칭한다고 하여 황극의 자리에 오르는 것이 아니라, 천제(天帝)나 천황(天皇)으로부터 봉함을 받거나 진정 천자로 인정을 받아야 하는 자리인 것이다.

요(堯)는 당(唐)을 세우자마자 마음대로 구주(九州)를 설치하고 스스로 제왕(帝王)을 칭하였으나 함부로 다른 나라를 침략하여 땅을 빼앗는 악행을 저질렀는바, 진정한 왕도(王道)를 행하는 천자(天子)로서의 자격이 없는 것이 되고, 서기전 2324년에 천제국(天帝國)인 단군조선(檀君朝鮮)에 굴복한 후 공식적으로 하늘나라(天國), 상국(上國)의 제후인 천자(天子)로 인정받은 것이 된다.

3) 역제반란(曆制反亂) – 배달나라 역법 폐기 및 음력(陰曆) 전용

요(堯)는 서기전 2357년에 당(唐)을 세우고서 배달나라의 역법을 폐하고, 명협(蓂莢)이라는 미물(微物)에 의지하여 음력(陰曆)을 전용하였다.

당시 배달나라의 역법은 태양태음력(太陽太陰曆)이 되는데, 1일(日) 12시(時), 1주(週) 7일(日), 1기(期) 4요(曜) 28일(日), 1사(祀) 13기(期) 52요복(曜服) 365일(日)에, 4년마다 1일을 더하여 366일이 되는 역법이다.

요(堯)가 택한 음력은, 이미 배달나라 역법에 내포되어 있으나, 특히 명협(蓂莢)이라는 풀(草)을 내세워 백성들을 미혹하게 유도하였던 것이며, 작은 달은 29일 큰 달은 30일로 하는 태음력(太陰曆)을 가리킨다.

달의 삭망(朔望) 주기는 약 29.53일이 되는데, 작은달 6개월은 29일로, 큰달 6개월은 30일로 하여 12달은 354일이 되어, 태양력의 1년 365일 또는 366일과는 11일 또는 12일의 차이가 발생하게 된다.

이리하여 달의 삭망 주기만을 가지고는 4계절의 변화와 일치하지 아니하므로 윤달(閏月)을 주기적으로 넣어 계절을 맞추는 것이 된다. 윤달은 19년에 7회를 넣어 태양력의 주기와 일치시키게 된다.

요가 배달나라 역법을 폐하고 스스로 명협의 풀에 의지하여 창안하였다는 음력을 사용하였으나, 기본적으로는 배달나라의 28수와 1년 366일을 원칙으로 한 태양태음력을 사용한 것이 되며, 단지 스스로 제왕을 참칭(僭稱)하면서 음력 역법을 제정한 것이 되는 것이다. 역법제정권(曆法制定權)은 하늘을 대신하는 제왕(帝王)의 권한으로서 배달나라 시대에는 배달나라 천황(天皇)의 권한임에도, 요(堯)가 함부로 제왕을 참칭하면서 역법을 마음대로 제작한 것이 된다.

요(堯)가 태양력을 배척하고 태음력(太陰曆)을 사용하였다는 실제적인 예가 역사적 신화로 기록되고 있기도 한데, 예(羿)라는 자가 10개의 태양을 활로 쏘아 떨어뜨리다 9개를 맞추니 까마귀 9마리로 변하였으며, 다 떨어뜨리면 세상이 암흑이 될까하여 남겨두었다라는 것에서, 10은 하늘을 상징하는 숫자이며, 9는 인간세상을 상징하고, 태양을 떨어뜨렸다는 것은 역법으로 볼 때는 태양력을 배척하고 음력을 사용하였다는 것을 비유한 것이 되며, 까마귀는 태양의 원천으로서의 태양신(太陽神)을 상징하는 삼족오(三足烏:세발까마귀)와 연관되는 것이다. 다만, 삼족오는 그냥 검은 새인 까마귀가 아니라 소위 불사조(不死鳥)인 검은 봉황(鳳凰)이 된다.

역사적으로 볼 때, 요임금이 태양태음력을 배척하고 태음력을 사용한 것은 사실이라고 보이며, 이후 단군조선과 고대중국의 역법은 대동소이하게 되는데, 이는 서기전 2267년에 단군조선의 태자 부루께서 요순(堯舜)의 대홍수를 다스리기 위하여 도산회의(塗山會議)를 주관하러 가던 중, 순(舜)임금으로부터 치수에 관한 경과 보고를 받으면서 이때 시월(時月)을 협의하여 맞추었던 것으로 연유한 것이 된다. 여기에 대한 하나의 증거로는 순임금 시대에 있었던 선기옥형(璇璣玉衡)이 바로 단군조선이 순임금에게 전수(傳授)한 것이라는 사실이다.

4) 구주(九州) 설치

요(堯)는 서기전 2357년에 군사를 일으켜 제지(帝摯)를 쳐서 멸망시키고 당(唐)나라를 세운 후, 계속하여 전쟁을 일삼아 이웃나라를 점령하고서 마음대로 땅을 나누어 구주(九州)를 설치하였다.

구주는 기주(冀州), 연주(兗州), 청주(靑州), 서주(徐州), 양주(揚州), 예주(豫州), 형주(荊州), 옹주(雍州), 양주(梁州)이다. 중앙에 해당하는 예주를 기준으로 하면, 기주는 태원(太原)을 포함하는 북쪽, 연주는 북동쪽, 청주는 태산을 중심으로 동쪽, 서주는 남동쪽, 양주(揚州)는 남쪽, 예주는 중앙, 형주는 남서쪽, 옹주는 북서쪽, 양주(梁州)는 서쪽에 위치한 것이 된다. 그리하여 대체적으로 서안(西安)~태원(太原)~태산(泰山)~형주(荊州)를 중심으로 하여 큰 원을 그리는 모양이 된다. 그 외의 지역은 당(唐)을 제외한 배달나라 구족(九族)의 고유(固有) 지역이 된다.

서기전 2284년에 순이 천자(天子) 요(堯)를 유폐시키고 천자 자리를 선양받아 천자가 되어, 요의 9주 중에서 기주(冀州)를 분리하여 병주(幷州)와 유주(幽州)를 설치하고, 연주(兗州)를 분리하여 영주(營州)를 설치함으로써 추가로 3주를 설치하여 모두 12주(州)를 두었다.

5) 단웅국(檀熊國) 기습침략

요(堯)는 서기전 2357년에 당을 세워 제왕을 참칭 한 후, 이웃 나라를 침략하여 점령하고서 함부로 9주를 설치하게 되었는데, 서기전 2349년, 서기전 2335년, 서기전 2334년의 3차례에 걸쳐 단웅국(檀熊國)을 침공하였다.

서기전 2334년에는 단웅국의 비왕으로 섭정하시던 단군왕검 성제(聖帝)께서 측근을 이끌고 왕성(王城)을 나가 순방(巡訪)을 하던 차에, 당요(唐堯)가 군사를 이끌고 기습침략(奇襲侵略)을 하였는데, 이때 단웅국의 왕성을 점령하여 버렸고, 당시 왕(천자)이던 홍제(洪帝:서기전 2399년~서기전 2334년)께서 붕하시니, 이에 단군왕검께서는 이 비보를 들으시고 급히 서둘러 측근의 무리800을 이끌고 동북의 아사달로 이동하였던 것이다.

(4) 단군왕검이 무리를 이끌고 동북으로 이동하다 : 아리랑의 역사

당요(唐堯)가 일으킨 전란(戰亂)으로 단군왕검(檀君王儉)께서는 측근의 무리 800을 이끌고 단웅국(檀熊國)의 수도이던 공상(空桑)으로부터 동북쪽으로 3,000리 이상 떨어진 송화강(松花江)의 아사달(阿斯達)로 향하였다. 이때 수많은 강과 수많은 고개를 넘었는데, 그동안 덕치(德治)를 베풀던 단군왕검께서 요(堯)를 피하여 동북으로 이주한다는 소문을 들은 수많은 백성들이 뒤를 따랐던 것이 된다.

그러나, 많고 많은 큰 강과 큰 고개를 넘으면서 뒤 따르던 백성들이 모두 갈 수는 없었다. 이에 큰 고개를 넘다 힘이 들어 뒤에 처진 어떤 백성이 단군왕검을 그리며 노래를 불렀던 것이 되는데, 이 노래가 곧 작자미상의 아리랑이라는 노래가 되는 것이고, 단군조선이 사실상 망한 서기전 238년경 이후로 전란(戰亂)이나 변란(變亂)이 있을 때마다 북중국 지역에서 동쪽으로 이주하던 백성들에 의하여 한반도와 만

주로 전파되어 지금까지 내려오게 된 것으로 된다.

아리랑이라는 말의 아리는 크다(大)라는 의미를 가지고, 랑은 고개라는 말인 령(嶺)이 모음변화를 거치면서 생긴 발음이 된다. 즉 아리랑은 아리령(阿里嶺)으로서 말 그대로 큰 고개 또는 높은 고개를 뜻하는 말인 것이다. 그래서 지금도 지방마다 특유의 수많은 아리랑이 있지만 반드시 고개라는 단어나 고개라는 뜻으로 사용되고 있는 단어가 들어있는 것이 된다. 실제로 지금의 영정하 동쪽으로 난하 서쪽 사이에 장령(長岺:長嶺)이라는 산고개가 있기도 하다.

(5) 단군조선 개국과 당요(唐堯) 토벌

단군왕검은, 한편으로는 염제신농국(炎帝神農國)의 후계국인 단웅국(檀熊國)의 정통성을 이으면서, 배달나라의 한웅 천왕(天王)의 아들인 천군(天君)으로서 천부삼인(天符三印)을 전수받아 천왕의 대를 이음으로써 배달나라의 정통성(正統性)을 동시에 이은 것이 되는데, 서기전 2333년 10월 3일에 배달나라 구족(九族)의 추대에 응하여 임금이 되었으며, 아사달(阿斯達)을 수도로 정하여 조선(朝鮮)을 개국하였던 것이다.

단군왕검은 조선(朝鮮)의 제1대 천왕으로 즉위하였으며, 태자 부루(太子扶婁)를 진한(眞韓)으로 봉하여 섭정(攝政)하게 함으로써 천제(天帝)로 받들어졌던 것이 되는데, 태자 부루는 천제자(天帝子)로서 천왕격(天王格)의 섭정(攝政) 비왕(裨王)인 것이다.

단군왕검 천제(天帝)는 10년간 나라의 힘을 축적하였다. 드디어 서기전 2324년에 배달나라 말기에 전란(戰亂)의 주범이었던 요(堯)를 토벌하기로 하여 유호씨(有戶氏)를 사자(使者)로 삼아 처리하도록 명하였다. 이에 유호씨는 환부(鰥夫), 권사(權士) 등 100여인과 수천의 군사를 이끌고서 당요(唐堯)를 치러 출병하였다.

(6) 요의 굴복과 장당경

유호씨가 황하 물가에 이르렀을 때, 당요(唐堯)는 정세(情勢)를 알아차리고 무조건 항복하였다. 당요(唐堯)는 유호씨를 하빈(河濱)에서 영접하여 거처를 마련해 드렸으며, 이리하여 전쟁 없이 당요(唐堯)는 천국(天國)의 제후인 정식 천자(天子)로 인정받았던 것이다.

이에 유호씨는 당요의 소행을 감시감독하면서, 개사원(蓋斯原)에 장당경(藏唐京)을 설치하여 정기적으로 단군왕검 천제께 예(禮)를 올리도록 조치하였다. 장당경이란 당요를 장치(藏置)한 곳이라는 의미이다. 장당경은 서기전 425년 이후 단군조선의 말기에는 수도가 되었으며, 전기와 후기에는 이궁(離宮)의 역할을 한 곳이기도 하다.

(7) 요임금의 태평시대가 아닌 단군왕검의 태평시대

서기전 2324년부터 단군조선의 권선징악(勸善懲惡) 정책으로 요(堯)임금이 굴복함으로써 전쟁이 없는 평화시대가 시작되었는데, 이를 두고 고대중국의 역사기록에서는 요임금의 태평시대라 하는 바, 요임금이 자발적으로 만든 평화시대가 아니라 단군조선의 홍익인간(弘益人間) 정책으로 인한 태평시대인 것이다.

즉, 소위 요순(堯舜) 태평시대는 중원천하(中原天下)의 태평시대로서 과장된 것에 불과하며, 그 배경에는 천자(天子)인 요순(堯舜)의 상제(上帝)가 되는, 상국(上國)의 임금인 단군왕검 천제(天帝)께서 계셨던 것이며, 단군왕검 천제(天帝)에 의하여 홍익인간 세상이 실현되었기 때문이다.

(8) 요의 선양과 허유(許由)-소부(巢夫)의 일화

요임금의 태평시대가 요임금 스스로 행한 진정한 왕도정치(王道政治)에 의한 것이 아니라는 사실이 허유와 소부의 일화에서 나타난다.

고대중국의 기록에서는, 요임금이 태평시대에 허유에게 임금 자리를 선양하고자 권하였다 하고, 이에 대하여 허유가 요임금의 말씀이 황송하여 공손하게 사양한 것으로, 또 소부는 허유의 말을 듣고 상류로 소를 몰고 가서 물을 먹인 것으로 적고 있다. 그러나 이러한 기록은 역사적 사실의 윤색이자 왜곡날조에 불과하다.

즉, 실제로는 위와 같은 당요(唐堯)의 권유에 대하여, 허유는 요임금의 말이 황당무계(荒唐無稽)하고 명예를 훼손하는, 말이 안 되는 소리이므로 일언지하에 거절하면서 즉시 귀를 물에 씻었던 것인데, 이는 요임금이 왕도(王道)를 행할 임금의 자격이 없음을 반박한 것이 된다.

이때, 허유가 귀를 씻는 강 아래에서 소를 몰고 물을 먹이려 하던 소부(巢夫)가 허유에게 귀를 씻는 이유를 물으니, 이에 허유가 당요(唐堯)가 자신에게 하였던 말을 알려주자, 이때 소부는 허유가 씻었던 물이 더러워서 소에게 먹이지 않고 허유가 있던 곳보다 더 상류 쪽으로 소를 몰고 가서 소에게 물을 먹였던 것이다. 이는 소부도 요임금의 망설을 명예훼손(名譽毁損)이며 무례(無禮)한 망발이었다고 무시한 것이 된다.

당요(唐堯)는 오행망설(五行妄說)을 늘어놓고 제왕(帝王)을 함부로 주창한 자로서, 허유(許由)와 소부(巢夫) 등 당시의 현자(賢者)들로부터 배척을 받았던 인물이다. 즉 전란(戰亂)의 주범으로서 왕도(王道)를 행할 자격이 없는 자가 함부로 남의 땅을 침략하여 땅을 그어 백성을 다스린답시고 천자(天子) 행세를 하니 꼴값하는 것이라 여겼던 것이 된다.

(9) 요임금이 순(舜)을 유혹하다

여하튼, 당요(唐堯)는 속마음은 어떠하였는지 모르지만 서기전 2324년에 단군조선의 사자(使者)였던 유호씨(有戶氏)에게 굴복하여 진정 천자로 인정받았던 것이 되는데, 당요는 이를 기회(機會)로 삼아 순(舜)을 유혹하기 시작하였다.

당시 순(舜)은 20세였으며 단군조선의 사자였던 유호씨의 장자(長子)로서 환부

(鰥夫)의 직을 수행하고 있었다. 환부는 배달나라 시대부터 내려온 율법(律法)을 조절하던 직책이다.[529]

순의 아버지 유호씨는 순에게 수차례에 걸쳐 경고를 하였다. 즉, 당요(唐堯)의 소행을 감시 감독하던 단군조선의 사자로서, 당요(唐堯)의 꿍꿍이 속을 알지 못하였고 겉으로 굴복한 요를 경계하고 있었던 것이다. 그러나 순은 나름대로 계획을 가지고 있었던 것이며, 결국 아버지의 경고를 듣지 않고 당요에게 협조하였던 것이 된다.

(10) 요임금의 순 등용과 단군조선의 번한 요중 12성

서기전 2324년 당시에는 순(舜)이 아버지 유호씨의 명(命)을 잘 따르던 효자였으며, 당요(唐堯)가 접근 한 뒤에도 겉으로 보기에는 순(舜)이 효자였다.

당요는 10년간 순에게 공을 들여 자기 사람으로 만들었다. 두 딸을 순에게 시집 보내기도 하였다. 이리하여 당요(唐堯)는 결국 서기전 2314년에 나이 30세이던 순(舜)을 등용하였다. 이때 순은 아버지 유호씨를 떠나 당요에게 가버렸던 것이다. 이에 고대중국의 기록에서는 순이 불효자로 적히는 것이다. 실제로는 아버지 유호씨의 명을 따르지 않았으므로 불효자(不孝子)이며, 또한 단군조선의 신하(臣下)로서 천사(天使)인 유호씨의 명을 거역하였으므로 불충신하(不忠臣下)인 것이다.

이러한 요임금과 순의 동태를 경계하여 단군조선은 서기전 2301년 경자년(庚子年)에 번한(番韓)의 요중(遼中)에 험독(險瀆), 영지(永支), 탕지(湯池), 통도(桶道), 거용(渠鄘), 한성(汗城), 개평(蓋平), 대방(帶方), 백제(百濟), 장령(長嶺), 갈산(碣山), 여성(黎城)의 12성(城)을 축조하였다.[530]

---

529) 전게 부도지, 40~41쪽 및 60~61쪽 참조
530) 전게 한단고기 〈태백일사/삼한관경본기〉, 217쪽 참조

(11) 요임금이 순에게 섭정을 맡기다

당요(唐堯)는 순(舜)을 등용한지 20년만인 서기전 2294년에 50세이던 순을 제2인자인 섭정(攝政)으로 맡겼다.

이때 천자 당요는 108세 되는 해이며, 단군왕검 천제께서는 77세 되는 해이다. 단군조선의 사자 유호씨는 약 177세였다.

당요에게 충성을 다함으로써 섭정이 된 순은 그동안 숨겨놓았던 자신의 야망을 실현하기 위하여 틈을 보고 있었던 것이 된다.

(12) 요순시대 9년 대홍수 발생

순(舜)이 섭정하던 7년째 되는 해인 서기전 2288년에 황하(黃河) 이남으로 양자강(楊子江)을 중심으로 하여 대홍수가 발생하였다. 이에 섭정 순(舜)은 곤(鯤)이라는 자에게 치수(治水)를 맡겼다. 곤은 자기 나름대로 모든 방책을 찾아 치수에 힘을 기울였다. 그러나 오행(五行)의 이치를 알지 못하면서 함부로 오행(五行)을 사용하여 치수를 시도하였는데, 치수는 고사하고 홍수가 더하여 화(禍)만 불렀다.

날이 갈수록 백성들은 물에 빠지고, 집을 잃고 입을 옷이 없어지고 먹을 것이 부족하게 되었으며, 전염병이 난무하여 목숨을 많이 잃게 되었다.

(13) 순에게 유폐찬탈 당하다

당요(唐堯)가 천자 자리에 있기를 73년인 서기전 2285년에 섭정이던 순(舜)이 요임금을 유폐(幽閉)시키고 강압적으로 위협하여 천자(天子) 자리를 빼앗았다. 고대중국의 기록에서는 요순(堯舜)의 선양(禪讓)이라 미화(美化)시켜 놓았지만, 실제로는 하극상(下剋上)의 찬탈(簒奪)인 것이다.

이로써, 순(舜)은 자신의 야망을 실현한 것이 되지만, 아버지에게는 불효(不孝)를, 단군조선에는 불충(不忠)을 저지른 것이 되어, 후대의 역사가들에 의하여 비난을 면치 못하는 것이라 할 것이다.

3. 단군조선(檀君朝鮮)과 우순(虞舜)

(1) 순(舜)의 출현

순(舜)은 서기전 2343년생이다. 아버지는 단군조선의 중신인 유호씨(有戶氏)이며, 고수씨(高叟氏)라고 하는데, 고대중국 기록에서는 고(高)의 소리를 같은 글자로 대치하여 소경이라 와전시켜 고수(瞽叟)라고 적는다. 후대에 유호씨의 후손은 단군조선의 교부(教部) 즉 사도(司徒)의 벼슬을 지냈다. 사도라는 벼슬은 고대중국의 요순(堯舜)시대에도 있었다.

순(舜)은 친어머니를 일찍 여의고 이복 아우인 유상(有象)을 낳은 어머니를 계모로 모셨다. 후대에 순이 자신의 성씨를 요(姚)로 바꾸었는바, 이는 친어머니의 성을 따른 것으로서 모계성(母系姓)을 딴 것이 된다.

순이 유호씨의 장자였음에도 성씨를 요(姚)로 하여 어머니 성을 따른 이유는, 순(舜)이 아버지 유호씨의 대를 이은 것이 아니라 이복동생인 상(象)이 아버지 유호씨의 대를 이은 것이기 때문이다. 즉, 순은 장자(長子)에서 물러나 모계(母系)를 이은 것이다. 중국의 실질적인 시조 황제헌원도 처음에는 공손씨(公孫氏)였으나 어머니 성인 희(姬)를 썼는데, 이는 헌원이 아버지 공손씨의 적자(嫡子)가 아니거나 적자임을 포기한 것이 된다.

순(舜)의 스승은 포의자(浦衣子)라고 전한다. 순은 단군조선의 환부(鰥夫)의 직을 수행하였다.

(2) 아버지 유호씨(有戶氏)

순의 아버지는 유호씨(有戶氏)이다. 유호씨는 단군왕검(檀君王儉)보다 100여세가 많아 서기전 2470년경 탄생하였으며, 서기전 2357년에 도요(陶堯)가 난을 일으켜 제지(帝摯)를 멸하고 당요(唐堯)라 칭하였을 때, 단웅국(檀熊國)의 비왕(裨王)이며 배달나라 거불단(居弗檀) 한웅(桓雄)의 아들로서 천군(天君)이던 단군왕검을 보필하였다.

유호씨는 서기전 2195년경 하(夏)나라의 제2대왕 계(啓)가 우매하여 하나라 백성과 함께 가르침을 받지 않자 결국 포기하고서, 서방의 수메르지역과 남방의 인도지역으로 가르침을 펴러 떠났다가 되돌아와 사도의 벼슬을 지낸 것으로 기록되고 있다.

그리하여 유호씨는 최소한 서기전 2470년경부터 서기전 2195년경까지 약 270세를 산 것으로 된다. 한편, 아들 순(舜)은 서기전 2343년부터 서기전 2224년에 우의 군사에게 피살(被殺)될 때까지 120세를 살았으나 비명(非命)에 일찍 사망한 것이 된다.

(3) 단군조선의 환부(鰥夫)

순은 일찍기 부도(符都)의 법(法)을 행하는 환부(鰥夫)의 직을 수행하였다. 순은 서기전 2324년 20세에 환부(鰥夫)로서 단군왕검 천제(天帝)의 명을 받아 천사(天使)가 된 아버지 유호씨(有戶氏)를 따라 당요(唐堯)를 치러 갔던 인물이다. 부도(符都)는 천부도(天符都)로서 하늘의 뜻을 펼치는 나라의 수도(首都)라는 의미로서 즉 배달조선의 서울을 가리킨다.

1) 환부(鰥夫)란

환부는 글자 그대로 환(鰥)이라는 물고기가 상징하는 직책을 가리킨다. 물고기 특히 환(鰥)이라는 물고기는 평소 눈을 감지 않으며 심지어 잠을 잘 때도 눈을 뜨고 자는데, 이에 환부는 세상일을 걱정하여 근심으로 뜬 눈으로 밤을 새우다시피하며 일을 하는 직책을 가리키는 것이 된다.

2) 환부의 책무

환부라는 직책은 배달나라 때부터 있어 왔으며, 무여율법4조(無餘律法四條)를 조절(調節)하는 직무를 수행하였다. 무여율법 4조는 아래와 같다.531)

제1조.
사람의 행적(行蹟)은 때때로 깨끗하게 하여, 모르는 사이에 귀(鬼)가 되지 않게 하고, 번거롭게 막혀서 마귀(魔鬼)가 되지 않도록 하며, 인간의 세상으로 하여금 밝게 통하여 하나라도 장애가 없도록 하라(人之行跡 時時清濟 勿使暗結生鬼 煩滯 化魔 使人世 通明無餘一障).

사람이 살아가면서 행하는 말과 행동은 완전히 사라지지 않고 남아있게 되고 모르게 행한 것은 악의 실마리가 되어 장차 큰 재앙을 불러오게 되는데, 이러한 행적을 때때로 되돌아보고 수시로 마음을 깨끗이 하여 행동을 올바르게 함으로써 막힘이 없는 밝고 환한 광명의 세상이 되도록 하라는 것이다. 몸과 마음을 깨끗이 하는데는 물이 사용된다. 세례는 물로써 마음을 깨끗이 하는 의식이다. 목욕재계는 즉 세례로서 물로써 부정(不淨)을 물리치는 의례이다.

제2조.
사람의 취적(聚積)은 죽은 후에 공(功)을 드러내어, 더러움을 말하여 귀(鬼)가 되지 않도록 하고, 허비하여 마귀가 되지 않도록 하며, 인간세상으로 하여금 널리 흡족하게 하고 하나라도 유감이 없도록 하라(人之聚積 死後堤功 勿使陳垢生鬼 濫費化魔 使人世 普洽無餘一憾).

사람이 살아가는 동안 쌓은 업적이나 공적은 죽은 후에 드러내어 잘못된 점을 정

---

531) 전게 부도지, 40~41쪽 참조

리하고 허비하지 않게 하여 인간세상에 하나라도 유감이나 원한이 남지 않게 하라는 것이다.

제3조.
고집이 세고 사악하고 미혹한 자는 넓고 밝은 광야에 귀양 보내 살게 하여, 때때로 그 행동을 돌아보게 하여 사악한 기운이 세상에 남지 않게 하라(頑着邪惑者 謫居 於曠野 時時被其行 使邪氣 無餘於世上).

좋은 가르침을 따르지 않고, 악한 것을 마음에 품으며, 언행이 바르지 못한 자는 넓고 밝은 들판에 귀양을 보내어 수시로 자기의 행동을 돌아보게 하여 사악한 기운이 세상에 남지 않게 하라는 것이다. 귀양살이는 극치(棘置) 등으로 종신금고형(終身禁錮刑)에 해당하는 것이 된다. 극치(棘置)는 탱자 등 가시나무로 울타리를 만든 집에 금치(禁置)하는 형벌이 된다.

제4조.
크게 죄와 잘못을 범한 자는 섬도(暹島)에 유배를 보내 살게 하여 죽은 후에 그 시체를 불살라 죄집(罪集)이 지상에 남지 않게 하라(大犯罪過者 流居於暹島 死後焚 其尸 使罪集 無餘於地上).

큰 죄를 지은 자는 해가 돋는 섬에 유배를 보내어 죽으면 시체를 불살라 육체에 깃든 죄 덩어리가 지상에 남지 않도록 하라는 것이다. 이는 불교에서 행하는 화장과 관련되어 있다. 즉 해탈을 시키는 의식이자 죄 덩어리를 남지 않게 하는 형벌(刑罰)에 해당한다.

단군조선 시대에는 지금의 일본 땅의 북해도(北海島:홋가이도)와 본주(本州:혼슈)가 유배지(流配地)로 사용되었던 것이 된다. 신라시대 초기에 신라왕이 된 석탈해(昔脫解)는 단군조선 시대의 동보(東堡) 유배인(流配人)의 후예라고 기록되고 있다.

(4) 요의 유혹과 순의 협조와 불효불충

서기전 2324년에 순(舜)이 단군조선의 무여율법(無餘律法)을 조절하는 환부(鰥夫)로서, 단군왕검 천제의 명을 받은 아버지 유호씨(有戶氏)를 따라 당요(唐堯)를 토벌하러 갔을 때, 당요(唐堯)가 무조건 굴복함으로써 전쟁을 피하고 나라를 보존하였는데, 이후 당요는 순의 사람 됨됨이를 살피다가 순을 자기사람으로 만들기 시작하였던 것이다.

이에 아버지 유호씨가 당요의 소행을 감시감독하면서 그 마음속을 경계하여 아들 순(舜)에게 수차례에 걸쳐 경고를 하였으나, 순은 자신의 야망 때문에 아버지의 명을 거역하고 당요에게 협조하게 되었다. 이리하여 순은 불효자(不孝子)가 되고 불충신(不忠臣)이 되었던 것이다.

(5) 요임금에게 등용되다

서기전 2314년 순이 30세가 되던 해에 당요(唐堯)가 순을 벼슬을 주어 등용하였다. 이에 순(舜)은 아버지 유호씨(有戶氏)를 떠나 당요에게 갔던 것이다. 이후 서기전 2267년경까지 아버지 유호씨와 순의 관계는 소원(疏遠)하게 되었고, 순(舜)은 단군조선의 사자(使者)이던 아버지 유호씨로부터 잠재적인 반란자로서 감시감독 당하는 처지로 되었던 것이다.

(6) 단군조선이 번한 요중 12성을 축조하다

단군조선은 당요(唐堯)와 순(舜)의 동태(動態)를 감시하고 경계하여, 번한(番韓) 땅의 요중(遼中)에 12성(城)을 축조하였다.

서기전 2301년 경자년에 축조한 요중 12성은, 험독(險瀆), 영지(永支), 탕지(湯池), 통도(桶道), 거용(渠鄘), 한성(汗城), 개평(蓋平), 대방(帶方), 백제(百濟), 장령(長嶺), 갈산(碣山), 여성(黎城)이다.532)

요중(遼中)이란 요서(遼西)와 요동(遼東)에 걸치는 지역이며, 영지성(永支城)은 요서에 위치하고 나머지 대부분의 성은 요동에 위치하는데, 특히 험독(險瀆)은 후대의 요수(遼水)라 불리는 난하(灤河) 동쪽에 위치한다.

험독(險瀆)은 번한(番韓)의 첫수도이면서 가장 중요한 곳이 되는데, 오덕지(五德地) 중에서 동경(東京)에 해당하고, 탕지(湯池)는 북경(北京)에 해당하며, 한성(汗城)은 서경(西京)에 해당하고, 개평(蓋平)은 중경(中京)에 해당한다. 남경(南京)은 산동반도의 남쪽에 위치한 낭야성(琅耶城)인 가한성(可汗城)이 된다.

(7) 요임금의 섭정이 되다

서기전 2294년 순의 나이가 50세이던 해에 당요는 순을 제2인자로서 섭정으로 맡겼다. 순은 30세에 당요의 신하가 되어 충성을 다하였던 것이며, 이에 요임금이 순에게 모든 것을 맡기게 된 것인데, 그러나, 진작 순은 자신의 야망을 위하여 불효와 불충을 저지르면서까지 당요에게 협조하였던 것이었다.

(8) 요를 유폐하고 선양받아 천자가 되다

순이 섭정이 되어 천자가 될 기회를 노리고 있던 중 서기전 2288년에 대홍수가 발발하여 치수에 집중하느라 기회를 얻지 못하였다. 그러던 중, 서기전 2284년에 단군조선에서 우수주(牛首州)를 중심으로 대홍수가 발발하였는데, 이에 섭정(攝政) 순(舜)은 단군조선이 치수에 여념이 없는 틈을 타서 요임금을 강제로 유폐(幽閉)시키고 위협하여 천자 자리를 빼앗았다. 이로써 순은 자신의 야망을 실현하였던 것이 된다. 그러나 단군조선의 사자(使者)이던 아버지 유호씨(有戶氏)로부터 공식적으로 인정을 받지 못하였기 때문에 진정한 천자가 되지 못하였다.

---

532) 전게 한단고기 〈태백일사/삼한관경본시〉, 217쪽 참조

즉, 순수한 선양(禪讓)이 아니라 강압적으로 뺏은 선양이었다. 이를 고대중국의 기록에서는 선양(禪讓)이라 찬양칭송(讚揚稱頌)하지만 역사적 사실을 윤색 날조한 것에 불과한 것이다.

순(舜)이 천자 요(堯)를 이어 천자(天子)가 되니 고대중국 기록에서는 소위 제순(帝舜)이라고 한다. 제순을 유우씨(有虞氏)라고 하는데, 유우(有虞)는 순(舜)의 근거지가 되는 땅 이름으로서 아마도 유호씨(有戶氏)와 관련된 명칭이 되는 것으로 보인다.

(9) 당요(唐堯)의 9주에 병주, 유주, 영주의 3주를 더 설치하다

스스로 천자가 된 순(舜)은 나름대로 나라를 키울 욕심으로 서기전 2357년경에 요임금이 설치하였던 9주(州)에다, 기주(冀州)를 나누어 병주(幷州)와 유주(幽州)를 설치하고, 연주(兗州)를 나누어 영주(營州)를 설치함으로써, 3주(州)를 추가하여 모두 12주(州)로 만들었다.

이러한 순(舜)의 행위는 정식 천자(天子)로서 상국(上國)인 단군조선으로부터 인정(認定)받거나 윤허(允許)를 받은 것이 아니어서 원칙적으로 대역죄(大逆罪)에 해당한다 할 것인데, 아버지 유호씨는 이를 단군왕검 천제(天帝)께 보고하였던 것이 되며, 단군왕검 천제께서는 순의 소행을 좀 더 지켜보신 것이 된다.

(10) 치수담당 곤을 처형하고 우에게 맡기다

서기전 2280년에 우순(虞舜)은, 서기전 2288년부터 9년간 치수를 담당하였던 곤(鯤)이 치수에 성공하지 못하므로, 그 책임을 물어 우산(羽山)에서 곤을 처형하였다. 이에, 소위 제순(帝舜:虞舜)은 곤의 아들 우(禹)에게 사공(司空)의 벼슬을 주어 치수를 맡겼다. 이리하여 사공 우는 태자 부루에게서 치수법을 전수받은 해인 서기전 2267년까지 13년간을 치수에 힘을 쏟았다.

(11) 단군조선의 도산회의(塗山會議) 개최

　서기전 2280년부터 서기전 2267년까지 대홍수의 치수를 담당하였던 사공(司空) 우(禹)는 13년간을 홍수에 직접 뛰어들어 몸소 체험하면서 치수에 힘썼다. 심지어 집을 지나쳐도 들어가지 않았고, 둑을 쌓기도 하고 허물기도 하였으며, 진흙 밭을 썰매를 타고 다니기도 하고 산에 올라 아래를 내려다 보기도 하며 치수를 독려하고, 치수방법을 연구하기도 하고 여러모로 시도하기도 하였다. 그러나, 물은 빠지지 않았고 백성들은 진흙탕에 빠져 전염병에 노출되어 고생을 하고 있었다.

　그러나, 우(禹)는 아버지 곤(鯤)과 다른 점이 있었다. 우는 혼자서는 더 이상 방법이 없자 다른 방책을 찾았다. 그 단서를 회계산(會稽山:茅山)에 올라 찾았다. 그곳에서 우는 자허선인(紫虛仙人)을 찾아뵙고 방법을 여쭈었다. 이에 자허선인은 황부중경(黃部中經)의 가르침을 받을 수 있는 방법을 알려 주었던 것이다. 이리하여 사공 우(禹)는 자신의 임금인 순(舜)에게 천조(天朝:상국, 천국의 조정)에 구원을 요청하도록 간(諫)하였다. 이에 제순(帝舜)은 우(禹)의 간청을 받아들여 단군왕검 천제(天帝)께 치수에 관하여 구원을 요청하였던 것이다.

　이리하여 단군왕검 천제께서는 순의 상소를 거두어들이고, 서기전 2267년에 당시 진한(眞韓)으로서 섭정을 하고 있던 태자(太子)부루(扶婁)에게 명하여 중원으로 가서 천하 백성들을 구하라 하셨던 것이며, 이에 태자 부루는 치수에 관한 권한징표(權限徵標)인 천부왕인(天符王印)과 치수를 위한 도구(道具)인 신침(神針)과 치수법(治水法)을 담은 황구종(皇矩宗)이라는 금간옥첩(金簡玉牒)의 3가지 보물을 가지고, 도산회의(塗山會議)를 주관하러 행차하였던 것이다.533) 이때 사공 우는 순임금에게 간청을 한 이후 태자 부루께서 왕림(往臨)하시기 전 100일 동안 목욕재계(沐浴齋戒)하며 삼신상제(三神上帝)의 천사(天使)이신 태자 부루를 영접(迎接)할 준비를 하였다.

---

533) 전게 한단고기 〈태백일사/삼한관경본기〉, 218~219쪽 참조

산동반도 남쪽에 위치한 회수(淮水)의 하류지역에 있는 도산(塗山)에 도착한 태자 부루는 대동한 번한(番韓) 낭야(琅耶)로 하여금 회의를 진행하도록 하여, 사공 우에게 치수에 관한 모든 전권(專權)을 부여하고 치수에 필요한 도구와 치수법을 전수(傳授)하였다.

(12) 역법(曆法)을 협용(協用)하다

서기전 2267년 태자 부루는 도산(塗山)으로 가던 중 번한의 수도였던 험독(險瀆)에 들러 반 달 간 민정(民情)을 청문하였으며, 남쪽으로 가던 중 번한(番韓) 낭야(琅耶)로 하여금 태산(泰山:岱宗)에 올라 천제(天祭)를 지내게 하였고[534], 또 서기전 2311년에 개축하여 두었던 산동반도 남쪽에 위치한 가한성(可汗城)인 낭야성(琅耶城)에서 천자(天子) 순(舜)의 알현을 받고 시(時)와 월(月)을 협의하여 맞추었다. 즉 시간과 달력을 협의하여 맞추었던 것이다.

이후 역법(曆法)은 음력(陰曆) 전용이 아니라 배달조선의 태양태음력(太陽太陰曆)을 다시금 사용한 것이 된다. 이때 선기옥형(璇璣玉衡)의 제작법과 원리를 전수한 것으로 된다.

(13) 구려분정(九黎分政)의 감독

도산회의에서 태자 부루는 천자 순(舜)의 신하 사공(司空) 우(禹)에게 치수법을 전수하고 번한 낭야를 통하여 천부왕인(天符王印)과 신침(神針)과 황구종(皇矩宗)을 전수하면서, 천자 순의 책무(責務)에 대하여 명하였다.

즉, 순(舜)이 임의로 설치한 3주 중에서 병주(幷州)는 그대로 두고 유주(幽州)와 영주(營州)를 폐지하여 천조(天朝:단군조선 조정)의 직할영역에 편입시키고, 회대(淮岱) 지역의 구려분정(九黎分政)의 감독을 맡도록 하며, 5년마다 천사 태자 부루

---

534) 전게 한단고기 〈태백일사/삼한관경본기〉, 218쪽 참조

께서 순행할 때 가한성(可汗城)에 설치한 관청인 감우(監虞)에서 우공(虞貢)의 사례(事例)를 보고토록 하는 것이었다.

이리하여 천자(天子) 자리를 찬탈하였던 순(舜)은 천조(天朝)에 구원을 요청함으로써 회대지역의 단군조선 직할 제후국을 감독하는 책임자가 되는 등 정식 천자(天子)로서 윤허를 받았던 것이 된다. 이로써 순은 다시 아버지 유호씨에게는 효자가 되었으며, 상국인 단군조선에는 충신이 되었던 것이다.

(14) 우공(虞貢)

서기전 2267년 태자 부루로부터 치산치수(治山治水)와 관련한 전권(專權)을 부여받은 사공 우는 마침내 치수에 성공하게 되었는데, 이에 천자(天子) 우순(虞舜)이 5년마다 가한성(낭야성)에 순시하던 태자 부루께 치수와 관련한 국정을 보고하였는바, 이를 우공(虞貢), 즉 우순(虞舜)이 바치는 조공(朝貢)이라 하는 것이다.

한편, 우공(禹貢)을 고대중국에서는 우(禹)가 제후들로부터 조공(朝貢)을 받은 것이라 기록하는데, 이것이 역사적 사실이라면 서기전 2224년 이후의 하(夏)나라 시대에 있었던 것을 가리키는 것이며, 천자 순의 조공과는 거리가 먼 것이 된다.

우공(禹貢)이 우(禹)가 바치는 조공이라면, 이는 우(禹)가 자신의 직속 임금인 순(舜)에게 바치는 것이 되고, 순이 상국(上國)인 단군조선(檀君朝鮮)에게 바치는 조공은 우공(虞貢)이 되는 것이다.

(15) 치산치수(治山治水)와 산해경(山海經)

사공(司空) 우(禹)는 천사(天使) 태자 부루로부터 치산치수에 관한 전권(專權)을 부여 받은 것을 증명하는 증표인 천부왕인(天符王印)을 지니고서 인력(人力)과 물자(物資)를 조달하였으며, 길이와 깊이를 재는 자(尺)인 신침(神針)으로 물길을 잡고, 치수법에 따라 물과 땅을 구분 짓게 만들어 치수에 성공하였던 것이다.

이에 사공 우는 직속 신하 백익(伯益)과 함께 서기전 2267년경부터 서기전

2247년경 사이에 온 산천(山川)을 돌아다니며 인문지리(人文地理)를 살펴서 책을 엮으니 이를 산해경(山海經)이라 한다. 이리하여 산해경은 치산치수와 관련하여 지어진 우공(虞貢)의 사례(事例) 중 하나에 해당하는 것이 된다.

(16) 사공(司空) 우(禹)의 치수기념부루공덕비(治水記念扶婁功德碑)

치수에 성공한 사공 우는 서기전 2267년경부터 서기전 2247년경 사이에 대홍수의 중심이던 양자강(長江) 남쪽에 자리한 남악(南嶽) 형산(衡山)의 정상인 구루봉에 치수기념비를 세웠다.

이 형산 구루봉에 세워진 우의 치수기념비는 그 글씨체가 과두문(蝌蚪文)으로 새겨졌는데, 비문의 내용은, 우가 치수에 힘썼으나 실패를 거듭하였으며, 그러다가 신(神)의 은덕으로 치수에 성공하여 백성을 구하였다라고 적고 있다.

여기서 신(神)은 삼신상제(三神上帝)를 가리키는데, 삼신(三神)은 천지인(天地人) 삼신으로서 그 대표격은 천신(天神)이며, 상제(上帝)는 상국(上國)의 임금(帝)이자 천국(天國)의 임금인 천제(天帝)인 바, 삼신상제는 곧 천신(天神)의 화신(化身)인 단군왕검(檀君王儉) 천제(天帝)를 가리키는 것이 되고, 우(禹)에게 가르침을 전달한 진한(眞韓) 태자 부루는 천제(天帝)의 사자(使者)인 천사(天使)인 것이다.

천사(天使)는 곧 천제(天帝)의 대리자인 바, 우의 치수기념비에 새겨진 신(神)은 곧 태자 부루도 지칭하는 것이 되는 것이다. 이로써 소위 우의 치수기념비는 단순한 치수기념비가 아니라 삼신상제(三神上帝)이신 단군조선의 단군왕검(檀君王儉) 천제(天帝)와 그 사자(使者)인 태자 부루(太子扶婁)의 공덕(功德)을 새긴 비(碑)가 되는 것이다.

(17) 순의 반역과 형제전쟁(兄弟戰爭) - 우순(虞舜)과 유상(有象)

서기전 2246년경부터 천자(天子) 순(舜)은 다시 불효자, 불충신이 되었다. 즉 순임금은 단군조선을 반역하기 시작하였다. 즉, 천자로서의 직분을 망각하고 상국(上

國)인 단군조선의 산동지역 영토를 침범하여 유주(幽州)와 영주(營州)를 다시 설치하였는데, 연로하신 단군왕검 천제(天帝) 때문에 태자 부루께서 순행하지 않자 이 틈을 타서 잠재적인 반역자였던 천자 순이 대역죄(大逆罪)를 범한 것이다. 서기전 2246년에 단군왕검 천제께서는 125세이셨다.

이에, 서기전 2240년에 제2대 천왕(天王)에 즉위하신 부루(扶婁) 단군은 순(舜)이 설치한 유주(幽州)와 영주(營州)를 정벌하고서 그 땅에 제후를 봉하였으며, 대역죄인 순(舜)을 제거하도록 조치하였던 것이다.

이리하여, 단군조선의 사자(使者) 유호씨(有戶氏)는 작은 아들 유상(有象)과 치수에 공이 큰 우(禹)에게 명하여 협공(協攻)으로 순(舜)을 쳐서 멸하라 명하였던 것인데, 이것이 고대중국의 역사기록상 우순(虞舜)과 유상(有象)의 소위 형제전쟁(兄弟戰爭)

이며, 이에 서기전 2224년 순은 우(禹)의 군사에게 쫓기어 남쪽으로 피하다 창오(蒼梧)의 들에서 죽임을 당하였던 것이다.

역사가들은 순임금이 요임금의 뒤를 이어 태평시대를 이었다고 기록한다. 그러나 진작 단군조선의 태평시대인 것이다. 단군조선은 절대로 먼저 다른 나라를 침범하지 않았으며 어떻게든 잘못을 깨우치게 가르침을 먼저 폈다. 이것이 재세이화(在世理化) 홍익인간(弘益人間)의 이념을 실천하는 것이었다. 그러나 요(堯)의 반란으로 시작된 고대중국의 역사를 이은 순(舜), 하(夏), 은(殷), 주(周) 나라는 갈수록 약육강식(弱肉强食)의 법이 횡행(橫行)하여 단군조선의 가르침 즉 진리(眞理)의 도(道)를 들을 수 없어 스스로 망하기를 되풀이 하였던 것이 된다.